电子商务“十三五”系列
编审委员会名单

电子商务“十三五”系列
国家自然科学基金项目（71671036）
江苏高校哲学社会科学研究重大项目（2018SJZDA005)

Social Commerce

社会化电子商务

张玉林　张小静　薛　锦　等编著

化学工业出版社
·北京·

《社会化电子商务》从社会化电子商务发展和研究现状出发，较系统地介绍了社会化电子商务的基本概念、研究热点、价值创造、商业模式和平台设计等内容。全书共分为8个章节，分别为引论、社会化电子商务的价值、社会化电子商务的商业模式、社会化电子商务平台的设计、社会化电子商务中的用户行为、社会化电子商务的关键技术、社会化电子商务的信息安全与伦理和社会化电子商务典型案例。

《社会化电子商务》理论与应用并重，突出理论的系统性和成熟性，强调研究成果的先进性，配有国内外典型案例及一定的思考练习题，以反映社会化电子商务的特点和发展趋势。本书可作为高等院校信息管理与信息系统、电子商务、工商管理和管理科学与工程等专业高年级本科生和研究生的教材，也可作为相关领域管理人员学习或培训的参考用书。

图书在版编目（CIP）数据

社会化电子商务/张玉林等编著. —北京：化学工业出版社，2019.1

电子商务“十三五”系列

ISBN 978-7-122-33322-3

Ⅰ.①社… Ⅱ.①张… Ⅲ.①电子商务-研究 Ⅳ.①F713.36

中国版本图书馆CIP数据核字（2018）第268035号

责任编辑：王淑燕 宋湘玲　　文字编辑：王 琪

责任校对：王素芹　　装帧设计：张 辉

出版发行：化学工业出版社（北京市东城区青年湖南街13号 邮政编码100011）

印 装：大厂聚鑫印刷有限责任公司

787mm×1092mm 1/16 印张15¼ 字数360千字 2019年3月北京第1版第1次印刷

购书咨询：010-64518888　　售后服务：010-64518899

网 址：http://www.cip.com.cn

凡购买本书，如有缺损质量问题，本社销售中心负责调换。

定 价：49.80元

编写说明

近年来国家有关部委发布了《电子商务发展“十二五”规划》《“十二五”电子商务发展指导意见》等文件，为电子商务的发展制定了宏伟蓝图，并从国家层面开展了电子商务示范城市创建工作、电子商务示范基地创建工作及电子商务示范企业评选工作等。目前，电子商务的发展进入了快车道。2015 年“互联网 +”行动计划的提出，为电子商务的快速发展提供了助推器。

电子商务的飞速发展，使得各行各业对电子商务人才的要求越来越高。我国高等教育承担着为国家培养和输送懂技术、能实干的电子商务活动的策划、开发和管理的专门人才的任务。目前，我国有 300 多所高校开设了电子商务本科专业，每年约有 5 万多电子商务的高等学校毕业生走向电子商务相关行业。为了更好地培养电子商务专业人才，我们经过多次调研、反复研讨、认真组织，与化学工业出版社合作出版了本套电子商务系列教材。

本套教材是依据电子商务专业最新专业规范的培养要求，组织电子商务研究领域中颇有建树的学者教授、行业专家共同编写。主编老师大多为教育部高等学校电子商务专业教学指导委员会委员及业内公认专家学者。

本套教材定位于为企业培养开展电子商务活动的策划、开发和管理的专门人才。

本套教材具有如下特色：

(1) 行业特色：融入电器、服装、制造、化工、钢铁、粮食、小商品；金融、电信移动、新材料、网络信息等行业特点；重视制造业与服务业的融合。

(2) 案例特色：以传统行业开展电子商务活动的典型案例为主，注重案例分析及拓展。

(3) 校企合作：教材面向社会需求和应用，与企业结合、与企业共同编写，将企业实战观点渗入教材。

编写时虽力求精益求精，但疏漏在所难免，还请广大专家读者批评指正。

电子商务“十三五”系列

编审委员会

2015年7月

前言
Preface

随着互联网技术的发展，Web2.0为用户提供了更加快捷、便利和舒适的功能与环境，互联网使用者的数量也是逐年增多并超过总体人数的一半以上。以网络的形式进行购物、社交等社会活动也成为人们日常生活中必要的一部分，社交网络媒体和电子商务不断融合成为一种新型的商业模式——社会化电子商务。

社会化电子商务（Social Commerce），又称为社交化电子商务、社会化商务和社交购物。近年来社会化的概念成为人们关注的焦点，社会化电子商务领域的研究越来越受到学者们的关注，社会化电子商务已经成为人们的主要网络活动方式，用户对于情感和社交的需求也越来越显著，电子商务未来的发展过程中社会化网络和社会化的概念是其考虑的重点问题。编写本书的目的是为了对社会化电子商务进行整体的介绍与分析，帮助读者了解社会化电子商务的全貌。

本书从社会化电子商务发展和研究现状出发，较系统地介绍了社会化电子商务的基本概念、研究热点、价值创造、商业模式和平台设计等内容。全书共分为8个章节，分别为引论、社会化电子商务的价值、社会化电子商务的商业模式、社会化电子商务平台的设计、社会化电子商务中的用户行为、社会化电子商务的关键技术、社会化电子商务的信息安全与伦理和社会化电子商务典型案例。本书首先阐述了社会化电子商务产生的背景、内涵和发展历程以及社会化电子商务的研究热点；其次从价值创造的角度分析社会化电子商务的价值，通过与传统的电子商务价值创造和社交网络的价值创造进行比较，从社会资本和价值创造的角度对社会化电子商务的价值进行分析突出了社会化电子商务的价值创造的特征、创造要素和价值创造过程；然后介绍了社会化电子商务的商业模式和关键技术以及社会化电子商务的平台建设，对社会化电子商务中涉及的安全和伦理问题进行分析，同时对社会化电子商务中用户行为进行研究，主要目的是发现与传统电子商务和社交网络中用户行为的异同；最后介绍社会化电子商务应用的典型平台案例。

本书理论与应用并重，突出理论的系统性和成熟性，强调研究成果的先进性，配有国内外典型案例及一定的思考练习题，以反映社会化电子商务的特点和发展趋势。本书可作为高等院校信息管理与信息系统、电子商务、工商管理和管理科学与工程等专业高年级本科生和研究生的教材，也可作为相关领域管理人员学习或培训的参考用书。

本书由东南大学张玉林教授负责全书的策划、质量控制和统编定稿。张玉林负责第1章、第2章中的2.1节和2.2节以及第3章和第4章的编写，东南大学博士生张小静负责第2章中的2.3节和2.4节、第5章、第7章中的7.2节和7.3节以及第8章中的8.3节和8.4节的编写，南京邮电大学薛锦副教授负责第6章、第7章中的7.1节以及第8章中的8.1节和8.2节的编写。张玉林教授的博士生黄琦玮、硕士生朱悦、吕加伦和刘婵等参加了本书的编写工作。本书的编写和出版工作得到了我国电子商务领域多名专家学者如陈进教授、陈德仁教授、汤兵勇教授、劳帼龄教授等的大力支持与鼓励，得到了化学工业出版社编辑的有力配合，在此对他们表示衷心感谢。本书引用了相关领域一些最新研究成果和参考文献，在此一并向被参考的文献作者表示真诚的谢意。

由于作者的水平有限，书中难免存在不妥之处，还望广大读者不吝批评指正，以期不断改进。

编著者

2018年12月于南京

目录
Contents

第1章 引论

第2章 社会化电子商务的价值

第 4 章　社会化电子商务平台的设计

第 5 章　社会化电子商务中的用户行为

第6章　社会化电子商务的关键技术

第7章　社会化电子商务的信息安全与伦理

8 第8章 社会化电子商务典型案例

图目录

表目录

第1章　引　　论

学习目标

- ■了解社会化电子商务发展背景
- ■掌握社会化电子商务概念和内涵
- ■了解社会化电子商务的结构和特征
- ■了解社会化电子商务的发展历程
- ■了解社会化电子商务的发展特征
- ■了解社会化电子商务研究的研究现状
- ■了解社会化电子商务研究中涉及的理论

1.1　社会化电子商务发展背景

1.1.1　网购市场增长迅猛

据中商产业研究院发布的《2018—2023年中国电子商务行业市场前景及投资机会研究报告》数据显示，2017年，我国网络购物市场交易规模达到6.3万亿元人民币，2017年中国网络购物市场规模占比达到60%，2018年中国网络购物市场规模占比将达到62%。中国互联网络信息中心（CNNIC）在2018年3月发布的《第41次中国互联网络发展状况统计报告》表明，截至2017年12月，我国网民规模增长到7.72亿，见图1-1；网络购物网民规模达到5.33亿人，网购使用率（购物网民占比全部网民）达到69.1%，移动网购网民使用率由2016年的63.4%增长至2017年的67.2%，见图1-2。我国网络购物市场快速增长，已成为零售业的重要支撑子市场，并且其中的移动网络购物市场也呈现爆发性增长态势。

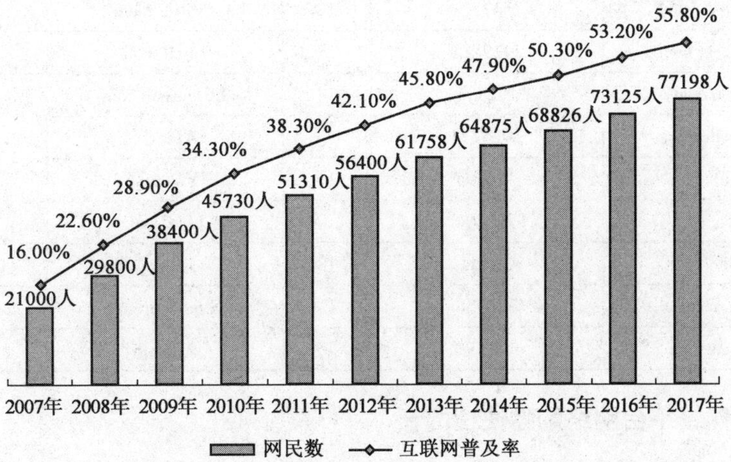

图1-1　中国网民规模和互联网普及率

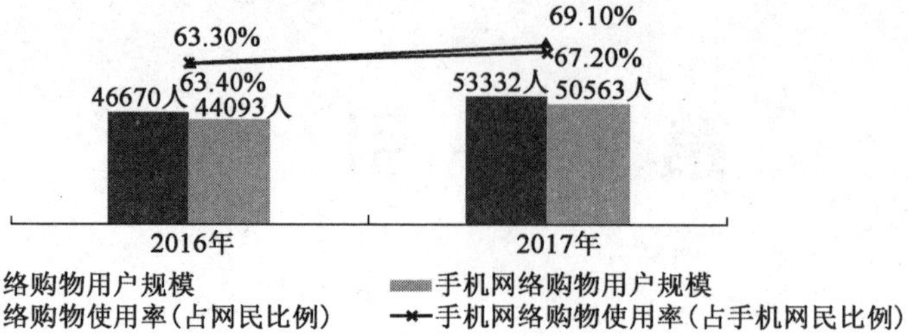

图 1-2　2016～2017 年网络购物/手机网络购物用户规模及使用率

1.1.2　基于社交网站的电子商务快速发展

1.1.2.1　社交网站蓬勃发展

基于人与人之间关系的六度分隔假说，以及网络技术、简易信息聚合（Really Simple Syndication，RSS）与标签（Tag）等软件技术的发展，以提供社会化网络服务（Social Networking Services），增强现实世界中人与人之间联系的社交网站（社交网，Social Network Site）发展迅速。如美国的社交网站脸书（Facebook），国内领先的社交网络平台，腾讯的微信（2011 年上线），实名制人人网平台（2005 年上线），新浪博客（blog. sina. com. cn）、网易博客（blog. 163. com）和新浪微博（weibo. com）（2009 年上线）等。这类社交网络平台聚集的大量用户，不断自发产生海量的用户生成内容（User Genrated Contents，UGC），进行信息交流。实现了将人与人之间一对一的、单向的、线性传播的传统方式，向一对多或多对多的、双向的或多向的、网状传播的方式转变。这种新方式下人与人之间的信息传播范围和效率都远远超越了传统的人际传播。

从表 1-1 所示的全球知名网站的访问流量可以看出，Facebook、Twitter 等社交网站的访问量处于前列，这也表明社交网络在人们日常生活中扮演着越来越重要的角色。

表 1-1　2018 年全球部分网站访问量

排名	网站	访问量	排名	网站	访问量
1	Google. com	3740802	11	Amazon. com	866801
2	Youtube. com	2847321	12	Twitter. com	5664898
3	Facebook. com	7419881	13	Tmall. com	13958
4	Baidu. com	182791	14	Instagram. com	1980379
5	Wikipedia. org	2025274	15	Sohu. com	36670
6	Reddit. com	499995	16	Vk. com	454616
7	Yahoo. com	715104	17	Live. com	62611
8	Google. co. in	31404	18	Google. co. jp	77093
9	Qq. com	343356	19	Sina. com. cn	78027
10	Taobao. com	61607	20	Jd. com	14696

1.1.2.2　社交网站平台网络购物快速增长

用户通过社交网站可以进行社交、购物、观看视频和分享心情等各种活动。图 1-3 所示的智研咨询研究表明，社交网络中网络购物功能所占比重日益上升，网络购物的净值最大，社交网络的商务作用越来越重要。

微信、微博等社交网络媒体在网络购物中越来越扮演着重要的角色，社会化电子商务平台购买的主要路径有新浪微博的推荐购买、微信群或朋友圈的图文消息、好友消息中的文字链接、公众号推送购买、信息检索购买等。《2016 年中国社交应用用户行为研究报告》显示，网络社交用户与网络购物用户的重合度为 43.6%，其中一半网络社交用户是重度网络购物用户，另外一半是轻度网络购物用户。网络社交用户对网络购物应用的使用频率如图 1-4 所示。

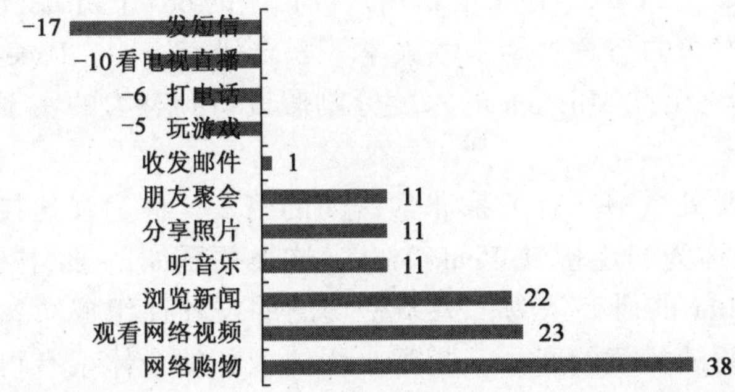

图 1-3　使用社交网络对用户生活的影响（净值）

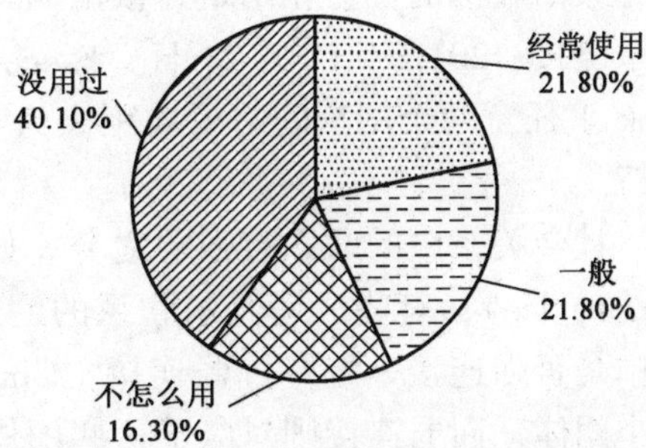

图 1-4　网络社交用户对网络购物应用的使用频率

当前网民分享购物信息的比例较低，导致通过购物分享传递购物信息的力度不大。在有过网上购物经历的网络社交用户人群中，3% 的网络社交用户常常分享购物信息，25% 的人偶尔分享购物信息，高达 72% 的网络购物网民从不分享购物信息。

1.2　社会化电子商务的内涵

1.2.1　社会化网络与社会化电子商务概念

1.2.1.1　社会化网络

社会化网络（Social Network），又称为社会网络和社交网络，是指社会个体成员之间因为互动而形成的相对稳定的关系网络。社会网络研究关注的是个体成员之间的互动和联系，认为这种互动和联系会影响成员的社会行为。

社会化网络体现的是现实社会中人与人之间的一种特殊社会关系，即个体与个体间关系。社会关系一般可分为个体与个体、个体与群体及群体与群体三种类型。社会关系是随着人类改造自然、改造社会的实践活动日益深入和扩展，历史地形成的复杂多样的、层次多种的关系。

从抽象的图论角度看，社会化网络是由许多节点及连接节点的相互关系构成的一种社会结构。其中的节点通常代表个人或组织，节点间的联系代表彼此间的各种具体社会关系。常见的社会关系有朋友、同学、交易伙伴、爱好、种族信仰等。经由这些社会关系，社会网络能把从偶然相识的泛泛之交到紧密结合的家庭关系的各类个体或组织串联成有机整体。

社会化网络的早期研究可以追溯到 19 世纪末期。20 世纪 30 年代，精神病学家 Jacob Moreno 借助手绘的班级男女生间的朋友社会关系图（Sociogram），较早研究人群社交行为动力学。著名的 Milgram 小世界实验，由哈佛大学的社会心理学家 Stanley Milgram 在 20 世纪 60 年代完成。Milgram 由此提出著名的六度分割（Six Degrees of Separation）假设，即地球上任意两个人之间，平均中间只要通过 5 个中间人就会联系上，即任意两个人之间的平均距离为 6，即人际关系的“小世界”特征。借助于互联网的发展，2001 年秋天，美国哥伦比亚大学社会学系的 Watts 教授等在更大规模上进行电子邮件发送实验，也发现每封邮件平均转发 5 ~7 次即可到达任意设定的目标对象。随后，基于六度分割的社交网站如脸书（Facebook）、人人、博客、微博等快速发展。这些网站上成千万甚至过亿的用户形成了规模庞大的虚拟的社会化网络。依据 Facebook 上约 7.21 亿个活跃用户及相应的 687 亿条朋友关系链接，2011 年 11 月 21 日，Facebook 发布的与意大利米兰大学等联合研究表明，Facebook 上任意两个用户间的平均距离为 4.74。至此 Milgram 的六度分割假设得到有力的实证支持。

社会关系中的联系有强弱之分。如朋友关系中，有关系非常密切的密友，称为强连接（Strong Tie）；有些只是偶尔联系的朋友，称为弱连接（Weak Tie）。这类关系如何影响网络？是否强连接一定好过弱连接？Granovetter 的研究认为，关系密切的朋友往往组成紧密的小团体，而弱连接则对应于这些团体之间的稀疏的联系；紧密小团体内部的个体很有可能平时都生活在相同的圈子中，接触到的也很可能是相似的信息，而弱连接能帮助个体获得新信息。Facebook 官方博客（2012 年）报告也认为，尽管一个人在 Facebook 上更有可能分享来自密友的信息，而弱连接分享的信息更多并更有可能带来所不知道的新信息。丰富的弱连接对新信息的传播起着更为重要的作用。

1.2.1.2 社会化电子商务

社会化电子商务（Social Commerce）是电子商务与社交网络媒体相互融合的产物，是电子商务的一种新的商业模式。社会化电子商务的概念最早由 Yahoo 公司于 2005 年提出。Yahoo 认为社会化电子商务是能帮助消费者分享购物体验，彼此获得购物建议，寻找到满意商品和服务，并能实现购买交易的线上场所。学术界 2007 年开始关注社会化电子商务，自此以后，尤其是进入 Web2.0 时代，网络上越来越多的内容和行为由用户自己生成并主导，众多学者及实践者对社会化电子商务的认识不断深化。表 1-2 罗列的是国外学者对社会化电子商务定义的典型描述。

表 1-2 国外学者对社会化电子商务的定义

主题词	作者	年份	定义
social shopping	Jascanu 等	2007	社会化网络和电子商务的结合
	Kang、Park	2009	人们能在博客或在线社区评论产品的电子商务模式
	Shen、Eder	2009	是 B2C 电子商务的拓展，其主要机理是消费者彼此之间互动引导在线购物活动，例如发现产品，累积和分享信息，以及协作制定购物决策
	Cha	2009	社交化购物是社交化网站提供购物服务，同样也是电子商务网站提供社会化网络功能
social commerce	Stephen、Toubia	2010	在线社交网络中卖家连接的新趋势，并且卖家作为个体取代了企业
	Afrasiabi Rad、Benyoucef	2010	包括卖家网络和买家网络，基于个人对个人沟通的电子商务 1.0 演化成更社会化和互动化的电子商务

续表

主题词	作者	年份	定义
social commerce	Liang、Ho、Li、Turban	2011	是电子商务中出现的新兴重要平台，主要是由于社交网站的日益流行，如 Facebook、LnkedIn 和 Twitter
	Wang、Zhang	2012	社会化电子商务是由社会化媒介导向形成，且是融合在线和离线环境的一种商务
	Huang、Benyoucef	2013	社会化电子商务是基于因特网利用社会化媒介支撑社会化互动和用户生成内容帮助用户制定购买决策的任何社会化应用
	Lu B.、Fan W.、Zhou M.	2016	是电子商务的新发展，它将商业和社会活动结合到电子商务网站中
	HajliN、Featherman M. S.	2017	社会化电子商务可以被描述为通过社交媒体进行的商业活动
social shopping/ social commerce	Leitner、Grechenig	2007	描述消费者在平台中进行协作、从信任者获取建议及寻找最合适的产品并最终购买的一种新兴现象
	Wang	2009	通过社交媒介连接购物和社交化网络的一种电子商务类型
	Wang C.	2011	社会化购物和电子商务并不是二分的概念。社会化购物是个发展的概念，表示一个单一的电子商务网络能实现社会化网络功能，或者是一个协同概念，表示电子商务网站同其他社交网站链接形成战略同盟

2006 年，我国社会化电子商务开始萌芽。从 2006 年发展至今，学者们对社会化电子商务也有着不同的见解，有人将其落脚为一种电子商务的形式，有人将其落脚到帮助用户解决购物问题，为用户购物提供服务，最终促成交易的达成。有人从社会化媒体和电子商务功能融合以及其特点的角度对其定义。“社交网购”“社交购物”“社会化电子商务”“社会化商务”“社区商务”都是社会化电子商务的别称。表 1-3 是国内学者对社会化电子商务定义的种种描述。

表 1-3　国内学者对社会化电子商务的定义

主题词	作者	年份	定义
社区化电子商务	秦涤	2007	社区化电子商务很大程度上是在社区网站里进行交易行为，用户有着社区的属性，他们可以获得其他成员的交易经验和意见，这种新型的电子商务模式为用户提供了一个更加便捷的社区在线销售方式，具有快速、安全、高效、成本低等特点
	陈文蓉	2008	社区化电子商务是一种以虚拟社区为载体，以高互动、高黏性为特征的电子商务
	梁冬卉	2011	将媒体、电商、社区相融合，开发优惠及代金券系统，让商家吸引目标用户，同时凭借数据分析和挖掘技术，为商家提供全方位的用户数据分析服务
社会化电子商务	王爱俊	2009	电子商务的一个发展方向是“社会化电子商务”，也就是朋友营销
	琚潇	2012	社会化电子商务是电子商务的一种特殊形式，在社会化媒体的环境下，利用人的社会属性，通过互联网来进行沟通交流，分享、传播和推荐商品、服务，以实现更好的基于互联网的消费
	宗乾进	2013	是在社会化媒体情境下，通过整合社交图谱（基于人际关系的互动）和兴趣图谱（基于信息流的互动）来对产品和服务进行推广和销售的一种商业模式
	田雨晴	2013	社会化电子商务是用户可以在线协作的电子商务平台，用户从可信个体获得建议，找到目标商品和服务并购买

续表

主题词	作者	年份	定义
社会化电子商务	吴菊华	2013	是电子商务的一种特殊形式和进一步的发展阶段，是在社会化媒体的环境下和Web2.0技术支持社会交互和用户生成内容，通过互联网来进行交流，分享、传播和推荐商品、服务，进一步了解和分析消费者的社会属性，以期实现更好的基于互联网的消费
	刘宏	2017	社会化电子商务是利用社交媒体的手段作为辅助来进行电子商务活动的一种商务模式
	孙虎	2018	社会化电子商务是以社交或在线互动为基础，通过引入第三方线上销售主体，促进消费者购买，提升商家销售行为及自身盈利水平的衍生电子商务模式
社交化电子商务	左文明	2014	将支持社交互动的社交媒体运用到电子商务中，促进消费者关注、分享、评论产品，以利于产品和服务的购买与使用
	鲁文	2015	是利用社会化媒体支持交易各方交流互动，分享、传播和推荐商品或服务，从而促进商品和服务交易的一种新型电子商务模式
	朱小栋	2016	社交化电子商务是在社交媒体情境下，借助社交网站、社交媒介、网络媒介等传播途径，利用社交媒体技术进行人际关系、商业信息流的互动，通过社交互动、用户自生内容等手段来辅助商品的购买和销售行为的新型的电子商务

从上述罗列的代表性观点可以看出，社会化电子商务通常需要借助社交网站（社交网，Social Network Site，SNS）、社交网络软件（Social Network Software，SNS）、社会化网络服务（Social Networking Services，SNS）、博客、微博、社交媒介、网络等媒介的传播，利用消费者间的社交互动、消费者自生内容等手段辅助商品的购买和销售。这些手段表现在消费者购买前的店铺选择、商品比较中，购物过程中借助即时通信（实时传讯，Instant Messaging，IM）、论坛（Forum/Board）等工具与企业实时互动，还体现在购买商品后的消费评价及购物体验分享内容的宣传与扩散。

综合起来，本书认为社会化电子商务（Social Commerce）是在社会化媒体中一切与交易活动直接和间接相关的企业和顾客的交互活动。具体而言，是将社交活动中的关注、分享、沟通、讨论、互动等社交化元素应用于电子商务交易过程的一种新的电子商务衍生模式。

1.2.2 社会化电子商务结构和特征

1.2.2.1 社会化电子商务的结构

用户、信息、组织是社会化电子商务的主要构成主体。用户包括个体用户和组织用户。用户是社会化电子商务发展中的核心驱动要素，用户参与和活跃度是平台吸引商家进驻的有力支撑。信息是价值创造的源泉，是用户互动的信号传递，更是数据挖掘的直接依据。组织包括商家、企业和社交网络运营商等组织，是重要的参与主体和利益的分享者。三者在社会化电子商务平台上构建联系，用户互动（与组织的互动、用户间的互动）生成信息，平台利用云计算和大数据分析技术对信息进行分析与挖掘，分析的结果为组织的研发、生产和销售、服务提供依据，组织在此基础上就可以针对用户的个性化需求提供异质性的服务。社会化电子商务的结构示意图如图1-5所示。

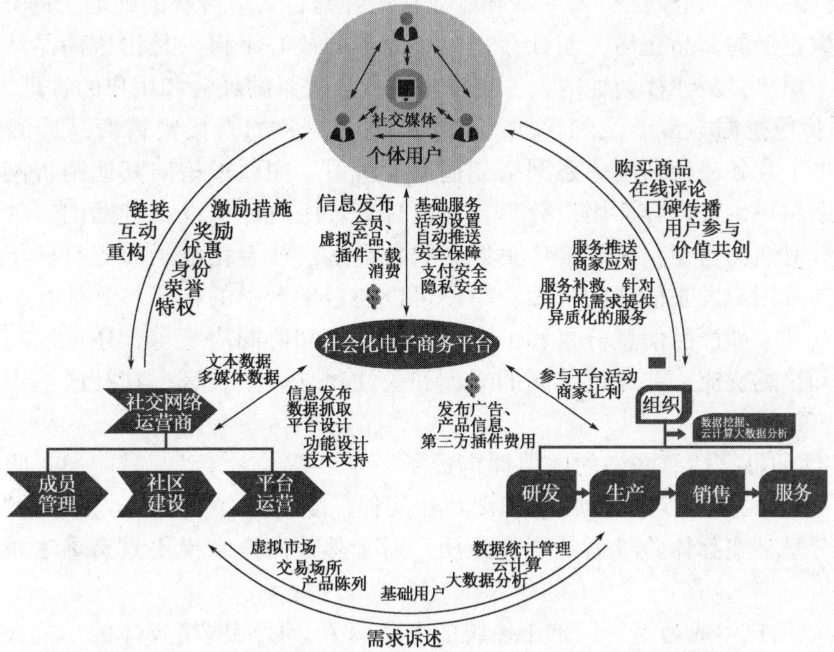

图 1-5　社会化电子商务的结构示意图

1.2.2.2　社会化电子商务的特征

社交网络具有超高人气的庞大用户群（Large User Group）、可靠的人际关系网络（Reliable Interpersonal Network）优势，电子商务具有主流的盈利模式（Mainstream Profitmaking Mode）、快速增长（Rapid Growth）、广泛使用（Widely Used）、强穿透力（Strong Spenetration Power）优势。

社会化电子商务兼具社交网络与电子商务的上述特征，于是形成了纯社交网络发展电子商务、纯电子商务发展社交网络的两个社会化电子商务的发展路径。

（1）与传统的纯电子商务相比，社会化电子商务具有的特点

① 商家与消费者间合作更紧密。社会化网络中的用户往往还形成紧密的交流群或虚拟社区，这些紧密群中没有明确和强烈消费需求的消费者，往往会由于关系网络中伙伴的分享推荐，促发出消费愿望。显然，商家更加需要与每位消费者的紧密合作。

② 更易于商家进行市场细分。用户的交易、兴趣、关系、娱乐等不同关注兴趣形成了社交网络中特定的用户交流群体（虚拟社区）。认识这样的交流群体，便于商家实施精准营销。

③ 买卖双方的沟通交流更有效。纯电子商务通常依赖搜索引擎营销，向所有用户推送广告，方向不明，针对性不强，广告效率不高。社会化电子商务下，人们聚在网上自由交流，参与评论、分享商品信息和购物体验，分享信息更加可靠和可信，易于形成精准营销。商家根据用户特征进行广告宣传，减少了用户接收的无关信息量，买卖双方的信息交流更为有效。与传统的电子商务相比，社会化电子商务中信息获取的方式多种多样，减少了由于信息不对称造成的盲目性和冲动性购买，通过用户间的交流与沟通，互通有无，可以更快速、更直接地获取有用的信息，通过社交关系网络中推荐降低了信息搜索的成本和增加了信息的有用性。

④ 由经营“物”到经营“人”深化了企业的经营行为。传统的纯电子商务的核心经营行为在于产生直接的商品交易，而社会化电子商务的核心不再只是销售商品或服务，重要的是关注每个用户，关注社会性的人，更加重视社会关系的经营和用户的管理。

⑤ 关系价值挖掘丰富了盈利模式。除了纯电子商务的直接销售商品或服务盈利模式外，社会化电子商务还会利用关系网络创造商业价值。如通过指向其他销售网站的链接进行盈利，借助用户生成内容、用户分享、用户打分、用户评价以及赞助内容的形式进行更具亲和力和针对性的营销，品牌推广更好，收益更多。社会化电子商务打破了传统电子商务中商家单向对用户发布信息的局面，用户可以通过平台中的社区与其他社会化电子商务的成员进行互动，如产品信息分享和汇聚、产品搜索和协同决策等，还可以与其他用户进行人际互动和情感交流。并通过共同的兴趣和关注建立一个社区，在社区当中进行进一步的交流和亲密接触。

⑥ 真实性和可靠性。网络的虚拟性构成了一个“眼球社会”，只能通过眼睛看到的东西进行判断，所以，商家发布的信息和图片在某种程度上具有一定的“欺骗性”。用户的评论和经验的分享是实际体验过后的真实经历，对于其他用户来说更具有参考价值，也更加真实可靠。

⑦ 内容以用户生成为主。区别于传统的电子商务，社交网络媒体的功能在社会化电子商务中的应用越来越凸显其价值，自媒体的形式引发了用户的内容生成和价值共创。

⑧ 消费需求被动产生。在社会化电子商务中的成员起初可能没有购物的需求，通过浏览用户生成的内容和社交关系网络中其他成员的推荐，从而被动地产生消费的需求和购买的欲望。

（2）社会化电子商务中用户间的互动与关系结构的特征

① 社会化电子商务用户互动特征。根据用户间的熟悉程度可以将用户间关系分为强关系和弱关系。社会化电子商务中用户强关系互动特征为：第一，社会交换以情感为基础，熟人之间通过长时间的社会交往形成了深厚的感情（亲情、友情、爱情等），这种情感的积淀会带入到生活的方方面面，因此，在社会化电子商务中用户间互动产生的社会交换是一种基于情感的交互。社会化电子商务是熟人之间加强联系、增进情感的工具。第二，利他主义色彩明显，不计较成本收益。在社会化电子商务平台中的互动中熟人之间的互动是一种不计个人得失和成本收益的社会交换，主要是出于自愿与熟人分享信息、商品推荐和提供建议。第三，社会交换具有延迟性和不对等性。社会交换的发生具有时间的延迟，有时不是在同一时间进行的，甚至可能是单向的，一方的付出可能不会得到对方的回应。

随着互联网的发展，消费者与陌生人的沟通已经比线下更为频繁和便利。在社会化电子商务平台的用户群中，用户间更多的是以陌生人的关系存在。社会化电子商务中用户弱关系互动特征为：第一，讲究公平性和对等性，陌生人之间的约束主要靠契约，因此相互之间的交换讲究公平公正。在社会化电子商务中陌生人之间的交换讲究的是礼尚往来、一对一的对等式交换，要保证双方交换的公平。第二，讲究成本收益的平衡，付出的成本要获得相应的回报，每一次时间和精力的投入都是为了获得相应的收益，不管是在物质方面还是精神方面都要弥补投入的平衡。第三，互惠期望，社会化电子商务中陌生人之间的付出对对方也有所期望，希望对方能够以同样的方式帮助自己，与熟人之间的利他主义相比，陌生人之间是要求回报的，付出与回报都是双向的。

② 社会化电子商务用户互动关系结构。社会化电子商务用户互动关系结构如下。

a. 强关系社会化电子商务用户互动关系结构。根据用户间的强弱关系，我们将社会化电子商务平台分为强关系为主的社会化电子商务平台和弱关系为主的社会化电子商务平台，对用户关系结构进行阐述。

选取微信中 2017 年 9 月 7 日的一个集赞换取两小时免费 KTV 唱券的互动作为样本，此次互动共有 48 人参与到此次互动中。将互动的用户进行编号，形成一个 48 ×48 的矩阵，数字“0”代表用户间没有互动行为，数字“1”代表用户间有一次互动行为，数字“2”代表有两次互动行为，有几次互动行为就用数字几来表示。将整理好的 Excle 数据导入社交网络分析工具 Ucinet 中，利用 Ucinet 中的画图工具生成社会化电子商务用户互动关系的结构图，如图 1-6 所示。

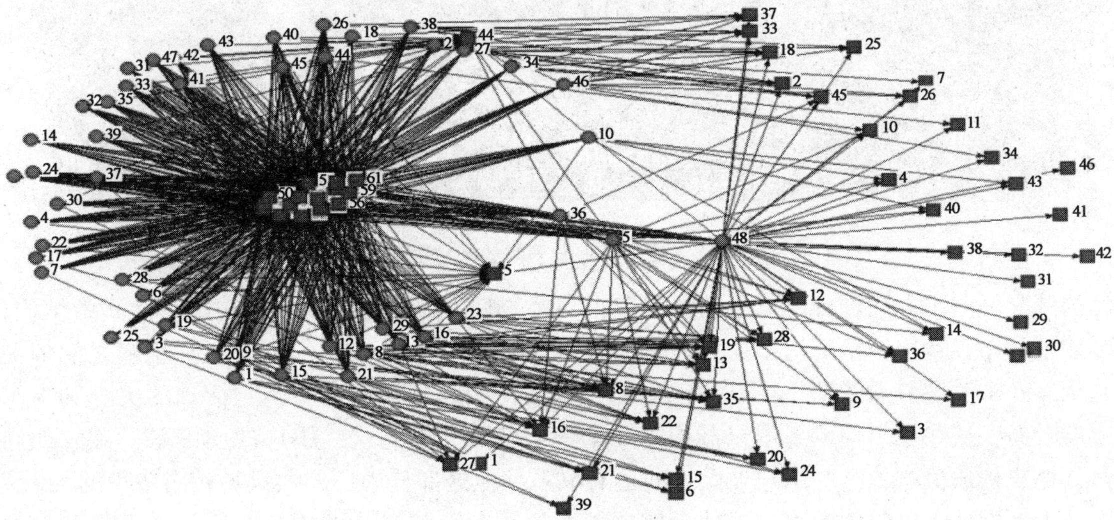

图 1-6　强关系社会化电子商务用户关系结构图

微信中的用户关系大多都是熟人关系，社交网络的构成主要是亲人、朋友、同学校友等认识的人。以强连接为主、弱连接为辅，使虚拟社交圈与现实社交圈相融合。从图 1-6 中可以看出，大多数用户间彼此的联系都比较密切，会形成一个集中的社交网络群体，每个用户都与一个或者多个用户有联系，用户当中很少有独立的与其他用户没有任何联系的个体。

b. 弱关系社会化电子商务用户互动关系结构。选取微博中在购物方面拥有 1001 万粉丝的“微博购物”作为样本，选取 2017 年 8 月 24 日发布的一条关于情人节薯片的消息，此条消息共有 25983 个人转发，6747 条评论，4160 个用户点赞。抽取评论中下面有回复的评论，回复或点赞或者在评论中提到其他用户都算作一次互动，将评论者的微博昵称和互动的消息进行整理，将参与互动的用户进行编号，共有 155 个用户在该条信息下的互动比较活跃，因此，将数据整理成 155 ×155 的矩阵，数字“0”代表用户间没有互动行为，数字“1”代表用户间有一次互动行为，数字“2”代表有两次互动行为，有几次互动行为就用数字几来表示。将整理好的 Excle 数据导入到社交网络分析工具 Ucinet 中，利用 Ucinet 中的画图工具生成社会化电子商务用户互动关系的结构图，如图 1-7 所示。

以微博为代表的社会化电子商务平台中，参与到互动中的用户数量较多，但用户间是以弱连接为主、强连接为辅，大多数人都是陌生人关系。从图 1-7 中可以看出，整个参与互

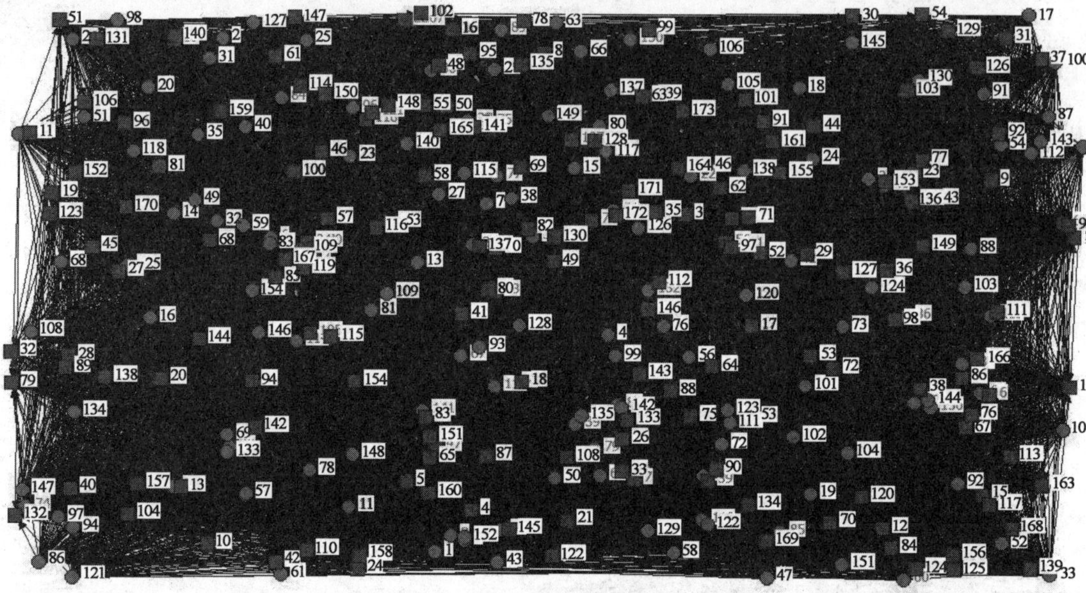

图 1-7　弱关系社会化电子商务用户关系结构图

动的社交网络中，大部分用户之间是不存在直接的联系的，这些用户呈现出分散式的结构，零散地分布在社交网络结构中，是各自独立的个体，彼此之间不发生关联。相互之间的关联依靠几个关键节点的用户，有一些用户是积极地参与到互动当中，对活动的关注和参与程度较高，这些用户构成了用户群中的几个中心节点，围绕这些用户的周围呈发散式地与其他用户构成关联，这些用户彼此之间也有联系，但这部分用户的数量是相对较少的。

综上所述，以强关系为主的社会化电子商务平台参与互动的用户总量较少，但互动的过程中用户间的相互连接比较紧密和集中，用户间互动的关系结构呈现出集中型，这与费孝通的“差序格局”相吻合。而以弱关系为主的社会化电子商务平台参与互动的用户总量较多，但互动过程中用户间彼此的连接比较分散，用户间互动的结构呈现出分散型。根据个人的社交网络关系网的亲疏远近和辐射范围，由个人聚集成的群体类型可以分为团结紧密型、分裂派系型。

通过上述对社会化电子商务用户互动特征和用户互动关系结构进行的阐述，构建出社会化电子商务中用户互动模式。在线沟通的特征体现在用户匿名、缺少非语言交流、地理位置隔离和时间空间的灵活性。用户在虚拟网络中是“真实性”和“虚拟性”的并存，既保留了现实生活中的自然属性，又体现出虚拟社会中的角色重塑。借鉴吴满意的研究成果将互动过程分为五个阶段，即定向发起、尝试沟通、亲密接触、稳定发展、淡化分离。从用户间互动的程度和关系的亲疏远近，可以将用户的互动分成初始和成熟两个阶段。在互动的初始阶段，用户首先拥有互动的需求、动机或者互动的目标、通过互动所要达到的目的，可以将这些要素统称为“社会期望”。随后开始寻找能够达成“社会期望”的互动对象，可以是在平台上发起内容性的互动，也可以是与商家和社交网络成员发起人际互动。而互动的途径可以选择线下也可以选择线上，互动的方式可以是讨论式、诉说式和发布式。确定对象之后开始尝试沟通，在沟通的过程中会产生互动体验，通过体验感知用户，从互动的对象中进行筛选，并确定将其归入自己的社会关系网络，或者选择放弃与之再次进行互动。在互动的成熟阶段，用户通过互动逐渐找到自己钟爱的品牌和商品，基于兴趣引导加入一些社群，关注自己喜欢的购物达人、网络红人和代言明星等，追随自己认可的意见领袖，具体的表现为“关注”“收藏”“浏览”等。经过循环往复的互动过程，形成了比较成熟的、固定的社会关系网络圈，这就进入了互动的成熟期。用户可以根据自己的“社会期望”定向地发起互动，这时的互动就可以是“点对点”“一对一”的，避免了互动的盲目性，缩短了达成期望的路径。用户与社会关系网络中的对象进行频繁的互动产生“亲密接触”。社会化电子商务用户互动模式如图 1-8 所示。

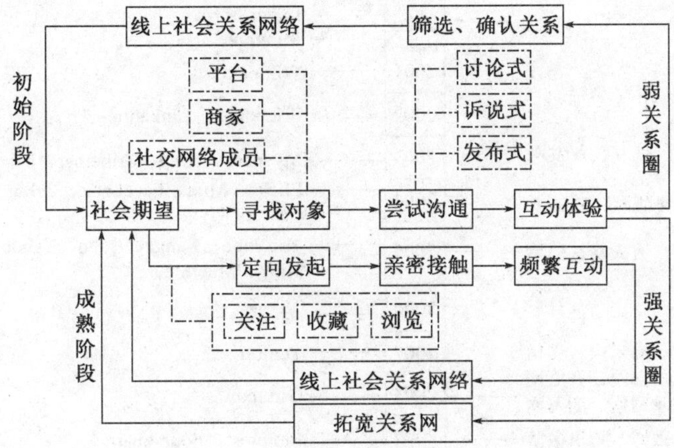

图 1-8　社会化电子商务用户互动模式

用户的线上社会关系网络呈现出由分散到聚焦，又不断地纳入新关系拓宽自己的关系圈，最终形成强关系圈稳定、外围弱关系圈逐渐向强关系圈转化的动静结合的形态。从弱关系到强关系是一个转化的过程，是通过频繁的互动产生的结果。社交网络圈子范围也通过互动不断地向外扩充。

1.3　社会化电子商务发展历程

1.3.1　社会化电子商务的发展

1.3.1.1　社会化网站的发展阶段

社会化网站（Social Network Sites）也称为社交媒介（Social Media），是指用户创造、分享或交换信息、兴趣、想法和图片或视频的虚拟社区或网络平台。常见的形式包括社交网络、微博、博客、微信等。国内外知名社会化网站创建时间如图 1-9 所示。社会化网站的发展可简要划分为初生、快速发展和辉煌三个阶段。

（1）初生阶段（1997～2003 年）

美国高威公司根据“六度分割”假设于 1997 年创立的 Six Degrees（Six Degrees. com），是公认的世界上第一个社会化网站。加入此网站的用户，可以与加入此网站的家人、朋友彼此加为自己的好友，可以通过邮件、短信邀请他人成为自己的好友，可以在好友的留言板上留言，可以在网站上查看其他注册用户的信息。Six Degrees 鼎盛时有 100 万注册用户，2000 年被 YouthStream Media Networks 以 1. 25 亿美元收购。Six Degrees 网站的成功吸引了更多互联网创业者进入社会化网络这块处女地。2002 年创立的 Friendster. com，可以方便地帮助用户在其上创建个人页面，展示喜欢的电影和书籍，以及自己的婚恋情况等，实现与好友进行连接和互动，是第一家受到重视并成为主流的社会化网站。同期，我国的一批海归互联网行业先锋先后模仿创办了 UUme. Com、亿友网、多多友等网站。

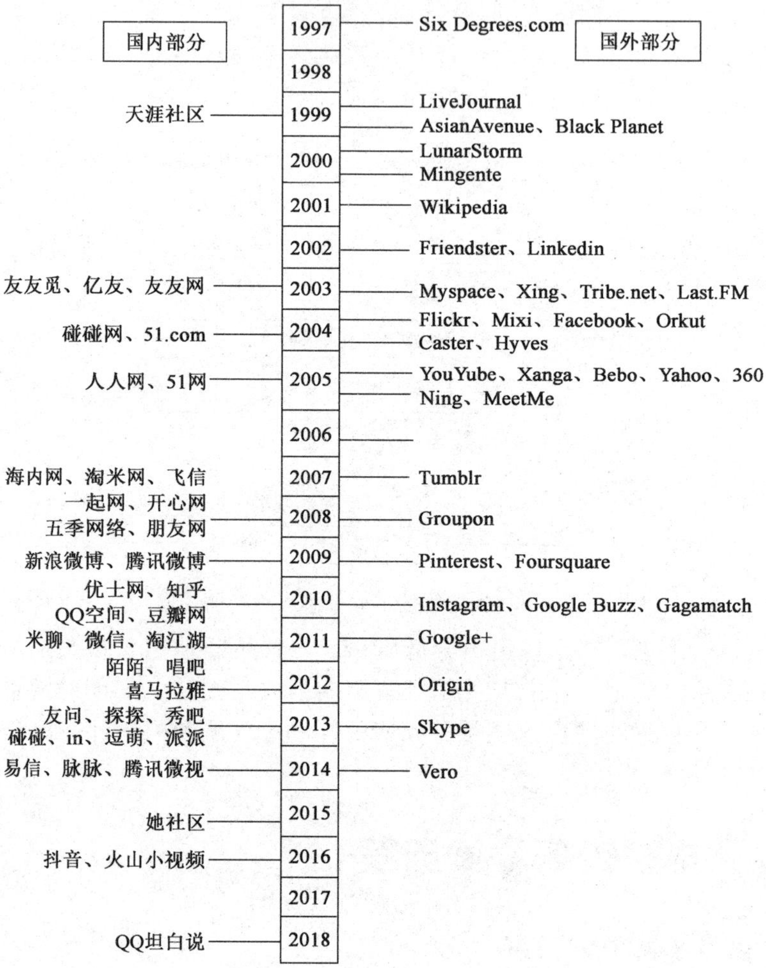

图 1-9　1997～2018 年部分社会化网站创建时间

这一阶段的从业者相信，基于互联技术的社会化网络建立的弱关系具有巨大的商业价值。这一阶段的互联网应用经历由个人为中心的个人主页时代向草根博客时代的转变。由于技术等的制约，此阶段社会化网络提供的用户体验还不佳，用户在线使用率低，规模增长缓慢。

（2）快速发展阶段（2002～2004 年）

2003 年创立的 MySpace 的迅速流行，标记着社会化网络快速发展阶段的到来。MySpace 是全球第二大的社交网站，为全球用户提供了一个集交友、个人信息分享、即时通信等多种功能于一体的互动平台。2007 年，该网络有 2 亿多注册用户。同期，国内出现了一批注重社会化和个性化的社会化网络。例如碰碰图、猫扑网、51. com、QQ 空间。2013 年三季度，QQ 空间上的活跃用户超过 6. 2 亿，已成为我国社交网站的翘楚。此阶段社会化网站快速发展，但困扰社会化网站发展的盈利模式问题日益突出。

（3）辉煌阶段（2004 年至今）

2004 年问世的 Facebook 标记着社会化网络进入辉煌期，掀起社会化网络全球热潮。Facebook 是全球第一规模的社交网站，源于创始人马克·扎克伯格在哈佛大学学习期间的创业项目。2012 年，Facebook 拥有 9 亿多分布全球的活跃用户，上市估值达 50 亿美元。同期我国的开心网、人人网、新浪微博异军突起，引领人们的生活方式，成为颠覆政治生态和商业模式的强大力量。

1.3.1.2 社会化电子商务的发展阶段

社会化电子商务从 2005 年被首次提出至今主要经历了三个发展阶段，即萌芽阶段（2006～2010 年）、探索阶段（2010～2011 年）和迅速发展阶段（2011 年至今）。

（1）萌芽阶段（2006～2010 年）

随着 Web2.0 技术的蓬勃发展，社交网络媒体中社交化关系开始出现，自媒体的形式和用户的分享意识不断增强，社交化元素开始融入互联网的各个行业。2006 年，国外诞生了很多不错的社会化电子商务公司，如时代集团收购 Stylefeeder 和 Kaboodle、Thisnext、Shopstyle、Thefind 等。相比国外，2006 年我国的社交网电子商务也出现第一批社会化电子商务平台，如贝壳、怪兽等。不过由于当时国内早期的电子商务发展也还不完善，其他各个方面的条件也不够成熟，国内的第一批社交化电子商务平台都以失败告终。

（2）探索阶段（2010～2011 年）

Pinterest 采用瀑布流的形式展现图片内容，开创了基于“兴趣图谱”和“社交图谱”新的商业形式。这种瀑布流的形式满足了用户对于视觉感官和发现新事物的需求，让用户乐于使用该网站并进行分享和交流。同期国内效仿瀑布流的形式也出现了一些本土化的社会化电子商务平台，如蘑菇街、美丽说等。

（3）迅速发展阶段（2011 年至今）

2011 年掀起了新一轮的热潮，国内社会化电子商务也开始进入快速发展阶段，这一时期也涌现了大量的社会化电子商务平台，国内模仿 Pinterest 比较大的网站有 30 家左右。社会化的重视程度不断提高，电子商务平台开始加强社会化功能的建设，社交网络媒体网站与电子商务也逐渐相互融合，再加上移动电子商务和微博、微信等移动社交媒体的迅速发展，社会化电子商务开始变得移动化。

1.3.2 社会化网络与社会化电子商务发展特征

1.3.2.1 社会化网络发展特征

随着越来越多的个人成为互联网的主体，互联网也呈现全网社交化的发展趋势，而且随着移动互联网的发展，这种全网社会化与人们的日常生活更加紧密相融，互联网也由传统的商业化迈向全面社会化。以 Facebook、Twitter、微信、微博为代表的社会化网络，正在像 Google 当年从雅虎那里承接一个新的互联网时代那样，开创承接一个更加富有想象空间的崭新的互联网时代。社会化网络发展的微信息、垂直化和移动化特征越加明显。

（1）更易于制造、关注及快速分发的微信息

通常限制在 140 字以内信息内容的微信息，可以通过 Web、SMS、IM 和客户端等多种形式方便用户随时随地发布消息，极大便利信息的制造；配套的关注、分发功能，满足了信息在人际间的广泛和快速传播要求。例如，2009 年推出的新浪微博，还能借助推介及自

行搜索等方式帮助用户构建朋友圈。新浪微博由此迅速聚合出海量的不同价值取向、相异兴趣的用户群体。这也吸引了腾讯、网易、盛大等从业者们的追随。随着移动互联网的发展，微信息逐渐与位置服务等移动技术相结合，陆续出现了米聊、微信、简简单单等移动客户端产品。微信息、移动性和真实社会关系高度融合，更便利了信息的生成、广泛和快速传播要求。

（2）针对细分市场的垂直化趋势

早期的社会化网络以综合信息为主，涵盖的信息包罗万象。迫切需要对信息进行筛选、分类，这促进了满足特定细分市场的垂直类社会化网络迅速崛起，如面向全球职场人士的领英（Linkedin）、连接各行各业精英的知乎网、专注时尚女性消费的蘑菇街。垂直化趋势适应了相关电商企业差异化经营要求，带动这类企业从“增量性娱乐”向“常量性生活”的演变。

（3）随现代移动通信技术、移动互联网技术发展的信息移动化

随着现代移动通信技术、移动互联网技术的快速发展，手机、PDA（Personal Digital Assistant）等掌上终端成为人们社会交往主要工具之一。作为方便人们交往沟通的社会化网络，必然要紧跟移动化。据 Facebook 2013 年一季度财报，Facebook 移动端月活跃用户有 7.51 亿，是名副其实的移动社交网络。移动社会化网络新贵不断涌现，如全球互联网上访问量最大的十个网站之一的推特（Twitter）、全球领先的位置移动服务 FourSquare、由 Facebook 前高管 Dave Morin 创建的简单并且私密的移动社交应用 Path 和已被 Facebook 于 2012 年以 10 亿美元收购的移动在线照片共享服务 Instagram。

1.3.2.2 社会化电子商务发展特征

（1）以原有的电子商务或社交网络媒体为依托

社会化电子商务并不是凭空出世的新物种，而是在原有的电子商务或社交网络媒体的基础上产生的，社会化电子商务结合电子商务和社交网络媒体的双重功能形成了一种新的商业模式。

（2）发展的阶段出现断层，随后出现爆发式的增长

国内外社会化电子商务平台的发展主要是经历了三个阶段，即萌芽阶段（2006～2010 年）、探索阶段（2010～2011 年）和迅速发展阶段（2011 年至今）。在探索阶段时期，社会化电子商务的发展似乎止于前进，到 2011 年呈现出爆发式的增长态势，国内外纷纷出现了各种各样的社会化电子商务平台。

（3）成功的关键在于进行差异化

借鉴国内外社会化电子商务平台的成功案例，都是基于目标群体的不同，结合本国网络文化和用户心理的差异化进行平台的建设才是最终的成功之道。

1.4 社会化电子商务研究热点

1.4.1 社会化电子商务研究的一般框架

Liang 和 Turban 在 2011 年提出了社会化电子商务研究的一般框架。田雨晴基于社会化电子商务的本质属性和基本研究基础构建了社会化电子商务的研究框架。他们认为社会化电子商务包括社会化媒体和商务活动两大基本要素，具体涉及研究主题、研究方法、基础

理论和成果度量等。社会化电子商务研究的一般框架如图 1-10 所示。

图 1-10　社会化电子商务研究的一般框架

（1）商业行为

传统社交网站不包含商业行为，人们通过社交网站分享自己的想法、关于某个事件的信息、图片等，这些行为不能直接造成商业收益。在传统社交网站中集结大量的用户，以及海量的信息，其中隐藏的商业价值更是不可估量。社会化电子商务正是利用了这一点，着眼于所分享的信息或其他行为是否包含商业目的及影响。图 1-11 中列举的是社会化电子商务中分属各个商业活动分类的商务活动的具体例子。

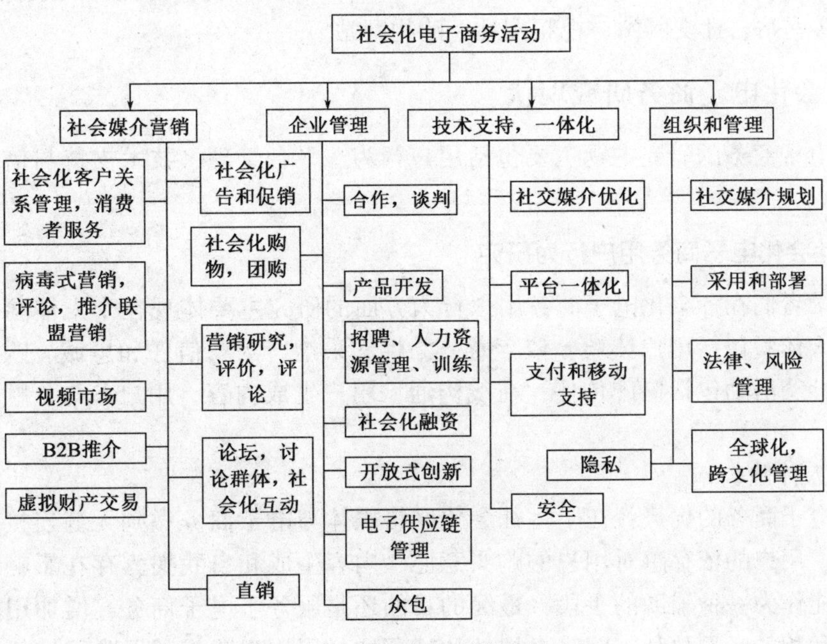

图 1-11　社会化电子商务活动

（2）研究主题

研究主题是最终要探索研究的中心问题。所有的研究都有一个清晰的主题。比如，同是探索社交网站如何影响用户忠诚度的研究，如果目的是研究不同的网站功能对忠诚度的影响，那么研究主题就是网站设计；如果目的是研究口碑对消费者态度的影响，那么研究主题就是用户行为。

（3）研究方法

另一个区分研究的关键因素就是研究方法，不同的研究方法有不同的优缺点。比如，案例研究可以对某个特定事件进行深入细致的探索，但是研究结果的普适性就比较差。再比如，纵向研究可以揭露横向研究发现不了的深层次问题。所以选择一个合适的研究方法是研究社会化电子商务的关键。

（4）理论基础

要确保一篇文章的学术可靠性，它所引用的理论基础是关键所在。为了更清楚地了解消费者行为和预测结果，就需要了解同社会互动相关的理论。图 1-10 列出了几个相关理论。例如，动机理论可以解释人们为什么会在社会化电子商务网站中做出某种行为，其内在及外在因素如何运作；信任理论可以解释用户的社交行为和购物行为。

（5）关键指标

关键指标展示了研究最终需要得到的结果，通常是研究模型的因变量。图 1-10 给出了常用的几个指标。比如用户忠诚度就是非常常见的一个；财务收益和市场增长可以用来观察某个社会化电子商务的商业模式是否奏效；网站使用率可以用来衡量用户使用情况和技术接收情况。

（6）社会媒体

社会媒体作为人类行为的平台，是社会化电子商务的主体，是人们进行虚拟行为的主要媒介。随着互联网的发展，越来越多现实世界的行为被转移到了互联网上，人们可以在网上记录自己的心理状态、交友、购物等。图 1-10 根据已有研究情况，大致将社会媒体分为四类：博客网站、社交网站、视频网站、购物网站。

1.4.2 社会化电子商务研究现状

社会化电子商务的研究主题主要包括用户行为、平台管理、技术支持与信息服务四个方面。

1.4.2.1 社会化电子商务用户行为研究

目前，学者们在社会化电子商务用户行为方面的研究主要体现在个人体验和社交活动两方面。个人体验包括用户体验、依存感、黏性、采纳行为、信任和忠诚、购买意愿、用户评价等。社交活动包括口碑传播、在线沟通、用户生成内容、用户参与、顾客交互、价值共创等。

（1）个人体验

社会化电子商务的优势就在于将社会化网络媒体与电子商务做到无缝连接，给用户一种新的体验。用户的依存感对用户的购买意愿、内容生成和自我揭露存在影响。社会化网络媒体的功能作为一种辅助的手段，最终的目的还是服务于电子商务，增加用户的消费才能保证平台和相关者的盈利。网络虚拟性的特征增加了用户购买的风险，信任则是用户做出购买决策和购买行为的关键因素。社会化交流可以增加消费者对推荐的信任和对网站的信任。用户的评价作为口碑传播的主要形式是用户在购买后做出的对商品和消费体验的总结，会有正面的评价，也会有负面的评价。正面评价作为参考会增加消费者对产品的购买意愿，但正确地处理好负面评价也会增加消费者再次购买意愿。由于商家采用好评返现等手段，商品的评价中存在主动好评和被动好评，用户会由于利益的驱使而进行被动好评。

（2）社交活动

用户作为社会化电子商务的主要构成是研究的重点，用户的不断参与是社会化电子商务的重要驱动力量。要促进用户参与和互动，首先要了解用户参与和互动的动机，然后针对用户的动机采取激励措施。赵丹将用户参与的动机分为精神层面和物质层面。社会化电子商务通过社交网络来影响用户的购买行为，群组成员的社交氛围会影响朋友群组的购买行为。基于社会网络关系，增加用户之间和顾客与平台之间的交互行为能够促进用户持续使用。用户互动通过自我效能、信任及虚拟社区感等的中介作用间接影响用户黏性。李国鑫等证实了高社区黏度的网站促使用户更深度地参与，成员在线预订产品的可能性更大。其他用户的推荐和口碑传播作为一种非商家发放的获取商品信息的途径更能取得其他消费者的信任，用户推荐对消费者购买意愿产生影响。在口碑传播中意见领袖较之于一般的用户推荐对于消费者购买意愿影响更为显著。

综上所述，社会化电子商务用户行为方面的研究，大多数还是电子商务和社交网络中对于用户行为研究的延续，缺乏了对社会化电子商务专属的研究视角。可以尝试从用户的社交网络构建、社会化的形成过程、群体当中用户感知风险、感知价值、选择策略等行为的转变和异同，结合现实社会中“人”的特征和行为体现对社会化电子商务用户行为进行研究。

1.4.2.2　社会化电子商务平台管理研究

社会化电子商务平台的管理涉及多方面的关系，包括平台界面管理、组织用户管理、个人用户管理和信息管理等。社会化电子商务管理方面的研究主要涉及商业模式、盈利模式、营销策略、营销创新、信用评价体系、产业价值链、定价策略和在线信誉等。

平台的管理依赖于技术支持，针对社会化电子商务背景下团购电子商务模式信用评价所存在的问题，曾贵川基于层次分析法的模糊综合评价法构建了新的信用评价指标体系。贾丽飞等基于社会化电子商务的组成部分包括社交网络、电子商务企业平台、线下商家、支付平台、物流企业等进行了产业价值链的相关分析。鲁文从网络商家、消费者、网站平台、外部环境四个角度出发，构建了社会化电子商务在线信誉影响模型。平台良好的运作则得益于其商业模式和盈利模式。传统的电子商务的模式已经不适应社会化电子商务的发展，所以商家不断进行商业模式创新的同时，学者们也在寻找创新的突破口。鞠彦辉等基于社会化电子商务的参与主体包括商家、顾客、沟通平台和处理程序等以及他们之间评论、产品信息和反馈意见、要求等关系构建了社会化电子商务模式。李洁娜等基于用户信息行为理论构建了社会化电子商务模式购物过程的模型。殷实等运用基于主体的计算实验方法和广义虚拟经济使用价值、虚拟价值视角构建了涉及有限的评价理性、广义评论影响、渠道价值展现程度等关键因素的社会化电子商务应用模型，并提出了社会化电子商务渠道选择策略。郭好分析了社会化电子商务平台主要的盈利模式，包括广告、佣金提取、增值服务和第三方插件应用成分，并提出了三种社会化电子商务盈利模式的创新。杜露以美丽说为例从五个层面对网站用户体验进行分析，并基于用户体验对社会化电子商务网站模型进行了研究。针对社会化电子商务网站营销策略存在的问题，李茉梓从营销策略的形式和黏性（网站与商家、网站与用户、用户之间）两个角度出发，提出了完善社会化电子商务网站营销策略的对策。许慧珍从营销理念、营销组合、销售过程和服务四个方面提出了社会化电子商务下营销创新策略。黄鼎基于双边市场的理论框架建立了社会化电子商务平台的定价模型，并对定价与网络外部性的关系进行了研究。

综上所述，社会化电子商务平台管理方面的研究基于企业运营方面的研究还很少，比如政策、企业战略、企业绩效、客户关系管理等方面。对平台、组织用户、个人用户和信息整体的管理模式也缺乏探究。另外，目前的企业运营更多地着眼于产业价值链的新常态，要想使企业将来持续健康地发展，必须对上游和下游进行整合，以期达到完整的产业链的运作。

1.4.2.3 社会化电子商务技术支持研究

社会化电子商务技术支持研究主要涉及网站设计、社区发现、服务设计、推荐服务和服务质量等。

李卓然以“用户购物体验需求”为导向，运用用户体验设计的方法，对 Viishare 网站进行再设计。张乐进行了位置服务的社会化移动电子商务的客户端的设计。夏召杰针对农产品购买出现的问题，通过系统概念设计构建了城乡社会化电子商务平台。丁绪武利用复杂网络分析工具 Gephi 构建用户兴趣图谱，在图谱基础上利用 R 语言数据挖掘工具来进行社区发现，以此来准确地识别用户兴趣、聚类用户以及开展口碑营销，并对商家和平台提出合理化的建议。杨秋阐述了 O2M 社会化电子商务平台下的三种服务设计模式，并提出了 O2M 社会化电子商务平台服务设计的关键要素。蔡志文基于影响社会化电子商务用户信任的因素设计了一种信任感知协同过滤推荐方法来提高社会化电子商务推荐服务的精确度和有效性。王高山基于社交互动、便利可靠、隐私安全、界面美观和个性化推荐五个维度建立了社会化电子商务服务质量测量模型，并探讨了社会化电子商务服务质量影响顾客契合的机理。吴菊华等在现有的社会化电子商务设计模型的基础上构建了涵盖个人、会话、社区、商务和管理层的设计模型。

综上所述，社会化电子商务技术支持方面的研究聚焦在平台的设计上，主要面对出现的问题进行局部的修补，但缺乏对平台整体系统和针对性的设计。社会化电子商务的平台主体主要有三种：社交媒体网络、电子商务平台、第三方的社会化电子商务平台。针对不同的平台主体，需要根据其本身的特性进行功能完善设计。对于个人隐私权、支付支持等其他方面的功能设计，需要更加深入的研究。

1.4.2.4 社会化电子商务信息服务研究

目前学者们对社会化电子商务信息的研究主要涉及商务信息服务、口碑扩散、用户生成、顾客价值等。

社会化电子商务的信息主要包括商家广告、商品服务信息和用户生成内容。用户生成内容包括在线评论的口碑传播、用户参与的价值共创、用户互动的人际沟通以及自媒体形式的角色展演。与传统电子商务的“广播式”传播相比，社会化电子商务强调用户贡献和用户自生内容，并依赖双向沟通的方式进行渗透式人际传播，信息的说服效果更好。用户作为社会化电子商务主体，既是传播信息的媒介，又是生产信息的源泉。杨学成等以小米公司的用户参与价值共创为例，证实了在产业价值共创的过程中顾客参与和信息的重要性。信息被视为价值创造的一种来源。孟键以大众点评为例对社会化电子商务环境下用户生成内容的动机进行了研究。要充分发挥顾客在社会化电子商务中的价值，高穗等通过巴斯模型来对社会化电子商务情境下新产品扩散中的顾客价值进行量化研究，将顾客价值分为购买价值（CV）、影响价值（IV），建立了顾客价值测量模型。李燕基于在线口碑扩散的生命周期变化对社会化电子商务在线口碑信息扩散方式进行了研究，并用 SNA 方法对在线口碑扩散模型进行了实证分析。陈远等构建了社会化商务下基于社会化网络的商务信息服务模式，根据 SNS 原理分别搭建面向个人和组织用户的社会化商务网站平台和企业社会网络系统平台，以期实现商务信息的互动。

综上所述，社会化电子商务平台信息服务方面的研究较少，未来对于社会化电子商务平台信息服务方面的研究，学者们可以把眼光更多地放在信息的传递当中，如信息传播模式、广告宣传以及信息创新捆绑传递模式等。

1.4.3 社会化电子商务研究涉及理论

对电子商务这一领域的研究已经形成了一个比较成熟的体系，虽然社会化电子商务是电子商务的一种特殊形式，但是与电子商务还是有很大的区别，学者们也试图用不同的理论和视角去研究这一问题。社会化电子商务研究过程中运用到的理论如表 1-4 所示。

表 1-4 社会化电子商务研究的理论基础

学科		理论	
市场营销学		①口碑理论 ②病毒营销理论 ③效价理论	④市场网络观 ⑤市场细分
消费者行为学		①ABC 态度模型 ②网络消费行为理论	③消费情感理论 ④期望确认理论
传播学		①意见领袖	②创新扩散理论
计算机学		①编码理论	②数据挖掘理论
经济学		①28 原则 ②双边市场理论 ③价值链理论	④迁移理论 ⑤广义虚拟经济理论
社会学		①信任理论 ②承诺理论 ③社会资本理论	④社会支持理论 ⑤社会互动理论 ⑥社会资源理论
心理学	社会心理学	①理性行为理论 ②计划行为理论 ③社会临场感理论 ④社会影响理论	⑤从众理论 ⑥社会学习理论 ⑦六度分割理论 ⑧社会认同理论

续表

学科		理论	
心理学	消费者心理学	①消费者购买动机 ②消费者满意理论	③购买决策理论 ④消费者感知价值理论
	其他	①动机理论 ②沉浸理论 ③应对理论 ④拓展理论	⑤双过程理论 ⑥刺激反应理论 ⑦马斯洛的需求层次理论 ⑧涟漪效应
其他学科		①强弱关系理论（社会网络理论） ②网络结构理论 ③用户信息行为理论（交叉学科） ④组织文化认同（现代交往理论） ⑤聚类分析理论（交叉学科）	⑥依存理论 ⑦“结构洞”理论 ⑧内外因理论（哲学理论） ⑨复杂社会网络理论（管理学） ⑩系统成功理论（现代控制理论） ⑪科学设计理论

注：资料来源：本研究整理。

通过表1-4我们可以看出，学者们基于“社会化”进行了大量的研究，广泛地运用不同学科的理论来研究社会化电子商务，用一个理论或者综合运用几种理论来解释所研究的问题。根据上节对研究主题的划分，构建出理论基础与研究主题之间的关联图，如图1-12、图1-13所示。

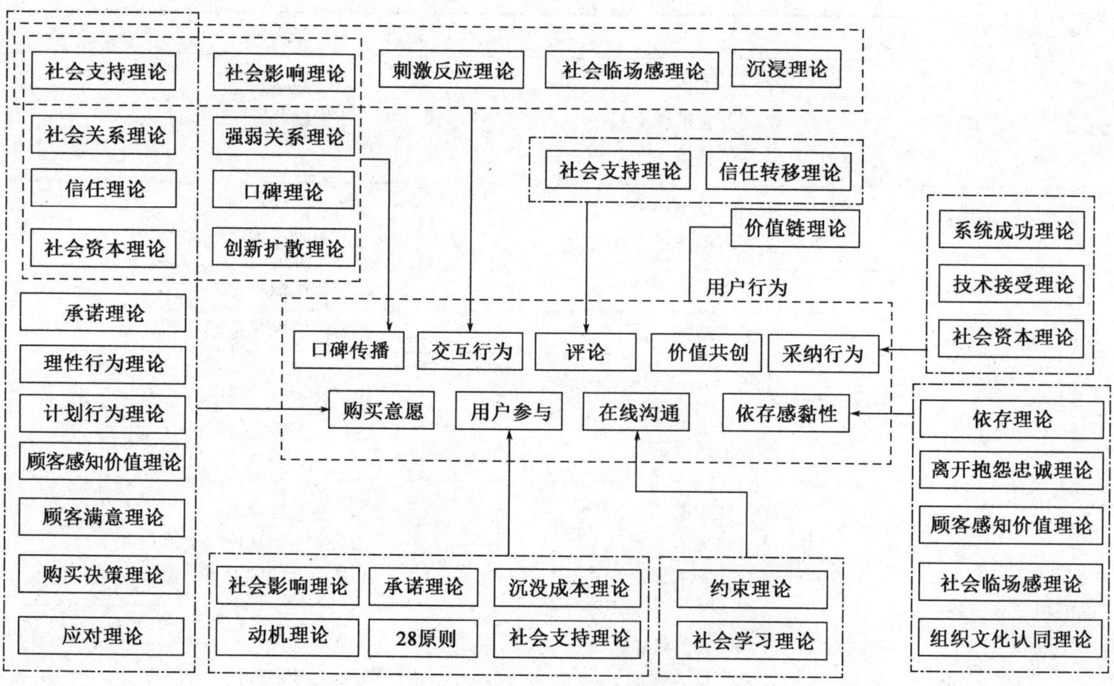

图1-12 理论基础与用户行为研究的关联图

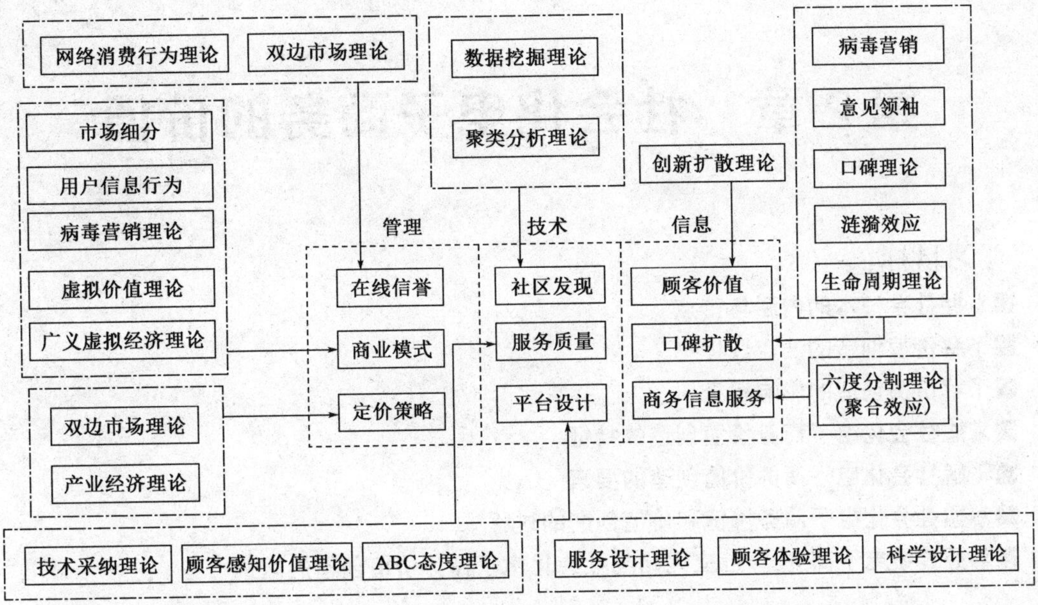

图 1-13　理论基础与平台管理、技术支持、信息研究的关联图

本章小结

本章介绍了社会化电子商务产生的背景，概括了社会化电子商务平台的特性，界定了社会化电子商务概念、内涵，构建了社会化电子商务的结构图。随后，对社会化电子商务的发展阶段、社会化电子商务发展的特征进行了阐述。最后，简要概述了社会化电子商务的研究现状，对当前社会化电子商务领域研究的基本框架和热点问题进行了分析。

思考练习题

1. 简述社会化电子商务发展的背景。
2. 简述社会化电子商务的内涵，并结合实际进行讨论分析。
3. 社会化电子商务有哪些特征？结合社会化电子商务的结构进行分析。
4. 社会化电子商务的类型主要有哪几种？各列举一些平台实例。
5. 社会化电子商务的发展主要经历了几个阶段？各个阶段有哪些特征？
6. 简述社会化电子商务的研究现状，并结合实际研究讨论未来的发展方向。
7. 社会化电子商务的研究中应用到的理论有哪些？

第2章 社会化电子商务的价值

学习目标

■掌握社会资本的内涵与特点
■了解价值创造的演变过程
■了解价值创造的影响因素
■掌握社会化电子商务价值创造的特征
■了解社会化电子商务价值创造的要素
■掌握社会化电子商务价值和价值创造的过程
■掌握传统电子商务、社交网络与社会化电子商务价值创造的区别

2.1 社会资本与价值创造

2.1.1 社会资本内涵与特点

从社会学的角度看，社会化电子商务快速发展的根本原因在于充分挖掘了蕴含于社会关系网络中的社会资本的巨大价值。

2.1.1.1 社会资本内涵

社会资本（Social Capital）是指个体或团体之间关联的社会网络、互惠性规范和由此产生的信任、权威、行动的共识以及社会道德，是人们在社会网络结构中所处的位置给他们带来的资源。社会资本是相对于物质资本和人力资本的一种无形资源形式，它以社会关系中的信任、规范和网络为载体，既具有社会关系中的制度、规范和网络化等组织结构特征，还包括个体所拥有的信任、威望、社会声誉等人格网络特征。社会资本存在于人际关系的社会结构之中，这种无形联系通过人与人之间的合作进而提高社会的效率和社会整合度，给相关个人或组织带来收益。

社会学家格兰诺维特（Granovetter）最早提出社会资本概念。法国社会学家皮埃尔·布迪厄（Piere Bourdieu）在其关系主义方法论的基础上提出了场域和资本概念，最早将社会资本引入社会科学的研究领域。他认为场域是由不同的社会要素连接而成的一张社会关系网，社会不同要素通过占有关系网中的不同位置而在场域中存在并发挥作用，关系网络创造了一种解决社会问题的有价值的资源，并向成员提供集体所有的资本。美国社会学家詹姆斯·科尔曼（James Coleman）认为，每个自然人从一出生就拥有了三种资本，即由遗传天赋形成的人力资本，由物质性先天条件如土地、货币等构成的物质资本，和自然人所处的社会环境所构成的社会资本。社会资本是个人拥有的，表现为社会结构资源的资本财产。美国社会学家罗纳德·博特（Ronald Burt）在结构洞（Structure Hole）理论中，强调企业家在开发关系稠密地带之间的结构洞方面的重要性，企业家通过联结不同的、一定程度上

相互隔断的关系网络为企业提供新的资源。他认为社会资本是朋友、同事和更普遍的联系，通过这些关系能得到使用其他形式资本的机会。美国社会学家林南（Nan Lin）认为：在一个分层的社会结构中，人们拥有的弱关系比强关系能带来更多的社会资源；一个人的社会网络的异质性越大，网络成员的地位越高，个体与成员的关系越弱，他拥有的社会资源就越丰富。

哈皮特和戈沙尔从结构、关系和认知三个维度深入分析社会资本。结构维度（Structure Dimension），又称为结构性嵌入，是指行动者之间联系的整体模式。结构维度强调社会关系网络的非人格化一面，分析的重点在于网络联系和网络结构的特点，即网络联系存在与否、联系的强度、网络的密度、中心与边缘、连接性等。关系维度（Relational Dimension），又称为关系性嵌入，是指通过创造关系或由关系手段获得的资产，包括信任与可信度、规范与惩罚、义务和期望以及可辨识的身份。关系维度强调社会关系网络人格化的一面，即与社会联系的行动者有关，表现为具体的、进行中的人际关系，是行动者在互动过程中建立的具体关系。认知维度（Cognitive Dimension），是指提供不同主体间共同理解表达、解释与意义系统的那些资源，表现为如语言、符号和文化习惯，组织内的默会知识等。

我国学者边燕杰在研究城市居民的社会资本时得出，已有社会资本可以从关系、结构和资源三方面理解。关系方面认为，社会资本即社会网络关系，个人的社会网络关系越多，则个人的社会资本存量越大。结构方面认为，社会资本即社会网络结构，高密度的社会网络有助于约束个人遵从团体规范，而低密度的社会网络则可以减少这种约束；个人占据社会网络结构洞位置有信息和控制的优势，有利于其在竞争环境中的生存与发展。资源方面认为，社会资本是一种社会网络资源，个人在社会网络中的位置决定所能动员和使用的社会网络中的嵌入资源。社会资本的存在形式是社会行动者之间的关系网络，本质是这种关系网络所蕴含的、在社会行动者之间可转移的资源。任何社会行动者都不能单方面拥有这种资源，需要借助关系网络才能发展、积累和运用这种资源。

从微观层面和中观层面看，社会资本研究主要着眼于个体行动者的关系指向特征及其自身社会地位状况对其所能获取的社会资本的影响，或者是关注行动者所在的社会网络整体的结构性特征及网络间的互动、制约对个体社会资源获取能力的影响。社会资本蕴含于社会团体、社会网络之中，不能为个体直接占有、运用，个体需要通过成为网络成员、建立网络纽带，才能接近和使用这类资本。

2.1.1.2 社会资本特点

社会资本除了具有与物质资本、金融资本、人力资本相似的通过积累形成、规模效应、需要不断更新及生产性等共同特征外，还有如下四个方面的独有特征。

（1）社会资本具有公共物品性质

社会资本与其他资本的根本差别在于，它不只是一种私人资产，它更具有集体而不是个人的特性。社会资本可以为个人所用，但并不完全受个人支配，不像金融资本那样容易转移，也不像人力资本那样具有流动性。社会资本源于社会结构和社会关系，更具有社会性，收益具有更大的扩散性。

（2）社会资本具有不可转让性或者说不可让渡性

社会资本的所有者可能是个人，也可能是组织，甚至有可能是社会整体。但无论属于谁，社会资本具有不可转让性或者说不可让渡性。每个人拥有的社会资本都是独特的，社会资本与拥有者共存。

(3) 利用越多，社会资本价值越大

不同于物质资本，社会资本不会由于使用而减少，反而会由于不使用而枯竭。它具有可再生性，是非短缺的，不断消费和使用会增加其价值。

(4) 社会资本的生产具有不可模仿性，失去时可能会很快

社会资本更多表现为历史制度的沉淀，如人们共同遵守的行为准则、规范、情感等，反映社会大众或绝大多数人认可的价值观体系和文化资源的积淀。社会资本的积累较慢，一般难以通过外部干预和主观努力快速形成，但它可以很快地失去。网络中个体的某次失误都有极大可能浪费集体形成的信任和社会联系资源。社会资本是经济增长、社会公平和政府有效的重要前提条件。

2.1.2 价值创造演变和要素

2.1.2.1 价值创造的演变

(1) 价值创造方式的演变

价值共创理论近年来成为生产和服务领域关注的热点，随着服务经济时代的来临，人们对于价值创造的观念也随之发生改变。学者武文珍对价值创造的认识演变阶段做了总结，主要可以分为三个阶段。

① 第一个阶段是生产者单独创造价值，是产品主导逻辑下的价值创造方式。该观点认为企业是资源的拥有者，产品的生产制造都是通过企业来完成，而消费者只是负责消耗产品，与企业之间并无互动。

② 第二个阶段是生产者与消费者共同创造价值，该阶段是服务主导逻辑下的价值创造方式。该观点认为顾客和企业同样都可以作为资源的拥有者投入企业的生产经营活动中去，企业可以先通过提出合适的价值主张来引导顾客进行参与，企业与顾客之间可以通过互动来实现价值的共创。

Norman 和 Ramirez 于 1993 年提出了价值共创的思想，他们认为价值创造系统的主体包括供应商、企业、顾客等，企业未来的战略规划应集中在价值创造系统上，即通过多方参与来共同创造价值。众多学者在各自研究中从不同角度对价值共创进行了定义，本书基于学者万晴晴对代表定义的整理将价值共创的定义从主体、资源两个维度进行阐释。

从主体维度来讲，Normann、Ramirez 认为价值创造系统的主体包括供应商、企业、顾客等；Prahalad 等认为在价值共创过程中，企业和顾客是最重要的主体，共创的价值在于提升了顾客的消费体验；Stephen L. Vargo 等认为价值共创主体包括参与交换的各个服务系统；Venkat Ramaswamy 等认为价值共创实际上包含一切利益相关者，而不仅仅局限于最终消费者。

从资源维度来讲，林闯等认为具体的价值共创是指企业根据顾客需求提出价值主张，在双方达成价值主张契合之后进行资源的交换及互动；钱轶冉等认为价值共创过程就是企业作为资源拥有者首先进行投入，为顾客参与提供前提，然后再根据顾客的需求进行价值主张的传达，顾客在接受企业的价值主张之后同样作为资源拥有者投入价值共创系统中，双方进行持续对话交流实现共创。

从研究领域来看，当前价值共创主题的研究主要集中在以下九个层面。

a. 价值共创的研究综述。学者李朝辉将国内外学者的研究分为生产者领域和消费者领域的价值共创，认为消费者领域的价值共创将成为研究的热点；赵保国运用文献计量的方法进行了总结分析，并指出基础研究所占比例较大，实践和应用研究所占比重较小。

b. 服务主导逻辑层面。国内学者钟震东等在服务主导逻辑的基础上分析了企业和顾客在价值共创中的新角色，探讨了顾客使用价值的创造过程，并提出了价值共创概念模型，对价值共创的内部机理进行了阐释；张婧认为服务主导逻辑导向将提升服务企业与顾客进行资源互动的能力，进而改善二者共同制定计划、共同执行计划、共同解决问题等价值共创活动，最终提升顾客价值感知；另外，很多学者以案例研究的方式对服务主导逻辑下的价值共创进行了研究，例如学者周文辉指出价值共创的过程包括价值共识、价值共生、价值共享与价值共赢四个要素，在创新领导者的推动下，知识服务的内容与价值共创的过程相互作用，共同促进知识服务转化为绩效。

c. 消费者体验层面。魏庆刚指出顾客通过参与价值共创可以提升体验价值，并对企业获取顾客忠诚有积极的促进作用；学者王新新指出社会网络是消费体验存在的环境，顾客和企业是社会网络中的各个节点，服务占优是消费体验的源泉，通过消费体验从而达到价值共创；韩丹认为用户通过参与价值共创使平台、用户达到双赢的状态。用户之间通过平台不断进行交流可以促进情感升华，并将用户融入平台。

d. 创新层面。结合价值共创理论和开放式创新理论，越来越多的企业邀请顾客、供应商等加入到企业的创新中来，主要表现为企业新产品开发的创新。姚山季和王永贵在研究"顾客参与新产品开发对企业技术创新绩效的影响机制"中指出顾客创新对技术创新影响显著；邬适融在新产品开发模式中以宝洁为例，研究了内包、外包和众包相结合的新产品开发形式，并将专有网络和开放网络有机结合，提升新产品的开发速度和市场接受度。

e. 顾客参与层面。研究集中于顾客参与的过程、运作机理以及对顾客自身带来的影响等。国内学者魏庆刚在研究中指出顾客参与价值共创会给顾客带来积极的体验，推动企业转型升级，最终获取顾客忠诚；葛丽丽根据产品价值形成的三阶段研究了顾客参与价值共创的形成机理。

f. 品牌资产层面。这一层面主要表现为虚拟品牌社区的价值共创研究，探究顾客参与对企业品牌和顾客忠诚等的影响。李朝辉验证了顾客参与发起的和自发的价值共创都对感官体验、思考体验和行为体验具有正向显著影响；金永生研究发现品牌体验在顾客参与价值共创与品牌资产之间具有中介作用；张晓慧等对消费者参与虚拟品牌社区价值共创动机进行了分析，包括经济利益、社交需求、娱乐休闲等动机。

g. 社交网络层面。李佳研究了在社交网络情境下网络口碑和价值共创对消费者购买意愿的影响；罗岚对消费者与企业参与网络社区营销的动因以及共创价值形成机理进行规范分析。

h. 柔性价值链层面。陶晓波以小米公司的社会化价值共创为例，提出柔性价值网的概念，明确柔性价值网由用户链接驱动的价值共创、用户互动驱动的价值共创和用户重构驱动的价值共创这三条价值共创的主线构成，并建议企业采用柔性价值网的形式开展社会化价值共创活动。

i. 商业模式层面。杜兰英基于价值共创理论对商业模式的创新形式进行了研究，提出商业模式创新的路径，通过顾客和企业之间资源互补和交换实现创新促进和共创，从而调整或变革企业商业模式。

③ 第三个阶段是消费者单独创造价值，该阶段是顾客主导逻辑下的产物，该观点认为

消费者在企业提供的物质基础上，根据自己的价值主张，在消费的过程中对企业提供物进行价值再创造的过程，而此时消费者与企业之间不再进行互动，只是消费者自己进行价值的创造。目前这种观点的研究比较少。

不同主导逻辑下的价值创造的模式对比如表 2-1 所示。

表 2-1　不同主导逻辑下的价值创造的模式对比

项目	商品主导逻辑	服务主导逻辑	顾客主导逻辑
价值的动因	交换价值	使用价值	体验价值
创造的模式	企业单独创造	企业和利益相关者共同创造	消费者单独创造
价值的中心	以企业为中心，以商品为中心	以企业为中心	以消费者为中心
创造的场景	企业的生产过程中	消费者在商品或服务的消费中	消费者日常生活实践
价值的意图	提升企业的利润	通过服务（运用知识和技能）提升适应性、可持续性	满足消费者个性化需求
价值的测量	市场价格或消费者愿意支付的价格	收益相关者系统的适应性和可持续性	待研究
资源的使用	操作性资源的交换	操作性资源的运用	操作性资源的运用
企业的角色	生产和分配价值	提供服务、建议，共同创造价值	提供资源和服务
商品的角色	嵌入价值的输出和操作资源的结合	服务传递的工具	资源和服务传递的工具
消费者的角色	价值的消耗者	价值的共同创造者	价值的创造者

（2）价值创造领域的演变

学者李朝辉从研究领域的角度来分析价值创造方式的演变，指出价值共创涉及的领域包括生产者领域和消费者领域。其中生产者领域的价值共创强调的只是顾客参与企业活动这一具体行为，顾客只是价值的合作生产者，此时企业把原本需要内部完成的工作交给外部人去实现，从而把消费者引入生产者领域；消费者领域的价值共创强调的是顾客的体验价值，主要包括生产者单独创造价值、消费者单独创造价值、消费者与企业共同创造价值、消费者与消费者共同创造价值几种方式，价值的创造由消费者主导和决定。

（3）价值创造理论的演变

在上述三阶段的价值创造方式可以归结为消费者领域的价值共创行为，而生产者领域的价值共创行为和消费者领域的价值共创行为都归属于价值共创，只是一种过程中两个不同的视角。关于价值共创的方式演化到现在，目前比较盛行的是以下两种价值共创观点：Vargo 和 Lusch 基于服务主导逻辑的价值共创观点和 Prahalad 和 Ramaswam 基于消费者体验的价值共创观点。

① 基于服务主导逻辑的价值共创理论。Vargo 和 Lusch 从经济发展以及演化模式的宏观角度提出了基于服务主导逻辑的价值共创理论，“服务是一切经济交换的基础”和“消费者是价值的共同创造者”是其主要核心观点。他们认为，服务主导逻辑下的共同创造价值，企业首先要提出自己的价值主张，并且拥有价值创造的支持系统，为消费者投入价值创造中提供良好的环境，此时消费者再作为资源整合者，通过整合利用各方资源进行价值共创。消费者是操纵性资源的拥有者，他们把自己的知识、技能、经验等投入企业的价值共创系统中，这是价值共创的一个重要的前提。

② 基于消费者体验的价值共创理论。Prahalad 和 Ramaswam 从企业战略的微观角度出发提出基于消费者体验的价值共创理论，其指出“价值共创的核心是共同创造消费体验，企业和顾客通过价值网络的异质性互动是其基本实现方式，在所有的价值共创活动中，对话、获取、风险评估与透明性是价值创造的四大基石，即 DART 模型”。他们认为管理者必须摒弃传统“以企业为中心”的价值创造观念，不应该仅仅关注企业产品与过程的质量，而应该将重心转移到共同创造体验上来。Prahalad 的思想将是未来企业变革的前进路线图。价值共创演化路径如图 2-1 所示。

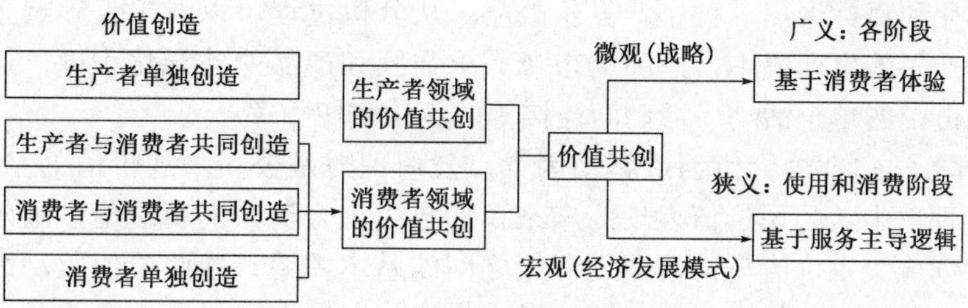

图 2-1　价值共创演化路径

2.1.2.2　价值创造的影响（驱动）因素

价值创造是指企业生产、供应满足目标客户需要的产品或服务的一系列业务活动及其成本结构。在价值创造的物理过程中，价值就是成品的使用价值，如电话使我们联系方便，汽车方便我们旅行，粮食用来充饥，衣服可以保暖。

关于价值创造的影响（驱动）因素，从不同理论视角、不同环境和宏微观不同层次等方面看，有不尽相同的认识。

（1）基于不同理论角度的价值创造驱动因素

先分别从经济学、管理学和财务学角度来看价值创造的影响因素。

① 基于经济学角度的价值创造驱动因素。经济学对价值的源泉及其影响因素研究成果丰富。经济学鼻祖、英国古典经济学家亚当·斯密认为，产品价值包括使用价值和交换价值两方面，使用价值刻画产品的效用，交换价值表示产品对他种商品的购买力。在亚当·斯密的理论基础之上，大卫·李嘉图进一步提出了古典劳动价值理论。他认为，使用价值是交换价值的前提，商品价值量取决于最不利的条件下进行产品生产所必须投入的劳动。马克思批判继承了古典劳动价值论，认为交换价值是价值的量的表现，价值的本质是劳动，价值是凝结在商品中的人类抽象劳动，只有人的劳动才能创造价值。凯恩斯等提出的效用价值论认为，商品的价值由商品为顾客带来的效用所决定，商品效用越大，商品的价值越大。马歇尔等创建的新古典经济学认为，需求价格是衡量商品或服务稀缺程度、效用或满足欲望程度的标准；产品需求量决定需求价格，消费者对商品或服务效用的主观评价决定商品需求量；需求价格是买方愿意支付的最高价格；存在商品供给价格，商品供给价格取决于生产成本，是生产者愿意接受的最低需求价格；商品效用和商品的生产成本是决定商品市场价格的两个重要因素。

劳动价值论认为劳动是价值创造的源泉，新古典价值论认为商品或服务价格是由均衡价值决定。劳动价值论、新古典价值论的共性是，人类生产力资源及其水平的发展变化推动着人类社会历史的发展和时代的变迁，不断变化、增长的生产力是商品价值形成的源泉；如何改进劳动工具、改进劳动方式、发展科学技术、提高劳动效率、减少劳动成本是价值创造的影响（驱动）因素。效用价值论认为顾客对商品或服务的主观感受或效用决定着商品价值，如何提升顾客价值是商品价值创造的驱动因素。

② 基于管理学角度的价值创造驱动因素。美国哈佛大学的迈克尔·波特教授在 1985 年出版的专著《竞争优势》中提出，价值是买方愿意为企业提供给他们的产品所支付的价格；价值用总收入来衡量，总收入则是企业产品得到的价格与所销售的数量的反映；如果企业所得的价值超过创造产品所花费的各种成本，那么企业就有盈利；为买方创造超过成本的价值是任何企业的基本战略目标。迈克尔·波特教授进一步提出五种竞争力模型，得出成本领先、差异化和目标聚焦三种企业竞争战略。从分析过程可以看出，影响企业价值创造的主要因素是产品的生产成本、产品的市场需求强度和产品的差异化程度。这些主要因素又与产品价值链中的单个活动、活动间连接等的优化密切相关。

③ 基于财务学角度的价值创造驱动因素。公司理财是公司增加价值的基本手段之一。在经典的 MM 理论中，公司价值表现为未来预期自由现金流量的折现值。阿尔弗洛德·拉帕波特阐明了创造股东价值与价值驱动因素之间的基本关系。这些价值驱动因素包括销售增长率、营业毛利率、所得税税率、营运资本投资、固定资产投资、资本成本和企业价值增长期。公司理财主要包括筹资、投资、营运和分配四部分的内容。筹资成本的高低影响着公司价值评估的折现率，影响着公司的节税效益和剩余利润的多少。投资水平、规模及方向决定着收益率的高低，影响着公司未来预期现金流量大小，进而影响到公司价值。公司的营运策略直接影响到公司成本的控制、收益的高低。股利分配政策决定着公司自由现金流量，同时起着对投资者、管理者、员工等利益相关者的协调、平衡作用。公司价值创造的根本驱动因素是投资资本回报率和预期增长率。这两个基本的财务指标反映了企业从日常经营管理、投资到公司资本结构的许多问题。

（2）基于内外环境的价值创造驱动因素

现代企业是一个参与市场经济的经济实体，在创造价值的过程中会受到外部环境驱动因素和内部环境驱动因素的影响。这些因素中包含着许多驱动公司价值创造的因素。外部环境驱动因素包括宏观环境因素和行业环境因素；内部环境驱动因素包括提供的产品和服务、技术进步、管理方法改进。

① 外部环境驱动因素。宏观环境因素包括政治环境因素、社会环境因素、经济环境因素、科技环境因素等。政治环境因素包括国家法律、法规、政府执政的路线、方针、政策、政治局势等。社会环境因素包括社会风俗、价值观、社会发展趋势、消费者心理等。经济环境因素包括国民经济运行态势、利息、通货膨胀率、汇率、宏观经济政策等。科技环境因素包括新材料、新设备、新工艺、新技术、新思想、新方法等。

随着市场竞争的越来越激烈，企业面对的外部环境是越来越复杂和存在不确定性。面对着现实的外部环境，企业只有主动地去适应外部环境。在现有的外部环境下，企业需分析在环境中企业所具有的优势和劣势，做出切合实际的战略选择。

行业环境因素主要包括行业特征和区域特征两个方面。行业特征包括行业竞争强度、行业周期性以及政府行业导向三个方面。竞争强度直接关系到公司的获利能力，行业内五种竞争力量决定了行业内的竞争激烈程度。这五种竞争力量是供应商、购买方、潜在进入者、替代产品生产者和行业内现有竞争对手。处于不同发展周期的行业，其发展速度、行业内公司盈利能力差异较大。如果是增长性行业，无论经济是否衰退，行业发展速度变化不大，公司预期盈利较高，公司价值也不断提升，如新材料、IT 产业等高科技企业；如果是衰退性行业，则公司销售收入呈负增长，公司盈利能力增长也下降，公司价值也就自然贬值。

政府在不同时期视国民经济的发展情况将对不同行业采取不同的扶持或限制政策，以促进产业结构的不断优化和国民经济的健康快速发展。鼓励性产业受到政府较多扶持，产业发展速度将逐步加快，公司价值也会获得提升；而受限制性产业，支持政策较少，行业发展速度也会受到限制，公司盈利能力自然较低。

此外，区域的不同也会影响企业的价值创造。因为不同区域的生产要素成本及其使用效率有很大的差别。因此，处于不同区域的公司，其创造现金流量的能力是不同的。这会进而影响企业的价值创造。

② 内部环境驱动因素。公司价值不仅取决于宏观政治环境、社会环境、经济环境、科技文化环境、生产经营环境，更取决于公司内部环境。同一行业不同公司之间的效益差别大于不同行业之间公司效益的差别足以说明公司内部环境对公司价值的重要性。不同的公司可能面临差不多的外部环境，但不同的公司内部情况却千差万别，千差万别的公司导致其公司价值各异，市场竞争能力各不相同。因此，从公司内部挖掘公司价值创造的驱动因素至关重要。三个重要的内部环境驱动因素包括提供的产品和服务、技术进步和管理方法改进。

提供产品和服务是形成公司销售收入和利润的基础条件。进行价值创造需要企业根据大多数顾客的要求来重新考虑其所提供的产品和服务。提供什么样的产品和服务是由项目的选择和投资决策决定的。在项目选择时，要利用迈克尔·波特的五力模型，充分论证即将进入的行业中五种竞争力量的竞争激烈程度，评估行业的发展前景。在选择合适的行业后，要进行投资决策分析。首先进行净现值决策分析。只有当净现值 NPV >0 时，投资的项目才可能提升公司价值。其次进行项目的战略决策分析。所选择的投资项目，不仅本身的净现值要大于 0，还要考虑本项目的投资对整个公司的战略定位、竞争优势产生什么样的影响，亦即进行非财务信息的决策。另外，随着公司面临环境越来越不确定性，投资项目应视环境变化做出扩大或压缩投资的决策，形成项目投资的期权价值。在产品和服务的获利方式的选择上，要进行经营战略的选择，包括选择成本领先战略（提供低成本的、低价格的产品和服务）、产品差异化战略（提供优质的、与众不同的产品和服务）、目标聚焦战略（在特定的市场提供特定的产品和服务）。

除了提供产品和服务，技术进步同样是企业价值创造的重要内部驱动因素。在现代激烈的市场竞争中，无论是产品服务成本的降低，还是产品服务质量的改进，都依赖技术水平的提高。显然，技术水平的改进将极大地提升公司价值。根据经济学原理，技术改进可以极大地缩短公司生产产品的社会必要劳动时间，从而生产产品的必要劳动时间大大低于社会生产产品的平均劳动时间，使公司获得超额利润。此外，技术改进可以极大地提高生产效率，扩大了生产规模，增大了产品服务的市场占有率，增加了产品服务的市场优势。

最后管理方法的改进同样驱动着企业的价值创造，为价值创造构建了一个软环境。这些先进的管理方法包括准时制生产（JIT）、全面质量管理（TQM）、弹性工作系统（FWS）。在管理会计实务中出现了作业成本核算（ABC）、作业制管理（ABM）、作业制预算（ABB）、标杆制（Benchmark）以及业绩评价中的平衡记分卡（Balanced Scorecard）等。计算机技术的发展，信息技术的应用如 ERP、BPR 等这些先进管理软件的应用，极大地提升了公司的管理效率。

（3）基于不同层次的价值创造驱动因素

基于不同层次对价值创造的驱动因素进行划分，可以将其分为三类：表层因素、中层因素和核心层因素。

① 表层因素是公司价值的财务表现。具体包括：反映公司盈利能力的指标如销售利润率、每股盈余、总资产收益率、净资产收益率；反映资产营运能力的指标如存货周转率、应收账款周转率；反映公司成长性的指标如销售增长率、利润增长率、总资产增长率；反映营运、投资支出的指标如营运资本增长率、投资资本增长率；反映资本成本的指标如负债比例、不同资金来源的筹资成本等。

② 中层因素是提升公司价值的基础性因素。中层因素指标主要包括平衡计分卡中的非财务指标，即包括顾客、内部运行、学习与创新。顾客指标包括顾客满意度、顾客忠诚度、市场占有率等。内部运行指标包括产品设计水平、产品设计周期、产品技术水平、成本管理等。学习与创新指标包括员工满意度、员工知识水平、员工培训次数、新产品开发能力、研发费用增长率等。

③ 核心层因素是提升公司价值和获取竞争优势的关键和核心指标。核心层因素亦即公司的核心能力。核心能力是公司在长期发展过程中形成的获取竞争优势的独特资源和能力。这种独特的资源和能力具有价值性、稀缺性、难以模仿性、难以替代性的特征。公司的核心能力是由公司的核心技术、核心管理和核心营销网络三个要素构成的。核心技术包括公司内部所拥有的独特的、具有优势的技术，它能使产品或服务从成本、质量或独特性方面处于领先地位。核心管理知识包括公司的各项规章制度、组织结构、公司战略、公司文化等，它是公司高效有序运转、实现其核心能力的组织和制度保证。核心营销网络包括品牌和商标、商誉、销售渠道、顾客忠诚度等。

2.1.3 社会资本与价值创造

社会资本作为资本的一种形态，其通过对契约履行程度、资源获取以及交易成本节约等多方面的影响来实现价值增值的功效。企业借助社会资本创造价值的过程，实际上是企业与其外部利益相关者在互动过程中采取合作策略的过程。本节主要从企业社会资本对企业价值创造的影响机理、企业社会资本的价值创造机理两方面阐述社会资本与价值创造之间的关系。

2.1.3.1 企业社会资本对企业价值创造的影响机理

企业社会资本对企业价值创造的影响主要体现在三方面：企业社会资本对契约履行程度的影响；企业社会资本对物质资源、人力资源获取与整合的影响；企业社会资本对交易成本节约的影响。这三者和企业社会资本、价值创造之间的关系可用图 2-2 来表示。

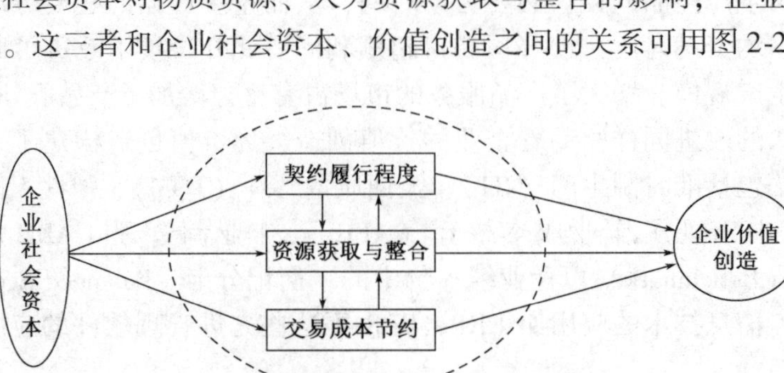

图 2-2 企业社会资本对价值创造的影响机理

（1）企业社会资本对契约履行程度的影响

企业社会资本是企业与其外部利益相关者之间的重复博弈，完全遵守经济契约和社会契约，进行长期合作的结果，它能够带来帕累托改进，进而达到帕累托最优。丰富的企业社会资本能够促进企业经济利益和社会利益的不断增长，保证企业目标的实现。

为了剖析企业社会资本对履约程度的影响，隋敏等构建了企业的效用函数，将企业的总效用表示为经济利益和社会利益之和。研究发现，企业社会资本的丰富程度在很大程度上影响着企业所获得的经济利益和社会利益。在企业和外部利益相关者的合作中，当存在一方不守信，攫取守信一方的利益时，另一方会无法获利。利益受到侵害的一方会以中断合作关系作为对不守信一方的惩罚。并且，网络具有传递信息的功能，不守信一方的投机行为会在社会关系网络中快速传播开来，其他的网络成员也会拒绝与其合作，从而无法获利。由此可见，企业社会资本能够提高关系双方履行契约的程度。

（2）企业社会资本对物质资源、人力资源获取与整合的影响

企业的资本是由物质资本、人力资本和社会资本共同构成的，不同类型的资本形态之间相互影响、相互转化、共同作用，从而实现企业价值和社会价值的良性互动。企业社会资本作为一种具有较强“社会性”的资本形态，是嵌入于企业与其外部利益相关者所构建的网络结构中的一种关系资源，直接决定了企业获取与整合外部资源的能力，促使企业与其外部利益相关者将各自的互补性资源集聚在一起，产生协同效应，从而提升资源获取与整合的效率，进而影响企业价值增值的实现。由此可见，企业社会资本的功效之一体现在企业通过社会关系网络的构建能够获得丰富的资金、知识、信息、人才等其他资源，并发挥这些资源的协同效应。存量大的企业社会资本有利于企业获取更多的物质资源，吸引更多优秀的人才被企业所用，进而获取丰富的人力资源。

企业社会资本是通过基于人际关系的特殊信任关系网络和基于社会信用的普遍信任关系网络对资源获取与整合产生影响，这两大类型的合作关系网络是企业社会资本发挥作用的有效路径。对于企业而言，当其内部利益相关者发生变动时，基于亲缘、学缘、地缘的个体信任关系网络很容易脱离企业，而基于社会信用的普遍信任关系网络则具有更强的稳定性和持续性，因此，后者应当成为企业社会资本获取物质资源与人力资源的主要路径。但是，由于我国目前仍处于社会结构与经济的转型时期，相关的社会制度缺位、市场规范不够健全，基于人际关系的特殊信任关系网络仍然是企业获取物质资源与人力资源的重要来源。

随着社会结构的不断变迁以及经济转型进程的日益深化，基于社会信用的普遍信任关系网络必将成为企业获取资源的主要路径，往往表现为企业通过与其外部利益相关者联盟的方式来实现对外部资源的共享和利用，强调关系的集结在外部资源获取过程中的作用。因此，联盟是企业社会资本发挥“资源获取与整合”作用的重要载体，它的形成是在经济全球化背景下，企业对外部资源需求程度日趋增强的必然选择，也是企业网络化发展模式的产物。在联盟中，互补性资源是合作企业各自所具有的独特性资源，彼此间的联结可以产生比单一企业更多的利润，只有弥补了联盟成员在资源和能力上的弱点，企业之间的合作才有价值。因此，随着经济全球化趋势的加快和企业经营模式的网络化，企业与其外部利益相关者所结成的政企联盟、供应商联盟、客户联盟、银企联盟、竞争者联盟等已经成为政企关系资本、供应商关系资本、客户关系资本、银企关系资本、竞争者关系资本等企业社会资本获取与整合存在于企业边界之外的物质资源、人力资源最为主要的载体，并且

充当了互补性资源联结的桥梁，从而促进资源的优化整合，发挥协同效应，提高资源的利用效率，实现联盟成员的共赢。

（3）企业社会资本对交易成本节约的影响

交易成本，又称为交易费用，包括交易行为所发生的信息搜集费用、每一笔交易的谈判和签约费用以及执行、激励与监督等方面的成本。企业社会资本具有“交易成本节约”的经济功效，在缺乏正式制度性支持的情况下，尤其是在法律保护程度相对薄弱的转轨经济环境中，企业通常会通过其社会连带（或称关系）寻求非正式的制度性支持，以降低企业的运行风险和交易成本。这种社会连带主要包括三种情形：信任机制、信息传递机制和机会主义防范机制。

首先是信任机制。企业通过其所具有的社会资本构建起一种基于交易双方的信任。这种信任的重要作用就在于能够为交易双方提供稳定的心理预期，从而降低由于信息不对称所产生的交易成本，因此，信任机制在企业社会资本发挥“交易成本节约”功效的过程中起着核心的中介作用。

在经济全球化与信息化高度发展的今天，市场环境瞬息万变，充满着较高的不确定性风险，产品的生命周期也大大缩短，企业可以利用其所拥有的社会资本，与外部利益相关者建立起较强的信任关系，实现彼此间在资源、能力与流程上的整合与协同，增强企业抵御市场风险的能力，节约企业在研发、生产、物流、销售等环节上的投入，从而实现交易费用节约的功效。当企业社会资本越丰富时，企业与其外部利益相关者之间的信任水平越高，双方在交易过程中越倾向于采用具有较低成本的商业信用模式或支付更少的预付账款和营销费用。不仅如此，由于契约具有不完备性，交易双方的利益无法全部通过显性的契约予以刚性约束，以信任为核心要素的企业社会资本能够促使隐性契约的达成，从而降低了对显性契约的细节化的要求，节省了耗费在“讨价还价”上的时间和精力。因此，企业社会资本不仅可以减少事前的签约成本，而且极大地降低了不可预见性事件发生时的协商成本。

其次是信息传递机制。由于有限理性的存在，行动者所能获得的信息往往具有不确定性和不完全性，而存量较高的企业社会资本能够提高企业与其外部利益相关者之间互动与沟通的频率，确保彼此间信息传递渠道的拓展与畅通，有效地解决信息不对称问题，从而极大地降低了企业的信息搜寻费用和信息传递成本。具体来说，政企关系资本、供应商关系资本、客户关系资本、竞争者关系资本以及银企关系资本可以通过政企联盟、供应商联盟、客户联盟、竞争者联盟和银企联盟等方式获取更多的政策信息、市场信息、技术信息与金融信息等，从而降低了企业的信息获取成本；管理者关系资本和员工关系资本能够增强管理者、员工与企业之间的合作程度，降低管理者与员工的“逆向选择”和“道德风险”，这不仅能够减少企业的监督成本，而且极大地节约了企业的管理成本。

与此同时，企业的行为选择都源于其经济利益或社会利益的驱动，虽然任何企业都致力于自身价值最大化的终极目标，但是在经营实践中，它们所处的经营环境、行业以及发展阶段等具体情况存在差异。因此，每一企业在特定阶段所受到的利益驱动是不同的，进而决定其追求的具体目标不完全一致。然而利益驱动机制不一致的主体在发生利益关系时可能会出现一定的利益冲突；并且，由于竞争与合作并存，在价值创造与分享的过程中，利益主体的利益诉求及其实现之间难免会出现矛盾，也会导致利益冲突的产生。基于企业社会资本而形成的高效顺畅的信息传递机制是成功解决冲突的关键，极大地促进了关系双方的信息沟通与交流，有利于企业与其外部利益相关者及时进行利益协调，形成一种和谐的利益关系结构，即企业在追求利益共同体利益的同时实现自身价值的增值。

最后是机会主义防范机制。当企业在交易过程中做出了专用性投资，面临着“被套牢”或“敲竹杠”的威胁。由于不确定性风险的存在，对方机会主义行为的发生可能会导致双方合作关系的破裂，此时，企业所投入的专用性资产不得不改变用途。由于资产的专用性较强，这一过程必将发生较高的转换成本或直接沦为沉没成本。基于互惠合作的企业社会资本是防范机会主义的一种极为有效的工具，不仅能够增强企业与其外部利益相关者之间交易关系的持续性和稳定性，而且能够激励交易对方也积极进行专用性投资，形成“双边锁定”的格局，从而不断地强化机会主义防范机制，有效地避免转换成本或沉没成本的发生，实现交易成本的节约。

关系网络结构是企业社会资本形成与积累的有效载体，拥有丰富的社会资本的企业嵌入于更加广泛的关系网络结构中。网络节点间的关系是一种长期的合作关系，每一节点企业都应当基于长期利益的考虑。当与之发生利益关系的外部利益相关者出现机会主义行为时，就会在企业的社会关系网络中传播开来，被全体网络成员所排斥，从而丧失大量的交易机会，其将会面临极高的机会成本，不符合成本效益原则。因此，企业社会资本的“声誉效应”能够对外部利益相关者的机会主义行为产生较强的防范效力，提升企业的自我履约能力，减少耗费在事后监督的时间和精力，避免因发生争执或纠纷而诉之于法院、仲裁委员会等第三方所导致的“惩罚”成本，从而降低企业的交易成本。

2.1.3.2 企业社会资本的价值创造机理

揭示企业社会资本的价值创造机理，主要在于确定企业与其外部利益相关者在交往互动过程中采取合作策略的前提条件。他们在做出这种决策时必须要考虑对方的选择，这实质上是企业与其外部利益相关者之间的博弈问题。由于嵌入于经济契约型、社会契约型网络中的企业与其外部利益相关者之间的互动往往不是短期一次性的往来，而是一种长期重复的交往互动。各利益主体存在着不同的利益诉求，由此形成企业与其外部利益相关者博弈的结构。博弈方利益的“冲突”也会导致不守信动机的产生，但是当前机会主义策略的选择会导致未来合作机会的丧失，在交往次数较多的情况下，博弈方在长期利益的驱动下往往会寻求合作，发展彼此间的相互信任，从而实现博弈主体之间的长期合作。在无限次重复博弈的条件下，行为主体的博弈结果更加复杂，信任机制的形成使得博弈方具有走出“囚徒困境”的可能性。信任机制是以信任为主要手段来处理企业与其外部利益相关者之间的利益关系，减少对显性契约的依赖，切实保障利益共同体高效有序地运转，最终实现所有利益博弈主体的共赢与共识的一种机制。信任机制是所有博弈方能够达成合作的润滑剂，而重复博弈过程中所形成的长期合作也能够不断强化彼此间的信任机制，信任机制的形成是企业社会资本价值创造机理的核心环节。

在单期博弈或是有限次“囚徒困境”博弈中，所有博弈方采取不守信的、非合作的策略将是唯一的纳什均衡或子博弈精炼纳什均衡，即不会出现合作均衡状态。如果博弈的结果无法摆脱“囚徒困境”，那么表明企业社会资本这种资源并没有生成。企业与外部利益相关者之间的交往频繁和持续，所有的博弈方没有预先限定博弈的次数，重复博弈的次数趋于无穷大，在这种无限次的重复博弈中，“囚徒”能走出“困境”的原因在于博弈次数的无限性降低了未来交易中的不确定性，博弈双方会因长期利益而放弃机会主义行为。企业与外部利益相关者的支付矩阵如图2-3所示，其中，$c>a>d>b$，$2a>c$。

		外部利益相关者	
		信任	机会主义
企业	信任	(a, a)	(b, c)
	机会主义	(c, b)	(d, d)

2-3　企业与外部利益相关者间信任的“囚徒困境”博弈

在这个无限次重复博弈过程中，假设博弈双方均采用如下“触发策略”，即博弈双方在第一阶段采取合作的策略（信任，信任）。如果前$t-1$期都是合作，那么继续合作；否则，如果对方在$t-1$期出现了机会主义行为，则在后续阶段一直采取机会主义策略作为报复，从而导致博弈双方的收益都减少。因此，参与博弈的行为主体具有采取合作策略的积极性。“触发策略”有时又被称为“冷酷策略”，这种策略能够引导参与博弈的行为主体积极采取合作策略，促使信任自发形成。用E_1代表企业与其外部利益相关者永远守信取得的总收益；用E_2代表任何一方采取机会主义行为获得的总收益。假设博弈双方的贴现因子δ相同，其中贴现因子δ的大小决定了未来收益折现为当前收益的大小，其值越大，未来的利益越可观，代表博弈方具有较强的谈判能力，更加关注长期利益的获取。E_1和E_2分别可以表示为：

$$E_1 = a \times \frac{1-\delta^{t-1}}{1-\delta} + a \times \delta^{t-1} + a \times \frac{\delta^t}{1-\delta}$$

$$E_2 = a \times \frac{1-\delta^{t-1}}{1-\delta} + c \times \delta^{t-1} + d \times \frac{\delta^t}{1-\delta}$$

只要满足$E_1 \geqslant E_2$，企业与其外部利益相关者之间的信任就会达成，任何一方都不会出现机会主义行为。这时参数满足条件$\delta \geqslant 1-(a-d)/(c-d)$，博弈双方每阶段都选择合作策略（信任，信任），企业的社会资本得以形成。如果守信的一方能够对采取机会主义策略的一方处以相应的惩罚e，那么只要满足$E_1 \geqslant E_2 - e$时，企业与其外部利益相关者之间的相互信任就会形成。可见惩罚成本越大，企业社会资本形成的条件越容易满足。

2.2　传统电子商务价值创造分析

2.2.1　传统电子商务价值创造特征

传统的电子商务主要包含三类，即基于互联网的电子商务、移动电子商务和物联网电子商务。本节主要从目标顾客、产品和服务、提供产品和服务的方式三方面对传统电子商务价值创造的特征进行阐述，并就这三种具体的电子商务模式进行比较。

2.2.1.1　目标顾客

互联网电子商务的早期顾客是那些可以接入互联网、受教育程度比较高、工作环境比较稳定的人群。但随着互联网的普及，其顾客构成类型趋向多元化，全球范围内任何一个网民均是互联网电子商务的潜在目标顾客。

移动电子商务的顾客群体是移动通信设备（如手机、掌上电脑等）的使用者，主要是追求时尚的年轻人、商务人士和无法接入互联网、工作环境经常发生变动的人群。由于隶属于不同的供应商，或者使用的通信协议不同，移动电子商务受到地域的限制，分散于各个相互独立的区域性市场。

物联网电子商务的顾客群体是装有 RFID 等身份识别功能的移动设备的使用者。当顾客进入一个特定的区域，商家可以调取该顾客的独有信息，如历史消费记录等，并据此提供个性化的商品和服务。总体来说，物联网的顾客群在三种电子商务中是最大的。

2.2.1.2 产品和服务

电子商务可以给顾客提供有形的产品和无形的服务，电子商务可让顾客快速获得所需商品的信息，降低买卖双方之间的信息不对称程度，节省顾客的购买成本。全球范围内，可以接入互联网的任何买家、卖家均有可能成为合作伙伴，而且买卖双方可以绕过中间商直接进行交易。

移动通信技术、移动互联网技术和移动终端技术与 IT 技术的融合，使得移动电子商务可以提供基于位置、基于时间、基于个人的产品和服务。目前来看，真正推动移动电子商务发展的是服务，移动电子商务提供的服务主要有个人信息管理、银行业务、购物、基于位置的服务、娱乐、移动应用服务等。

相对于移动电子商务，物联网则可以提供更为个性化的、一对一的产品和服务。因为在物联网环境下，商家通过用户携带的具有身份识别功能的移动设备，获得了针对性更强的、数量更加庞大的顾客独有信息，在对数据进行分析和深度挖掘之后，商家可以针对该特定顾客提供真正个性化的产品和服务。同时，物联网也大大增加了市场的透明度。

2.2.1.3 提供产品和服务的方式

关于传统电子商务提供产品和服务的方式，主要从四个方面进行比较，分别是技术支撑、合作伙伴、成本结构和获利潜力。

（1）技术支撑

从网络基础设施来看，互联网电子商务建立在有线网络的基础上，通过 TCP/IP 实现全球性的互联互通。

移动电子商务则建立在无线网络的基础上，依托于先进的通信和信息技术，具有很强的地域性和公司属性，如无线应用协议（WAP）、移动 IP、蓝牙技术、通用分组无线业务（GPRS）、移动定位系统和第三代移动通信系统。

物联网电子商务建立在射频自动识别（RFID）、红外感应器、全球定位系统、激光扫描器等信息传感设备和有线、无线网络等信息传递系统的基础上，将所有物品与互联网连在一起，实现信息互联和共享。

（2）合作伙伴

互联网电子商务环境下，企业的合作伙伴主要有网络运营商（电信、网通等）、互联网基础设施服务提供商（如国内规模最大的世纪互联）、跨省经营的互联网接入服务提供者、内容提供商（铃声、图片、游戏及信息等内容提供者）、互联网应用服务提供商（为数百万用户提供虚拟主机、企业邮箱、域名注册、网站建设、网络营销等全方位信息化服务的中国万网）、支持性服务提供商（银行、物流等）、互联网门户（新浪、搜狐等）等。

移动电子商务环境下的合作伙伴主要有电信运营商、通信设备制造商、移动终端设备制造商、WAP 网关服务（将 Web 服务器上的内容转换为移动通信设备可以读取的内容）、内容提供商、移动应用软件开发商（用友、金蝶等）、传统的电子商务企业（如手机淘宝、手机当当等）、移动门户网站（如中移动的“移动梦网”、联通的“联通在线”等）和支持性服务提供商。

除了互联网电子商务和移动电子商务涉及的合作伙伴，物联网电子商务还将 RFID 等信息传感设备的生产者和运营者纳入网络体系中。同时，传统的实体经营者也因物联网的万物相连的特性进入价值创造的网络体系中。

(3) 成本结构

互联网电子商务的发展得益于 TCP/IP 协议、开放标准的广泛使用和互联网管理费用的降低。现阶段，网站设计、软件和网络使用基本上是免费的。而且，互联网电子商务使得企业和最终顾客可以直接进行交易，节省了大量的人力、推销和库存成本，这进一步降低了互联网电子商务领域的进入门槛，而移动电子商务领域的进入成本就高很多。因为进入移动电子商务领域需要有一定的顾客基础和前期通信网络设备的投资，同时还伴随着与移动运营商的谈判。对于物联网电子商务而言，当前的成本可能稍高，因为物联网是最新兴起的形式，其中的某些关键技术还未真正成熟，造价过高。

(4) 获利潜力

目前，互联网电子商务企业的收入来源主要有内容使用费（数字化的产品和服务，如付费信息、视频、游戏、铃声等）、广告费、交易佣金等。

移动电子商务则可以给个人用户和企业用户提供基于位置、基于时间和基于个体的产品和服务，在满足顾客移动、及时、个性化需求的同时，提高交易的效率，其收入来源有通信费（如网络流量费等）、内容使用费、广告费等。

物联网电子商务企业因其可以给顾客提供一对一的个性化产品和服务，所以这一价值增值是它们获取利润的主要来源。当然，由于目前物联网尚未真正发展起来，可资借鉴的盈利模式尚需摸索。

2.2.2 传统电子商务价值创造要素

关于传统电子商务价值创造要素的研究，Amit 和 Zott 是该领域的先驱。他们第一次将价值驱动要素的概念引入到电子商务的研究中，以 59 家美国和欧洲的电子商务企业为样本，在案例研究的基础上，提出了电子商务在价值创造中的四个主要的驱动因素，分别是效率（Efficiency）、互补（Complementarity）、锁定（Lock-in）和创新（Novelty）。

2.2.2.1 效率

Amit 等的研究指出，交易效率是电子商务价值创造的主要驱动因素之一。这一发现和 Williamson 的交易成本理论相符。该理论认为，当单位交易成本减少时，交易效率会增加。这里的交易成本是广义的成本。因此，当某个具体的电子商务企业拥有了较高的交易效率时，它也会具有较低的交易成本，同时也会创造更大的价值。效率的提高和线下交易（例如那些在传统市场开展业务的企业）有关，也和线上交易（例如那些在虚拟市场开展业务的企业）有关。这种效率的提高可以通过多种形式反映出来。买卖双方信息不对称的减少就是反映形式之一。信息通过互联网快速、便捷地进行传递，使得买卖双方的交流变得简单而方便。改善的信息传递既可以减少消费者的搜索和讨价还价成本，也可以减少投机行为。通过借助虚拟市场廉价的互联性，电子商务企业能够进一步通过快捷、周密的决策来提升交易效率。通过减少分销成本，优化库存管理，简化交易（从而减少了可能导致的失误），允许单一客户通过综合需求（Demand Aggregation）和批量采购（Bulk Purchasing）来享受规模经济下的实惠，优化供应链，加速交易过程和订单履约，来以更低的成本为消费者提供更多的选择。这样做不仅有利于商家，也有利于消费者。

关于高度网络化的企业获得高效率的事例在管理学文献中屡见不鲜。Dyer 等在研究高度网络化的日本企业时发现，信息流和信息不对称现象的减少对于降低潜在交易成本而言，是十分重要的。更重要的是，信息科技被认为是引领交易成本降低的关键因素。

2.2.2.2 互补

将一些产品组合在一起所表现出的价值高于单个产品表现出的价值之和，这种现象就是产品间的互补。Amit 等的研究指出，电子商务企业能够通过提供一整套互补的产品和服务来创造价值。这些互补的产品或服务可能是由合作企业所提供的垂直方向的服务（例如售后服务），也可能是水平方向的服务（例如一站式服务）。这些服务或产品通常和企业的核心交易直接关联。例如，e-bookers 是一个欧洲的在线旅游网站。它可以确保顾客了解到天气信息、汇率信息，甚至可以预约医疗机构。这些服务可以提高该网站的核心服务的价值（例如机票销售和旅行地预订），进而使用户能够更加便捷地使用该网站预订旅行目的地。

研究同样指出线下资产（Offline Assets）也可对线上服务（Online offerings）进行补充。线上购物的消费者可以通过退货或者商品交换等服务评估获得售后服务的可能性。这种线上和线下互补的商业模式是被诸如 barnesandnoble. com 这样的公司所采用。这家公司和它的合作企业为客户提供了在线浏览和预订的服务，借此来为客户创造价值。同时，它也为合作企业创造了价值，允许它们利用虚拟市场的互联性，来推广各自的产品。

同时一些电子商务企业还倾向于提供一些不直接关联于其核心交易的产品或服务。例如，xoom. com 是一家致力于在互联网用户间从事社区建设的公司。它通过一系列电子商务活动，诸如拍卖、销售和直接营销，来发掘它的基础客户。它通过提供一系列的互联网补充服务，诸如建立和维护主页、进入聊天室和留言板、电子邮件、在线贺卡等，来吸引客户。这些服务都不是涉及 xoom. com 的核心产品或服务。然而，由于它们很好地增进了用户间的沟通，最终还是有效支撑了 xoom. com 的社区构建业务。

2.2.2.3 锁定

电子商务企业创造价值的可能性会随着顾客重复购买而提高，也会随着战略伙伴采用激励措施维持并增强相互间的合作而提高。这种类型的价值创造要归因于锁定。它避免了顾客和战略伙伴转向竞争者，从而以前述的方式创造价值。锁定有时被视作“转移成本”，作为网络外部性的一种情形，也被算在交易成本的范畴之内。

Amit 等的研究指出了锁定顾客的几种方法。首先，采用给予奖励的方案促使消费者重复购买产品。美国零售商 barnesandnoble. com 联合 Master Card 推出的奖励方案就是一个很好的例子。通过使用 Master Card 获得的积分能够再次在 barnesandnoble. com 上使用，用以购买网站上的商品。其次，企业可以为业务流程、产品或者服务设计专门的标准（例如亚马逊的购物车）。再次，企业可以与客户建立可信赖的关系，例如通过独立可信的第三方为客户提供交易安全保护。Consodata 是一家来自欧洲的直接邮寄公司。它提供了一套室内系统来防止数据缺失，并通过了 CNIL 的检查。通过这些措施，消费者将会更加信赖这些电子商务企业，也会更愿意保持对这些企业产品或服务的忠诚度，而不是转向其他竞争者。

2.2.2.4 创新

第一次提及创新对价值创造影响的是 Schumpeter。传统意义上，新的生产方式、分销渠道、市场运作以及市场开发是价值创造的根源。但是 Amit 等的研究进一步指出，电子商务企业可以通过改进交易结构创造出新的价值。例如，eBay 是第一家大规模引入“客户对客户”（Customer-to-customer）拍卖的公司。在这个领域中，即便是低价值的商品也可能成功地在个人消费者之间完成交易。priceline. com 引入了反向市场，在这里个人消费者向商家提出自己的购买意愿和保留价格。autobutel. com 则通过将潜在购买者、汽车交易商、金融公司和税务公司联系在一起，革新了汽车零售的业务流程。这些公司又都引入了新的运作方式，结成了商业交易联盟。它们将之前没有联系的交易方联系起来，通过采用创新交易手段消除买卖过程中的低效率，更好地捕捉消费者需求。

虚拟市场的特点（例如消除了地理、物理上的限制，从消费者到投资者的信息沟通更加通畅）使得创新似乎永无止境。例如，电子商务企业能够识别并将有价值的互补产品和服务纳入其自身的产品体系中。电子商务领域创新的另一个维度体现在对合作参与方的选择评价。例如，企业能够通过和第三方联盟的方式增加其网站的访问次数。作为回报，第三方能借助该企业的网站进行自己的交易活动。

除此之外，创新和锁定这两种重要的电子商务价值创造驱动因素还以多种方式联系。首先，电子商务企业对于吸引和保留有强烈品牌归属感的顾客，具有一定的优势。其次，第一个进入市场是在该市场成功的先决条件。先行者能够占据一个有利的位置，借助网络外部性得到积极的反馈。

创新同样存在于互补中。电子商务最大的创新在于互补元素的创新，例如资源和容量的整合。Cyberian Outpost 是一家美国的电脑零售商。它让顾客选取电脑和配件的组合，并为其提供最新的数据库。该数据库包含了 170000 种产品，涉及有关使用功能和兼容性的信息。这个数据库同样包含有来自于其他合作企业（例如电脑硬件生产商、零部件生产商和软件开发商）的许多互补产品。针对潜在买家，每种产品都包含了各自的补充说明。当然，该数据库也包含了替代产品的信息。从顾客的视角出发，这些互补产品的信息能帮助他们做出更好的购买决策。Cyberian Outpost 也因此成为电子商务领域成功运用创新，进而带来价值创造的经典案例。

2.2.3 传统电子商务价值创造过程分析

Choi 等从过程的角度对电子商务的价值创造进行了分析。过程被描述为一种结构化的、预设的、活动的集合，通过这个集合，特定的消费者或者市场可以得到明确的结果。这种说法强调了过程具有组织的特征。而从管理的角度看，产品则可归作价值的范围之内。但在电子商务的内涵下，数字化的产品则大多与过程相互联系。这些产品的价值则需要从过程的视角进行剖析。这样的过程通常包含有成本、时间、产出质量和顾客满意度。

Choi 等将电子商务的价值创造纳入一个具体的分析框架内，这一框架包含有视角、驱动、分析维度和评价指标四个方面，具体如表 2-2 所示。

表 2-2 电子商务价值创造的分析框架

视角	驱动	分析维度	评价指标
用户	便利	交互；时空压缩；地域；资产专用性	频率；活性；兼容性
信息技术	表现	替代性；冗余性；创新性	灵活性；选择；变化率
价值	不对称	信息；过程；网络；洞察力	质量；价值增值；外部性；品牌

其中，用户视角代表的是使用者出于便捷性的考虑对数字化产品所持有的态度。针对其的分析维度主要包括交互、时空压缩和地域。用户视角也能延伸到虚拟价值链的分析中。它和使用者的资产专有性密切相关，在电子商务的合作中发挥着重要作用。信息技术维度描述的主要是数字化产品。分析维度主要包括替代性和创新性。数字化经济的概念正是基于这一维度建立起来的。信息技术的革新能够给运作和思维方式提供更多的灵活性。价值视角解释的是不对称的信息如何改变虚拟世界的问题。它有信息、过程和网络这几个分析维度。

2.3 社会化网络价值创造分析

2.3.1 社会化网络价值创造特征

各类社交网站是社会化网络的主要体现形式。这里的社交网站主要是指为用户建立各种联系、实现沟通及交流的网络平台。基于 Web2.0 技术基础，社交网站具有极强的互动性，而且用户实行实名制注册。在社交网络平台，用户可与好友进行互动，它改变了人类的交往模式，线下的交往互动转换为线上互动，社交网站使当前互联网趋向于真实化。

对于社交网站的类型，可以从宏观和微观两方面进行分类。从宏观上看，社交网站可以分为外部社会网络与内部社会网络。外部社会网络的典型代表是我国的豆瓣网及美国的 Myspace 等；内部社会网络的典型代表是美国的 Facebook 以及我国的开心网、人人网等。内部社会网络是由在同一协会、公司、学校、社区或组织的用户组成的私人的或封闭式的群体，或者是要通过邀请才能加入的由外部社会网络某一用户自己创建的小组。通过对方的请求认证用户才能确认对方的“朋友”关系，自己所关注的另一用户才能被链接。以微观角度来看，按照社交网站的功能属性和应用类型不同可以分为平台类、商务类、文化类、社群类、校园与娱乐类等多种类型。表 2-3 展示了微观视角下我国社交网站的类型。

表 2-3 我国社交网站的类型

类型	典型代表	类型	典型代表
平台类	腾讯校友、百度贴吧、淘宝社区	社群类	宅内网、驴友网
商务类	天际网、海内网、若邻网	校园与娱乐类	开心网、人人网、51. com、占座
文化类	Foface		

社交网站价值创造的特点主要体现在两方面：第一，满足用户特定的心理需求；第二，为社会带来一系列的社会价值和商业价值。

社交网站可以满足使用者的心理需求，增强用户关系。现代生活节奏加快，压力增加，使得亲朋好友在时间和空间上逐渐分离，失去了沟通的机会。社交网站以娱乐和好友互动为核心，正好填补当代社会人们感情的缺失。从文化角度来看，社交网站作为透明社交文化及人缘文化，可以帮助用户建立起和谐的社会关系网，弥补用户缺失的幸福感和愉悦感，同时拓展了社交广度。与此同时，在社会交往中，对于大多数人而言，人际关系处于“弱关系”存在的形式多，进行深度交往的人并不多。然而，构成人们潜在的人脉关系资源是要靠“弱关系”维持的。保持与维系这种“弱关系”的最有效工具正是社交网络，它可以忽略掉阻碍社交的因素，如地域和时间等，扩大社会关系网络，照顾到人际交往的方方面面。

此外，社交网站还蕴藏着巨大的商业价值。社交网站的核心价值在于更为便捷有效的社交行为，与其他网站相比，社交网站具有便捷、真实、时效性等优势。它可以发展成为商务平台，其具有强互动性，便于用户交流与沟通。而网民具有强烈的社会归属感和认同感，注重沟通。两者相辅相成，产生独一无二的经济价值。图 2-4 描述了社交网络对消费者行为模式。

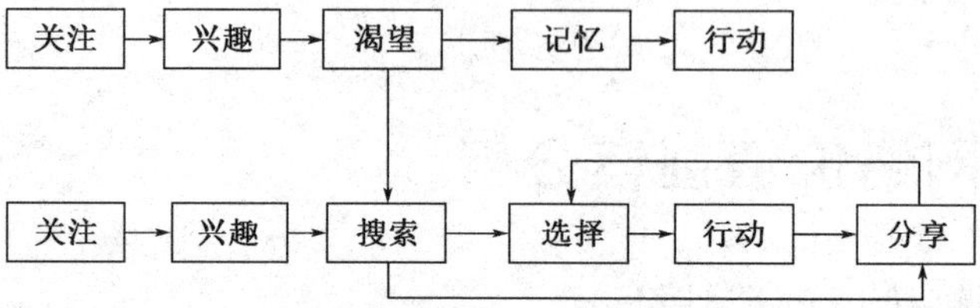

图 2-4　社交网络对消费者行为模式

从根本上看，网络改变了消费者获取信息、资源的模式。当消费者对某种产品有了渴望时，他自然会对产品进行具体搜索，这期间也是加深对产品性能特点的记忆过程。最终消费者确定好所有信息后，便顺其自然进入了最终行动，也就是购买阶段。许多消费者习惯将购买成功的“战利品”分享到社交网站平台，引起更多消费者的关注。同理，按照此流程循环下去，便形成了一个以网络为载体的、以社交网站为平台的新型消费模式。

社交网站一方面吸引新用户注册、增强老用户黏性、提高用户活跃度，为实现网站的商业价值提供用户基础，这是广告运营商投放广告最看重的；另一方面搭建社交网络平台，为用户提供有价值的信息、推荐朋友、建立人脉关系、整合社会资源，实现社交网站自身平台建设的价值。当然平台的建设更加增强用户对网站的忠诚度与用户黏性，用户流失率降低。用户基础与平台建设保障了社交网站实现商业价值。

2.3.2　社会化网络价值创造要素

网络社区网站和它们的用户以新颖的方式对电子商务进行创新和采纳。随着一个社区的不断发展，寻找其趋势很重要。传统意义上，很多网络社区的主要收入来源是广告。韩松等的研究发现网络社区已经开始采用新型的商业价值理念来建造他们的价值创造模型。一些网络社区之间的服务集成是通过以 IT 为基础或以 IT 为中介的网络系统之间的信息交换来实现的。一些网络社区（比如 Twitter、Flickr、Facebook、Cyworld、Linkedin、人人和新浪微博）集成了 Web2. 0 技术，并且向其用户提供创新性服务。最近建立的几个中文网站已经创造了具有附加值应用的付费优质服务。经过对 135 家网络社区的研究，四种典型的网络社区类型被归纳出来，分别是独立网络社区、纵向集成网络社区、横向集成网络社区和混合集成网络社区。

独立网络社区主要是简单的电子公告栏、论坛、聊天室等。一方面，它们中的多数以内容来吸引用户，但除了网络广告以外，它们并没有创造收入的盈利性商业模型；另一方面来讲，运用单一电子商务方式（比如企业对消费者“B2C”或消费者对消费者“C2C”）的著名电子商务企业通常面临吸引用户方面的问题。在上述 135 家网络社区中，独立网络社区仅占不到总数的一半。独立网络社区正趋于跟著名的电子商务网站合作共享内容，并且增加客户基础。

纵向集成模式可以用于与其他商业实体相集成的网络社区来创造更加盈利的服务。一些网络社区通过集成网络服务来实现内部式的商业功能。例如，社交网站 Travellerspoint 能够让喜欢旅游的人们能够分享各自的经历、为他人提供建议，或者是跟拥有共同爱好的人们发展关系。并且它已经通过与其他网站合作（比如 TripPlanner）来提供诸如住宿、旅游保险、酒店预订及全球票务等旅游服务。在上述 135 家网络社区中，大约三分之一的国际网络社区采用纵向集成方法与电子商务企业进行合作；超过 60% 的中国网络社区采用纵向集成模式。

一些网络社区经常性地相互交换内容和链接，运用横向集成来实现社区聚集。其本质就是通过建立一些黏着和过滤机制来收集吸引眼球的特点，然后将这些特点提供给用户。社区聚集推动了合作网站之间的内容共享、广告空间以及会员订阅。奇虎网站为其他网络社区（比如网易和 QQ 论坛）提供搜索列表和索引服务。它通过为链接网站上被搜索的最受欢迎的帖子提供参考链接来吸引访客。当越来越多的用户开始运用奇虎搜索去寻找他们所感兴趣的帖子时，他们正在进入一个集成性的社区。

第四类网络社区是混合集成网络社区，不仅跟其他商业模型相集成，而且也提供跟其他网络社区相集成的集成渠道。这些网络社区通过运用混合集成战略，不仅跟其他网络社区进行横向集成，而且也跟其他电子商务企业进行纵向集成。

2.3.3 社会化网络价值创造过程分析

本节主要就纵向集成、横向集成和混合集成三种网络社区价值创造的过程进行分析。

2.3.3.1 纵向集成的价值创造

对于纵向集成来说，其目标就是全面运用用户资源来增加每笔交易的平均盈利。网络社区的盈利取决于用户对此社区的信任度、交易成本和产品质量。一个网络社区有一个主题或话题，其用户拥有同样的兴趣。企业发现针对这些网站的用户做广告和开展营销调查更加有效。纵向集成有望同时为买家和卖家提升服务价值，因为它能够降低买家和卖家直接信息的不对称性，从而赋予顾客更多权力。这些网络社区通过跟内容提供商、网络商城、网络拍卖平台、服务提供商等合作集成，形成委托代理关系，成为他们主要的商业模型。这些网络社区通常拥有大量寻求更高质量服务的访客。因此，运用纵向集成的网络社区网站可以运用它们的营销价值。

2.3.3.2 横向集成的价值创造

横向集成通过提供更多内容和更大的社交空间来增加网站的访客人数以及用户间的互动。服务集成使得网络社区用户能够扩展它们的潜在会员以及服务选择的范围。网络社区的价值来自于网络社区成员的忠诚度。网络社区成员访问此网络社区的过程应该被认为是一种消费活动和消费过程，因为此访客在此过程中注入了时间、注意力、金钱，甚至是情感。信任是关系资本的一个关键组成成分，它同时也是集体行为的促使因素。它是一个复杂的现象，组织设置中存在着在多个分析层次运行的多维度的信任。两个关键的“信任网络”理念——信任和依赖意愿，能够对网络消费者的关键行为意向（从此网站购买的意向、共享个人信息的意向以及遵从此网站商家意见的意向）产生影响。一般而言，过去良好的经历能够产生对未来经历的积极期望，信任就发展起来。信任、信任意向以及意识到的网络风险依次影响消费者从事三种特定行为的意向：遵从商家意见、和商家共享信息及从此网站购买产品。一个网络社区一旦赢得了一个成员的信任后，将忠诚成员流失给另一家竞争网络社区的成本是相当高的。如果为具有不同主题和成员基础的网站采用社区聚集的话，由于成员交换的成本得以降低，成员和内容就可以被共享。因此，网络社区聚集不仅能够扩展用户基础，还能够在成员之间建立更加紧密的信任，并且能够提高聚集社区资本。

2.3.3.3 混合集成的价值创造

混合集成将纵向集成和横向集成结合到了一起。它表明更多的资源和能力得以共享。其所提供的创意性服务使得用户能够享受比以往更多的权力。因此，运用混合集成战略的网络社区可以利用这一特点。通过内容共享、联合品牌推广以及跟其他服务提供商相互合作，网络社区能够系统地创造递增价值，并且能够增加转换速度。服务集成因而能够共同增加它们的单位盈利和用户基础以及实现更高的价值。

2.4 社会化电子商务价值创造分析

2.4.1 社会化电子商务价值创造特征

（1）社会化电子商务创造价值中的特征

从价值创造的方式方面考虑，社会化电子商务的价值创造主要表现为消费者与消费者、消费者与企业共同创造价值。因此社会化电子商务在创造价值的过程中主要有以下特征。

① 价值共创的过程也是顾客参与的过程，顾客参与到产品的研发、设计、营销、销售等各个环节，顾客是价值共创过程中的重要因素。

② 价值创造的影响对于企业方是产生经济利益，而对于顾客是心理、顾客价值和行为等方面多重影响，并且在顾客价值方面不仅包括顾客价值（实用价值、娱乐价值、社会价值)、体验价值（功能体验价值、情感体验价值、社会体验价值)、感知价值（享乐价值、经济价值、关系价值)，而且包括影响价值，这种影响价值在消费者之间是交互的。

③ 价值共创对于顾客满意度和忠诚度存在正向的影响，在顾客价值共创的过程中能够增加顾客的满意度和忠诚度。

④ 处在网络中的销售者以个体户为主，而不是传统意义上的企业，销售者创造产品分类的主要依据是个性化的在线商店，个体销售者能够在他们各自的个性化商店之间创造超链接，销售者的激励来源于支付给其在线商店因销售产品而产生的佣金。

在社会化电子商务中，这些个性化的、为单个销售者所有的商店是随着消费者驱动的在线时长应运而生的。网络中不同销售者之间的超链接是直接的，消费者直接点击鼠标就可以从一家商店转到另一家商店。

（2）社会化电子商务中价值共创的核心特征

社会化电子商务中的价值共创主要有三个核心特征。

① 链接。社会化电子商务的兴起和发展依托于社会网络结构的形成。以微信、微博、社交网站为典型代表的社会化媒体，为个体消费者创造出了一个包含海量链接的社会网络结构。这些链接为社会化商务环境中的价值共创构筑了坚实的平台。拥有链接数越多的消费者，便具有越强的可接入性，在价值共创中也能够发挥更大的作用。

② 互动。社会化电子商务的核心驱动要素在于人际互动。一方面，社会化媒体运营者和消费者之间始终在进行互动，以提供更好的社会化媒体平台；另一方面，处于相同社会

化媒体平台上的消费者之间通过互动又进一步增进了彼此间的联系。在上述两方面的互动行为中，消费者都在不断地与他人分享自己的用户生成内容（User Generated Content，UGC），从而共创价值。

③ 重构。社会化电子商务环境中，难以形成长期中较为稳定的消费群体。个体消费者同时成为多个社会化媒体的用户，并与不同的用户群体间进行着链接与互动，从而不断地重构着消费者市场。共同兴趣一方面成为新消费者群体形成的驱动因素；另一方面又成为旧消费者群体瓦解的直接原因。在这一不断重构的过程中，消费者的个性化需求正被不断地激发出来，持续推动价值共创活动。

2.4.2 社会化电子商务价值创造要素

在社会化电子商务中价值创造的参与主体包括企业、顾客和平台，因此，本节主要从三个主体角度出发对社会化电子商务价值创造进行分析。

2.4.2.1 顾客方面

顾客在社会化电子商务中处于中心位置，顾客参与价值共创是价值创造的关键环节，顾客方面不是单个顾客的独立存在，要将其看成是一个群体的存在，是价值共创的关键。

“顾客价值”这一概念是源于20世纪80年代，之后顾客价值相关研究迅速发展，顾客价值是一个多层面的概念，涉及个人和企业甚至个人和企业之间。总结30年来学者们对顾客价值的定义共同点为：顾客价值是由顾客自己感知到的，是主观感受到的，而不是客观地被商家所确定的；顾客价值是内在的，与产品的使用相关，而不是产品本身所具有的；顾客对价值的感知是对他们所得到的利益和未来得到这些利益而放弃的一种权衡；价值的测量性有其自身的特点，与对满意的理解一样，价值是人们对事物比较的一种反应，这种比较是自发的。吴菊华提出在社会化电子商务情境下顾客价值测量模型，即顾客价值由购买价值和影响价值组成，购买价值是顾客价值的直接效应，影响价值是顾客价值的间接效应。

（1）购买价值

顾客通过购买才可能产生价值，购买行为发生后对于顾客本身、商家和平台才能产生不同方面的价值。对于顾客，可以获得产品的使用价值、享乐和满足等不同层面的需求满足；对于商家，商品的销售可以带来收益和资金的回流，商品的扩散可以为企业带来产品的宣传和口碑，并为企业的发展提供良好的条件；对于平台，成交率提升，平台本身可以获得收益，同时平台的活跃度提高也能为平台吸引更多的商家和顾客，为平台的发展注入更多的动力。

（2）影响价值

影响价值是指顾客的行为对外界和其他顾客产生的影响，比如口碑传播、产品扩散和影响其他顾客购买等。社会化电子商务价值主要体现在对企业、顾客、平台等多主体的价值，社会化电子商务价值创造的形式主要表现为企业与顾客、顾客与顾客价值共同创造，价值创造过程中顾客参与和顾客间的互动是关键环节，因此在价值创造过程中要注重顾客价值中的影响价值。

2.4.2.2 企业方面

吴菊华在《基于社会化电子商务的价值共创》一书中总结了企业成功管理价值共创的

因素，如表2-4所示。

表2-4　企业成功管理价值共创的因素

<table>
<tr><th colspan="2">因素</th><th>观点</th><th>作者</th></tr>
<tr><td rowspan="6">内部因素</td><td>管理理念</td><td>建议通过对话、访问、风险评估和提高透明度来激发企业与顾客共同创造价值，以保证共创效率</td><td>Prahalad、Ramaswamy（2004年）</td></tr>
<tr><td>共创机会</td><td>企业需要在顾客的偏好和生活方式的改变中寻找价值共创的机会</td><td>Roseira、Brito（2014年）</td></tr>
<tr><td rowspan="2">企业能力</td><td>价值共创必须作为一种战略选择，取决于企业能力和买卖双方关系的配置方式</td><td>Zhang等（2015年）</td></tr>
<tr><td>企业的创新能力、营销能力和网络能力是企业成功进行价值共创帮助顾客创造价值的关键资源</td><td>Payne等（2008年）</td></tr>
<tr><td>计划实施和测量</td><td>企业在顾客价值共创过程中，对价值共创过程进行监控和测量，以确保共创表现出高效率</td><td>Payne等（2008年）</td></tr>
<tr><td>组织学习</td><td>企业需要通过组织学习不断更新设计共创和关系体验，加强与顾客之间的价值共创</td><td>Payne等（2008年）</td></tr>
<tr><td rowspan="3">外部因素</td><td>共创平台</td><td>企业可以通过设计一个共创平台来促进顾客参与创新，提供给外部的顾客和内部的产品研发人员进行直接的沟通联系，把顾客共创过程整合到顾客关系管理的框架中</td><td>Nambisan（2008年）</td></tr>
<tr><td>虚拟社区</td><td>虚拟社区的价值共创的关键不在于设计技术基础和功能，而在于顾客建立和提出一种体验，例如简化顾客体验、建立共创系统、鼓励合作以及提供挑战性的任务等</td><td>Kohler等（2011年）</td></tr>
<tr><td>品牌社区</td><td>基于社交媒体建立的品牌社区对企业的价值创造实践（即社会网络、社区参与、印象管理和品牌使用）有促进作用</td><td>Laroche等（2012年）</td></tr>
</table>

2.4.2.3　平台方面

关于社会化电子商务的组成要素，不同学者给出了不同的看法。Liang等认为应该从六个方面去研究社会化电子商务，即研究主题、社交媒介、商业活动、基础理论、结果和研究方法。这其中社交媒介和商业活动是构成社会化电子商务的根本要素。研究主题主要包含了用户行为、企业表现、网络分析、采用的策略、商业模型、企业战略、网站设计、社会化过程、安全和隐私保护等细分维度。Henderson等虽然不研究社会化电子商务，但是却早早地从组织的角度提出了“用户参与和分享是社会化网络技术成功运用的关键”这一观点，这和当下社会化电子商务的运作方式不谋而合。Wang等提出了一个四要素模型，来分析社会化电子商务，分别是人、信息、技术和商业。其中人和信息是最重要的因素，技术和商业相对来说处于辅助地位。在他们的研究框架中，“人”的因素被视作驱动力量，它是社会化、商业、技术进步和信息创造、使用的推动力量。在此基础上，得益于基于Web2.0技术的用户生成内容（User Generated Content），社会化电子商务得以生根发芽。相比于之前的研究，这种四要素模型更适用于解释社会化电子商务的组成要素。例如，人的因素其实就囊括了Liang等的研究中所涉及的用户行为、采用决策这些细分维度；而企业表现、商业模型和企业战略则被商业这一因素所包含；技术因素则囊括了网络分析和网站设计。而Liang等的研究并没有强调信息在社会化电子商务中的重要作用。而实际所涉及的大量用户生成内容（User Generated Content）、产品评价和推荐以及评论等，却恰恰是社会化电子商务的核心部分。这些因素在四要素模型中则被归纳到信息这一要素之中。进一步地，在继承四要素模型的基础上，Zhou 等将战略契合度（Strategic Fit）也考虑到其中，完善了 Wang 等的研究。本书关于社会化电子商务要素的研究也主要采用 Zhou 等的分析框架。

之所以将战略契合度也纳入考虑的范围之内，是因为这一因素可以解释为什么有的社会化电子商务能够获得成功，而有的则不能。在社会化电子商务构建中，四种要素之间需要互相影响；与此同时，也需要对同一要素的不同细分维度进行合理筹划。这就是在原先的四要素模型基础上，考虑战略契合度。举例来说，“人”和“信息”在发挥作用的时候，既有两者间相互作用的影响，也有各自内部带来的影响。两者相互间的影响主要体现在三方面：两者的影响范围（Scope）、独特的竞争力（Distinctive Competencies）以及支配力（Governance）。各自的内部影响也至少体现在三方面：体系架构、过程和可用性。

随着信息的创造、获取、存储、组织、转化、分享、传播、使用、更新和再定义，越来越多的人可以获取这些信息，信息的可用性得到体现，社会化电子商务中的信息具备这些所有的特性。从本质上说，社会化电子商务彻底释放了电子商务领域源于顾客间相互评论、相互传播的信息所具备的力量。为了能够更好地体现这些优势，社会化电子商务企业本身应当建立起必要的基础设施来实现这些功能；与此同时，也必须采用适当的策略，来发挥信息和人这两类因素的优势。

人的因素所包含的内部影响主要体现在三方面：人力资源、过程和技术。这些内部因素和管理人员的经营水平密切相关。并且外部因素和内部因素之间有着明确的界限。对于一些管理水平不高的经营者来说，外部因素通常被忽视。现在存在一种呼声，社会化电子商务的经营者必须要利用好社交媒介，与客户、交易伙伴、雇员和其他利益相关者进行充分沟通。通过沟通，经营管理者和用户一起共同创造价值。

在技术层面，IT 平台已经从早些时候的联系博客和电子商务的网站进化为开创电子商务时代的载体。这些 IT 平台可以承载电子商务，并提供社交网络功能；也可以搭载搜索引擎提供社交网络服务；甚至可以连接线上和线下的社交网络渠道。长远的发展方向是从单一的社交媒介进化为消费活动中多种多样的社交媒介。在这些多种多样的社交媒介中，Facebook就是一个典型的例子。Facebook 实际上是社交网络的一个利润创造平台，甚至可能会将现有的电子商务提高到一个新的层面。此外，移动电话也从另一个侧面推动了社会化电子商务的发展。它将在线社交网络和实体零售商店有机结合起来。无论是现有的 IT 平台（例如 Facebook），还是日新月异的移动端技术，都共同推动着社会化电子商务的发展。

最后是商业层面，或者也可以称之为管理层面。社会化电子商务的商业模式已经从传统的长尾型的思维模式、单纯追逐利益的产品模式、倾向于品牌效应的社交网络转变为注重社会品牌和商务交易相辅相成的局面。商业战略也将从过去注重单一的在线社交网络转变为同时关注线上、线下两类社交网络；将线上的社交网络同线下的零售商结合起来，共同为客户创造价值。大批量的消费行为成为社会化电子商务全球化浪潮中的可能方向。从商业层面分析，共同创造价值以及多渠道策略将会成为社会化电子商务成功创造价值的关键因素。

2.4.3　社会化电子商务价值创造过程分析

传统的实体企业创造价值的主要方式是使商店更加靠近自己的消费者。Stephen 等认为，与传统的实体企业相类比，社会化电子商务网络扮演着一个虚拟市场的角色，其创造价值同样取决于用户的可获得性。对于大型社会化电子商务市场中的个体销售者而言，被消费者发现是一件具有挑战性的事。因而对于电子商务销售者而言，成为虚拟市场中的一部分，更重要的是更容易被消费者发现，就成为一项优势。这种优势类似于实体消费中心因为靠近顾客而具备的优势。社会化电子商务越来越具备这种方便用户的特性，这使得社会化电子商务市场越来越具有黏性。这有助于保持现有客户。换句话说，网络能够影响顾客数量，这会直接影响到销售量。

虽然，从基本道理上讲，社会化电子商务和线下的商店是类似的，但社会化电子商务市场却不仅仅只是实体商店的线上化。对于社会化电子商务和实体商店来说，用户可获得性的驱动因素是不同的，主要可以归结为四个因素。

① 社会化电子商务的商家之间直接连接，即商店 A 和商店 B 之间有直接的超链接。而实体商店之间的连接则是不直接的。并且顾客的光顾路径也不像在线商店那样有着明确的结构。

② 当顾客逛街时，他们并不会光顾所遇到的每一家商店。但是在社会化电子商务中，顾客被要求必须光顾一条搜索路径上的所有商店。例如顾客的搜索路径是 A→B→C，那么为了浏览商家 C，顾客必须浏览商家 B。

③ 在社会化电子商务中，往返于各家商店的成本将会大幅度缩减。实体的购物中心之所以将大量的商家聚集到一起，也是为了降低这种成本。但是在社会化电子商务中，商家并不需要这么做。因为网络技术消除了地理上的隔阂。

④ 实体商店周围的商店数是有限的，这限制了商店之间的连接。这种情形在社会化电子商务领域并不存在，商店之间的连接不受限制。

从市场的层面来看，正是由于网络在连接不同商店这一点上所具备的巨大优势，才使得社会化电子商务更容易满足用户的可获得性。但是仅仅增加某个商店的连接数目并不能带来实质性的价值。提高用户的可获得性依赖于网络的检索能力，并不是所有的连接都对检索能力起着相同的作用。有时候，增加新的连接反倒会影响网络的检索能力。例如，图 2-5和图 2-6 所示的两个连接。

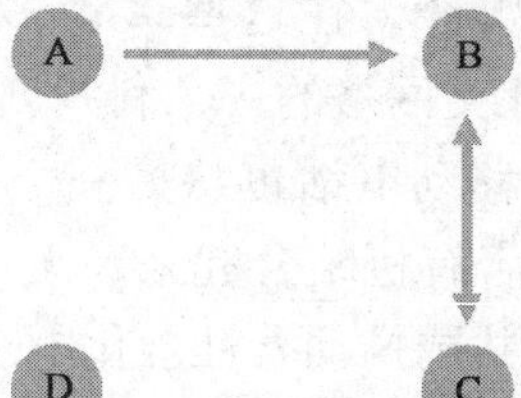

图 2-5　连接 1

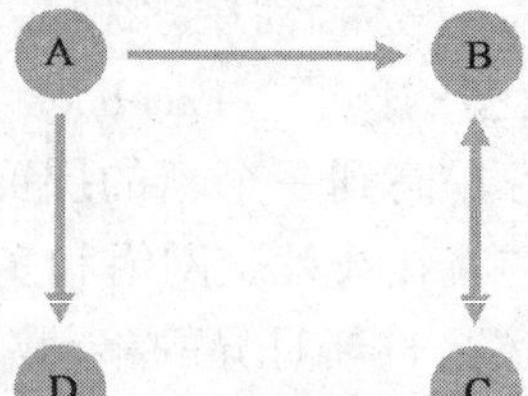

图 2-6　连接 2

图 2-5 中，增加 A→D 的一条连接，就得到图 2-6。在图 2-6 中，商店 D 通过连接 A→D 被纳入整个社会化网络中。消费者可以通过浏览商店 A，进而浏览到商店 D。但是商店 D 也成为一个“死胡同”，消费者无法再次通过商店 D 进而浏览到商店 B 和商店 C。虽然相比于图 2-5，连接数增加了，但是却可能会降低整个网络的检索能力。最终反倒会阻碍客户的可获得性。

社会化电子商务的可获得性受到其所属的网络结构的影响。在社会化电子商务中，那些有着更多“内连接”（Incoming Links）的企业创造的价值也会更多。因为更多的连接会指向这家商店，进而带来更多的客户。同时那些具有更高“内连接密度（Incoming Proximity）”

的商店（指消费者能够从其他商店更快地搜索到这家商店）也能创造更大的价值。因为这些商店的可获得性更大，消费者更容易浏览到这些商店，进而带来更多的价值。相反那些具有更多外连接（Outgoing Links）的商店或者“外连接密度”（Outgoing Proximity）较高的商店（指那些更容易将消费者引导至其他商店的商店）在社会化电子商务中创造的价值或者获得的收益就会小一些。

吴菊华认为社会化电子商务运用社交、创新和协同方法，通过社交媒体整合线上线下环境，是一种更加以社会化为中心和用户驱动的创新商务模式。在社会化电子商务平台情境下，价值创造过程主要表现为消费者与消费者之间、消费者与企业共同创造价值。他认为社会化电子商务情境下的价值共创活动包含了两个部分，一部分是消费者参与到企业价值形成过程的共同创造，另一部分是企业参与到消费者价值发展过程的共同创造，两者通过互动实现资源的交换，在为各自创造价值的同时也为对方创造价值。并基于 Payne 提出的管理价值共创模型的基础上，根据社会化电子商务的特性进一步构建了社会化电子商务情境下的价值共创过程模型。社会化电子商务情境下的价值共创过程模型如图 2-7 所示。

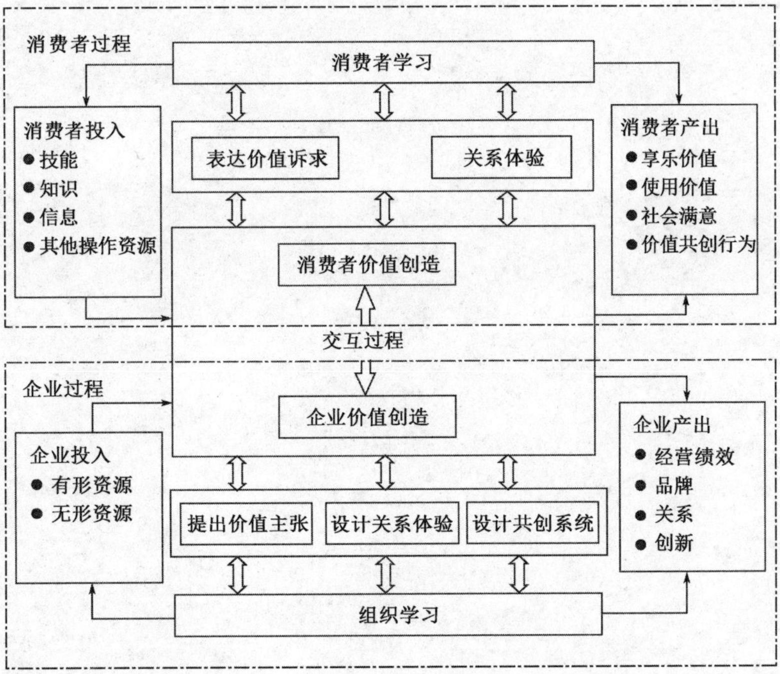

图 2-7　社会化电子商务情境下的价值共创过程模型

本章小结

本章介绍了社会资本的内涵和特点，总结了价值创造方式、领域和理论的演变过程，整理和归纳了价值创造的影响要素，并探讨了社会资本与价值创造的关系。随后，从价值创造特征、价值创造要素和价值创造过程三个角度出发分别对传统电子商务、社会化网络和社会化电子商务价值创造进行分析。

思考练习题

1. 简述社会资本的内涵，并分析其特征。
2. 价值共创的方式分为哪几个阶段？各个阶段有哪些不同？
3. 结合实际分析社会资本与价值共创的关系。
4. 价值创造的影响因素有哪些？从不同的理论角度进行分析。
5. 简述社会化电子商务价值创造的特征。
6. 社会化电子商务价值创造的要素有哪些？结合实际分析各要素的具体影响。
7. 简述社会化电子商务价值共创过程。
8. 分析传统电子商务、社交网络与社会化电子商务价值创造的区别。

42，46，47

第 3 章　社会化电子商务的商业模式

学习目标

- ■掌握社会化电子商务平台的市场特征
- ■掌握社会化电子商务平台的经济特征
- ■了解社会化电子商务的商业模式类型
- ■了解社会化电子商务不同商业模式的区别
- ■掌握基于社会化网站发展的社会化电子商务平台的发展模式
- ■掌握基于商务网站的社会化电子商务平台的发展模式
- ■掌握导购分享型社会化电子商务平台的发展模式
- ■掌握移动社会化电子商务平台的发展模式

3.1　社会化电子商务平台的市场和经济特征

3.1.1　社会化电子商务平台的市场特征

(1) 社会化电子商务平台存在着双边的市场结构

社会化电子商务平台向有明显差异性的买卖双方同时提供服务，其中接入平台的买方(即消费者) 在社会化电子商务平台上浏览、创建、分享、评论商品信息，同在平台上的消费者之间存在社会化关系，消费者之间可以互相关注并基于商品信息（或基于社会关系）进行互动。接入平台的卖方（即电子商务零售商）向社会化电子商务平台提供商品，并按成功交易商品的收入比例付给平台佣金（交易过程不一定在平台上实现）。消费者和卖家构成了社会化电子商务平台所面对的两边市场，平台企业需要尽可能地提高买卖双方的匹配概率以最大化买卖双方的交易额，从而实现利润最大化。

从双边市场的类型看，社会化电子商务平台既属于交易中介，又属于媒体平台，利用用户自生的媒体内容和用户间的互动提高用户黏性和与商品的匹配概率，同时为卖家提供更具黏性的消费者流量和更高的转化率，从而实现消费者和卖家的双赢。

社会化电子商务平台初期主要通过社会化营销、用户的口耳相传和平台生产的优质内容吸引消费者的加入；用户规模稳定后主要通过对意见领袖的维护保持平台内容的优质性，利用用户规模的自反馈吸引消费者。平台对卖家的吸引方式则主要是通过稳定的消费者流量和较高的交易转化率。因此，对消费者效用的维护是平台运营的核心。

对于不是基于电商的社会化电子商务平台来说，买卖双方的交易可能要在下游的电子商务平台上完成（如消费者在美丽说上看中的衣服需要到淘宝网上交易），作为交易平台的电商往往要向第三方社会化电子商务平台收取一定费用。

(2) 社会化电子商务平台存在着交叉网络外部性和自网络外部性

社会化电子商务平台不仅具有一般双边市场共有的交叉网络外部性，还具有存在于消费者端的自网络外部性。

① 自网络外部性。对于消费者而言，效用主要来自于商品信息，对商品信息的评价、筛选、使用心得（或观后感、读后感）以及成功交易带来的效用。因此接入平台的商家越多，潜在可供消费者浏览和分享的商品信息越多，消费者得到的效用越大，此为商家对消费者产生的正网络效应。另外，平台上的消费者越多，平台上分享的商品信息可能就越多，消费者的互动也更多，从而优质商品被筛选的效率越高，遇到符合自己偏好商品的概率就越大，从而消费者效用得到提升。此即为消费者端的自网络外部性。其中自网络外部性为成员外部性，而来自卖家的交叉网络外部性既包括成员外部性也包括使用外部性（商品信息和交易都会带来效用）。

② 交叉网络外部性。对于商家而言，平台方利用兴趣图谱或社交图谱将消费者聚合起来，通过消费者的自网络外部性形成了稳定的且高质量（高转化率）的消费者流量，更大的消费者规模意味着更大的消费者流量和潜在交易额，从而提升商家的效用。此为消费者对商家产生的交叉网络外部性，它只包含使用外部性（发生交易才会产生效用）。

容易看出，在商家数量过剩急需消费者流量的背景下，消费者对卖家的网络效应要远大于卖家对消费者的网络效应，因此社会化商务平台往往对消费者免费甚至给予补贴（如与达人签约），而主要收入来自于卖家的销售佣金，而这一定程度上也是互联网服务的通则。

（3）社会化电子商务平台存在着价格结构非中性

从参与程度来说，由于我国 C2C 平台的垄断性和在线零售商的过剩，卖家的营销成本高昂，基于淘宝联盟的销售佣金几乎对所有个人和站点开放。即卖家可以看成全部接入平台，社会化商务平台对卖家价格水平（即佣金率）的变化对卖家参与度几乎没有影响。当社会化电子商务平台降低对卖家的价格、提高对消费者的价格并保持价格水平不变时，一方面卖家显然仍是全部加入平台，规模没有变化，另一方面消费者本是免费接入平台甚至得到平台补贴，价格的提升必然导致接入平台的消费者数量大幅度下降，同时交易转化率并不会增加，从而大幅度降低买卖双方的交易额。因此我国社会化电子商务平台是价格结构非中性的。

3.1.2 社会化电子商务平台的经济特征

基于兴趣的社会化电子商务平台具有较大的竞争优势。此类平台以基于兴趣的弱关系网络将消费者聚合，且往往具备垂直化的特点，与商务属性的协同性更强。

（1）用户黏性随用户规模提升

用户黏性随用户规模提升是指消费者的效用随用户规模的增长而增长，即社会化电子商务平台在消费者端存在自网络外部性。从直觉上来看，基于兴趣的社会化电子商务平台和基于熟人关系的社会化电子商务平台都存在自网络外部性。在基于兴趣的社会化电子商务平台中，用户规模的增长会使社会化网络的活跃度增强，即更多的商品被分享、评论、转发、推荐等，符合用户兴趣偏好的社会化媒体内容的增长将提升用户的效用。而在基于熟人关系的社会化电子商务平台中，更大的用户规模意味着有更多的人可以建立连接、分享生活和娱乐的近况。然而从实际中看，尤其在社交网络（基于熟人关系的社会化电商）的成熟期，每个用户的连接数会进入瓶颈，原因就在于每个人的熟人关系都是有限的。在社交网络的用户总数达到一定规模后，新加入的一个用户所能连接的人数只占用户总规模的很小一部分，因此大部分人的效用都是没有改变的。另外，与社会关系相同，用户在社交网络中的关系链也会出现迭代，即随着生活阶段和经历的变化，曾经的熟人会变成一定程度上的“陌生人”，在社交网络上则表现为，对方的状态和信息更新对用户效用造成不了任何影响。因此，随着用户规模的提升，用户的效用甚至可能变小，当用户的效用小于其维护线上社交网络耗费的时间和精力成本时，便会选择退出。这也是社会化网络的用户流失率普遍较高的原因。

而对基于兴趣的社会化网络而言，给用户带来效用的是内容而不是社交关系，只要用户规模的扩大能够丰富社会化网络中的内容，用户效用就会提升。由于活跃用户在总用户间的比例是比较稳定的，用户规模的扩大就总是能提升用户的期望效用和黏性。与社交网络相对应的，成立于 2005 年的兴趣社区豆瓣网，就一直保持着用户规模的稳定增长，其在 2012 年 7 月的月度覆盖独立用户数已超过 1 亿，较 2011 年同期增长近一倍。

因此，用户黏性随用户规模提升是基于兴趣的社会化电子商务平台的本质经济特征，与社交网络以及电子商务网站有着显著差别。这一特征使得消费者对基于兴趣的社会化电子商务平台形成持续的忠诚度。

（2）交易转化率随用户规模提升

交易转化率是指商品交易的次数与消费者访问网站的次数之比，它代表着消费者与商品的匹配概率，或者说商品符合消费者偏好的程度。如淘宝女装在淘宝平台上的转化率平均约为 2%，而蘑菇街上的商品（主要为女装）转化率超过了 4%。

基于兴趣的社会化电子商务平台上商品的交易转化率将随用户规模增长而提升的原因主要包括三点。

① 当消费者规模增加时，会有更多的人对商品进行分享、评论和传播，商品被曝光的次数将更多，被筛选的效率也更高。

② 消费者规模增加时，每个消费者会关注到更多与自己偏好相似的人，这些人的增加将使得消费者观察到的商品逐渐趋近于自己的真实偏好，从而提高与商品的匹配概率。

③ 消费者规模的增加会增加社会化网络中用户互动的深度，更丰富的互动也会增加消费者购物的意愿。然而随着用户规模的不断增加，以上三种原因的边际效应会减弱，因此交易转化率随用户规模增长而提升的同时，其提升速度也将逐渐放缓。

对于传统电子商务网站而言，由于其社会化应用不够垂直化、社交互动不活跃等因素，其交易转化率可能仅相对于传统电商略高，且不会随着用户规模的增长而提高。对基于强关系的社会化电子商务平台而言，如人人逛街、微商城等，由于用户自生内容与商品信息关系不大，社会化和商业化之间缺乏结合的桥梁，其交易转化率可能与传统电子商务持平甚至略低，因为社交网络的用户往往不在购物状态，且商品信息可能会造成社交网络用户的反感。

交易转化率随消费者规模增长而提高也是基于兴趣的社会化电子商务平台的本质经济特征，与其他社会化电子商务平台存在显著的不同。这一特征使得卖家对基于兴趣的社会化电子商务平台形成持续的忠诚度。

3.2　社会化电子商务商业模式分类和对比

3.2.1　社会化电子商务商业模式分类

随着信息技术和网络技术的发展，社会计算在电子商务领域运用得越来越广泛，社会计算的应用引起商业模式的变革。通过社会化网络作为商业媒介连接消费者和商家，使得双方都从中受益。消费者不单从商家获取信息，更多的是从其他消费者中获取更加有效的信息做出购买决策，商家依托已有的消费者的推荐吸引潜在的消费者而获取更多的收益。商业模式是企业生存的关键，商业模式是企业如何生存的基本框架，促使企业明确应该为哪部分细分市场服务，提供什么样的产品或服务，用什么方式来生产这些产品或服务。社会化网络下的社会化电子商务企业同样需要寻找适合自身特征的有效商业模式。

学者们依据不同的分类标准将社会化电子商务的类型进行了分类，如表 3-1 所示。

表 3-1　社会化电子商务的分类

来源	分类标准	具体分类	
		类别	典型代表
陈斓（2010 年）	关注侧重点	① 关注内容的社会化商务	麦包包口碑中心
		② 关注关系的社会化商务	腾讯社会化营销平台
		③ 关注“人性”的社会化商务	美丽说、蘑菇街
唐亦之（2011 年）	本质	① 直接引入购物链接达成用户流量的引导	微博、人人
		② 以电子商务为根基在此之上添加社会化元素	淘江湖
		③ 第三方以社区和电子商务作为卖点网站应用	蘑菇街
琚潇（2012 年）	发展形势	① 在电子商务网站的基础上构建社区	淘江湖、凡客达人
		② 直接构建第三方社会化电子商务平台	美丽说、堆糖
		③ 在社区的基础上开展电子商务	微跳蚤、新浪微博
周兴龙（2012 年）	重视程度	① B2C 搭建社区	京东商城、凡客诚品
		② SNS 涉及电子商务	人人网、开心网
		③ 社交与商务并重	美丽说、蘑菇街
廖贤敏（2012 年）	具体形态	① SNS 打通电子商务平台	人人网、开心网
		② 基于电子商务平台的社交化电子商务网站	美丽说
		③ 传统电子商务网站的 SNS 化尝试	爱逛街、淘江湖
黄建远（2012 年）	经营形态	① 社交网站独立架构电子商务业务平台	糯米网
		② 电商或非电商企业“进驻”或链接社交网站进行产品营销	开心网
		③ 社交网站与电子商务网站共同打造营销购物平台	人人爱购
搜搜百科（2013 年）	表现形式	① 立足于共同兴趣的模式	美丽说、蘑菇街
		② 图片加兴趣的模式	堆糖
		③ 媒体导购的模式	逛逛网
		④ 线下消费线上导购的模式	大众点评、千品网
	构成	① 基于社区的社会化电子商务	新浪微博、腾讯微博
		② 基于电子商务网站构建社区	淘江湖、凡客达人
		③ 第三方社会化电子商务平台	美丽说、堆糖
陈永东（2013 年）	运营思路及盈利模式	① 社会化图片网站对接电商	—
		② 微博平台多形式对接电商	新浪微博
		③ 微信平台多方式对接电商	微生活会员卡
		④ 社会化点评网站对接电商	大众点评订餐小秘书

续表

来源	分类标准	具体分类	
		类别	典型代表
付华（2013 年）	所有权	① 基于电子商务网站的社会化电子商务平台	淘江湖、凡客达人
		② 基于社交网站的社会化电子商务平台	人人网、腾讯 QQ
		③ 第三方社会化电子商务平台	蘑菇街、美丽说
田雨晴（2013 年）	结构	① 加入商业属性的社交网站	Facebook、Linkedin
		② 加入社交功能的电子商务网站	亚马逊
	展现形式	① 兴趣社交模式	蘑菇街、美丽说
		② Pinterest 模式	堆糖、花瓣网
		③ 媒体导购模式	LC 风格网、逛逛网
		④ 论坛模式	爱物网
徐国虎（2014 年）	产业价值链	① 以电子商务平台为主导的社会化电子商务	淘江湖
		② 以社交网络为主导的社会化电子商务	糯米网
		③ 电子商务与社交网络协同发展的社会化电子商务	美丽说、蘑菇街
马凌（2014 年）	平台产生形式	① 新兴的第三方社会化电子商务平台	美丽说、蘑菇街
		② 依托原有基础（社区或电子商务网站）上发展起来的社会化电商	凡客达人、淘江湖
	展现形式	① 基于共同兴趣的社会化电子商务平台模式	—
		② 图片加兴趣的形式	—
		③ 媒体导购形式	—
		④ 线下消费线上导购的形式	—
朱小栋（2016 年）	业务侧重点	① 基于社交化媒体的电子商务	人人爱购、微信小店
		② 基于电子商务的社交化电子商务	淘江湖、人脉通
		③ 第三方社交化电子商务	美丽说、蘑菇街
	展现形式	① 基于兴趣社交模式的社交化电子商务	美丽说、蘑菇街
		② 基于 Pinterest 模式的社交化电子商务	堆糖、花瓣网
		③ 基于媒体导购模式的社交化电子商务	百媚网、惠惠网
		④ 基于 O2O 模式的社交化电子商务	大众点评、微信商城

近年来移动网络和手机性能的提升，通过手机访问很多社会化网络界面的友好度日益增强，移动社会化网络上的电子商务活动也越来越普及。例如，腾讯公司微信客户端开发的微商模式，借助微信庞大的用户群体，企业或个人在微信上推广自己的产品，且同客户能及时地沟通交流，加上企业经常采取打折优惠等活动吸引消费者，移动的社会化电子商务商业模式也越来越成为企业营销新宠。

结合上述众多学者的分类，我们依据社会化电子商务商业活动开展的平台以及业务开展的角度分成四类：基于社会化网站发展的社会化电子商务平台模式、基于电子商务网站的社会化电子商务平台模式、导购分享型社会化电子商务平台模式、移动社会化电子商务平台模式。

3.2.2 社会化电子商务商业模式对比

商业模式不同的社会化电子商务拥有其自身的特点，总结上述社会化电子商务平台模式的商业模式的发展概述，我们可以比较分析各类社会化电子商务商业模式的区别和共同点。区别在于：第一，从平台运营结构上看，基于电子商务网站的社会化电子商务可以随时进入平台浏览，以用户注册登录的形式进行交易，平台的商品由进驻的商家和平台自营两种形式提供；基于社会化网站发展的社会化电子商务登入的方式注册用户登录，平台中设有浏览式店铺（只能浏览不能购买）、粉丝专享店铺（可能是明星店铺，也可能是某一个品牌店铺，粉丝可以提前享有未发行商品的购买权）、平台自营店铺；导购分享型社会化电子商务借助社交网络媒体账户登入，商品主要是以链接的形式，将用户订单转接到电子商务平台的商家上（如淘宝等）。第二，从平台运营特点来看，以电子商务为依托的和以社交网络媒体为依托的社会化电子商务盈利模式有广告、佣金和会员费等，第三方的社会化电子商务平台的盈利模式主要是佣金的形式。第三，从平台的社交化程度看，基于社会化网站发展的社会化电子商务的社交化程度最高，其次是移动社交化电子商务和导购分享型社会化电子商务，社交化程度最弱的是基于电子商务网站的社会化电子商务。

共同点是：第一，在运营过程中平台注重发挥“社交”功能，鼓励和促进用户间的互动行为，鼓励用户间相互交流、分享信息；第二，平台所推行的电子商务均包含 B2B、B2C、C2C 三大类，涉及电商与客户、电商与电商、个人与个人三种类型，因此平台的收益均建立在其客流导向功能的前提下；第三，平台的内容创建和话题讨论是发挥社交功能的关键，因此在社会化电子商务平台中均要注重社交内容的创新与构建。

社会化电子商务平台是电子商务与社交网络媒体相融合的产物，不同类型的社会化电子商务的发展历程和偏重也有所区别，因此在某些方面都存在着自身的优点和缺点，具体的优缺点的比较如表 3-2 所示。

表 3-2 社会化电子商务模式比较

模式	优点	缺点
基于社会化网站发展的社会化电子商务平台模式	用户规模大、用户关系强、用户黏性高、信息传播速度快、传播影响力大、平台的开放性强，用户生成内容的形式多样化，可通过兴趣分享促进被动消费，盈利目的直接，盈利能力强，提供购物入口	用户购物意识不强，购物属性较弱，最终商业互动终点大多导向电子商务平台，盈利能力较差，用户可控性差，达人可能为商家，冗余信息过多
基于电子商务网站的社会化电子商务平台模式	电子商务功能完善，用户购物意识强，电子商务的整体运营模式健全，平台的活动多，商品种类丰富，线上线下渠道相结合	交流互动性不高，用户间的关系大多为弱关系，信任度较低，基于社交图谱，用户规模具有一定的局限性
导购分享型社会化电子商务平台模式	购物需求明晰化，分享内容更加专业	用户规模有限，无增长空间，社交性不突出
移动社会化电子商务平台模式	独立性强，兼顾用户的购物意识，同时强化了社交属性，互动性好，用户规模足够大	代替性平台较多，运营管理复杂，用户流失严重

在社会化电子商务发展过程中，社交功能和电子商务功能是其发展的关键，既要发挥社交功能增加用户的活跃度和用户黏性，又要促进交易实现盈利。随着社会化电子商务的不断发展，平台之间的竞争也越来越激烈，如何留住用户是未来平台进行平台设计、运营和发展的重点问题。各平台之间不仅要取长补短，更要注重平台的创新性，打造平台自身特色，才能在竞争中良好地生存与发展。

3.3 社会化电子商务平台模式的发展概述

3.3.1 基于社会化网站发展的社会化电子商务平台模式

这种类型的社会化电子商务以社交网站为基础，如人人网、腾讯 QQ 和豆瓣网等。社交网站具有强大的基于真实社会关系的人际网络，每一个用户的浏览和购买行为都将可能影响其全部好友用户的电子商务行为，可以为电子商务提供足够的客户资源，同时信任度更高，而且信息更为精准、适量。但该形式的社会化电子商务网站的盈利能力较差，其盈利模式主要来源于广告的投放。

人人网，原名校内网，被视为与 Facebook 类似的中文社交网站，同时也是中国大陆最早的校园社交关系网络平台之一。前期的校内网以学生用户作为主要用户群体，但改名为人人网后，其已改变完全偏重于学生群体的策略，而更多地试图将用户群扩展至校外社会，意图扩大其目标用户群体。

校内网创办于 2005 年 12 月，创办人是来自清华大学和天津大学的王兴、王慧文、赖斌强和唐阳等几位大学生。校内网于 2006 年 10 月被千橡互动收购，同年底千橡互动的 5Q 校园网与校内网合并完成。2009 年 8 月 14 日，校内网改称人人网。

人人网刚建立的时候一个最重要的特点是限定具有特定大学 IP 地址或者大学电子邮箱的用户注册，这样就保证了注册用户绝大多数都是在校大学生。用户注册之后可以粘贴自己的照片、撰写日志、签写留言等。该网站鼓励大学生用户实名注册，上传真实照片，让大学生在网络上体验到现实生活的乐趣。但在发展后期，这种模式已经不适应人人网的发展和网络环境，人人网做出了转型。

人人网已发展成为整个中国互联网用户提供服务的社交网站，给不同身份的人提供了一个全方位的互动交流平台，大大提高了用户之间的交流效率，降低了用户之间的交流成本，通过提供发布日志、保存相册、音乐视频等站内外资源分享等功能搭建了一个功能丰富高效的用户交流互动平台。

人人逛街（http：//j. renren. com）是人人网（www. renren. com）旗下的购物分享社区，它的资讯分享和交流方式与美丽说基本一致，也是女性用户通过网站的平台分享和获取资讯（图 3-1）。人人逛街与其他资讯分享网站不同的是，它保持了人人网实名制的特征，使用户的分享更真实可靠，有效地引导用户发现、分享和引领时尚。

3.3.2 基于电子商务网站的社会化电子商务平台模式

这种类型的社会化电子商务，是在已有的电子商务交易平台的基础上构建的，一体化于电子商务交易平台。通过社区的关系来提高消费者的体验及黏性，从而促进网站自身产品的销售，比如淘宝网的淘宝社区。

图 3-1 人人逛街

淘宝网是亚太地区较大的网络零售商圈，由阿里巴巴集团在 2003 年 5 月 10 日投资创立。淘宝网现在业务跨越 C2C（个人对个人）、B2C（商家对个人）两大部分。截至 2014 年，淘宝网注册会员超 5 亿人，每天有超过 1.2 亿的活跃用户，在线商品数达到 10 亿件，淘宝网和天猫平台的交易总额超过了 1.5 万亿元。随着淘宝网规模的扩大和用户数量的增加，淘宝网也从单一的 C2C 网络集市变成了包括 C2C、分销、拍卖、直供、众筹、定制等多种电子商务模式在内的综合性零售商圈。

淘宝社区（http://taobao.com）是淘宝网推出的社交网站社区，类似人人网，采用真实关系的社交平台，以自身的电子商务网站淘宝网为基础，可以帮助用户与自己的真实关系好友保持联络，你可以关注他们的近况和信息，依据他们的购买商品以及使用评价来指导自己的购物行为。淘宝社区分成不同的板块，包括淘宝特色（图 3-2）、淘公仔（图 3-3）和淘女郎（图 3-4）等。

图 3-2 淘宝特色

图 3-3　淘公仔

图 3-4　淘女郎

3.3.3　导购分享型社会化电子商务平台模式

第三方社会化电子商务平台独立于已有的电子商务交易平台，通常以基于某一地域、行业、兴趣的垂直社区的形式，和大众化的社交网站相比，垂直社区的用户是高度细化的，开展的电子商务活动也更具有针对性。第三方社会化电子商务平台可以开展广告、营销、促销等多位一体的市场活动，这方面的网站有蘑菇街、美丽说等。而一些导购型网站则涉及网购市场上的几乎所有类别产品，致力于覆盖到所有消费者并以某些有价值的服务吸引有需求的消费者，如返利网、百价网、团 800 等。目前市场上导购型网站的类型百花齐放，各有策略。

不同类型的导购型网站用户的使用目的或者购物目的是不同的，因此影响消费者满意度和信任度的影响因素也不尽相同，以导购型网站的类型为调节变量进行分析，对于导购型网站的研究更加有意义。根据不同的分类标准，表 3-3 将导购型网站进行如下的两种分类。

在导购型网站竞争激烈的网络环境中，各类导购型网站聚集用户的主要策略不同，即提供的导购服务各有侧重点。因此还可以根据导购型购物网站导购功能的侧重点不同分为两大类，其分类见表3-4。

表3-3　基于用户涵盖范围不同的导购型网站分类

分类标准	分类名称	内涵	典型网站
服务范围大小	综合型导购网站	不分类型地针对所有消费者，涵盖购物网站的多数产品，以某项导购服务吸引用户	返利网、百价网、花瓣网、折800
	垂直型导购网站	通常基于某一兴趣、行业、地域构建，与大众化的社交网站相比，垂直社区的用户往往高度细化，开展更具针对性的电子商务活动	蘑菇街、美丽说、ZOL数码导航

表3-4　基于导购功能侧重点不同的导购型网站分类

分类标准	分类名称	内涵	典型网站
导购功能的侧重点不同	从商品角度出发的导购型网站	通过集合部分有共同特征的产品，以产品的质量性能上的优良特性和独特的卖点吸引相应的消费者浏览观看，然后促成交易。比如通过介绍特色的网店和产品性能好的产品来吸引消费者的网店型导购网站、商品型导购网站	蘑菇街、美丽说、花瓣网
	从价格角度出发的导购型网站	以产品的价格优势来吸引消费者促成交易。这类导购型网站有各自获取价格优势的功能，其中某些网站兼具几种功能，都以引导消费者找到性价比最高的符合需求的商品为主要目标。如团购导购网站、打折促销导购网站、比价导购网站、返利导购网站	团购导购网站有360团购、百度团购、千团网，打折促销导购网站有折800，比价导购网站有百价网，返利导购网站有返利网

美丽说（http：//www. meilishuo. com）是一个女性时尚购物社区，用户可以分享网购链接，交流打扮与网购心得（图3-5）。该平台成立于2009年11月，其目标用户的定位是追求时尚潮流的女性朋友。通过这个平台，这些时尚女性可以找到合适的时尚服装和护肤品。用户可以在美丽说上搜索相关时尚产品的专家、商品、团购信息，同时可以将这些信息分享到属于自己的社交网络上。

分享事物的范围主要集中在服饰、美容、家居等女性用户网购关注的领域。除了提供瀑布流实现页面底端自动加载功能外，还提供了与图片墙类似的杂志功能，用户可以将网购图片贴到自己创建的杂志中，也可以浏览其他用户的杂志。

3.3.4　移动社会化电子商务平台模式

这种类型的社会化电子商务，是在移动手机、Pad等便携式移动设备中的社会化网络平台的基础上构建而来的，与基于社会化网络发展而来的社会化电子商务平台相似，但移动社会化电子商务平台模式更多地强调的是自身的便携性。产品信息通过在朋友圈或个人主页发布产品信息，买家和卖家的朋友关系能促进交易的达成。目前比较火热的平台是微信的微商。

微商兴起于2013年7月，由最先起源的广东瞬间蔓延至浙江、江苏等沿海地区。微商最先源于一些人在朋友圈中发布爱车、名牌包包等各种奢侈品的照片，一些敏感的人嗅到了商业的气息，开始帮人代购各种奢侈品，在朋友圈做起了熟人生意。

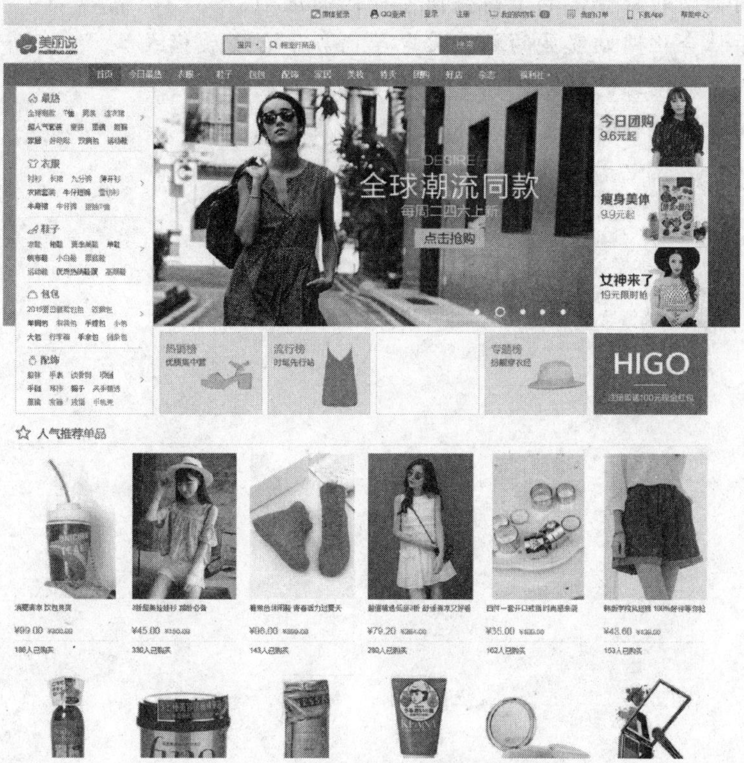

图 3-5　美丽说主页

采用这种模式进行商品销售的商家既可以是企业，同时也可以是个人。就目前而言，微商主要分为两种：一种是基于微信公众号的 B2C 微商；另一种是在微信朋友圈开店的 C2C 微商。企业往往会利用一些促销手段来吸引微信用户通过“扫描二维码”等方式添加自己的公众账号，然后利用公众账号发送信息，进而进行商品销售。而个人则可以通过注册微信账号并在朋友圈发送销售信息来进行商品销售。

本章小结

本章介绍了社会化电子商务平台的市场特征和经济特征；总结归纳了社会化电子商务商业模式的类型，并对不同类型的社会化电子商务进行比较分析；分别对基于社会化网络的社会化电子商务平台、基于电子商务网站的社会化电子商务平台、导购分享型社会化电子商务平台、移动社会化电子商务平台的发展模式进行了概述。

思考练习题

1. 简述社会化电子商务平台的市场特征。
2. 简述社会化电子商务平台的经济特征。
3. 依据不同的分类标准，社会化电子商务的商业模式类型有哪些？各列举一些实例。

4. 简述不同类型的社会化电子商务商业模式的区别。
5. 简述基于社会化网站发展的社会化电子商务平台发展模式。
6. 简述基于商务网站的社会化电子商务平台的发展模式。
7. 简述导购分享型社会化电子商务平台的发展模式。
8. 简述移动社会化电子商务平台的发展模式。

第 4 章 社会化电子商务平台的设计

学习目标

■了解社会化电子商务平台建设的需求
■了解社会化电子商务平台建设的可行性
■掌握社会化电子商务平台设计原则
■了解社会化电子商务平台功能设计内容
■掌握社会化电子商务平台设计的方法

4.1 社会化电子商务平台设计需求与可行性分析

4.1.1 社会化电子商务平台设计需求分析

社会化电子商务从 2005 年发展至今已经经历了萌芽、探索和迅速发展的阶段，社会化电子商务基于虚拟市场和社会市场合作设计，不仅追求购物，而且追求社交，从追求即时交易量到追求持续盈利能力。社会化电子商务弥补了传统电子商务对用户关注较少的缺陷，但仍需对平台进一步地深化设计来实现社会化电子商务平台的可持续发展。

（1）用户需求多样化

用户生成内容是社会化电子商务的特征之一，用户成为平台发展过程中重要的参与者和不可或缺的一环，平台要对功能进一步地完善来满足用户的需求。随着策略型用户数量的增长，用户的需求呈现多样化，用户不仅有社交和购物的双重需求，对于平台使用过程中的可用性、易用性、享乐性、社交性和便利性等要求也越来越高。随着用户基数的不断增长，平台的流量越来越大，这就需要更加强大的后台处理系统保证用户访问时的及时响应和页面访问质量；生活节奏的加快，使用户时间碎片化，这就需要更加明确的商品分类和快捷键功能来帮助用户迅速找到需要的商品和服务，这样才能减少用户的搜索成本，也能在较短的时间内完成交易，同时也能增加用户黏性；访问页面是用户使用平台时的门户，页面友好会为平台的第一印象加分，对于吸引新用户来说是比较直接有效的手段；商品推荐功能是用简单快捷的方式对用户进行营销，但目前很多软件是直接对这些商品推荐进行拦截，原因是这些商品和服务的推荐并没有满足用户的喜好，而被用户认为是垃圾广告，这就需要平台在功能设计方面对用户的平台浏览记录和用户生成内容进行深度的挖掘，使得商品推荐的功能更贴近用户的喜好以实现精准营销；网络的虚拟性使用户体验不充分，这需要平台设计过程中引入虚拟现实等先进的技术来增加用户体验的真实性。

（2）日益激烈的竞争

基于社会化网站发展的社会化电子商务平台模式、基于电子商务网站的社会化电子商务平台模式、导购分享型社会化电子商务平台模式、移动社会化电子商务平台模式是社会化电子商务的四个主要发展模式，不同的模式下各具特色，为了留住用户增加平台的用户黏性，各个平台之间也存在着激烈的竞争。不论是传统的电子商务加入社交功能，或是社交网络媒体引入电子商务，还是兼具电子商务和社交网络媒体功能的独立的第三方社会化电子商务的平台，都有其各自的竞争优势和劣势。电子商务的相关技术已经是公开透明化，因此社会化电子商务平台的进驻门槛低，平台的数量呈现日益增长的趋势，社会化电子商务平台的发展不仅是国内平台之间的较量，越来越多的国外企业的进驻使得这个市场的竞争更加激烈，平台间的竞争是国际化的，要想在激烈的竞争环境中占有一席之地，就必须在平台的设计上下功夫，拥有自身特有的核心竞争力。

(3) 适应发展的新趋势

科学技术的发展推动着社会的进步，各个领域和各个行业都面临着不断的更新换代和快速发展，社会化电子商务平台的发展也要适应发展的新趋势，加快发展的步伐，实现行业长足有力的发展。人工智能的发展为各个行业注入了新的动力，行业的发展要依赖科学技术的发展，但科学技术的发展远远超过行业与新技术接轨的速度，如果科学技术不能转化成产能，技术的发展则失去了母体而无法发挥其作用，因此，行业的发展要加快先进技术的应用，将技术转化成直接的生产力才能实现其价值。

综上所述，将社会化电子商务平台看成一个整体时平台设计需要满足以上的需求，但每个平台具备其独特的特性，不能一概而论，在进行平台设计前要进行市场调研，看用户在哪些方面需要平台进行改进，并且要在平台既定的目标下进行完善，不能盲目地追求满足用户的所有需求，要有针对性。另外，还要考虑平台设计的成本与收益的回报。这就需要平台设计之前进行可行性分析。

4.1.2 社会化电子商务平台设计可行性分析

社会化电子商务平台设计既要满足用户的需求和社会发展的需要，在真正的实施之前还要进行可行性分析，可行性分析是企业需要根据环境和资源等条件，通过对企业人员状况、资金状况、产品状况、技术状态、信息化程度的分析，判断社会化电子商务平台建设是否具有实施开发的可行性。通过可行性分析，企业决策者能够识别社会化电子商务平台建设的优势和劣势，及时做出扬长避短的决定，以便正确地对社会化电子商务平台建设进行立项评估。

完成可行性报告的分析步骤如下。

① 初步调查，取得资料。

② 确定社会化电子商务平台的目标及规模。企业需要根据对平台使用对象的需求进行分析、整理和提炼，结合计算机系统的特点和要求，确定社会化电子商务平台的规模。

③ 论证平台建设的必要性。根据调查资料，对平台建设的投入与可能取得的效益进行对比分析，决定是否建设社会化电子商务平台，及采用何种社会化电子商务平台和采用何种方式建设。

④ 分析技术可行性。从企业的技术力量、设备能力、人员素质等方面分析是否具有平台开发、使用和维护的可行性，即分析所提出的平台建设目标在现有的技术条件下是否有可能实现。

⑤ 分析经济可行性。主要是指软件开发中所需要的费用，包括硬件配置费用、软件开

发费用、人员招聘培训费用和软件运行维护费用等，要根据企业的数据处理量和经济实力决定平台模式和规模，以及选配相应的硬件平台和系统软件平台。

⑥ 分析人员和组织结构变革的可行性。平台投入使用后，人员的岗位分工要有相应的调整，还可能导致组织结构的调整，应考虑充分，预想可能遇到的困难。

⑦ 分析市场和竞争对手。平台建设不仅要从技术、经济角度来考虑，而且还要从市场的角度去考虑问题。即同时需要考虑平台的目标用户群、竞争对手和产品或服务的市场前景如何。

4.2 社会化电子商务平台设计原则与方法

4.2.1 社会化电子商务平台设计原则

社会化电子商务平台设计原则是，保证平台的灵活性、可扩展、可重用、可维护等特性，同时，在建设过程中，需要避免大量、重复的软件开发，具有广泛的开放性。在遵循这些基本原则的同时，还需要坚持以下原则。

① 统一性原则。统一标准，统一规范，统一规划设计，建立统一的数据标准和技术标准。

② 安全性原则。系统安全性和保密性对于计算机软件系统是至关重要的，系统中的任何数据丢失、数据错误以及数据泄露都有可能给公司和相应的业务客户带来巨大的经济损失，所以在方案设计中要充分考虑系统的安全和保密因素，保证系统数据不会被非法修改、窃取、破坏。

③ 稳定性原则。本系统设计要具有高稳定性，系统在正常的访问使用过程中能够稳定、可靠地进行业务数据处理。

④ 高效性原则。由于系统随时都可能需要处理并发的业务请求，所以要求系统设计要尽可能紧凑、高效，尽量缩短每次业务请求的响应时间，避免出现用户需要长时间等待系统进行数据处理的情况。

⑤ 技术先进性原则。系统方案设计和软件开发的实现应采用先进、成熟的软件设计技术，所采用的开发和实现技术应符合今后的技术发展潮流，使得整个系统具有更长的技术生命周期，从而保护系统的开发投资。

⑥ 可扩展性原则。系统要充分考虑今后平台业务的发展、运营管理体制的改变等因素，系统设计要具有高度的灵活性和可扩展性，以便于在今后业务情况发展、变化时，可以根据应用需求的改变而方便地扩充和调整系统功能，从而满足新的应用需求。

⑦ 易维护性原则。系统设计应该便于安装、升级和维护，尽可能减少因系统维护问题对平台的管理服务产生影响。

⑧ 易使用性原则。系统的用户接口界面设计应符合用户已有的操作习惯，系统操作应易学易用。

4.2.2 社会化电子商务平台设计方法

4.2.2.1 面向对象的分析设计方法

面向对象开发方法是20世纪80年代在结构化系统分析方法的基础上发展而来的。它一反传统上功能分解方法只单纯反映管理功能的结构状态、数据流程模型只反映事物的信息特征和流程、信息模拟只被动地迎合实际问题需要的做法，从面向对象的角度为人们认识事物、开发管理信息系统提供了一种全新的方法。

面向对象开发方法以应用领域内的问题为着眼点，注重从内部结构角度模拟客观世界，以直观自然的方式描述客观世界的实体以及实体的结构特征，并且将两者结合，兼顾对象的静态及动态信息。面向对象开发方法认为，客观世界是由各种各样的对象组成的，各种对象都有自己的内部状态和运动规律，不同的对象之间的相互作用和联系构成了不同的系统。若我们设计和实现一个客观系统时，能在满足需求的前提下把系统设计成由一些不可变的或称为相对固定的部分组成的最小集合，这个设计就是最好的。面向对象的开发方法促使开发者从应用领域的观点出发考虑问题，将实际问题空间的概念全部清楚地加以标识，通过合理的分类组合抽象地表示出来，利用对象类及其关系描述对象之间的联系，把问题空间映射到解空间。

面向对象开发方法一般经历以下三个阶段：面向对象系统分析、面向对象系统设计、面向对象系统实现。面向对象开发方法的主要特点有以下几个方面。

① 封装性。对象的概念突破了传统数据与操作分离的模式。对象作为独立存在的实体，将自由数据和操作封闭在一起，使自身的状态、行为局部化，从外部可以了解它的功能，但其内部细节是“隐蔽”的，它不受外界干扰。对象之间的相互依赖性很小，因而可以独立地被其他各个系统所选用。

② 继承和类比性。继承是面向对象特有的，也是最有力的机制。通过继承可以弥补由封装对象而带来的诸如数据或操作冗余的问题，通过继承支持重用，实现软件资源的共享、演化与增强扩充。

③ 多态性。同一消息发送至不同的类或对象可引起不同的操作，使不同的软件的开发设计更方便，编码更容易。

④ 易维护性。面向对象的封装、抽象使对象信息隐藏在局部。因而当对象进行修改或对象自身产生错误的时候，由此带来的影响仅仅局限在对象内部而不会波及其他对象乃至整个系统环境，这极大地方便了软件设计、构造和运行过程中的检错、修改和维护。

⑤ 动态连接性。各种对象之间可以方便、动态地进行消息的传递。

4.2.2.2 结构化的开发方法

结构化开发方法又称为生命周期法，是迄今为止最传统、应用最广泛的一种信息系统开发方法。结构化开发方法采用系统工程的思想和工程化的方法，按用户至上的原则，结构化、模块化、自顶向下地对信息系统进行分析与设计。该方法严格按照信息系统开发的阶段性开展设计工作，每个阶段都产生一定的设计成果，通过评估后再进入下一阶段开发工作。

结构化系统开发方法的基本思想是：用系统工程的思想和工程化的方法，按用户至上的原则，结构化、模块化、自顶向下地对系统进行分析与设计。具体来说，就是先将整个信息系统开发过程划分出若干个相对独立的阶段，如系统规划、系统分析、系统设计、系统实施、系统运行与维护等。在前三个阶段坚持自顶向下地对系统进行结构化划分。在系统调查或理顺管理业务时，应从最顶层的管理业务入手，逐步深入至最基层。在系统分析、提出新系统方案和系统设计时，应从宏观整体考虑入手，先考虑系统整体的优化，然后再考虑局部的优化问题。在系统实施阶段，则应坚持自底向上地逐步实施。也就是说，组织人力从最基层的模块做起（编程），然后按照系统设计的结构，将模块一个个拼接到一起进行调试，自底向上、逐渐地构成整体系统。

结构化系统开发方法主要强调以下特点。

① 自顶向下整体性的分析与设计和自底向上逐步实施的系统开发过程。即在系统分析与设计时要从整体全局考虑，要自顶向下地工作（从全局到局部，从领导到普通管理者）。而在系统实现时，则要根据设计的要求先编制一个个具体的功能模块，然后自底向上逐步实现整个系统。

② 用户至上。用户对系统开发的成败是至关重要的，故在系统开发过程中要面向用户，充分了解用户的需求和愿望。

③ 深入调查研究。即强调在设计系统之前，深入实际单位，详细地调查研究，努力弄清实际业务处理过程的每一个细节，然后分析研究，制定出科学合理的新系统设计方案。

④ 严格区分工作阶段。把整个系统开发过程划分为若干个工作阶段，每个阶段都有其明确的任务和目标。在实际开发过程中要求严格按照划分的工作阶段，一步步地展开工作，如遇到较小、较简单的问题，可跳过某些步骤，但不可打乱或颠倒之。

⑤ 充分预料可能发生的变化。系统开发是一项耗费人力、财力、物力且周期很长的工作，一旦周围环境（组织的内外部环境、信息处理模式、用户需求等）发生变化，都会直接影响到系统的开发工作，所以结构化开发方法强调在系统调查和分析时对将来可能发生的变化给予充分的重视，强调所设计的系统对环境的变化具有一定的适应能力。

⑥ 开发过程工程化。要求开发过程的每一步都按工程标准规范化，文档资料标准化。

4.2.2.3 基于用户体验设计方法

基于用户体验的社会化电子商务平台设计主要是以特定用户群体的目标需求为导向，借助于良好的设计可以实现用户体验的优化过程。在平台设计的过程中满足“愉悦、快乐并且安全的用户购物体验”，不只是需要在产品外观或者是网站界面美观层面上的改进，而是进行网站从功能到信息到交互再到整体视觉层面上的再设计，甚至用户体验设计更多地倾向于关注用户心理层面和行为层面的感受。因此，以用户目标需求为导向的用户体验设计也具备了更广泛的设计内涵，它包括人机交互从功能到信息再到视觉层面的全部交互规范化设计，这就要求用户体验设计师和交互设计师需要具备更高的能力，对于用户群体性特征首先要有正确的预估性，并且站在用户的角度来了解用户的思想意识和行为习惯，在保证人机交互协调性的基础上，减少用户在使用时的错误。该种方法主要的依据是用户体验，根据用户体验提出针对性的设计。Alan Cooper 等在《设计交互精髓》中也提出了以“用户目标需求为导向”进行设计的核心思想，即用户目标需求是产品成功的第一关键要素。李卓然基于用户体验的社会化电子商务平台设计中主要的依据是温特妮的用户体验 5E 模型和杰森詹姆斯的用户体验要素框架。

（1）用户体验 5E 模型

温特尼提出了用户体验的 5E 模型（Whitney Quesenbery's 5E），即每个要素的英文单词都是以大写字母开始，在社会化电子商务中，这点有着很高的相适性，它们分别如下。

① 可行性（Effective）。是用户体验的基础，能够保证一款互联网产品可以实现自己的应用价值，比如在社会化电子商务中，最终在产生购买行为时，如果网站的功能不能保证

用户进行有效购买，则其用户体验做得再好也是徒劳，还有需要保证网站的交互性，如果网站社区用户不能进行交流，则也失去了社会化电子商务的意义。

② 高效性（Efficient）。是指网站用户独立完成一套程序时所用时间或难易程度，用户完成产品的操作流程以达到自己的期望时所花费的时间越少，则说明产品越具备很高的高效性，因此在对网站设计时，应尽量避免用户多余的操作步骤。对于社会化电子商务的设计主要是指用户从进驻网站到最后产生消费行为所花费的时间周期，虽然对于社会化电子商务中的社会化媒体平台部分，用户在社区中所花费的时间越多，说明其具有越高的互动性，但是通常导致最终的结果是用户最终失去购买的兴趣，从而也降低了转化率。

③ 吸引性（Engaging）。主要是指一款产品所带给人的感官上的影响，如果产品在功能优化、操作体验和视觉界面上能够使人产生愉悦感，则人们必然会被其吸引，主要是指产品与客户之间的关系的升级，对于社会化电子商务设计，可以通过产品的附加价值来提升用户的满意度和产品的吸引性，如前面所述的模型中，其中的魅力属性则可以很大程度地提高用户的满意度，因为它发挥的作用往往是可以超出用户的想象，可以满足客户想象之外的需求，因此在设计社会化电子商务网站中的功能时，可以多参考设计具有魅力属性的产品功能来增加产品吸引性。

④ 容错性（Error tolerant）。容错性主要是对技术层面的要求较高，通过技术来实现产品中对于用户操作失误率的降低，在社会化电子商务中，主要是应用在网站的电子商务之中，尤其是支付环节，一方面是支付操作的简捷性，另一方面是支付的安全性，首先应该尽量减少用户的操作步骤，简化流程，同时，应该引用技术手段，以防止用户在进行支付环节时因为系统错误而造成不可挽回的损失。

⑤ 易学性（Easy to learn）。指的是一款产品能够引导用户进行操作学习的程度，在互联网产品中，由于用户在第一次使用时都会有一种陌生感，因此一般都会设计有相对应的引导页面来正确引导用户能够快速地熟悉软件特性和功能，尤其是对于社会化电子商务，由于其本身特性同时兼具社会化网络平台和电子商务平台，因此其用户的操作流程和交互行为要比普通电子商务网站更加复杂，这就需要网站通过设计引导来给予用户正确的引导，使得用户能够在较短的时间内快速地学会如何使用网站，而且社会化媒体平台和电子商务之间的有效融合也会对产品的易学性造成影响，如果两者之间能够做到无缝链接，则用户在使用时不会觉得过于烦琐，而如果两者之间没有关联性，用户会认为网站使用不够自然，没有很好的体验感受，会认为是两个完全毫无关系的模块，从而影响了使用。同时也要注意每一款产品在改版升级的同时也会不断开发出新的产品特性，这样也会对用户造成一定的影响。

（2）用户体验要素框架

用户体验要素架构和产品五个层次对社会化电子商务的影响主要包括以下几个方面。

① 客户需求对应网站目标。对社会化电子商务的设计，以用户新的购物体验为导向，确定了网站的目标是带给用户不一样的网络购物感受，因此可以明确社会化网络购物的目的和意义，而且网站的目标是要通过带给用户新的愉悦的购物体验来实现网站更多的商业价值。用户的内容需求对应网站的功能特性，通过网站中的可识别元素来迎合用户的需求，通过这些可识别元素来更加细致地描绘网站功能中的各个细节，比如，社会化电子商务中的可识别元素主要来源于商品的展示、商务行为的购买元素、用户共生媒体的展示等。针

对这些可识别元素来使得社会化元素和电商元素中的功能都更加注重于细节，比如，如果有的用户在社区中想拥有分享购物经历的需求，那么对应到网站中的功能可以设计为购物经历成长的功能，用户可以在不同的时间通过购买和与别人的互动来增加自己的购物成长经验，同时以一个比较直观的形式展现出来。

② 用户信息架构的需求对应交互设计（International Design）。包括用户对于信息空间布局的需求以及更多产品接口结构的设计的规范要求，从而定义了用户是如何与网站的功能进行交互。在社会化电子商务网站的设计中，前后台的架构、接口对接以及用户在针对个人社区的自我管理上都存在着交互问题，如何通过个人空间的布局的合理性来给用户带来更多的良好体验感受，一方面是要求设计师具有良好的布局形式，另一方面需要有不断的新的体验形式的融入，比如在产品展示上，采用瀑布流的模式，可以很大程度地优化用户视觉体验，因为当今的时代是一个读图的时代，瀑布流的模式彻底颠覆了传统的分页模式，能够使用户的读图效率提高，从这点来说，从信息空间到接口功能的架构便可以对应到产品的人机交互之中。

③ 导航设计（Navigation Design）对应界面设计（Interface Design）。架构以信息为导向的层次结构，整合构建从界面元素到用户行为的设计，不只是对一般类型的网站，尤其是对电子商城网站的导航设计上具有更高的要求，对于社会化电子商务更是如此，对于社区和商城两个部分，如何正确引导用户能够很快地进入到对应的模块当中，以及如何让用户在两者之间能够做到自然的、快速的转换，这就需要对导航进行良好的设计，不只是导航栏目的设计，页面的页面元素、图标、链接甚至是声音都能快速地为用户进行导航。

④ 视觉设计（Visual Design）。包括网站文字的排版、页面图形整体元素的设计以及各个页面风格样式的统一，最终都将会以具象的、视觉化的形象展示出来，这可以给人带来最为直观的感受，同时也对于用户第一印象的影响最大。

在社会化购物过程中，用户具有猎奇心理、占优心理、相适心理、一致心理、求助心理、专家心理、同化心理、分享心理，在平台设计过程中要注意关注用户的这些心理诉求。根据杰森詹姆斯的框架将用户社会化的心理特征与温特尼的模型进行层次划分，构建了融入社会化心理特征的用户体验模型。在新的体验模型中融入用户社会化心理特征，并根据模型从基础到高级优化进行三个层次的划分，划分的依据是根据用户“功能需求层—交互需求层—视觉需求层”依次递进。在功能需求层面中，包括的是产品的可用性，这个层面属于用户体验的基础层面；在交互需求层面中，包括的是产品的易学性、高效性和容错性，这个层面中，易学性包括用户同化心理特征，高效性包括用户相适心理和求助心理特征，容错性包括用户一致心理和专家心理特征，主要包括在用户体验要素框架中；在视觉需求层面中，包括的是产品的吸引性，吸引性在产品方面主要包括用户占优心理和猎奇心理，在用户方面主要包括分享心理特征，依据用户体验要素框架，主要包括网站界面整体元素和风格设计。其用户体验模型融入了用户社会化心理特性，并且进行了层次划分，如图 4-1 所示。

通过围绕用户体验模型中的八种用户心理特征进行设计，可以有效地增加用户与商家、用户与商品、用户与用户之间的社会化互动，真正地做到电子商务的社会化，同时围绕这八种用户社会化心理特征为设计者提供一个很好的功能框架标准图，以便能够方便、直观地对社会化电子商务网站的功能进行梳理和分析，用户体验模型中的八个社会化心理特征所衍生出来的具体功能如表 4-1 所示。

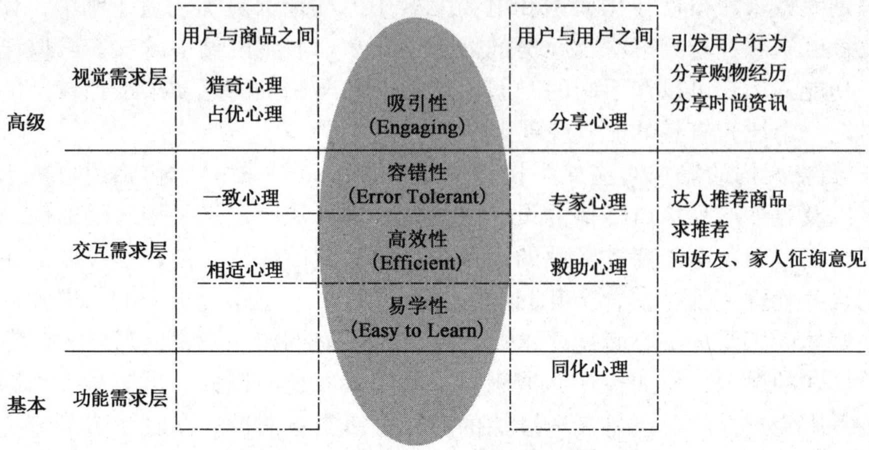

图 4-1　融入社会化心理特征的用户体验模型

表 4-1　用户社会化心理特征

功能	视觉需求层			交互需求层				
	吸引性			容错性		高效性		易学性
	猎奇心理	占优心理	分享心理	一致心理	专家心理	相适心理	求助心理	同化心理
分享商品					○		○	○
推荐商品			○					○
购物清单分享			○					○
明星商品			○					○
媒体评论	○				○			○
商品受欢迎程度								○
兴趣推荐				○		○		
历史推荐				○		○		
竞拍功能	○	○						
个性产品推荐						○		
专家推荐					○		○	
创意产品分享	○		○					
限量促销		○						
限时促销		○						
组织团购		○	○					
优惠券交换		○	○					
购物成长	○				○			
促销订阅		○				○		
社会化媒体娱乐			○					
社区游戏			○					
社会化媒体服务			○					

注：○表示有此项。

以框架图中的功能为出发点，在社会化网络平台中首先进行用户的社会化交互行为，这样可以改变传统导购类网站中的“商品—互动—商品”的简单的体验过程，而是一种“互动—商品—互动”的用户体验模式，这种体验模式相比之前的传统的模式能够带给用户更加丰富的体验感受。同时，新的体验形式可以更加有效地融入用户在传统购物中的社会化要素，将传统“逛街”购物中的交流互动通过社会化网络平台引入到电子商务中，摆脱传统网络购物中的枯燥的体验感受，反而能够给人们在进行网络购物过程中带来新的体验乐趣，因此，电子商务社会化发展有其必然性，根据用户社会化购物的心理特征对网站进行设计也可以有效地对网站进行优化。

4.3 社会化电子商务平台总体和功能设计

4.3.1 社会化电子商务平台总体设计

社交化电子商务平台的总体架构由四层两体系组成（图4-2）。“四层”分别是：应用层、支撑层、资源层和基础层；两体系分别是：身份认证和安全体系、运行维护保障体系。

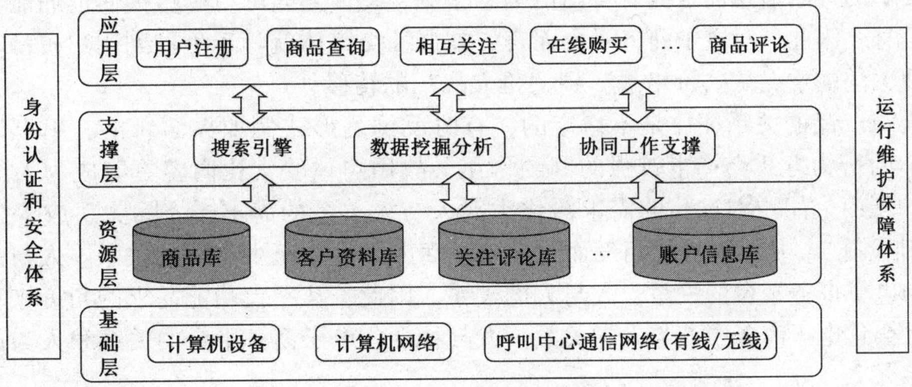

图4-2 社会化电子商务平台总体架构

4.3.1.1 四层

（1）应用层

在顶层提供统一信息门户，为客户提供服务的窗口，同时也是平台管理的入口。通过可视化的窗口或界面，便于用户进行购物和社交互动的相关操作。比如用户注册、商品查询、购买、支付、商品评论、同其他用户即时或留言信息沟通、相互关注等。

（2）支撑层

支撑层提供搜索服务，对商品销售、评论等根据若干年保存的数据资源进行挖掘分析，以获得平台发展、支持、服务的可靠的决策依据，为客户、平台管理者提供统一消息、邮件服务、文档管理等协同工作支撑的功能。

（3）资源层

资源层提供为客户服务、管理者分析的最基础的数据资源。包含企业的商品信息资源、用户的购物信息、商品收藏信息、用户之间相互关注和评论信息、用户平台操作信息和账户信息等。

（4）基础层

基础层是平台的基本架构环境，包括数据库服务器、应用服务器/Web 服务器、交换机、存储设备、计算机网络、呼叫中心接入、有线/无线通信服务等。

4.3.1.2 两体系

（1）身份认证和安全体系

平台安全系统设计除了包含计算机网络、主机、应用系统等进行安全规划之外，系统运行的安全设计也是安全规划的重要内容之一。

（2）运行维护保障体系

运行维护保障机制包含统一性和标准性、公众服务性、专业性、权威性。

4.3.2 社会化电子商务平台功能设计

社会化电子商务是衍生于电子商务，需考虑消费者在电子商务体验过程中的社会化属性。当互联网行业进入“用户生产”时代，快捷、精准地接触大量用户代表着无限商机，各电子商务平台的竞争实质上是一场用户争夺战。在社会化媒体环境下，消费者不再受制于卖家提供的商品信息而是拥有自己的消息来源，熟人之间的口碑传播使他们能多方面获取所需信息。因此，对电子商务平台而言，掌握社交媒体就等于争取到用户资源，反映出整个产业关注的重点从“价格战”到“抢人战”的转移。

而人与产品的关系往往是不稳定的，有时反倒是形式例如界面风格、用户体验等因素对人们的行为方式会产生较强的制约作用，故用户体验常比内容更能成为人们依赖某一产品的理由。用户对产品的需求深化为对人与人关系的需求，人际关系成了大众传播的“基础设施”。从消费者的角度而言，电子商务平台中至少有三种关系：人与产品的关系、人与电子商务平台的关系、人与人的关系。因此，从平台功能需求的角度来看，重点是维系社会化电子商务中人与人的关系、人与社会化电子商务平台的关系和人与产品或服务的关系。

4.3.2.1 人与人的关系

建立好人与人的关系并由此产生了许多产品与商机的企业非腾讯莫属。对腾讯来说，一个稳固的用户入口意味着商机，微信蕴含的商业潜力是目前为止任何同类社交软件都不能比拟的。腾讯 7 亿用户为微信提供了充足的用户资源，这些人继而通过导入手机通讯录邀请新用户加入，利用人与人之间的社交关系形成一个个紧密圈子，并通过“朋友圈”这一功能向社交网络跨越。2014 年 3 月，腾讯入股京东正式跨界电子商务平台。可以说，微信发展电子商务主要就是靠着用户之间的关系搭建，形成了高黏性的社交网络，也就是靠用户来发展用户，微信用户的高黏性源于强关系的作用。为更紧密地参与到朋友的生活之中，人们愈发依赖微信，从而产生更丰富的内容，以供个体之间产生交流互动——这种循环体现出社交网络体系内强关系与用户黏性相互作用的机制。

4.3.2.2 人与社会化电子商务平台的关系

人与电子商务平台关系的构建由来已久，如淘宝、京东、当当等都有会员制度，还可以连续签到领积分或金币，但此种单向关系难使黏性长久维持。对此，淘宝开发了 IM 个人网店专用工具阿里旺旺，整合了强大的聊天记录、交易管理和支付宝等功能，满足了电子商务平台与用户进行网上交易时的沟通需求。无独有偶，阿里旺旺问世两年之后，eBay 收购了 Skype，将即时通信工具整合入自己的 C2C 交易平台，使 eBay 平台呈现出“C2C + Paypal（支付工具） + Skype（沟通工具）”的模式，基本等同于淘宝的“C2C + 支付宝（支付工具） + 阿里旺旺（沟通工具）”的模式。这演变成许多传统电子商务平台搭建用户与平台关系的一个模板。例如，京东推出了智能机器人 JIMI 作为智能购物小助手，它既能解答用户购物过程中的问题，还能讲笑话、查天气，甚至谈天说地。电子商务平台还通过其他方式建立其自身与用户之间的关系。阿里巴巴结合“双 11”推出自己的社交品牌来往，因用户基础和产品设计上存在缺陷而收效甚微。2013 年底，淘宝更不惜与新浪微博合作推出“淘宝微博版”，而随着良莠不齐的商品信息泛滥，在微博上开淘宝店并没有成为一种主流的推广方式，但也成为发展用户与平台关系的一次有益试水。

平台想要留住用户而增加用户黏性，还要对用户采取一定的激励措施，因此要进行社会化电子商务用户互动激励机制设计。机制就是“机构 + 制度”的组合体，激励机制的构建首先要明确激励双方的主体、激励的内容以及如何进行激励。构建社会化电子商务用户互动激励机制是由社会化电子商务平台（运营商）运用激励的手段对用户进行激励，促进用户间的互动行为，增加平台的活跃度，主要依靠物质激励和精神激励相结合的方式，依据社会化电子商务用户互动影响因素采取有针对性的激励措施。本书的第 3 章的部分已经对社会化电子商务用户互动的影响因素进行实证分析，结果显示强弱关系影响因素对于用户互动的影响最为显著，根据社交网络关系的亲疏远近将用户间的关系分为强关系和弱关系。强关系即熟人关系，弱关系即陌生人关系，强弱关系下的用户不论是在心理上还是行为上都会显现出不同，前面也已经分析过强关系和弱关系下的用户互动模式，下面将结合用户互动模式的特征，分别建立“强关系社会化电子商务平台用户互动激励机制”和“弱关系社会化电子商务平台用户互动激励机制”。

综上所述，社会化电子商务用户互动激励机制模型如图 4-3 所示。

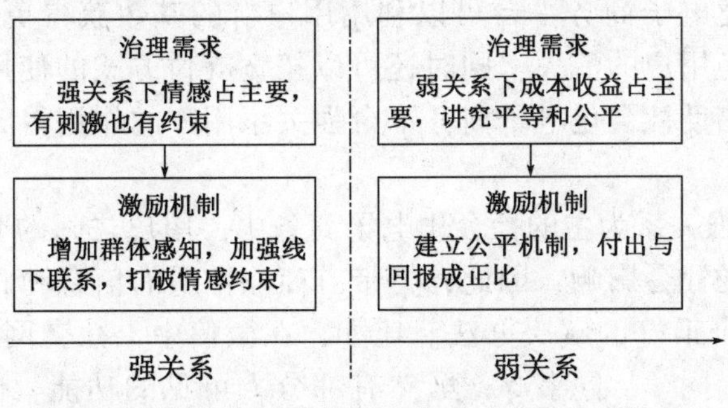

图 4-3 社会化电子商务用户互动激励机制模型

(1) 强关系为主的社会化电子商务平台用户互动激励机制设计

到目前为止，社会化电子商务平台的产生和发展已经经历了产生萌芽、快速发展的阶段，各项基本功能的运作已经相对成熟。社会化电子商务平台中已有的一些功能的设置相对于用户间的互动已不能构成激励因素的称为“保健因素”，随着用户需求的不断增加，需要增设一些平台的功能设置来促进用户间的互动的称为“激励因素”。人情社会在中国由来已久，在中国的独特国情下，人情社会拥有着别具一格的特别之处，人情对于每个人来说并不陌生，在社会化电子商务中人情之于用户来说具有正反两面的双重作用，人情既是用户间互动的推动器，又是顾客感知约束的阻隔。因此对于人情社会中的激励机制要从正反两方面入手。另外，社会化电子商务中熟人关系产生关联和互动沟通的方式可以通过线上、线下两种方式实现。本书中线上主要指的是通过用户使用的社会化电子商务平台提供的互动功能进行连接，线下指的是通过私人关系建立的连接方式进行互动，如面对面交流、即时通信、社交网络工具等。在线下，消费者与其社会关系亲密的朋友沟通交流较多，所以亲密的社会关系成为推介的一个必要条件。一个正常的熟人之间的维系，一定是低成本、有效率的。激励机制设置的目标是要保证用户间互动的持续性和有效性。

以需求理论的角度从经济、社交和精神三个层面对社会化电子商务用户互动的影响因素进行了研究，针对社会化电子商务用户特征和强弱关系下各个影响因素的影响程度的高低，在强关系为主的社会化电子商务平台中可以将其看成一个群体，在该平台中既要有针对群体中个体的激励，又要有针对群体的激励。因此，对以强关系为主的社会化电子商务用户互动的激励要采取以下措施。

① 个人用户。以强关系为主的社会化电子商务中对个人用户的个人奖励方面还是比较少的，主要的原因在于这一类别的社会化电子商务主要是偏重于社交网络功能，对电子商务功能的偏重较少。但就目前的趋势而言，传统的电子商务平台也纷纷加强社交网络媒体的建设，这样就会面临着客户的流失，因此，在个人用户的激励方面要加强。个人用户在互动中扮演的角色是联络员，单个用户之间彼此的连接是相互交织的，激励措施首先要对个人产生作用才能带动以单个用户为中心的群体。

a. 经济层面。以强关系为主的社会化电子商务平台都会有第三方服务的链接，可以通过账号登录第三方平台或在购物时使用该平台的支付方式（如微信支付）等，这就可以成为互动奖励的一个依据。比如，当用户通过微信登录第三方购物平台并将信息分享给其他用户、分享到群组或者朋友圈中，如果用户还采取微信支付的方式购买商品，就会在购买该商品时获得相应的奖励金和折扣，这样可以充分发挥第三方登录的功能，还能够通过强关系的互动产生扩大的效应。这样的奖励方式可以对社会化电子商务平台和第三方平台产生联动的效应，社会化电子商务平台可以利用用户群的基数获得更多的第三方平台入驻，增加用户的黏度以避免用户的流失，同时还可以拓宽支付方式的使用，而第三方平台可以增加用户的访问量，借助社会化电子商务平台强关系用户的作用得到免费的口碑宣传并增加用户的购买意愿。

b. 社交层面。以强关系为主的社会化电子商务中，用户之间的联系比较紧密，用户发表的言论会受到群体的社会影响，因此，将带有商业性质的信息和日常的状态发布的信息分开呈现和管理是一个很好的解决办法。比如，在微信中，社交网络中涉及不同的人群，如亲人、朋友、老师、同学、同事等，虽然有部分人可见的功能，但是通过“六度分割”法则，也会存在一些不必要的麻烦。因此，如果将状态的呈现分开管理，用户可以根据自己的情况将人群分为若干类别，不同的信息就可以让不同类别的人群可见，这不仅实现了对社交网络关系人群的管理，同时实现了信息发布的“随心化”体验。

c. 精神层面。自我效能对于社会化电子商务平台中用户互动的影响并没有得到证实，可能的原因是用户在互动的过程中并未得到其他用户及时的回应和支持，使得用户对自己发表的状态和发起互动的内容产生质疑。因此，对于强关系为主的社会化电子商务平台中个人用户精神层面的激励要采取以下措施：你可以申请成为某一品牌的“宣传大使”，在你的社交网络群体中发布相关产品的信息，通过你的链接实现购买行为的就可以为你积攒人气，人气越多则级别越高，越高级别的人就可以享有更多的折扣和优惠，通过你发布的链接的用户也会获得和你同等的待遇。个人用户就可以成为商家与用户的连接者，一方面商家可以向你发送关于产品的专业知识，你可以向其他用户传达并解决疑问，用户也可以在你这里获得优惠和折扣；另一方面通过你的社交网络关系，商家可以增大产品的宣传力度和购买的成交量。

② 群体用户。在以强关系为主的社会化电子商务中，个人和群体的作用是相互的，个人用户带动群体用户，群体用户反作用于个体用户，要利用群体效应对个体用户产生吸附作用，一方面增加用户的安全感，另一方面为用户互动营造一个良好的氛围。从影响因素的三个层面来说，具体的措施如下。

a. 经济层面。可以充分发挥利他主义和互惠期望的作用，强关系群体中用户成员之间是愿意相互帮助、互惠互利的。对用户互动的激励措施也要抓住群体用户的利他和互惠的心理，具体的措施如下：一是团购福利，一般熟人关系都会有地缘关系，利用统一配送的物流优势对群体的购买行为给予用户团购的价格优惠。二是邀请奖励，奖励的形式是以“五五分”的形式给予互动的双方，邀请你身边的朋友参与到商品的活动中去，或者将你的购物推荐给你的朋友或者群体，双方都会获得一定形式的奖励。

b. 社交层面。社会支持对于用户间的互动是重要的影响因素，用户在互动的过程中希望获得群体中其他成员的响应和支持。在满足用户互动过程中，社会支持的需要可以采取以下措施：一是线上推广，这是一项免费推广业务。你所发布的信息可以通过投票渠道将你的信息置顶，为了充分发挥熟人关系的作用，这一激励措施的设置以好友的数量为依据，当你的信息聚集的人气较多并被置顶时，就会将你的信息向更多的陌生用户推广。二是线下体验活动，面对面交流是增进感情的一种直接有效的方式，而且能够增强用户的亲身体验，需要三人同行才可享有线下的体验活动。一方面，三人行群体的规模容易达到，对于用户来说不会产生障碍；另一方面，为产品的推广也积攒了人气，直接体验模式更能让用户对产品有直观的了解，并通过用户间彼此的影响激发再次体验购买的欲望。

c. 精神层面。顾客感知约束对于用户互动是重要的影响因素。从社会影响理论的角度出发，个体的行为会受到群体中其他个体和群体氛围的影响，因此由于是在熟圈子内，有些话题和有些想法的表达会受到社会影响的限制，想要打破用户互动参与的感知约束，采取的措施就是“智能推荐”，你可以对你发布的信息选择“智能推荐”模式，该模式下你所发布的消息会根据最近与你互动的人进行推荐，而最近没有关注过你或者没有与你发生互动的用户则不会看到你发布的消息。这种方式避免了信息不可见用户的勾选的麻烦，又不会由于你的行为在群体之间产生不必要的猜忌。

综上所述，首先要对用户的群体进行甄别，根据互动的频率和互动的内容甄别出群体的界线和范围以及群体用户主要的成员，对群体用户成员的互动行为进行评价，明确用户在哪些方面缺乏互动。然后做出针对性的激励措施，对激励的效果进行总结和反馈，并进行适时的调整，对于互动的激励手段要不断地推陈出新，才能使用户间的互动保持一定的活跃度，真正发挥社交网络辅助电子商务的功能。构建出强关系为主的社会化电子商务用户互动激励机制模型，如图 4-4 所示。

社会化电子商务中用户间首先是陌生人的关系，在互动的初始阶段面临的问题是信息不对称造成的信任风险，因此应加强用户对平台的信任和彼此之间的信任。通过聚类的方式加强用户之间的联系，增强用户彼此之间的信任，通过对用户的财产安全和个人隐私安全的保障以及增强互动环境的安全性来增加用户对于平台的信任。

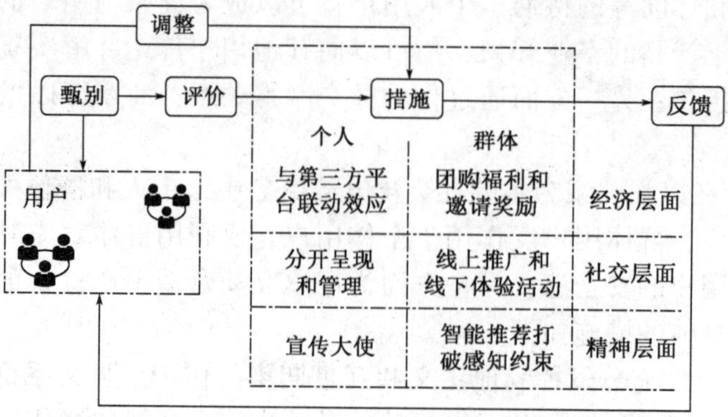

图 4-4 强关系为主的社会化电子商务用户互动激励机制模型

(2) 弱关系为主的社会化电子商务平台用户互动激励机制设计

弱关系为主的社会化电子商务存在的优势在于用户的基数大，用户间能够相互交流的信息和话题也比较多，可以更好地满足用户功能性收益的需求。一方面，用户在互动的过程中希望获得更多的关于产品的信息和时尚潮流，促进用户间的互动能够聚集大众用户的智慧，因此，对于个人用户的激励至关重要；另一方面，弱关系也存在着许多约束用户间互动的因素，因此，要基于用户间共同的兴趣、爱好和话题对弱关系用户进行聚类，通过聚类让用户之间产生关联，并通过用户间的互动不断地加强用户之间的联系，通过互动逐步地了解过程当中会消除顾虑，增进了解，并增加彼此的信任和归属感。激励用户间的互动行为，增强用户间的关系程度，并不断地强化用户之间的联系，使得用户之间的关系从弱关系向强关系进行转化。

激励措施从经济层面、社交层面和精神层面进行展开，具体措施如下。

① 经济层面。奖励金、积分、财富值、优惠券等都是传统电子商务中必备的奖励措施，关于互动参与的各种形式的经济奖励也是必不可少的，但想要对用户的互动产生刺激作用还需要加入其他的手段：一是设置权限，通过互动的表现，对于活跃度比较高的用户设定一个权限，每个等级的用户向其他用户提问时只能将问题发送给同一等级或以下级别的用户，并且只有到达一定等级的用户才可以获得“专业达人”用户的访问权限，还可以获得一对一的解答问题的准许卡片。二是降低搜索成本，根据用户间互动的内容进行针对性的推荐，以往的推介模式大多是针对浏览记录对用户进行推荐，但浏览的随意性较大，推荐的作用不明显，反而成为垃圾推荐而造成用户的反感。而用户互动过程中产生的内容是用户对某一事物进一步搜索相关信息的尝试，针对用户互动内容的推荐更具有有效性。

② 社交层面。人是社会中的人，即便用户间的关系扩展到网中具有虚拟性，但人的社会属性依然存在，因此社会存在感对于用户的互动来说是重要的刺激因素。一般社会存在感的满足是通过其他用户的点赞、评论、关注等实现的，淘宝中设置了打赏，用户赞同并采纳其他用户给予的回答和建议时，可以通过打赏回答问题的用户作为酬谢，但这一功能用户的使用率并不高，原因在于用户对于成本收益的衡量。因此，在社交层面对用户互动的激励可以采取在互动的板块设置“互动小宠物”的方式，每当你参与到用户互动中产生互动行为时，小宠物就会为你点赞，根据不同的互动活跃度，小宠物会变换不同的话语来表扬你的互动行为。这样当用户互动时即便对方没有做出什么反应，也会让用户的互动充

满趣味性和存在感。

③ 精神层面。声誉地位是影响用户互动重要的因素。已有的手段对声誉地位的体现是用户的等级、财富值和淘气值等形式，但这些形式不能直观地体现。因此对于满足用户互动过程中的声誉地位的激励手段如下：一是勋章奖励，借鉴游戏中对最佳游戏者的勋章奖励，对在用户互动中表现比较活跃的，比如受到求助和回答其他用户的问题比较多的用户，给予勋章奖励，设置勋章馆，以周为单位，每周都会有用户获得勋章的排名，并对前三名给予奖励金和优惠券等不同形式的奖励。二是达人称号，采取累加制，按用户参与互动的频率和互动内容的质量进行评价，对于优质互动参与用户给予"互动达人"称号，达人的等级从一开始累计分值，并在用户的头像中有所显示。也是以周为单位，每周评选一名"最具人气达人"，也会得到相应的奖励。

精神层面中娱乐性收益对于用户互动的影响也没有得到证实，这说明用户在互动的过程中可能娱乐性的感知不强烈，但不能忽略这一因素的作用，因此要加强用户互动过程中的娱乐性。具体的措施是设计一些互动问答小游戏，要通过相互协作才能完成。比如，每个人可以设置一个自己的"通关密语"，分别设置成 A、B、C 三个选项，一天只有一次机会，如果对方答对了，就可以自动加为好友直接对话。为了增加互动过程中的趣味性，还可以增加其他的互动小游戏，也可以向用户征集好的想法。

综上所述，构建出以弱关系为主的社会化电子商务用户互动激励机制模型，如图 4-5 所示。

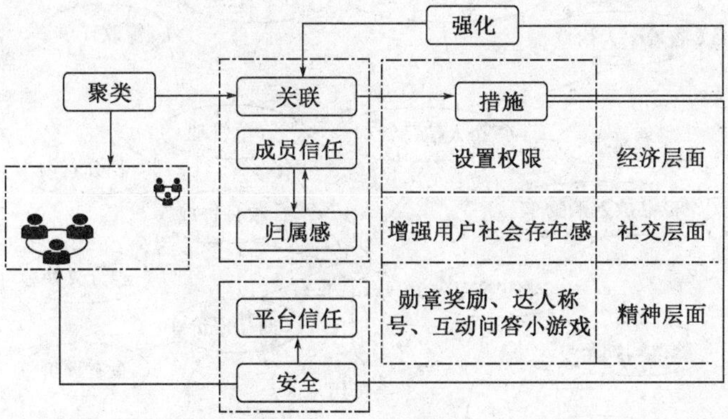

图 4-5　弱关系为主的社会化电子商务用户互动激励机制模型

以上构建的强关系为主的社会化电子商务用户互动激励机制模型和弱关系为主的社会化电子商务用户互动激励机制模型是平台要对用户的三个层面的需求采取针对性的激励措施来促进用户互动的活跃度。

4.3.2.3　人与产品或服务的关系

产品设计生产之初，绝大多数的考量就是消费者的需求，包含潜在的可能被激发出的需求。产品的营销宣传过程中，情感诉求更是成了广告学中非常重要的一个概念而被广泛运用。从经济学的角度而言，这种关系被定义为供求关系。随着互联网科技日新月异的发展，这种关系也不断深入。在电子商务平台，用户可以收藏自己喜爱的商品，评价已购商品，为以后的用户购买提供建议，向商家反馈购买后的使用体验等。大数据还使电子商务平台可以根据用户搜索的关键词及浏览历史，推测该用户可能感兴趣的产品，这是人与产品关系的一种延伸。电子商务平台借助用户在其平台上的操作给出产品推荐给用户的过程更是两个关系子系统在一个完整的关系系统下的有机运行。除电子商务平台上的传统产品外，还有很多服务型的产品，如投资理财产品等。支付宝可谓是我国最成功的第三方支付平台，在其创立十周年之际推出了一个十周年品牌广告，阐述了支付宝在过去十年中融入了用户生活的点点滴滴，每一笔支出与收入都成为人生重要节点的见证。在支付宝移动APP中用户可浏览这十年的账单，在末尾能看到个人消费总额、好友花费排名、花费去向等，并以此预测十年之后的财富状况及在好友中的排名。虽说此预测纯属娱乐，但通过一键转发到微信朋友圈、微博等平台的方式，支付宝一夜刷爆各社交平台，晒支付宝账单成了一种潮流及沟通前的暖场话题。由此，可以看到人与产品的关系在一定程度上又可以反哺人与人的关系的建立。

依据三种社会化电子商务模式的共同点，为实现维系社会化电子商务中人与人的关系、人与社会化电子商务平台的关系和人与产品或服务的关系，社会化电子商务平台的一般功能设计包括如下几个部分。

(1) 消费者购物功能模块

消费者购物功能模块主要是满足消费者自身需求或与其他社会化网络成员的活动沟通产生需求，实现购物的基本流程。一般包括个人信息管理、订单管理、购买商品、积分管理和商品评价几个子功能模块。每个子功能模块各自包含的功能模块如图4-6所示。

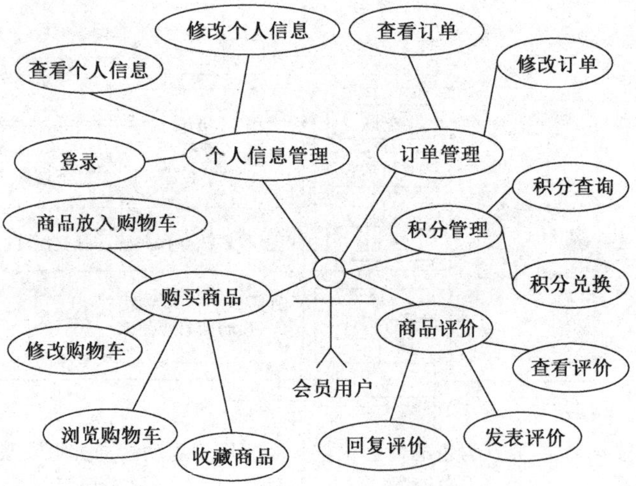

图4-6　消费者购物功能模块

(2) 消费者社交互动功能模块

消费者社交互动功能模块是实现社会化电子商务平台上用户以产品为中心的交流沟通，且非常便捷地迁移到产品的购买活动。包括用户信息管理、社会关系管理、消息管理、商品展示和评价管理、系统管理和后台管理几个子功能模块。每个子功能模块的具体功能模块如图4-7所示。

(3) 企业商品管理功能模块

企业商品管理功能模块是实现企业商品管理、订单管理以及相关数据管理的功能需求。包括系统管理、商品管理、订单管理和网上购物管理四个子功能模块。每个子功能模块的详细功能模块如图4-8所示。

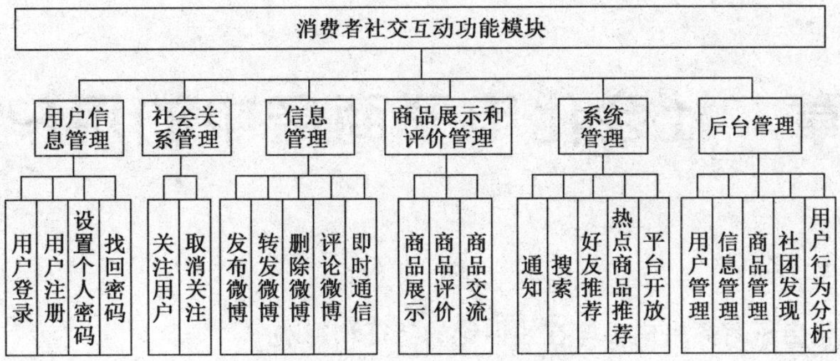

图 4-7　消费者社交互动功能模块

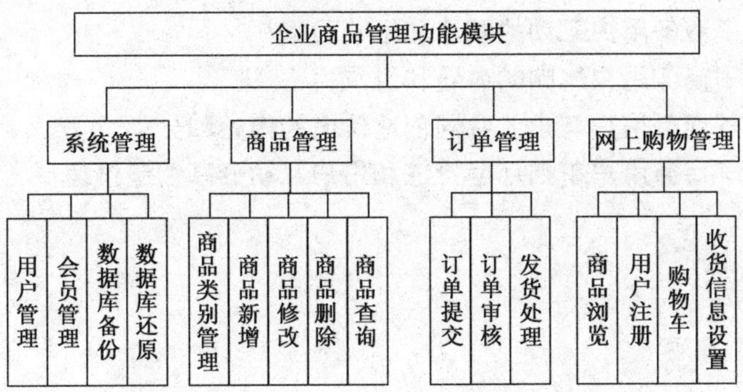

图 4-8　企业商品管理功能模块

本章小结

本章从消费者的需求角度阐述了社会化电子商务平台建设的迫切需要，从现实出发阐述了社会化电子商务平台设计的可行性；具体地介绍了社会化电子商务平台设计方法，介绍了社会化电子商务平台建设的原则，讨论了社会化电子商务平台的总体设计，分析了社会化电子商务平台功能设计的具体内容。

思考练习题

1. 简述社会化电子商务平台设计的可行性和必要性，结合实际进行分析。
2. 社会化电子商务平台的建设有哪几方面的需求？
3. 社会化电子商务平台设计的原则是什么？
4. 简述社会化电子商务平台功能设计的内容。
5. 社会化电子商务平台设计的方法有哪些？举例说明。

第 5 章　社会化电子商务中的用户行为

学习目标

■掌握社会化电子商务用户参与在线评论的特征和影响
■掌握社会化电子商务用户生成内容概念、特征及类型
■掌握社会化电子商务用户口碑传播的内涵、特征及其优势
■掌握社会化电子商务用户互动的概念和影响因素
■掌握社会化电子商务用户影响的内涵和影响力
■掌握社会化电子商务用户与企业共同创造价值的内涵和分类
■了解社会化电子商务用户单独创造价值和用户互动分享创造价值

5.1　用户参与

5.1.1　在线评论

社会化电子商务中用户在线评论是指用户通过文字、图片等形式对自己购物体验以及对产品及服务进行评价的一种表达形式。

5.1.1.1　在线评论的特征

在社会化电子商务中用户在线评论具有以下特征。

① 真实性。社会化电子商务中用户的在线评论不仅仅是对产品使用体验的一种反馈，更表达了自己的一种情绪和自我展现，一方面与其他用户分享自己的体验，另一方面更要保证自己在社交圈子内话语的真实性和可信性，因此评论的内容相对来说真实性更强。

② 更加专业。消费者获得产品知识的渠道不仅是企业对产品的宣传，还有很多网络方面的知识、朋友的推荐以及专业人士的推荐等，因此在评论产品性能和服务时对产品各项性能的评价专业性更强。

③ 内容的丰富性。社会化电子商务融合了社交网站的特征，在评论中不仅仅是对商品性能的评价，其中还夹杂着很多用户间相互交流和情感发泄等方面的内容。

④ 可读性强。用户在线评论的内容五花八门，有各式各样的文字描述和语言风格，有的诙谐幽默，有的文采奕奕。让用户在阅读评论的过程当中保持愉悦的心情。

⑤ 多向性。用户在线评论不仅是用户与商家之间对话的桥梁，更是用户与用户之间对话的桥梁，用户间可以通过在线评论的追评进行互动沟通。

5.1.1.2　在线评论的影响

在社会化电子商务中用户在线评论主要是对商家、用户和平台产生影响。

（1）对商家的影响

社会化电子商务平台中用户在线评论的信息其中很大一部分是购后评价，评价对于商

家来说有多重方面的影响。

① 口碑传播。对于商家来说是对商品进行的口碑传播，是对产品质量和服务体验的佐证。

② 产品改进。在线评价是用户实际体验的反馈，可以从中分析产品的优势和不足，这就对商家和企业对产品的改进提供了建议。

③ 分析用户的需求。用户在线评论中的信息展示了对商品的评价，商家和企业可以从中分析用户的需求，从而产生新产品创新的灵感和方向。

④ 品牌创建。商家和企业可以通过与用户的互动营造品牌社区的氛围，也是对品牌文化的传播，进而有利于品牌的创建。

⑤ 服务补救。在线评论给用户提供了发泄情绪的窗口，商家和企业可以借助在线评论来对用户的评价及时响应，与用户进行沟通来解决用户的问题。

(2) 对用户的影响

用户在搜索产品信息时，可以通过商家和企业对产品的宣传进行获取，但用户不能对所有商家情况和所处的环境信息有所了解，因此其他用户的评价信息就是获取商家、企业和商品知识的一个重要途径，用户根据自己的偏好做出决策。

在社会化电子商务中用户的在线评论包括好评和差评，好评是指积极的正面的评价，而差评是指消极的负面的评价。随着社会化电子商务的发展，消费者的好评也不单纯的只是用户对于产品积极的反馈。好评包括主动好评和被动好评。主动好评是指社会化电子商务消费者根据自己的真实想法，自主地对商品或服务给予好的印象或评价。主动好评的原因是：商品品质、价格、卖家服务和物流等因素。其中，商品品质包括商品的材质、款式、性能、尺码、包装等；价格指商品的性价比；卖家服务指售前、售中、售后的服务质量；物流指物流服务的质量和效率。被动好评是指消费者受到外力促进，而对商品或服务给予好的印象或评价。被动好评的原因是：好评返利、客服沟通和系统默认好评等因素。好评返利指商家鼓励购买者通过给予五星评分和好评来获得返利。返利包括现金、优惠券、包邮、折扣等形式。客服沟通指在购买者反馈了非好评的评价后，商家的售后客服与购买者联系，劝其改为好评。系统默认好评指购买者在交易成功后系统规定的时限内未给予评价，系统将默认给出好评。这就加大了用户筛选信息的成本（时间、精力等）。被动好评迷惑了用户对商品的感知，因此，在购物经验增长的同时，在线评论对于用户来说参考性降低。用户不能仅仅停留在在线用户评价的信息，要寻找新的获取信息的途径。

除了辅助决策外，在社会化电子商务中用户在线评论的影响还有社交方面的影响，可以通过在线评论找到与自己志趣相投的人，社会化电子商务平台也发挥了社交网络优势功能，为用户间的直接对话与沟通提供了便利，方便用户在平台上进行社交活动。

(3) 对平台的影响

用户在线评论内容的丰富性可以为平台吸引更多的用户来浏览和关注，平台活跃度的体现就是用户是否在平台上踊跃地发言与互动。用户群的扩张不仅可以为平台带来更多的收益，也会吸引更多的商家入驻，这就促进了平台的发展，因此平台可以进入一个良性循环的状态。

5.1.2 用户生成内容

5.1.2.1 用户生成内容概念及特征

用户生成内容（User Generated Content，UGC）是指用户将自己原创的内容通过互联网平台进行展示或者提供给其他用户。社会化电子商务中 UGC 的创造模式主要包含了以下内容：Why——用户在创建、发布、分享内容的过程中往往受到不同因素的影响，即在社会化电子商务网站注册、分享、评论等生成内容的动因；What——生成内容主要为娱乐型、社交型、商业型、兴趣型和舆论型，生成内容的形式主要为图片、文字；Who——生成内容的用户，从使用网站的频率及使用的意向来分类，包括非用户、偶尔使用者、潜水者、娱乐社交型用户、实用主义型功效性用户、高级用户；Where——生成内容的地点以及生成内容用户所属区域性特点；When——生成内容的时间参数、所用时间以及所处时间段；How——生成内容的方式为独立式（Individual）、累积式（Collective）、竞争式（Competitive）和协作式（Collaborative）四种模式。

在社会化电子商务中用户生成内容具有以下特征。

① 自发性强。社会化电子商务平台中用户生成内容的自发性比较强，除了商家发起的一些话题促进用户生成内容的参与，一般是用户主动进行的行为。用户主动发布相关信息分享自己的经验，有时还会主动发起一些话题的讨论。

② 内容形式丰富多样。随着互联网技术的发展，社会化电子商务平台具备社交网络媒体形式多样性的特征，用户生成内容不仅仅停留在文字和图片的形式，而且有动图、短视频和直播等多种形式。

③ 原创性。用户生成内容主要是某个用户或者某个组织在互联网平台上创造出来的内容（如文字、图片和视频内容等），或者自己从网络平台上获取的内容再次加工发布到互联网平台之上。其创作的过程往往带有强烈的个人化色彩。

④ 创新性强。信息时代每天都充斥着诸多信息，用户发起的一些内容也具有自我展现的特征，希望得到圈子或者其他用户的关注，因此想要从众多的信息当中脱颖而出就要富有创新性和吸引力，用户为了达到这一目的也是花样百出，内容极富创新性。

5.1.2.2 用户生成内容分类

用户自主生成的内容主要有三类：买家心得（主要是分享购物经历以及购物心得体验）、买家秀（商品图片展示）、其他分享（分享日常生活心得、各种图片展示等）。组织者发起话题形成的互动是指由组织者制定一个话题，发布关于该话题的相关信息，社区用户在信息下面进行评论，用户也可以针对话题自己发布和分享信息。

在社交网络和传统的电子商务中用户内容创建分享行为基本上是以下四类：信息披露、内容贡献、用户评论与内容分享。在社会化电子商务中用户生成内容主要分为自我展现、内容贡献、用户评论、信息分享、用户间交流。用户生成内容分类如表5-1所示。

表5-1 用户生成内容分类

行为	定义	前因
自我展现	在个人主页上对自我信息的展现，比如记录心情、撰写游记、上传照片等行为	人口统计学信息（性别、年龄、职业等）、社会资本、知名度需求
内容贡献	在社区中以文字、图片、视频等形式创建内容的行为	社会利益、自我表达、自我实现、结果期望、声誉地位
用户评论	个人对产品或服务体验的评价或反馈	情绪的宣泄、社会影响、产品的流行性、利益（帮助他人的愉悦、经济奖励、自我提高）
信息分享	内容的转发与分享、购物经验的分享与推荐	互惠、经济奖励、内容的特性
用户间交流	信息和知识的索取、社交互动等内容的创建、情感的分享等	社会支持、社会关系强度、信任、归属感

5.2 用户交互

5.2.1 口碑传播

(1) 网络口碑的内涵

口碑是人与人之间关于产品、价格和服务等方面的信息交换，是一类不为商业利益的无偿性交流。而互联网技术的发展为消费者吸纳交流和分享消费体验提供了高效的平台，这样就形成了网络口碑。网络口碑与传统口碑在特性和传播方式上存在很大的区别。传统口碑与网络口碑的区别如表 5-2 所示。

表 5-2 传统口碑与网络口碑的区别

项目	传统口碑	网络口碑
传播途径	面对面沟通	通过各种平台进行传播，如电子邮件、即时通信、论坛和评论网站等
关系强度	发送者与接收者之间是强关系，主要是介于亲戚、朋友、认识的人之间	发送者与接收者之间是弱关系，更多的是发生于陌生人之间的交流
联系网络	是基于小圈子的传播，联系网络较小	是基于大圈子的传播，联系网络更为广泛
传播成本	成本较高	成本低
传播速度	慢	快
影响力	较小	大

(2) 口碑传播特征

社会化电子商务为用户提供在线协作，以口碑传播分享为媒介，快速聚焦目标信息，从而缩短用户搜索产品、服务的过程，将口碑力量和中心影响力融入商务行为中，进而促进电子商务的发展。口碑传播是消费者把自己的购买体验和对产品的认识以图片、文字的方式将信息扩散给其他的消费者。在社会化电子商务中的口碑传播较以往的网络口碑具有以下的特征。

① 可信度高。社会化电子商务中根据用户间关系的强弱分为强关系为主的社会化电子商务和弱关系为主的社会化电子商务。在强关系为主的社会化电子商务中，用户间的关系较强，基本上是由自己的社交圈子组成，这就增强了口碑传播的可信性。以弱关系为主的社会化电子商务也加强了用户之间的双向互动，可以加为好友，详细地了解用户的购买体验，这也就增加了评论的可信程度。

② 针对性强。在社会化电子商务中口碑传播打破了之前的单一模式——在线评论，并且用户之间或是基于社交圈子的传播，或是一对一的直接提问与回答，这就增强了口碑传播的针对性。基于社交圈子的传播用户之间比较了解，可以针对用户个人的特性进行口碑传播。一对一的问答中针对其他用户提出的问题进行回答，针对性更强。

③ 接受度高。社会化电子商务中的口碑传播的可信度高和针对性强的特点提高了口碑传播的可接受度，一方面对于信息的传播者来说，口碑传播代表了自己的言论，另一方面对于信息的接收者来说，这样的口碑传播更容易被采纳，更能促进用户购买行为的产生。

④ 社交性强。口碑传播可以理解为消费者对自己的体验、情绪的一种表达，好的或者

坏的口碑传播以往大多是单向的，但在社会化电子商务中的口碑传播是用户之间双向的交流与沟通，也会因此找到志趣相投的朋友，社交性更强。

（3）社会化电子商务口碑传播的优势

消费者购物的过程有四个环节：发现、比较、购买和分享。在社会化电子商务中用户的分享行为成为一种经常性的活动。在社会化电子商务中口碑传播存在以下的优势。

① 宣传范围广，宣传成本低。口碑营销本身就是一种廉价的信息传播工具，社会化电子商务利用社交网络广泛的社会群体，宣传的范围更广，而且企业可以集中打造意见领袖，或者通过培养直播网红的形式达到良好的宣传效果，这样的口碑传播宣传的成本更低。

② 可信程度高。社会化电子商务平台中的社交网络关系强度更大，有的本来就是亲人、朋友或者同事的关系，在陌生人之间也开发了功能性板块拉近用户间的关系，社交性能更强。另外，随着网络直播的兴盛，长期关注的博主、达人的口碑宣传具有粉丝效应。因此，在口碑传播的过程中的可信程度更高。

③ 用户的产品依恋程度高。社会化电子商务为用户购物提供了一个社交平台，分享这一功能加深了用户对产品的认可和依恋程度，用户会对自己喜欢的品牌和商品与其他用户进行分享，也会在社区中找到与其兴趣相投的人，使用户在使用该产品的过程中拥有归属感。

④ 具有团体性。用户间会根据偏好形成不同的用户群体，这就形成了一个网络的小团体，口碑传播会在这个小团体内迅速扩散，并引起诸多相关的话题，围绕该产品用户间的交流与互动也更加频繁，如蘑菇街、美丽说的社交化优势凸显出来，通过“小组”或“专辑”将有共同消费趋向的用户聚集到一起，根据用户之间的联系推荐类似商品和共同兴趣的好友，将人际关系圈子扩散，形成团体效应，从而引发团购等消费行为。

⑤ 针对性更强。传统的口碑传播是单向进行的，在社会化电子商务中口碑传播是双向的，传播者可以是主动进行口碑传播，也可以是受邀进行口碑传播，用户在购买之前进行筛选时，可以向其他已购买过该产品的用户提问，这就是被动地进行口碑传播。这种传播方式的针对性更强，是直接满足被传播者需求的口碑传播。

5.2.2 用户互动

5.2.2.1 用户互动的内涵

社会化电子商务中用户互动是指以图片、文字、视频、符号、声音等形式为依托而以社会化电子商务平台作为媒介进行的信息交流和人际交流。用户在社交媒体平台上的沟通交互行为提供了丰富的人际关系网络和内容资源，产生了巨大的经济和社会价值。交互产生的用户自生成内容为其他顾客发现适合需求的产品、提高社会化电子商务平台流量、促进商家销售以及帮助其他顾客决策购买等提供了便利，平台巨大的用户规模是社交媒体和商家的宝贵财富。

5.2.2.2 社会化电子商务用户互动影响因素

顾客可分为影响者和模仿者，顾客影响价值的产生是通过顾客间的互动完成的，因此我们要了解顾客间互动的影响因素。马斯洛需求层次理论是动机研究的经典理论，他指出各层次的需要是人类行为的内在动力。马斯洛需求层次理论中将人的需要分为生理需要、安全需要、社会需要、尊重需要和自我实现需要五个层次，五个层次的需求中低层次的需求被满足后，人们会追求更高层次的需求，但这些并不是先后出现的顺序关系，有可能是同时起作用的。在社会化电子商务中，用户互动行为的产生首先受到各方面需求的驱动，然后转化为某种互动行为。社会化电子商务用户互动的需求层次如图 5-1 所示。

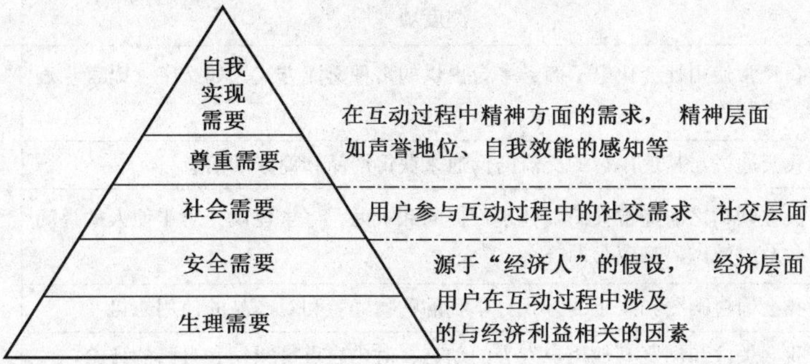

图 5-1　社会化电子商务用户互动的需求层次

基于马斯洛需求层次理论，社会化电子商务用户互动影响因素可以从经济层面、社交层面和精神层面等方面分析。

首先是用户互动行为变量，社会化电子商务是由社会化电子商务运营商构建的平台、商家和用户共同组成的一个整体，互动也涉及主体之间的两两互动关系，在本书的研究中只考虑社会化电子商务平台中用户间的互动。杨阳等结合情感因素将互动分为互动频率、互动程度、感情力量、互惠互换。范晓屏在研究虚拟社区网络互动时，将互动划分为互动场所、互动特性、互动内容和互动方式。卿硕等将互动行为分成情感性互动行为和任务性互动行为两种：情感性互动行为是合作过程中发生的人际关系处理，包括信任、凝聚力、减少冲突；任务性互动行为是直接与研发创新任务相关的行为，包括知识共享、沟通和成员的平衡。互动的方式主要有三种：第一种是纯粹的浏览，第二种是浏览后进行评论和留言，第三种是分享或建立链接。因此，本书借鉴 Massey 和 Levy 的研究成果将网络互动分为内容互动和人际互动两种类型。其次是用户互动影响变量，Wang 等从社区成员视角提出了虚拟社区的三种需求：功能性需求、社会性需求和心理性需求。基于需求理论对社会化电子商务用户互动影响因素从经济层面、社交层面和精神层面三个维度进行划分。

① 经济层面。需求、动机和利益有着密切的关系。Hsieh 提出顾客参与源于理性人的内在经济需求。工具性动机和信息性动机（信息搜索）是人们使用各类网站的动机。社会化电子商务中电子商务的功能是其关键的用途之一，基于需求理论经济层面包括生理需要和安全需要，在社会化电子商务平台中用户互动中最基本的是满足自身经济利益方面的需求以及安全的需求。经济方面需求的满足通过功能性收益、互惠、奖励等来实现，安全方面的需求主要是通过对其他用户的信任以及对平台的信任来体现。因此，经济层面的变量主要包括功能性收益、互惠、奖励、信任（成员信任、平台信任）。

② 社交层面。社会化电子商务涉及的主体包括用户、信息、社交网络运营商以及商家组织，这些主体共同构成社会化电子商务的平台，所以平台本身的特征以及所处的客观环境对于用户的互动也产生影响。基于需求理论社交层面主要包括对社会需要的满足，因此，社交层面的因素主要有社会支持、社会联系、强弱关系、社会认同。

③ 精神层面。社会化电子商务具备社交网络媒体的功能，顾客在社会化电子商务中进

行互动也是为了满足用户心理和精神层面的需求。基于需求理论精神层面主要包括尊重需要和自我实现需要的满足，因此，精神层面的因素主要包括声誉地位、顾客感知约束、娱乐性收益、社会存在、利他主义。社会化电子商务成员互动量如表 5-3 所示。

表 5-3　社会化电子商务成员互动量

变量	编号	测度项	来源
互动（I）	I1	我经常使用社会化电子商务平台提供的多种交流方式，如文字、语言、表情、视频等	Preece Flanagin、Matzger 吴俊生 Preece Hoffman、Novak
	I2	我会通过与其他用户的交流与沟通来获得产品和商家的信息	
	I3	我在购物之前经常会向其他用户提问和求助，寻求建议，对于他人的提问我会及时地做出响应与回答	
	I4	我会通过晒图和文字的方式分享我的购物经验和对产品的使用心得	
	I5	我会关注和浏览其他用户发表的动态，对内容点赞或发表自己的评论	
	I6	我会关注一些自己感兴趣的社区并经常参与社区中的话题讨论和社区活动	
功能性收益（F）	F1	通过互动我获得了有用的信息和服务	Chang、Zhu Foster、West Lee、Ma
	F2	通过互动能够获得建议和经验的分享	
	F3	通过互动能够了解时尚的前沿和热点话题	
互惠（RE）	RE1	我经常回复别人的提问，为其他成员解决问题，我相信对于我的提问和问题其他成员也愿意为我解答	王慧贤 Jeon、Kim、Koh Chang、Chuang
	RE2	当我分享相关的产品信息和购物经验时，我相信其他成员也会愿意跟我分享	
奖励（R）	R1	通过互动分享，我可以获得折扣和优惠	Bock 等 阎俊
	R2	通过互动分享，我可以获得企业基于的某种特权（等级提升、会员专享等）	
	R3	通过互动问答，我可以获得虚拟货币奖励或打赏	
信任（T）	T1	我相信我在社会化电子商务中的信息不会遭到泄露	Shu、Chuang Shin Chai、Das 等 Chen、Hung
	T2	我相信我在社会化电子商务平台中发布的信息不会被用于商业目的和恶意使用	
	T3	我相信社会化电子商务存在有效的机制（制度、技术）来保护我的信息安全	
	TM1	我相信社会化电子商务中其他成员提供的信息是真实、可靠的	
	TM2	我信任社会化电子商务中的其他成员，我们可以自由地分享观点和情感	
社会支持（S）	S1	我在社区中晒的好物能够得到其他成员的好评和点赞	王慧贤
	S2	我在问答中向其他成员推荐的商品可以获得成员的采纳并打赏	
	S3	我在社区中发起的话题能够引起成员们的热烈讨论	
社会联系（SI）	SI1	使用社区功能能够帮助我拓宽我的社会关系网络	Chang、Zhu Lee、Park 等 Foster、West
	SI2	社区功能可以增进我与其他成员的联系	
	SI3	社区功能可以让我参与到更多的线上线下的社交活动中去	
强弱关系（WR）	WR1	在社会关系网络中，我与熟人的联系更多，更愿意与熟人进行亲密的接触和对话，与陌生人的互动和交流是偶尔发生的现象	Granovetter 邓辉、刘晓菲
	WR2	我更愿意信任熟人向我推荐的信息和接受熟人提供的建议	

续表

变量	编号	测度项	来源
社会认同（SID）	SID1	我感觉在社会化电子商务中的社会关系网络中的成员是跟我志同道合的人	Lee、Park 等 Chang、Chuang 王慧贤
	SID2	我感觉我加入的社交圈子将我纳为一份子	
	SID3	每天登录社交圈子浏览其他成员的动态已经变成生活中的一部分，如果每天不登录，我将会无所适从	
声誉地位（RS）	RS1	经常分享购物经验晒好物，可以让我成为购物达人，得到其他成员的信服	Wang、Fesenmaier Lee、Ma
	RS2	在社区发布信息或直播，可以为我赢得粉丝，受到其他成员的关注	
娱乐性收益（E）	E1	与社交网络成员的互动让我度过了无聊的时光	Lee、Ma Chang、Zhu
	E2	与社交网络成员的互动让我放松，减少压力	
顾客感知约束（RM）	RM1	基于社会关系网络中熟人的社会影响而放弃了在社区中发布信息和发表言论等行为	卢云帆、鲁耀斌 林家宝、亓小林
	RM2	向其他成员进行求助提问没有得到及时准确的回复，让我怀疑互动的效果	
社会存在（SE）	SE1	通过社区功能可以让别人了解我的最新动态	Lee、Park 等
	SE2	通过社区功能可以让别人感受到我的存在	
利他主义（AL）	AL1	我愿意分享我的购物体验和提供相关产品的购买和使用经验	Kwon、Wen Fang、Chiu Sue Yeon Syn 等 王慧贤
	AL2	我愿意在社区中回答其他成员的提问，帮助他们解决问题	
	AL3	我愿意参与热点话题的讨论和社区活动，分享自己的想法	
	AL4	我觉得分享和帮助别人解决问题使我很快乐	

根据马斯洛需求层次理论，用户在不同的环境和场合有不同的“社会期望”，所以分别从经济层面、心理层面以及社交层面三个层面来考察社会化电子商务成员互动的影响因素，同时构建了社会化电子商务成员互动影响因素模型，如图 5-2 所示。其中，经济层面的变量主要包括功能性收益、互惠期望、奖励、信任（成员信任、平台信任）；社交层面的因素主要有社会支持、社会联系、强弱关系、社会认同。精神层面的因素主要包括声誉地位、顾客感知约束、娱乐性收益、社会存在、利他主义。社会化电子商务用户互动影响因素理论模型如图 5-2 所示。

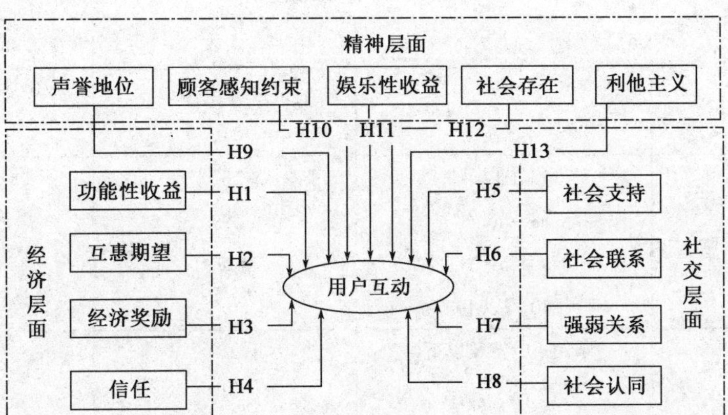

图 5-2 社会化电子商务用户互动影响因素理论模型

基于上述的研究假设，对社会化电子商务用户互动影响因素采用问卷调查的方式进行数据分析与假设验证。为确保问卷的有效性，首先进行预调研，在预调研中，共收集了118份问卷，有效问卷110份，有效率为93%。对收集到的问卷进行分析，对问卷进行修改完善。

将收集的数据进行整理，通过SPSS进行数据的分析。本书采用的是李克特五级量表，首先进行均值检验，将项目均值小于2.5的问项删除。结果显示，所有的问项均值均在2.5以上，保留所有问项。在信度检验中，第6、第7题和第24、第25题的修正相关系数小于0.4，但是“项目删除时的Cronbach's Alpha值”显示，只有删除C1项后，量表的内部一致性α系数才会有所提高，因此删除第6、第7题，暂且保留第24、第25题。在变量共性的检测中，共同性值若低于0.20，表示题项与共同因素之间的关系不密切，那么此题项可考虑删除，因此删除第24、第25题。进行因子分析前，通常可以采取KMO与Bartlett球形检验来检验候选数据是否适合采用因子分析。Kaiser认为，执行因子分析程序时，KMO指标值至少应该在0.7以上，0.8以上适合进行因子分析。经济、社交、精神三个层面的KMO值均在0.8以上，说明适合做因素分析。三个层面因子分析的结果显示，经济层面删除第3、第11题，社交层面删除第17、第21题，精神层面删除第28、第29、第30题和第40题以及第43、第44题。经过对问卷数据的前测分析，对问卷进行了修改和完善，确定了最终的调查问卷。

根据预试性研究的结果，此研究进一步对问卷的测试进行了调整和完善，同时，对各个题项的措辞进行了适当的优化，从而确定了最终的正式调查问卷。然后通过发放更大样本量的正式问卷收集数据。正式问卷确定之后，此研究采取线上和线下结合的方式来收集大批数据。在线上，将通过问卷星编写的问卷的链接发放到以电子商务构建社区形式的社会化电子商务平台中，主要选取了淘宝网中微淘平台中的用户为问卷的发放对象。在线下，在进行初步的访谈中选取对社会化电子商务的形式有所认知并有过相关购物经验的人填写问卷。问卷从2017年6月28日开始，截止到2017年7月27日共收取430份问卷，剔除无效问卷41份，有效问卷389份，有效率为90.4%。对此次调查的样本进行统计分析，分别反映了样本在性别、年龄、教育程度、职业、社交网络年龄和月收入等各项指标的分布情况，具体人口统计情况如表5-4所示。

表5-4　样本结构

项目		人数	百分比/%
性别	男	173	44.5
	女	216	55.5
年龄	18岁以下	3	0.9
	18～30岁	299	77.03
	30～39岁	78	20.1
	40岁以上	9	2.88
教育程度	高中/中专及以下	18	4.78
	大专	40	10.5
	本科	169	43.54
	硕士及以上	162	41.63

续表

项目		人数	百分比/%
社会化电子商务平台使用历史	2 年以下	74	19.14
	2~4 年	119	30.62
	4~6 年	105	27.27
	6 年以上	91	22.97
月收入	3000 元以下	191	49.28
	3001~6000 元	93	23.92
	6001~10000 元	50	12.92
	10001 元以上	55	13.88

在验证结构方程模型之前，首先要进行信度、效度分析来检验数据的可靠性和有效性。

(1) 信度分析

为了保证问卷的可靠性和稳定性，需要对问卷进行信度检验。信度（Reliability）代表量表的一致性或稳定性。一份信度理想的量表，其总量表的内部一致性 α 系数至少要在 0.80 以上。因子总体信度检验如表 5-5 所示。

表 5-5 因子总体信度检验

测量维度	影响因素	测量题项	项目的个数	Cronbach's Alpha 值
经济层面	功能性收益	F1、F2	2	0.939
	互惠	RE1、RE2	2	0.937
	经济奖励	R1~R3	3	0.936
	信任	T1~T3、TM1、TM2	5	0.937
社交层面	社会支持	S1、S2	2	0.935
	社会联系	SI1~SI3	3	0.935
	强弱关系	WR1、WR2	2	0.940
	社会认同	SID1、SID2	2	0.934
精神层面	声誉地位	RS1、RS2	2	0.937
	顾客感知约束	E1、E2	2	0.938
	娱乐性收益	RM1、RM2	2	0.936
	社会存在	SIE1、SIE2	2	0.937
	利他主义	AL1~AL3	3	0.936
互动行为	互动行为	I1~I6	6	0.941
整体信度	整体信度		38	0.941

(2) 效度分析

① 适切性分析。因素分析的主要任务是将原有变量的信息重叠部分提取和综合成因子，进而最终实现减少变量个数的目的。故它要求原始变量之间应存在较强的相关关系。进行因子分析前，通常可以采取 KMO 与 Bartlett 球形检验来检验候选数据是否适合采用因子分析。Kaiser 认为，执行因子分析程序时，KMO 指标值至少应该在 0.7 以上，0.8 以上适合进行因子分析。由表 5-6~表 5-8 可知，三个层面的 KMO 值均在 0.8 以上，说明适合做因子分析。

表 5-6 经济层面影响因素效度分析

Kaiser-Meyer-Olkin	取样适当性度量值	0.890
Bartlett 球形检验	近似卡方分布	2430.154
	自由度	66
	显著性	0.000

表 5-7 社交层面影响因素效度分析

Kaiser-Meyer-Olkin	取样适当性度量值	0.883
Bartlett 球形检验	近似卡方分布	1610.959
	自由度	36
	显著性	0.000

表 5-8 精神层面影响因素效度分析

Kaiser-Meyer-Olkin	取样适当性度量值	0.882
Bartlett 球形检验	近似卡方分布	2295.939
	自由度	55
	显著性	0.000

② 因子分析

a. 经济层面。表 5-9 显示了经济层面因子分析的主成分贡献率，从表中数据的结果显示，前四个主成分能够解释数据全部信息的 78.257%，这说明四个主成分能够较好地对经济层面的影响因素进行解释。

表 5-9 主因子贡献率（经济层面）

成分	初始特征值			提取平方和载入			旋转平方和载入		
	合计	方差/%	累积/%	合计	方差/%	累积/%	合计	方差/%	累积/%
1	5.857	48.809	48.809	5.857	48.809	48.809	3.554	29.619	29.619
2	1.788	14.898	63.707	1.788	14.898	63.707	2.315	19.293	48.912
3	1.113	9.278	72.985	1.113	9.278	72.985	1.947	16.228	65.140
4	0.633	5.272	78.257	0.633	5.272	78.257	1.574	13.117	78.257
5	0.452	3.765	82.022						
6	0.427	3.562	85.584						
7	0.355	2.959	88.544						
8	0.340	2.738	91.381						
9	0.323	2.693	94.073						
10	0.282	2.350	96.423						
11	0.243	2.028	98.451						
12	0.186	1.549	100.000						

经济层面进行因子分析后的旋转成分矩阵如表 5-10 所示，从表中数据的结果显示，每个因子的载荷值均在 0.5 以上，说明收敛度非常好。

表 5-10 经济层面转轴后的成分矩阵（α）

测量题项	因子 1	因子 2	因子 3	因子 4
T2	0.853			
TM1	0.838			
T3	0.819			
T1	0.813			
TM2	0.711			
R3		0.828		
R2		0.786		
R1		0.772		
F1			0.897	
F2			0.886	
RE1				0.811
RE2				0.737

T1、T2、T3、TM1、TM2 属于因子 1，这五个变量表明用户在社会化电子商务平台中进行互动首先要信任平台和平台中的其他用户，这样才能使用户在平台中感受到安全，可以放心地与其他用户进行互动，因此将因子 1 定义为信任，包括平台信任和用户信任；R1、R2、R3 属于因子 2，这三个变量表示当用户间进行互动可以获得某种形式的奖励包括优惠、折扣或现金奖励时，会加强用户间互动的意愿，因此将因子 2 定义为经济奖励；F1、F2 属于因子 3，这三个变量表示在与其他用户互动的过程中可以获得产品信息、了解时尚前沿等，因此将因子 3 定义为功能性收益；RE1、RE2 属于因子 4，这两个变量表示用户期望在向其他用户传递信息和提供帮助时同样也会获得其他用户的帮助，因此将因子 4 定义为互惠。

b. 社交层面。表 5-11 显示了社交层面因子分析的主成分贡献率，从表中数据的结果显示，前五个主成分能够解释数据全部信息的 82.183%，这说明四个主成分能够较好地对社交层面的影响因素进行解释。

表 5-11 主因子贡献率（社交层面）

成分	初始特征值			提取平方和载入			旋转平方和载入		
	合计	方差/%	累积/%	合计	方差/%	累积/%	合计	方差/%	累积/%
1	4.875	54.165	54.165	4.875	54.165	54.165	2.744	30.486	30.486
2	1.104	12.267	66.432	1.104	12.267	66.432	1.761	19.561	50.047
3	0.740	8.220	74.652	0.740	8.220	74.652	1.710	19.003	69.050
4	0.678	7.531	82.183	0.678	7.531	82.183	1.182	13.133	82.183
5	0.416	4.626	86.810						
6	0.361	4.013	90.823						
7	0.321	3.571	94.394						
8	0.260	2.884	97.278						
9	0.245	2.722	100.000						

社交层面进行因子分析后的旋转成分矩阵如表5-12所示，从表中数据的结果显示，每个因子的载荷值均在0.5以上，说明收敛度非常好。

表5-12 社交层面转轴后的成分矩阵（α）

测量题项	因子1	因子2	因子3	因子4
SI2	0.836			
SI3	0.830			
SI1	0.770			
S2		0.835		
S1		0.831		
WR2			0.878	
WR1			0.816	
SD1				0.653
SD2				0.909

SI2、SI3、SI1属于因子1，这三个变量表示通过互动可以增进与其他用户的联系，从而拓宽自己的社交关系网络，因此将因子1定义为社会联系；S1、S2属于因子2，这两个变量表明在互动的过程中可以获得其他用户的支持，包括评论、点赞等精神支持和打赏红包等物质支持，因此将因子2定义为社会支持；WR1、WR2属于因子3，这两个变量表示用户与和自己属于强关系的其他用户的互动意愿更加强烈，互动行为更加频繁，因此将因子3定义为强弱关系；SID2、SID1属于因子4，这两个变量表明通过与其他用户的互动可以获得认同感，可以与其他用户产生共鸣，因此将因子4定义为社会认同。

c. 精神层面。表5-13显示了精神层面因子分析的主成分贡献率，从表中数据的结果显示，前五个主成分能够解释数据全部信息的84.785%，这说明五个主成分能够较好地对精神层面的影响因素进行解释。

表5-13 主因子贡献率（精神层面）

成分	初始特征值			提取平方和载入			旋转平方和载入		
	合计	方差/%	累积/%	合计	方差/%	累积/%	合计	方差/%	累积/%
1	5.786	53.418	53.418	5.876	53.418	53.418	2.549	23.170	23.170
2	1.297	11.790	65.208	1.297	11.790	65.208	2.328	21.167	44.336
3	0.872	7.926	73.133	0.872	7.926	73.133	2.003	18.206	62.543
4	0.751	6.499	79.633	0.715	6.499	79.633	1.880	17.090	79.633
5	0.567	5.152	84.785	0.567	5.152	84.785	1.625	14.770	84.785
6	0.395	3.587	88.372						
7	0.325	2.952	91.324						
8	0.288	2.618	93.942						
9	0.257	2.340	96.282						
10	0.214	1.949	98.231						
11	0.195	1.769	100.000						

精神层面进行因子分析后的旋转成分矩阵如表5-14所示，从表中数据的结果显示，每个因子的载荷值均在0.5以上，说明收敛度非常好。

表5-14 精神层面转轴后的成分矩阵（α）

测量题项	因子1	因子2	因子3	因子4	因子5
AL1	0.875				
AL3	0.871				
AL2	0.787				
RS2		0.838			
RS1		0.815			
SE1			0.843		
SE2			0.797		
E1				0.799	
E2				0.791	
RM1					0.826
RM2					0.757

AL1、AL3、AL2属于因子1，这三个变量表示用户在无任何外在压力的强制影响下，自愿地与他人分享经验、为其他用户提供帮助，因此将因子1定义为利他主义；RS1、RS2属于因子2，这两个变量表明通过与其他用户的互动行为可以提高自身的声誉地位，在用户群中拥有自己的话语权并使其他用户信服，因此将因子2定义为声誉地位；SE1、SE2属于因子3，则两个变量表明通过互动可以让他人了解自己的动态，从而产生自我存在感，因此将因子3定义为社会存在；E2、E1属于因子4，这两个变量表明可以通过与其他用户的互动消磨时光获得娱乐的感知，因此将因子4定义为娱乐性收益；RM1、RM2属于因子5，这两个变量表示用户在互动的过程中感受到的外在条件和内心情感上的约束，因此将因子5定义为顾客感知约束。

综上所述，从因子分析结果看，因子分析的结论与正式问卷的分类一致，说明此研究所收集的样本数据具有良好的效度。

（3）根据数据分析的结果对结构方程模型进行验证

① 整体模型拟合度评价。测量模型拟合检验，就是检验测量模型中各变量间的相关性与实际数据的拟合程度。表5-15为适配的标准和此研究的检验结果数据。

表5-15 测量模型拟合度检验

统计检验量	适配的标准或临界值	检验结果数据	模型适配判断
卡方值	越小越好	552.315	
卡方自由度比值	<3.0	1.610	符合
拟合优度 GFI	>0.9	0.903	符合
调整拟合优度 AGFI	>0.8	0.877	符合
常规拟合度 NFI	>0.9	0.917	符合
相对拟合指数 RFI	>0.9	0.902	符合
增量拟合指数 IFI	>0.9	0.967	符合
比较拟合指数 CFI	>0.9	0.967	符合
近似误差均方根 RMSEA	<0.05	0.039	符合

由表5-15可知，此研究的假设模型整体适配度主要指标值大部分均达到模型适配标准，说明假设模型与样本数据的适配度较佳。

② 结构方程模型拟合路径分析。使用AMOS17.0对上面提出的假设进行检验，如图5-3所示。

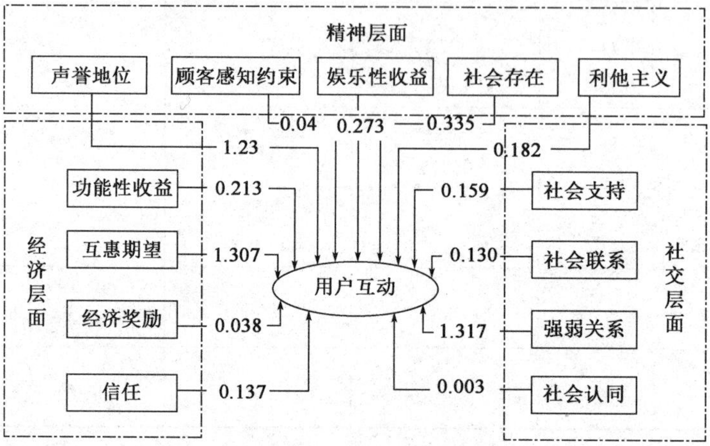

5-3 社会化电子商务平台用户互动影响因素结构方程模型拟合路径图

由图5-3中的各影响因素的路径系数可见，在经济层面，功能性收益、互惠期望的假设得到验证，奖励和信任对于用户互动的影响没有得到支持，说明奖励对于促进用户之间的互动的作用不大。在社交层面，强弱关系的假设得到验证，社会支持、社会联系和社会认同没有得到支持。在精神层面，声誉地位和顾客感知约束、社会存在和利他主义得到验证，娱乐性收益没有得到支持。模型参数估计及假设检验结果如表5-16所示。

表5-16 模型参数估计及假设检验结果

代码	变量关系	估计值	S. E.	C. R.	p	检验结果
1	用户互动←功能性收益	0.213	0.063	3.396	* * *	支持
2	用户互动←互惠期望	1.307	0.334	3.795	* * *	支持
3	用户互动←奖励	0.083	0.061	1.364	0.173	不支持
4	用户互动←信任	0.137	0.054	2.523	0.12	不支持
5	用户互动←社会支持	0.159	0.061	2.597	* *	支持
6	用户互动←社会联系	0.130	0.052	2.482	0.13	不支持
7	用户互动←强弱关系	1.317	0.267	4.190	* * *	支持
8	用户互动←社会认同	-0.003	0.069	-0.044	0.965	不支持
9	用户互动←声誉地位	1.230	0.252	4.888	* * *	支持
10	用户互动←顾客感知约束	0.273	0.060	4.527	* * *	支持
11	用户互动←娱乐性收益	-0.048	0.046	-1.037	0.300	不支持
12	用户互动←社会存在	0.335	0.067	4.898	* * *	支持
13	用户互动←利他主义	0.182	0.058	3.161	*	支持

从表5-16中，观察的显著性水平为0.000，路径系数在$p<0.001$的水平上为非常显著（标记为* * *），在$p<0.01$的水平上为显著（标记为* *），在$p<0.05$的水平上为不显著

（标记为 * ），$p>0.05$ 为不显著。从表 5-16 结果可以看出，功能性收益、互惠期望、利他主义、社会支持、强弱关系、社会存在、声誉地位和顾客感知约束与社会化电子商务用户互动的假设得到了支持，奖励、社会联系、社会认同、信任和娱乐性收益与社会化电子商务用户互动的假设没有得到支持。即假设 H1、H2、H5、H7、H9、H10、H12、H13 得到验证，假设 H3、H4、H6、H8、H11 没有获得结果的支持。

数据分析的结果表示，经济层面的功能性收益、互惠，社交层面的社会支持、强弱关系，精神层面的声誉地位、顾客感知约束、利他主义、社会存在，这些因素对于社会化电子商务中用户间互动具有显著的正向影响，而其他的因素没有得到验证。社会化电子商务用户互动影响因素的三个层面中，精神层面中只有娱乐性收益没有得到验证，其他因素都得到了验证。由此可以得出，在社会化电子商务平台中用户互动过程中倾向于满足精神方面的需求。从路径系数的数值可以看出，强弱关系、互惠期望、声誉地位对用户间的互动影响程度较大。这一结果可以得出，在社会化电子商务中用户间的互动基于强弱关系的影响较大，在互动过程中与强关系的用户互动的意愿更加强烈，互动的频率也更加频繁。一方面可能是基于强关系下，用户拥有一定的感情基础，也比较了解对方；另一方面，强关系下平台中的互动沟通只是其中一种沟通借助的工具，还可以通过其他多种方式进行沟通，并且可以实现线下面对面互动交流。不论是基于情感上的信任，还是基于线下的同步沟通，强关系使互动的过程更加顺畅，所以强弱关系是影响互动沟通意愿和频率的首要因素。另外，互惠期望也是用户间互动的重要影响因素，互联网的发展将用户带入一个信息爆炸的时代，获取信息的渠道也多种多样，因此增加了用户筛选和甄别信息的成本，用户也很难在众多的信息当中找到对自己有用的信息，很多时候是既浪费了时间又徒劳无功。通过用户间的互动可以获得其他用户的真实体验和中肯的建议，并且信息的可信度也有所提高，因此，用户希望通过互动从对方能够获得产品的信息、使用的心得体验、购买的建议等。互动的过程就是一个互惠互利的过程，所以，在很大程度上要想获得其他用户的帮助，首先要自身参与到互动当中去，互惠期望就成为一个影响用户间互动的很重要的因素。声誉地位是另一个重要的影响因素，人是社会中的人，在群体中都希望获得别人的尊重，声誉和地位是个人在群体中受尊重程度的其中一种具体的表现形式。社会化电子商务中用户组成了一个社交网络群体，用户也希望在这个群体中拥有自己的一席之地，获得发言的权利，能够在群体中拥有良好的声誉和较高的群体地位，因此声誉地位对用户的互动也是一个重要的影响因素。

功能性收益、利他主义、社会支持、社会存在、顾客感知约束对用户互动有显著的正向影响，用户互动过程中可以产生诸多内容，比如产品的信息、时尚潮流资讯、用户体验心得、购买建议等，用户互动的收益之一就是减少用户搜索和筛选信息的成本，快速地获取有用的、可靠的信息，功能性收益是用户互动一项重要的影响因素。用户希望通过自身的实际体验给其他用户以建议的帮助，帮助其他用户更好地选择商品，利他主义是用户在互动过程中主动提供建议给予帮助的主要因素。用户发布自己的状态并在此基础上与其他用户进行互动，从而产生自我存在感，并且所发布的信息和话题能够引起其他用户的注意和共鸣，并聚集一群志趣相投的人共同谈论相关话题，因此社会存在与社会支持是用户间互动重要的影响因素。在互动的过程中会受到外在环境的约束，对互动产生障碍，就会影响用户互动的情绪和再次互动的尝试，顾客感知约束在很大程度上会影响用户间的互动。

影响因素中经济奖励、社会联系、社会认同、信任和娱乐性收益的假设没有获得支持。为促进用户的参与，平台大多采取的激励手段是经济奖励，如折扣、优惠券、返现等或者等级、积分等，各个平台和商家采取这种方式来促进消费已经是司空见惯，对于用户的激励作用已经减弱，经济奖励只能说作为一种必须具备的手段而存在，而不能更好地促进用户之间的互动。社交网络媒体的兴起使得人与人之间打破时间、空间的约束而可以随时随地地产生联系，社会化电子商务平台并不是唯一一种方式可以让用户之间保持联系，用户之间产生联系并不是用户使用社会化电子商务平台的必然需求，所以社会联系对于用户间互动的影响也不是很显著。同样的，随着自媒体形式的兴起，更多的是用户展现自我的机会，也并不一定是获得别人认可的，有多少人能够认同自己并不会对用户间的互动产生决定性的作用。网络的风险性决定了信任的缺失，用户不能在社会化电子商务平台中畅所欲言是存在对平台的安全性等的不信任感。社会化电子商务平台的互动的趣味性还有待增强，用户在互动的过程中缺乏娱乐性和趣味性的感知，有些功能的设置需要对消费者进行教育令其充分体验，感受到互动的乐趣后会更加促进用户间互动的意愿和互动的频率。

5. 2. 3　用户影响

5. 2. 3. 1　用户影响的概念

在社会化电子商务中，用户影响是指用户自身的行为会对其他用户产生直接或间接的影响。比如在社区中会产生意见领袖，意见领袖是指在用户中声望较高、具有信服力的用户，其他用户对于意见领袖的产品推荐比较信服。意见领袖会在社区中拥有自己的粉丝，粉丝的数量越多说明意见领袖的影响力越大。随着直播平台等社会化电子商务平台形式的发展，直播的博主有很多网红，他们通过不同形式的内容吸引用户观看直播并关注博主，关于吃穿住用行等各种各样的直播充斥着平台。博主在直播的过程中推荐的一些产品或者在平台上直播销售的产品都会对粉丝产生影响，极大地促进了用户的购买。

5. 2. 3. 2　社会化电子商务用户影响力

用微博用户影响力情况的案例来说明顾客的影响力，微博中用户的连接关系与 Web 网络中网页之间的跳转关系很相似。因此采用 Google 提出的 PageRank 算法，根据微博的特点添加指标，创建符合微博特性的新算法来衡量微博两类用户的影响力情况。在 PageRank 算法的基础上添加博文质量系数、用户活跃度和用户传播能力指标。

(1) 数据的获取

目前获取新浪微博数据的方法主要有两种：一种是通过爬虫软件对目标网页进行爬取，获得所需数据；另一种是利用微博开放平台提供的 API，通过授权获得某种权限，从而进一步得到数据。

使用爬虫软件获取数据是指爬虫直接访问 Web 页面，自动提取网页中的相关数据信息，获得 HTML 格式的文本数据，然后通过正则表达式等方法进行信息提取，最终得到所需数据。工作过程如下：以指定的 URL 为起点，访问该 URL 指向的页面，存储页面中的有用数据及所包含的 URL 集合，将新的 URL 集合添加到待抓取队列中，接着从待抓取队列中选择一个新的 URL，重复刚才的过程，直到达到某种标准抓取过程停止，如图 5-4 所示。在这个过程中值得注意的是，抓取过的页面是被放在已抓取队列中，以防与待抓取页面混淆。这种方法的优势在于可以根据使用者的要求来抓取足够的数据，避免了因某些网站提供服务不足而造成的数据缺失；而其明显的劣势在于获得数据数量很多且种类繁杂，导致我们必须花费大量的时间过滤掉不需要的信息，所以，使用爬虫软件获取所需要的数据，花费周期较长，且效率较低。

网络运营商在推出自己的产品以后，会随之向公众开放其产品的 API。用户根据其所能获得的权限调用 API 来得到官方允许公开的数据，并从中进行筛选得到目标数据。与使用爬虫软件相比，调用 API 的方法优势在于操作比较简单，返回的数据比较少，数据搜集速度较快且容易处理；劣势在于用户的权限有限，调用 API 的次数要受到网站所设置上限的限制，且网站开放的端口是固定的，通过这些端口只能获得网站允许公开的数据，这些数据不一定能满足用户的全部需要。

由于新浪微博 API 所提供的端口比较全面，研究中所需要的用户信息、微博信息、关系信息等都可以调用相应的端口获得。并且调用 API 所获得的数据比通过爬虫软件获得的数据更容易筛选和处理，因此适宜通过调用新浪微博的 API 来获取数据。API 获取数据过程中，采取雪球采样的方法执行广度优先搜索（BFS）算法，即选取某个特定的微博用户，得到他的用户信息、微博信息及关注列表和粉丝列表，将其粉丝列表中的用户加入队列中，执行上面相同的方式进行爬取，再将其粉丝的粉丝列表中的用户加入队列中，这样逐层爬取，直到用户数量达到预定的目标后停止。

调用微博 API 之前要使用 OAuth 来进行用户验证。API 的调用次数是有限制的，超过限制，服务器就会返回异常信息并中断调用过程，因此在调用 API 的过程中要注意控制调用的频率。调用 API 工作过程如图 5-5 所示。

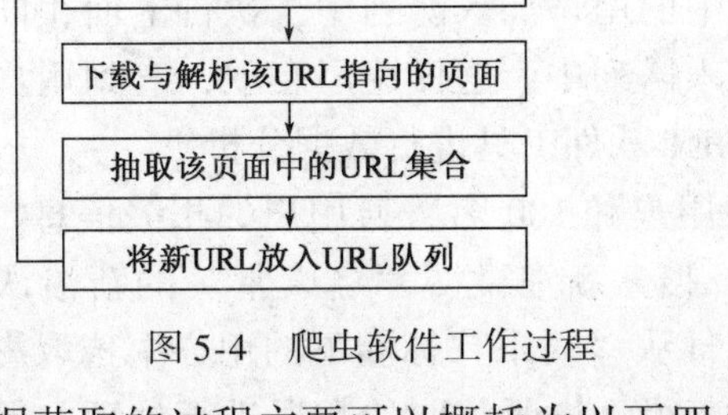

图 5-4　爬虫软件工作过程

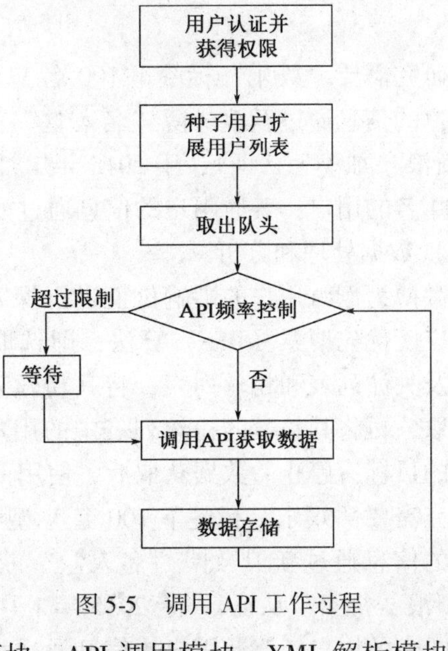

图 5-5　调用 API 工作过程

数据获取的过程主要可以概括为以下四个模块：API 调用模块、XML 解析模块、任务管理模块以及数据存储模块。用户调用 API 接口，返回的数据是 XML 格式的字符，将这些字符传递给 XML 解析模块；XML 解析模块将接受的字符进行解析整理，放入数据存储模块中进行存储，同时将用户 ID 存入任务管理模块，以便程序继续进行爬取。任务管理模块的功能是对用户 ID 进行管理，筛选出需要访问的用户 ID，然后将需要访问的 ID 放入队列中供 API 调用模块进行调用。数据存储模块主要是将获取的数据存储起来并输入到数据库中进行保存。

数据获取后，还要进行数据分析。本章使用 UCINET 软件工具帮助进行数据分析。完整的数据采集过程如图 5-6 所示。

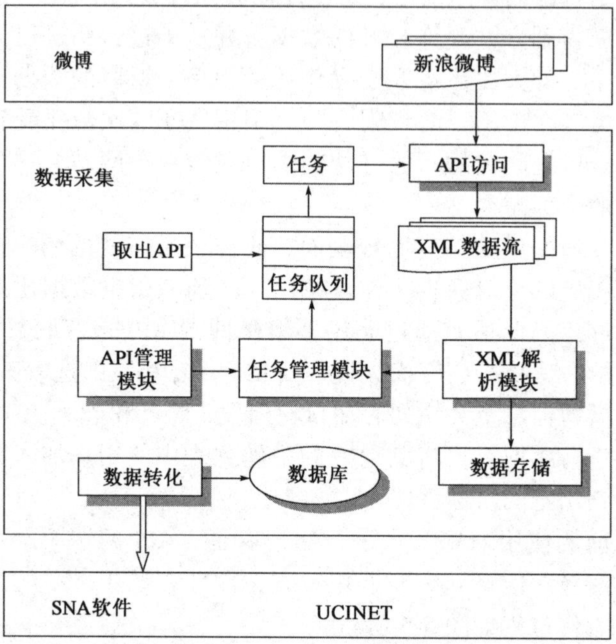

图 5-6　数据采集过程

该研究需要“娱乐”标签下 100 名 V 型明星用户和 100 名普通用户的相关信息。V 型明星用户的信息通过新浪微博“名人堂”获得。搜索新浪微博“名人堂”的新浪认证用户（即被新浪“加 V”认证），于 2015 年 1 月 14 日从“娱乐”标签下的用户中选取影响力排行前 100 名的用户；普通用户的信息通过如图 5-5 所示调用 API 获得。

（2）数据处理和分析

以微博为例对用户的影响价值进行探究，首先通过 API 获取数据，采取雪球采样的方法执行广度优先搜索（BFS）算法，即选取某个特定的微博用户，得到他的用户信息、微博信息及关注列表和粉丝列表，将其粉丝列表中的用户加入队列中，执行上面相同的方式进行爬取，再将其粉丝的粉丝列表中的用户加入队列中，这样逐层爬取，直到用户数量达到预定的目标后停止。数据获取后，使用 UCINET 软件工具进行数据分析。

研究需要“娱乐”标签下 100 名 V 型明星用户和 100 名普通用户的相关信息。V 型明星用户的信息通过新浪微博“名人堂”获得。搜索新浪微博“名人堂”的新浪认证用户（即被新浪“加 V”认证），于 2015 年 1 月 14 日从“娱乐”标签下的用户中选取影响力排行前 100 名的用户，普通用户的信息通过 API 获得。将所获取的数据进行处理，得到这些数据的 Excel 格式的邻接矩阵，邻接矩阵中的数值为 0 和 1。比如，用户 i 关注了用户 j，那么用户 i 指向用户 j 的边在邻接矩阵中所赋的值 $X_{ij}=1$，反之则为 0。在邻接矩阵中，行代表某一个用户 i 对其他所有用户的关注情况，列代表所有其他用户对某一个用户 i 的关注情况。所得到的邻接矩阵如表 5-17 和表 5-18 所示。出于普通用户隐私性的考虑，普通用户的微博 ID 用编号代替。

表 5-17 微博 V 型明星用户邻接矩阵（部分）

用户编号	M01	M02	M03	M04	M05	M06	M07	M08	M09	M10
M01	0	1	1	1	1	0	0	0	0	1
M02	1	0	1	1	1	0	0	0	0	0
M03	1	1	0	1	1	0	0	0	1	0
M04	1	1	1	0	1	1	0	0	0	0
M05	1	1	1	1	0	0	0	0	0	0
M06	0	0	0	1	0	0	1	0	0	1
M07	0	1	0	0	0	1	0	0	1	0
M08	0	0	0	0	0	0	1	0	0	0
M09	0	0	1	0	0	0	0	1	0	0
M10	0	0	0	0	0	0	0	0	0	0

表 5-18 微博普通用户邻接矩阵（部分）

用户编号	P006	P007	P008	P009	P011	P012	P014	P015	P016	P019
P006	0	0	0	0	0	0	0	0	0	0
P007	0	0	0	0	0	0	0	0	0	0
P008	0	0	0	1	0	0	1	0	0	0
P009	0	0	1	0	0	0	0	0	0	0
P011	0	0	0	0	0	0	0	0	0	0
P012	0	0	0	0	0	0	0	0	0	0
P014	0	0	0	0	0	0	0	0	0	0
P015	0	0	0	0	0	0	0	0	0	0
P016	0	0	0	0	0	0	0	0	0	0
P019	0	0	0	0	0	0	0	0	0	0

从表 5-17 和表 5-18 可以很明显地看出，微博 V 型明星用户之间的关注及被关注关系比普通用户之间联系更紧密、互动更频繁。这主要是因为 V 型明星作为公众人物，且同属于娱乐圈，容易互相结识，从而更容易发生联系；而普通用户由于数量众多，虽然共同属于“娱乐”标签下，但互相结识的机会有限。

对社交网络结构的分析一般通过计算网络参数值得到。网络参数包括网络密度、点度中心度、接近中心度、中间中心度和凝聚子群等。这些参数的具体计算应用了网络分析软件工具 UCINET。

① 网络密度。网络密度是指行动者之间实际联结的数目与他们之间可能存在的最大的联结数目的比值。比值越高，网络的联结密度就越大。网络密度是对网络中用户分布的量化表示，用来表示用户联系的紧密程度，本章中分别对应微博 V 型明星用户间以及普通用户间联系的紧密程度。

a. V 型明星用户的网络密度。将表 5-17 的邻接矩阵输入 UCINET 软件中，经过计算，微博 V 型明星用户网络的网络密度值为 0. 2100，相对较小，总体上看明星间的关系并不密切。虽然，娱乐明星平时需要在大众面前表现自己的好人缘，维持良好形象，会跟其他一些关系不错的明星有互动；在即将发布新的作品时，经常与其他明星互动以提升作品的话题性与知名度。但是，深入分析会发现，这些明星的微博多数时候是自我宣传，以提高自己的曝光率为主要目的，彼此间的互动并不频繁，联系并不紧密，交流相对稀缺。

b. 普通用户的网络密度。同样输入表5-18，计算得到普通用户网络的网络密度值为0.0218。普通用户网络密度值约为明星用户网络的网络密度值的十分之一，属于特别小的范畴。这是因为与同属于娱乐圈，又都是公众人物，时常会有交集的明星相比，普通用户间的互动更加不频繁。而且从社群图看来，明星用户的社群图是一个整体，这是因为明星用户之间或许因为有过合作或许因为捆绑宣传或许因为本身就是朋友这样那样的原因而形成了交叉的链接关系，从而形成了整体的社群图；而普通用户的社群图可以看出明显分为了几块，虽然同属于“娱乐”的标签下，但普通用户的关注可能有不同的侧重，有的喜欢中国大陆明星娱乐，有的喜欢韩流娱乐等。而由于这样不同的关注侧重，使得有同一侧重的用户很容易有所交流与互动，而不同侧重点的用户则没有联系。

② 点度中心度。点度中心度指的是在社交网络中，一个行动者与很多其他行动者有直接联系，该行动者就处于中心地位，从而拥有较大的权力。点度中心度可衡量网络图中单个节点的重要程度。在本章研究的网络中，体现的是单个用户在社交中的重要程度。从是关注还是被关注看，又可分为点入度和点出度两类：点入度表示用户被其他用户关注的程度；点出度表示用户主动关注别人的程度。

a. V型明星用户的点度中心度。V型明星用户的点度中心度结果如表5-19所示。其中的标准化点出度、标准化点入度表示整个网络中的点在关注和被关注方面的集中趋势。

表5-19　微博V型明星用户的点度中心度（部分）

排名	用户编号	点出度 OutDegree	点入度 InDegree	标准化点出度 NrmOutDeg	标准化点入度 NrmInDeg
1	M01	27.000	37.000	27.273	37.374
2	M02	23.000	37.000	23.232	37.374
3	M03	25.000	27.000	25.253	27.273
4	M04	36.000	40.000	36.364	40.404
5	M05	30.000	25.000	30.303	25.253
6	M06	21.000	25.000	21.212	25.253
7	M07	33.000	25.000	33.333	25.253
8	M08	11.000	29.000	11.111	29.293
9	M09	24.000	25.000	24.242	25.253
10	M10	0.000	16.000	0.000	16.162
11	M11	40.000	35.000	40.404	35.354
12	M12	3.000	11.000	3.030	11.111
13	M13	47.000	20.000	47.475	20.202
14	M14	37.000	30.000	37.374	30.303
15	M15	52.000	48.000	52.525	48.485
16	M16	12.000	14.000	12.121	14.141
17	M17	11.000	9.000	11.111	9.091
18	M18	8.000	11.000	8.081	11.111
19	M19	22.000	24.000	22.222	24.242
20	M20	20.000	22.000	20.202	22.222

从表 5-19 以及未完全列出的部分可以看出，点入度较高的几位是 M15、M04、M01、M02（分别为 48、40、37、37）。这一方面说明，这几位用户被关注的程度较高，在网络中具有核心地位，其所发布的信息会出现在其他用户的主页上，从而更能够被接收并进一步传播；从另一方面来说，如果想要快速、有效地传递某个信息，可以委托以上几位代为发布，效果会明显提高。以 M15 为例，其本人的知名度比较高并出演多部热播电视剧、电影等，因此受到的关注较多，再加上其微博发布数量多、范围广，内容不仅涉及本人的工作与生活，还涉及许多的社会热点问题，所以受到广泛关注，微博粉丝众多，其微博信息扩散速度相当快。

b. 普通用户的点度中心度。普通用户的点度中心度结果如表 5-20 所示。

表 5-20　微博普通用户的点度中心度（部分）

排名	用户编号	点出度 OutDegree	点入度 InDegree	标准化点出度 NrmOutDeg	标准化点入度 NrmInDeg
1	P006	1.000	1.000	1.010	1.010
2	P007	42.000	26.000	42.424	26.263
3	P008	3.000	1.000	3.030	1.010
4	P009	2.000	1.000	2.020	1.010
5	P011	0.000	0.000	0.000	0.000
6	P012	5.000	5.000	5.051	5.051
7	P014	0.000	1.000	0.000	1.010
8	P015	1.000	1.000	1.010	1.010
9	P016	0.000	1.000	0.000	1.010
10	P019	2.000	2.000	2.020	2.020
11	P020	1.000	1.000	1.010	1.010
12	P021	0.000	2.000	0.000	2.020
13	P023	0.000	2.000	0.000	2.020
14	P024	13.000	6.000	13.131	6.061
15	P025	1.000	0.000	1.010	0.000
16	P026	1.000	0.000	1.010	0.000
17	P028	5.000	3.000	5.051	3.030
18	P029	0.000	1.000	0.000	1.010
19	P030	0.000	4.000	0.000	4.040
20	P031	0.000	1.000	0.000	1.010

对比可知，普通用户的点入度和点出度都明显低于明星用户，这也从侧面印证了普通用户的网络密度值远低于明星用户的事实。点入度较高的是编号为 P007、P014、P006 和 P019 的用户（分别为 26、6、5、4）。这其中编号 P007 的点入度比较突出，编号 P007 处于网络社群图的中心位置，受到许多用户的关注，可作为普通用户中消息发布传播的来源。

除了点度中心度之外，衡量网络中心的参数是网络中心势。明星用户网络的标准化中心势（点出度）［Network Centralization（Outdegree）］为 44.087%，标准化中心势（点入度）［Network Centralization（Indegree）］为 51.229%。普通用户网络的标准化中心势（点出度）［Network Centralization（Outdegree）］为40.649%，标准化中心势（点入度）［Network Centralization（Indegree）］为24.324%。一般而言，中心势的值越大，越接近于1，网络聚拢趋势越明显。明星用户网络的中心势（点出度）值较网络的中心势（点入度）小，这表明从整个网络的角度看，被他人关注的趋势更明显。而正相反，普通用户网络中，主动关注他人的趋势更明显。

③ 接近中心度。接近中心度是指一个行动者与网络中其他行动者的接近程度。接近中心度衡量的是单个节点在传播信息的时候不依赖他人的程度，也就是独立传播信息的能力。在我们研究的网络中，体现的是其中单个用户传递信息的独立程度。接近中心度的值越小，用户越接近其他人，其行为越独立，越不受他人影响，他的传播信息依赖性越弱，独立性越强。如果一个节点跟其他节点的距离都很短，则这个节点是网络的中心点。

a. V型明星用户的接近中心度。V型明星用户的接近中心度结果如表5-21所示。

表5-21　微博V型明星用户的接近中心度（部分）

排名	用户编号	内远离性 inFarness	外远离性 outFarness	内接近性 inCloseness	外接近性 outCloseness
1	M64	375.000	9900.000	26.400	1.000
2	M34	379.000	9900.000	26.121	1.000
3	M10	390.000	9900.000	25.385	1.000
4	M61	422.000	134.000	23.460	73.881
5	M60	433.000	170.000	22.864	58.235
6	M15	447.000	147.000	22.148	67.347
7	M83	448.000	148.000	22.098	66.892
8	M28	452.000	171.000	21.903	57.895
9	M04	454.000	163.000	21.806	60.736
10	M89	454.000	167.000	21.806	59.281
11	M38	455.000	161.000	21.758	61.491
12	M01	457.000	172.000	21.663	57.558
13	M25	457.000	156.000	21.663	63.462
14	M02	457.000	180.000	21.663	55.000
15	M56	459.000	151.000	21.569	65.563
16	M11	460.000	159.000	21.522	62.264
17	M08	465.000	205.000	21.290	48.293
18	M32	466.000	164.000	21.245	60.366
19	M50	466.000	175.000	21.245	56.571
20	M03	467.000	175.000	21.199	56.571

表5-21接近中心度的结果是按照指标值的大小从小到大排列的，由于篇幅有限，而且我们主要的关注点在排名靠前的用户，所以仅选取前20名用户列表研究。在表中越靠前的用户，指标值越小，接近中心度越高，越处于核心地位。

表5-21中独立地发布信息的顺序从易到难分别为：M64，M34，M10，M61，M60，M15，M83，M28，M04（M89），M38，M01（M25，M02），M56，M11，M08，M32

（M50），M03。而获取信息从易到难分别为：M61，M15，M83，M56，M25，M11，M38，M04，M32，M89，M60，M28，M01，M50（M03），M02，M08，M64（M34，M10）。

例如发布信息中排名第二的M34，其发布信息传递到其他点比较容易，因为他离其他点的距离之和只有379，而他从别人处获取信息就困难得多，因为距离之和为9900。这是因为，M34在娱乐圈处于领头人的地位，粉丝众多，很多明星即使没跟其接触过，还是会对其进行关注；反之，M34不太会关注一些不同表演领域或是没有接触过的人。

b. 普通用户的接近中心度。普通用户的接近中心度结果如表5-22所示。

表5-22　微博普通用户的接近中心度（部分）

排名	用户编号	内远离性 inFarness	外远离性 outFarness	内接近性 inCloseness	外接近性 outCloseness
1	P104	4906.000	9900.000	2.018	1.000
2	P103	5115.000	9900.000	1.935	1.000
3	P092	5140.000	9900.000	1.926	1.000
4	P077	5144.000	9900.000	1.925	1.000
5	P094	5147.000	9900.000	1.923	1.000
6	P102	5147.000	9900.000	1.923	1.000
7	P085	5147.000	9900.000	1.923	1.000
8	P095	5147.000	9900.000	1.923	1.000
9	P105	5147.000	9900.000	1.923	1.000
10	P097	5147.000	9900.000	1.923	1.000
11	P064	5147.000	9900.000	1.923	1.000
12	P071	5147.000	9900.000	1.923	1.000
13	P086	5147.000	9900.000	1.923	1.000
14	P090	5147.000	9900.000	1.923	1.000
15	P098	5147.000	9900.000	1.923	1.000
16	P066	5147.000	9900.000	1.923	1.000
17	P091	5147.000	9900.000	1.923	1.000
18	P031	5174.000	9900.000	1.913	1.000
19	P073	5185.000	9900.000	1.909	1.000
20	P023	5197.000	9900.000	1.905	1.000

与表5-21相比，表5-22中普通用户的接近中心度数值普遍较大，其发布信息传递到其他节点和从他人获取信息的能力都较弱，独立传播信息的能力很弱。

表5-22中独立地发布信息的顺序从易到难分别为：P061，P060，P049，P042，P051（P059，P044，P052，P062，P054，P033，P038，P045，P047，P055，P034，P048），P020，P039，P013。而获取信息的难易程度相同，表中均为9900。普通用户的粉丝数及影响力都有限，即使想传播某些消息，也只能在小范围内传播，传播范围窄，所以接近中心度的值很大，在网络中传播信息的独立性很弱，需要依赖影响力较大的用户进行传播；同样地，获取信息也要辗转通过不停搜索来达成目标，难度同样较大。例如发布信息中排名第一的编号P104用户，因为他离其他点的距离之和为4906，所以与表中其他用户相比，其

发布信息传递到其他点较容易，但是与V型用户相比，则明显困难得多；而他从别人处获取信息就困难得多，与表中其他用户相同，距离之和为9900。

④ 中间中心度。中间中心度是指如果一个行动者处于许多交往网络的路径上，可以认为此人居于重要的地位，因为他具有控制其他两人之间交往的能力。中间中心度衡量的是单个节点在网络中控制资源信息的能力大小。在此处体现的就是单个用户控制网络资源信息的能力大小。如果信息在两个节点之间传播需要通过第三个节点，则第三个节点在一定程度上对信息的传递就有了控制作用。中间中心度用来说明信息的传播依赖于某个节点的程度。一个节点处在其他节点的连通线路上，即其他节点的连接需要通过这个节点来完成，则说明这个节点很重要。通过某节点的线路越多，这个节点的中间中心度就越高。中间中心度的值越大，中间中心度就越高，其他节点想要传递信息对其依赖性就越大，在网络中的地位就越重要，越能够控制信息传递。

a. V型明星用户的中间中心度。V型明星用户的中间中心度结果如表5-23所示。

表5-23 微博V型明星用户的中间中心度（部分）

排名	用户编号	中间中心度（Betweenness）	相对中间中心度（nBetwenness）
1	M61	1062. 692	10. 953
2	M15	499. 635	5. 150
3	M60	422. 318	4. 353
4	M28	397. 988	4. 102
5	M83	388. 556	4. 005
6	M11	251. 537	2. 593
7	M56	209. 213	2. 156
8	M38	208. 474	2. 149
9	M46	207. 825	2. 142
10	M04	196. 696	2. 027
11	M89	196. 606	2. 026
12	M44	175. 485	1. 809
13	M32	168. 318	1. 735
14	M14	167. 682	1. 728
15	M25	166. 831	1. 720
16	M76	134. 094	1. 382
17	M13	133. 791	1. 379
18	M74	133. 496	1. 376
19	M91	112. 586	1. 160
20	M09	111. 237	1. 147

表5-23中的结果是按中间中心性的值由大到小排列的，由于篇幅有限，且部分用户足够用来分析中间中心性的问题，所以仅选取前20名用户列在表格里进行研究。即越靠前的节点，中间中心度越高。

表5-23中按照中间枢纽作用的从大到小分别为：M61，M15，M60，M28，M83，M11，M56，M38，M46，M04，M89，M44，M32，M14，M25，M76，M13，M74，M91，M09。其

他用户在传递信息的过程中很大程度上需要依赖中间中心度数值排名靠前的用户作为中间的枢纽，这些用户在网络中处于核心地位，对资源信息的控制能力较强。

例如枢纽地位排名第三的M60，表中的成员基本可以分为歌手与演员两类，M60作为资历深厚的主持人，主持娱乐节目多年，所以跟两种类型的明星都有接触，在信息传递过程中自然处于核心地位，其他明星可以通过他进行信息的传递与交流。

b. 普通用户的中间中心度。普通用户的中间中心度结果如表5-24所示。

表5-24　微博普通用户的中间中心度（部分）

排名	用户编号	中间中心度（Betweenness）	相对中间中心度（nBetwenness）
1	P007	2421.335	24.957
2	P074	642.017	6.617
3	P137	596.269	6.146
4	P116	588.740	6.068
5	P024	549.464	5.663
6	P195	535.207	5.516
7	P012	339.268	3.497
8	P100	302.824	3.121
9	P028	235.790	2.430
10	P127	234.352	2.416
11	P123	202.907	2.091
12	P204	201.889	2.081
13	P089	183.382	1.890
14	P019	146.882	1.514
15	P131	113.500	1.170
16	P099	108.029	1.113
17	P130	97.758	1.008
18	P061	92.968	0.958
19	P159	92.968	0.958
20	P153	89.442	0.922

表5-24也是只列出了前20名的用户情况。表7-24中按照中间枢纽作用的从大到小分别为：P002，P040，P075，P065，P014，P091，P006，P057，P017，P071，P068，P095，P046，P010，P073，P056，P072，P032（P079），P077。

例如枢纽地位排名第一的编号P007用户，从表5-24可以看出，编号P007的用户在普通用户网络中处于绝对的权威地位，它的中间中心度数值是第二名的数倍，在信息传播过程中处于核心地位，对信息传递有绝对控制作用。与明星用户相比，编号P007的中间中心度数值更大。这是由于明星用户的信息传递与获取渠道都很多，不会很过分地依赖某个用户来传播信息，有多种多样的渠道可以使用；而普通用户在信息传递和获取方面的渠道都有限，某些不被大众所熟识的消息只能依赖一些稍微消息灵通的用户来传递，这也是表中编号P007的用户中间中心度数值如此高的原因。

除了中间中心度之外，衡量网络中心的方法是中间中心势。明星用户网络的标准化中心势指数（Network Centralization Index）为 10. 18%。越趋近于 1，中间中心势越大，此网络中间中心势很低，也就是说网络中节点对信息的流通基本上不具有控制能力，大部分的节点都不需要依靠其他节点，就能够自主地进行信息传递交流。而普通用户网络的标准化中心势指数（Network Centralization Index）为 24. 39%。虽然此网络中间中心势也很低，但与明星用户网络相比，普通用户网络的中间中心势可以认为是很高的。这就说明普通用户在信息流通过程中，对其他节点的依赖程度要比明星用户大，独立自主进行信息交流的能力比明星用户弱。

⑤ 凝聚子群。凝聚子群是满足如下条件的一个行动者子集合。即在此集合中的行动者之间具有相对较强的、直接的、紧密的、经常的或积极的关系。在本章分别对应的是微博 V 型明星用户和普通用户所组成的子集合。凝聚子群的组成是因为成员之间有着紧密接触，从而自然而然地形成类似于小团体的子群。网络中存在多个这样的子群，凝聚子群分析的目的是分析子群中成员的关系特点、子群的组成以及子群间关系的特点。本书进行凝聚子群分析所采用的方法是块模型方法。块模型方法对用户所在位置进行分区，从而形成互不重叠的子群。

a. V 型明星用户的凝聚子群。凝聚子群的形成可以分为三个阶段。第一阶段形成了 8 个不同的群体，群体的成员之间存在某种共通性作为开始接触的契机，并在接触交流的过程中形成自己的小团体。具体来说，M01 所在的团体里多为出道多年，累积了很多人气与实力的演员；M15 所在的团体多为 80 后青年演员，粉丝多，人气高；M89 所在的团体成员参加娱乐类节目比较多，曝光率高且稳定；M32 所在的团体多为歌手；M34 所在的团体多为行业的翘楚等。第二阶段群体间再次进行了合并。如 M32 所在团体与 M76 所在的团体因为成员多是歌手，从而合并为一个群体。以此类推，最终结果是形成了整个网络。

b. 普通用户的凝聚子群。凝聚子群的形成同样分为了三个阶段。第一阶段形成了 5 个不同的群体，跟社群图中分为几个模块类似。普通用户的群体形成很简单，基本是有所联系的用户组成了一个群体。由于用户们对娱乐风格的喜好不同，导致他们的关注点有所侧重，相同关注点的用户之间容易产生联系。图中的几个群体可区分为喜欢中国大陆娱乐的成员、喜欢日韩娱乐的成员、喜欢港台娱乐的成员、喜欢欧美娱乐的成员等，然后经过逐渐合并形成网络。

（3）数据分析

① 博文质量系数。博文质量系数是指用户的平均每条微博被转发、评论以及点赞的次数。用户可以根据对某条微博的感兴趣程度，发生转发等行为。转发等行为发生得越多，说明这条微博的质量越高，用户的影响力也就越大。博文质量系数参考文献中的指标，表达式为式（5-1）所示：

$$q_i = \frac{R_i + C_i + Z_i}{N_i} \tag{5-1}$$

式中，q_i 表示用户 i 的博文质量系数；R_i 表示此用户微博的被转发次数；C_i 表示被评论次数；Z_i 表示被点赞次数；N_i 表示此用户所发微博的总数。

② 用户活跃度。用户活跃度是指用户一段时间内平均每天的发博数量。本书中这段时间为一个月，即指用户在一个月内平均每天的发博数量。用户的发博情况又可以分为发布原创微博以及转发微博两种。用户活跃度参考文献中的表示，表达式为式（5-2）所示：

$$a_i = \frac{n_i}{T_i} \tag{5-2}$$

式中，a_i 表示用户 i 的活跃度；n_i 表示用户在一个月内总的发布微博数量；$T_i=30$。

③ 用户传播能力。由博文质量系数以及用户活跃度这两个指标，定义了一个新的指标——用户传播能力，用户传播能力为博文质量系数与用户活跃度这两个指标的乘积。用户传播能力参考文献中的评价指标，表达式为式（5-3）所示：

$$s_i = q_i a_i \tag{5-3}$$

由于 PageRank 算法中页面的 PR 值是均匀地传递到链出的页面中的，没有考虑到页面本身的重要性，所以在对 PageRank 算法进行改进的时候，将上面得到的新指标用户传播能力 s_i 作为分配 PR 值的标准，用户传播能力与分配的 PR 值呈现正相关的关系：用户传播能力强的，分配的 PR 值就高；用户传播能力弱的，分配的 PR 值就低。最终得到的改进后的 UIRank 算法如下：

$$\mathrm{UIRank}(u) = d + (1-d)\sum_{v \subseteq f(u)} S(v,u)\mathrm{UIRank}(v) \tag{5-4}$$

$S(v,u)$ 表示的是用户 v 分配给用户 u 的 UIRank 值的所占比例，为用户 u 的传播能力占用户 v 的所有好友的传播能力之和的比值，表达式为：

$$S(v,u) = \frac{S_u}{\sum_{i=1}^{N} S_i} \tag{5-5}$$

式中，N 为用户 v 的好友总数。假设初始情况下所有人的 UIRank 值为 1，经过多次迭代后，UIRank 值会收敛，最终得到用户们的 UIRank 值。

算法计算使用 MATLAB 实现，算法经过数次迭代后最终收敛，从而得到用户的影响力数值。算法的收敛性如图 5-7 所示。

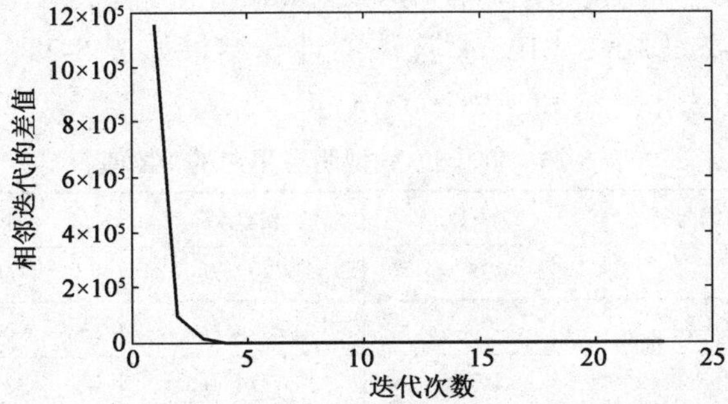

图 5-7　算法的收敛性

有过一定微博使用经验的人都知道，微博提供的众多功能中包括一项“名人堂”。“名人堂”罗列了所有 V 型明星用户，按照不同的标准如领域不同、身份不同等将 V 型明星用户进行排名。在搜索了“娱乐”标签下的用户排名后，列出了前十位用户，如表 5-25 所示。由于微博只提供了 V 型明星用户的排名情况，没有提供普通用户的相关信息，所以此处仅以 V 型明星用户代表来说明。

表 5-25　微博现有“娱乐”V 型明星用户排名

排名	用户编号	关注数	粉丝数
1	M01	395	7792 万
2	M02	498	7694 万
3	M03	417	6774 万
4	M04	227	6234 万
5	M05	193	5676 万
6	M06	155	5638 万
7	M07	53	5116 万
8	M08	405	4717 万
9	M09	160	4564 万
10	M10	35	3727 万

由表 5-25 可以看出，微博“名人堂”的排名机制是以粉丝数量为依据的，表中排名第一的即为“娱乐”标签下粉丝数最多的 V 型明星用户。这种排名机制对于微博运营商来说操作起来较简单，仅凭借一项指标即可将庞大的用户进行一定的序列排列，方便微博使用者查找明星用户或者关注明星用户。但是这种排名机制具有明显的弊端。仅依靠粉丝数量来判断微博明星用户的影响力，有可能将粉丝中“僵尸粉”较多的用户或者虽然粉丝众多但是活跃度不够的用户排名靠前，这样所得到的顺序则不能作为判断影响力的标准。如表 5-25中的第 10 位 M10，虽然在粉丝数量上排名第 10 位，但其关注数量明显偏少，发布微博数量偏少，发布的微博很有可能被粉丝忽视；而且与其他用户基本没有互动，其他用户则不会转发他的相关微博来增加微博的扩散范围，所以从现实生活中来说，M10 在微博中的影响力远不如排名靠后的一些明星用户，由此也可看出，微博的排名机制仅依靠粉丝数量来判断用户影响力是不科学的。

为了解决微博现有排名机制存在的弊端，本书采用改进后的 UIRank 算法对用户影响力进行了计算分析，为了进行比较，同时使用 PageRank 算法进行了计算。PageRank 算法的计算结果如表 5-26、表 5-27 所示；UIRank 算法的计算结果如表 5-28、表 5-29 所示。表中所示结果均为排名前十的用户。

表 5-26　前十位 V 型明星用户的 PR 值

排名	用户编号	关注数	粉丝数	微博数	PageRank 值
1	M02	395	7792 万	7694	20. 7342
2	M01	498	7694 万	4663	17. 3921
3	M04	417	6774 万	3830	17. 0165
4	M61	635	3607 万	7392	16. 5872
5	M60	585	3350 万	6569	16. 0943
6	M07	405	4717 万	3662	15. 8651
7	M15	588	3685 万	2774	15. 6543
8	M03	227	6234 万	6161	15. 4390
9	M13	663	3655 万	2997	15. 2743
10	M83	641	3572 万	2017	14. 9821

表 5-27 前十位普通用户的 PR 值

排名	用户编号	关注数	粉丝数	微博数	PageRank 值
1	P007	351	1796	1450	8. 3427
2	P127	388	652	2309	7. 8821
3	P097	182	786	1056	7. 3754
4	P095	252	904	5758	7. 0579
5	P104	165	667	901	6. 9532
6	P137	87	379	3821	6. 8436
7	P116	222	345	3564	6. 5372
8	P024	1181	352	806	6. 4470
9	P195	322	430	930	6. 0379
10	P028	513	320	410	5. 5730

表 5-28 前十位 V 型明星用户的 UIRank 值

排名	用户编号	关注数	粉丝数	微博数	UIRank 值
1	M61	635	3607 万	7392	22. 5468
2	M60	585	3350 万	6569	19. 7112
3	M15	588	3685 万	2774	17. 3365
4	M83	641	3572 万	2017	15. 2811
5	M28	287	2956 万	3795	15. 0048
6	M04	417	6774 万	3830	14. 8651
7	M89	239	1935 万	3654	14. 6378
8	M38	529	3213 万	2273	14. 2931
9	M02	395	7792 万	7694	13. 2568
10	M01	498	7694 万	4663	13. 0123

表 5-29 前十位普通用户的 UIRank 值

排名	用户编号	关注数	粉丝数	微博数	UIRank 值
1	P007	351	1796	1450	9. 5821
2	P104	165	667	901	8. 7421
3	P137	87	379	3821	8. 3594
4	P103	216	333	4820	7. 7632
5	P127	268	523	1023	7. 5241
6	P074	301	463	2061	7. 0694
7	P116	222	345	3564	6. 7703
8	P024	1181	352	806	6. 5034
9	P092	420	806	2165	6. 1579
10	P077	315	705	1062	5. 3115

由表 5-26 和表 5-27 可知，V 型明星用户的 PageRank 值明显高于普通用户，这是因为在现实生活中，V 型明星用户作为公众人物，一直处在被注意、被关注的状态，其一言一

行都有可能造成影响。而普通用户作为众多用户中的一部分，其影响力和影响范围当然比不上公众人物。另外，表中还体现出 PageRank 算法得出的结果与微博原有排名机制的区别。PageRank 算法不仅考虑到粉丝数量，还同时考虑到关注数量以及发布微博的数量。例如表 5-27 中包含的 M61、M60 等均没有在表 5-26 中出现，单论粉丝数量的话其也许少于表 5-26 中的部分用户，但是如果综合考虑到用户的关注数量以及发布微博的数量，在多重因素的平衡下，可以得出这类用户的影响力还是很高的。从现实生活中来看，显然，发布微博的数量越多，出现在粉丝的主页上时，越不容易被忽略，越容易被看到，也就更容易被传播出去，而扩大影响；同理，关注数量越多，越容易从他人处获取信息从而通过转发微博等方式将信息传播出去，所以，综合考虑这几方面因素是合理的。然而，从表中结果来看，虽然考虑到多方面的影响，PageRank 算法从整体看来还是更偏向于赋予粉丝数量这个指标以很大的比重，并且没有考虑到用户本身的一些活跃性，或者用户虽然发布了微博，但所发布的内容有没有被大众关注、有没有吸引大众目光等一些情况。本章对 PageRank 算法进行改进，也在于改善这方面的不足。

由表 5-28 和表 5-29 可知，改进后的 UIRank 算法所得到的结果与原始的 PageRank 算法计算出的结果还是有较大差别的。如表 5-28 中前几位的 M61、M60、M15 等，这几位明星都具有一定的共性：第一，发布的微博数量较多，且发布微博频率较为频繁，容易在粉丝的主页上留下存在感，诱发粉丝转发；第二，粉丝年龄段相似，均为年轻一代，10 岁到 30 岁之间的用户，在社交网络上表现得极为活跃，一旦他们的偶像发布了微博，便会进行转发、评论，甚至转发多次。由于微博有提供“热门微博”功能，所以在一段时间内被转发、评论较多的微博会被列入榜单，从而使得更多的人看到并接着转发等，进一步扩大影响力；第三，明星本身在微博上表现得也较为活跃，与其他用户互动频繁，社交圈广泛。频繁的互动使得明星用户之间不断地产生转发微博等行为，因为互动的双方均属于公众人物，所以这些转发行为导致的影响力的扩散是成倍发生的。以上三点因素最终导致了表中的影响力的结果。另外，表 5-29 的结果与表 5-27 所表示的相同，即普通用户的影响力远小于明星用户，且表 5-29 的结果也是由以上几个因素导致的，即排名靠前的用户均为在网络中表现活跃，且粉丝也相对忠诚，无条件转发用户所发布的微博，且这些用户均为在社交网络中交友广泛并经常与他人互动的类型。

综合以上的研究，我们可以获得以下结论。

第一，使用社交网络分析方法对两类用户网络的网络参数进行计算。研究发现，V 型明星用户和普通用户在网络上表现出的行为特征同时具有共性和差异性。共性表现为：无论是 V 型明星用户网络还是普通用户网络，用户之间的互动都并不频繁，交流比较稀缺。两类网络中均存在核心用户作为领袖人物存在。差异性表现在：首先，虽然 V 型明星用户之间的互动联络在现实生活中看起来也并不密集，但还是远远超过普通用户之间的联系频率；其次，从用户之间的联结关系来看，V 型明星用户之间的联系互有交叉，不同领域的娱乐明星之间可能因为合作等原因发生关联，整个 V 型明星用户网络呈现出整体性；而普通用户因为关注的侧重点不同，基本只与相同兴趣的小范围内用户发生关联，整个普通用户网络呈现出明显的模块区域性；最后，普通用户获取信息的渠道不足，信息传递并不流畅，即使存在所谓的核心人物，其造成的影响力也只是在小范围内。由此可见，网络运营商在优化微博功能的时候，可以选择从扩充普通用户获取信息的渠道入手，促进信息传播过程。

第二，根据谷歌（Google）提出的网页重要性评价算法——PageRank 算法，结合新浪微博内部情况以及微博的特殊性，添加微博用户影响力评价指标，构建微博用户影响力评价算法 UIRank 算法，对微博用户影响力进行评价。

第三，由微博用户影响力评价算法 UIRank 算法以及原有的 PageRank 算法对用户的影响力计算结果可知，两种方法均优于微博现有的用户排名机制：这其中，UIRank 算法由于考虑的因素更全面，更适合对微博用户的影响力进行评价；而 PageRank 算法不具有这种特殊针对性。这种改进算法的先例也为以后研究其他领域的重要性或者影响力情况提供了算法改进参考；微博运营商在发布推广信息的时候，可以参考用户影响力情况，选择影响力大的用户发布或转发此条信息，可以在花费最少资金和时间的情况下，得到最大程度的宣传效果。

5.3 价值共创

在第 2 章中我们已经介绍过价值共创的特征以及社会化电子商务中价值创造的过程。价值共创分为不同的方式，有企业单独创造价值、消费者和企业共同创造价值、消费者单独创造价值。在本节的价值共创主要是结合用户行为来分析社会化电子商务平台中的用户参与价值共创。因此，在本节中我们只介绍消费者和企业共同创造价值和消费者单独创造价值。

5.3.1 用户与企业共同创造价值

用户与企业共同创造价值是指消费者参与到产品的研发、设计和生产的过程中，并寻求把他们的影响运用在商业系统的各个环节，消费者逐渐开始参与到价值定义和创造的过程中，并与企业进行互动共同创造价值。在消费者和企业共同创造价值的方式下，企业提出价值主张，并与消费者合作、互动，而消费者作为操作性资源（例如知识和技能）的拥有者参与到价值的创造过程中，企业与消费者共同创造价值，生产和消费的过程不再分离。

5.3.1.1 用户与企业共同创造价值的机理

从价值创造阶段来讲，将顾客的价值创造阶段分为价值促进阶段和价值共创阶段。在价值促进阶段提出了企业内部因素、顾客内部因素以及外部环境是驱动顾客参与的因素。在价值共创阶段运用 DART 模型来分析具体的共创行为。从价值创造逻辑角度来讲，分为企业投入、顾客投入和价值创造支撑系统三部分。顾客参与价值共创机理模型如图 5-8 所示。

5.3.1.2 用户与企业共同创造价值的类型

（1）企业发起价值共创

小米公司成立于 2010 年，是一家专注于智能产品自主研发的移动互联网公司。小米手机、MIUI 和智能家电是小米公司的三大核心产品，每个核心产品都拥有相应的社区，在社区里消费者可以进行交流或者反馈意见等。《参与感：小米口碑营销内部手册》一书揭示了小米成功的关键，即构建用户参与感。如何进行构建？作者将其总结为三个战略和三个战术，即“参与感三三法则”。其中三个战略指做爆品、做粉丝、做自媒体。“做爆品”对应产品战略；“做粉丝”对应用户战略，参与感能扩散的背后是“信任背书”；“做自媒体”

对应内容战略。三个战术指开放参与节点、设计互动方式、扩散口碑事件。“开放参与节点”指开放产品的生产研发过程，从中筛选出可以邀请顾客进行参与创造的节点；“设计互动方式”与开放的参与节点相呼应，将参与的节点具体为某种实体互动形式；“扩散口碑事件”则依靠种子用户的口碑进行发酵，引导更多的“米粉”进行参与。

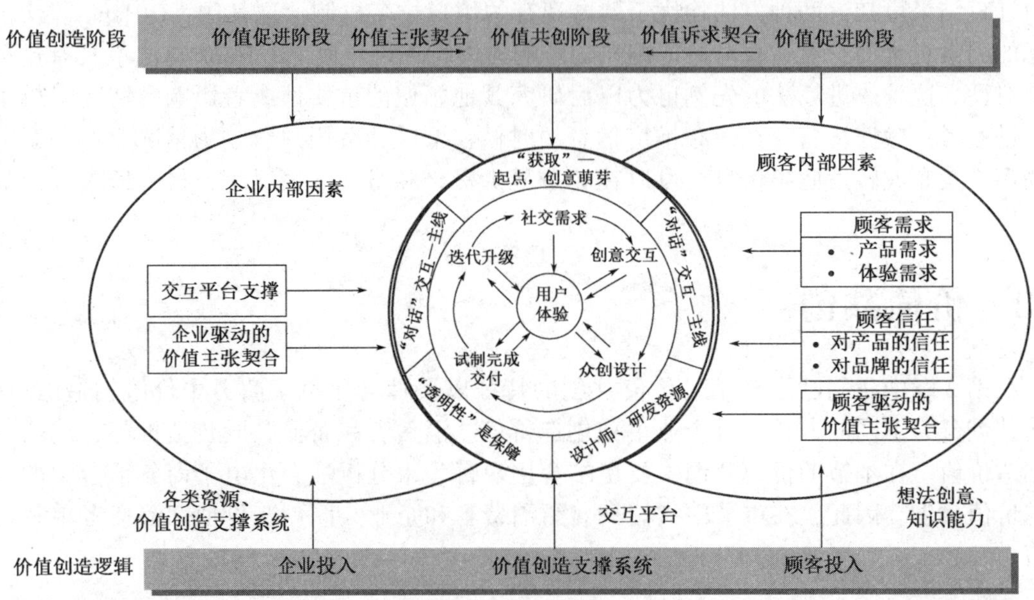

图 5-8　顾客参与价值共创机理模型

小米的“米粉”在其系统开发过程中发挥了重大作用。MIUI 有四层用户：核心层是内部 100 多个工程师；第二层是有高知识水平和技能的 1000 个荣誉内测组成员；第三层则是 10 万名开发版用户；最外层是稳定版用户。MIUI 荣誉开发组是通过用户申请和管理员审批的方式产生，论坛创建最早、资格最老的资深核心用户组，其职责是参与和见证 MIUI 的开发和测试工作；荣誉开发组有权利第一时间拿到和开发组同步的内测版本，参与最新版本的测试和问题反馈工作，给全站发烧友提供更稳定、给力的 MIUI。内测粉丝组是为了发烧友能够在第一时间体验最新的 MIUI ROM，MIUI 社区设立了内测粉丝组。发烧友可以根据当前使用机型申请内测，若符合条件，则会被系统自动通过审核。成功加入内测粉丝组后，即可获得每周四次的 MIUI 内测 OTA 升级包内测特权，同时需要参与内测版本的测试和问题反馈工作。他们都在以自己的方式积极参与到 MIUI 的迭代完善中来。

以 MIUI 的开发为例，从“参与感三三法则”来阐述“米粉”是如何参与 MIUI 的开发：首先由小米的内部工程师进行产品的编程，然后产品的剩余部分向“米粉”开放，从而了解“米粉”的需求；双方充分对接需求之后进入下一个阶段，设计互动的方式，小米会在论坛和社区针对不同的板块定期更新，为“米粉”互相交流创造良好的条件。比如固定的“橙色星期五”模块。在每周五小米都会把想法和功能发布在论坛供用户检验，这些想法或者功能有可能就是用户亲自设计的，或者每一个被修复的 bug 就是这些用户发现的，然后开发团队根据反馈的意见不断改进，这会让每一个深入参与其中的用户都非常兴奋；在扩散口碑事件阶段小米为最早参与测试的 100 个用户拍摄了微电影《100 个梦想的赞助商》，成为参与感传播的放大器。以 MIUI 系统开发为例，图 5-9 为顾客参与小米企业价值创造的流程。

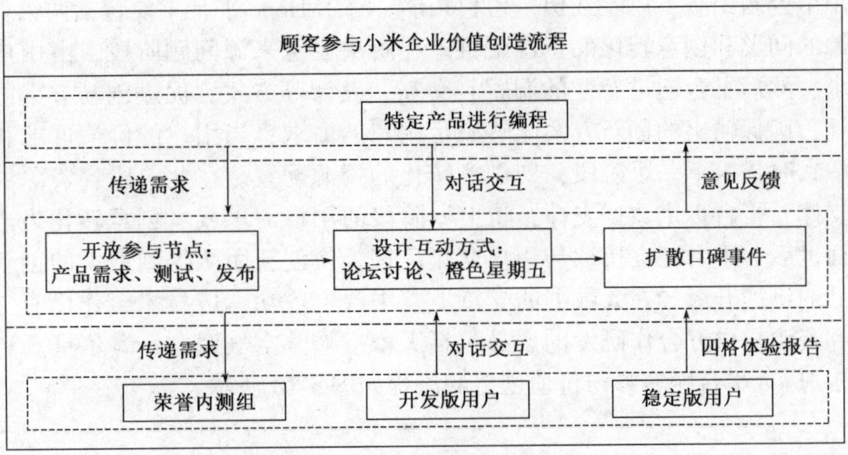

图 5-9　顾客参与小米企业价值创造的流程

阿芙是一家以精油为主导的化妆品公司，“阿芙就是精油”这句广告语已经深入人心，在高端精油及植物护肤品领域里，无论销售额还是消费者口碑，都是当之无愧的领导品牌。良好的业绩与顾客的品牌忠诚和产品的质量有着密切的关系，阿芙旗下的精油气垫 CC 霜就是一款由用户主导开发的美容产品，通过上千人参与研发，历经 8 次配方调整，通过顾客参与产品的测试和顾客的真实试用反馈，阿芙研制出一款适合亚洲女性肌肤使用的精油气垫 CC 霜，并且得到顾客的青睐和一致好评，此次邀请顾客进行的新产品开发非常成功。阿芙邀请顾客参与新产品开发的主要场所为线下实体店、淘宝客服端以及微博等，相比较于海尔和小米来说，其缺乏专业的与用户交互的平台，用户传递需求或者意见反馈只能通过上述方式。另外，顾客参与阿芙企业价值创造的形式也较为简单，多为参与企业发起的价值共创行为。例如这款精油气垫 CC 霜的参与模式，就是先由阿芙企业确定参与的主题是关于气垫的升级，然后通过线下实体店和淘宝客服端等让用户对产品进行测试和反馈，并不断进行迭代和升级产品，最终研发出来一款适合亚洲女性皮肤的精油气垫 CC 霜。

（2）用户发起价值共创

海尔集团成立于 1984 年，是全球大型家电第一品牌，目前海尔已经从传统制造家电产品的企业转型为面向全社会孵化创客的平台。

在“互联网 +”的背景下，张瑞敏认为制造业未来的发展方向应该由规模经济转向体验经济，海尔从战略、组织、互联工厂这三方面诠释了这一转型过程。其中战略指“人单合一”，“人”是指员工，“单”不是狭义的订单，而是包括用户需求、用户体验，把员工和用户的体验联结在一起；组织的改变为要符合“人单合一”的战略，把整个科层制组织取消，变成一个创业平台；最后的互联工厂是创业的落脚点。新转型之后的海尔以用户需求为驱动，为用户的最佳体验不断去迭代，不断去改进。另外，海尔强大的交互平台也是帮助海尔实现转型的关键支撑，其交互平台包括社交媒体、官网、论坛、Hope 平台、众创汇定制平台、海创汇等。本书收集的二手资料主要来源于 Hope 平台和众创汇定制平台。

Hope 平台是中国最大的开放式创新平台和亚洲最大的资源配置平台。在 Hope 平台中参与价值创造主体的包括用户、资源供应商和平台，三者共同创建了一个全新的创新生态圈。其中用户主要包括专业用户、普通用户、极客、创客和小微主；设计公司、技术公司、研究机构和大学等是平台的资源提供商。各方基于不同市场目标构成利益共同体，优化组合成一个个创新团队，风险共担，超利共享。海尔 Hope 平台主要包括两大业务板块：解决创意来源的问题和创意转化的资源配置。在解决创意来源问题阶段，由用户首先提出创意或者需求，然后平台通过专业的洞察、交互、设计等方式，促进创新方案的输出，完成用户的验证，确保输出的创新方案能够满足用户的需求；当用户的价值诉求和平台的价值主张达成一致时进入下一个阶段，即创意转化的资源配置。在此阶段各资源供应商提供技术和资源支撑，平台提供数据支撑，将上一阶段的用户需求或者创意转化为产品。创新技术的产品面世后，平台还会持续与用户交流反馈，使创新团队得到最大的创新数据支持，以实现产品的迅速升级。在大数据的支持下，平台上成功达成技术合作已有 200 余项，由顾客参与和资源提供方合作研发的产品包括天樽空调、空气魔方、海尔星盒和免清洗洗衣机等。海尔 Hope 平台顾客参与价值创造的流程如图 5-10 所示。

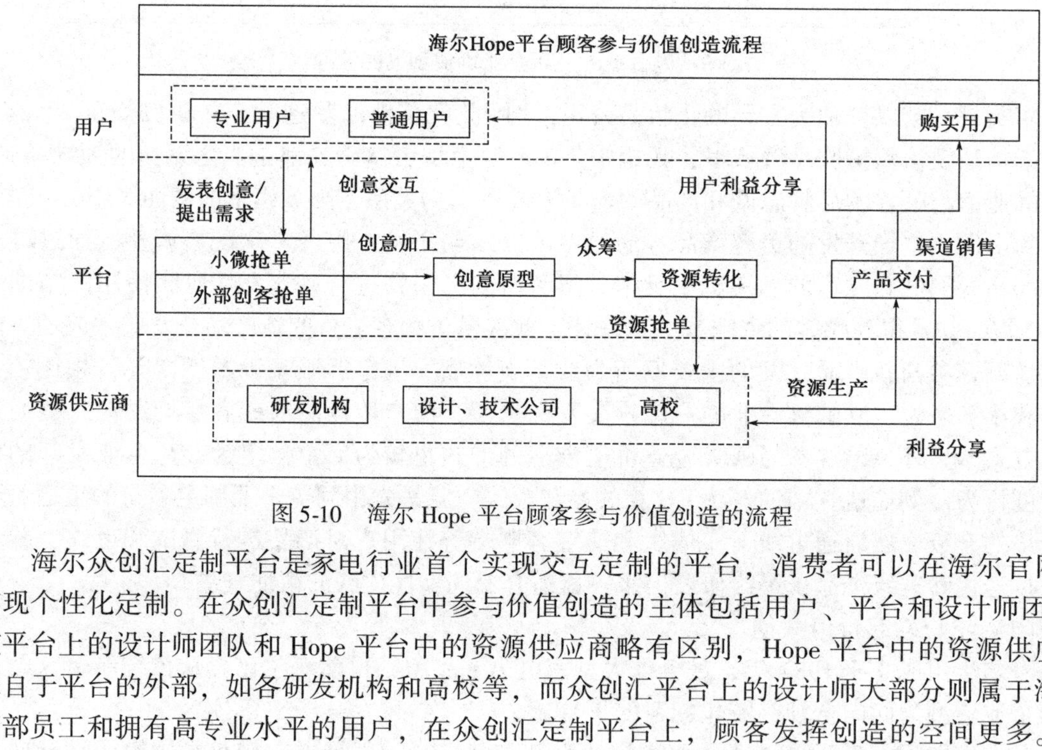

图 5-10　海尔 Hope 平台顾客参与价值创造的流程

海尔众创汇定制平台是家电行业首个实现交互定制的平台，消费者可以在海尔官网上实现个性化定制。在众创汇定制平台中参与价值创造的主体包括用户、平台和设计师团队。该平台上的设计师团队和 Hope 平台中的资源供应商略有区别，Hope 平台中的资源供应商来自于平台的外部，如各研发机构和高校等，而众创汇平台上的设计师大部分则属于海尔内部员工和拥有高专业水平的用户，在众创汇定制平台上，顾客发挥创造的空间更多。海尔众创汇平台主推的定制模式有三种：模块定制、专属定制、众创定制。模块定制中顾客可以根据自己的喜好，从海尔众创汇平台提供已有的各模块中进行自由设计和组装，满足了不同消费者人群的差异化选择；专属定制则属于较高端的定制，其与模块定制的区别在于，顾客可以在众创汇平台提出自己的个性化需求，然后交由海尔众创汇平台进行设计生产，最后产出用户专属的产品；而众创定制首先由感兴趣的用户提交需求或想法，然后通过设计师认领，帮用户设计完善产品创意，并且将作品发起众投，在平台与用户交互，接受投票，根据投票数量决定是否将该产品创意付诸于生产制造。海尔众创汇平台旨在通过构建并联交互平台和生态圈，提供互联网时代的美好生活解决方案，并最终实现用户的全流程最佳交互、交易和交付体验。通过选择不同的定制方式，顾客可以在众创汇平台提出自己的个性化需求，然后交由海尔众创汇平台进行设计生产，最后产出用户专属的产品。目前通过海尔众创汇定制平台，由顾客参与完成设计的新产品包括迷你干衣机、母乳冷冻柜、小冰吧冰箱等，并且这些新产品都已投入市场并受到好评。海尔众创汇定制平台顾客参与价值创造的流程如图 5-11 所示。

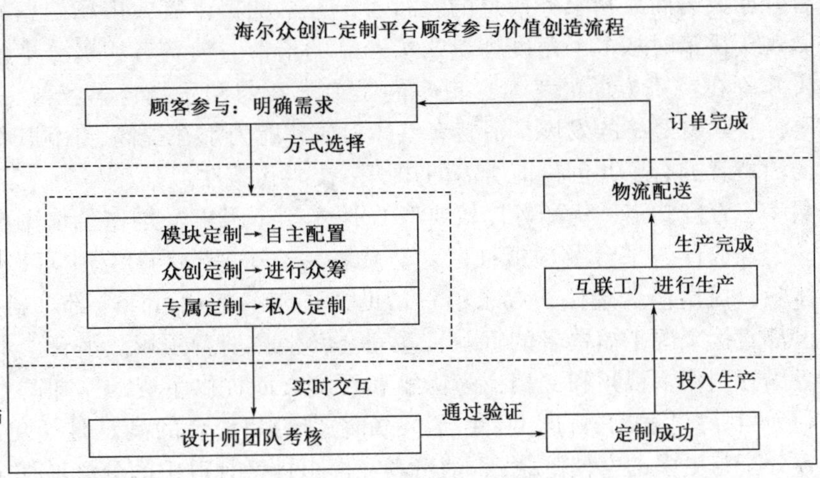

图 5-11　海尔众创汇定制平台顾客参与价值创造的流程

5.3.2　用户单独创造价值

5.3.2.1　单个用户创造价值

用户单独创造价值是指消费者根据自己的价值主张，将企业所提供的产品或服务等资源与其他可供利用的资源和技能相结合，在消费活动和日常生活实践中创造价值。消费者通过对产品的认知、加工、改造、创造、操作等创造价值，这是消费者认知、思考和情感相结合的结果。消费者单独创造的价值从内容看，以体验价值为主。每个消费者对价值的感知受时间、情境、自身特征等因素的影响，因此，消费者单独创造的价值具有动态性、时间性、情境性等特征。消费者单独创造价值，本质上是消费者在使用和消费产品或服务过程中的价值再创造，是基于使用价值的衍生价值创造，并不涉及企业生产和价值创造问题。

社会化电子商务中用户单独创造价值具备以下特征。

（1）用户单独创造价值，用户与企业之间不存在互动

在用户单独创造价值的方式中，企业和用户之间不存在互动，企业以帮助用户如何利用产品或服务为出发点，围绕用户的日常生活实践开展生产、营销活动，企业是以合作伙伴的角色存在，而用户才是价值的真正创造者。例如，消费者根据个人偏好和需求改变企业产品的结构和使用方式以满足其个性化消费需求，并同时创造效用价值和心理价值。

（2）基于顾客主导逻辑的价值共创理论

根据 Heinonen 提出的“顾客主导逻辑”，日常生活中的使用价值创造由消费者主导和控制，消费者体验成为消费者主导的价值创造过程的核心内容。与价值共创中的体验不同，顾客主导逻辑下的体验超越了消费者与企业互动的范畴，是使用价值形成的全过程体验。顾客主导逻辑观为消费者单独创造价值提供了理论支持。

5.3.2.2　用户互动分享创造价值

消费领域价值共创还表现为消费者群体间互动分享创造价值。分享原则是互联网的基本原则，在大众分类网站，用户可以任意阅读他人保存的网络链接，用户也大多都遵从

“创作共享”的版权协议，同意他人在保持作品原状的前提下免费使用其作品。互联网平台上，消费者开始成为商品和服务信息的发布者、分享的提供者，市场信息的畅通使得消费者能够在做购买决策时从多个角度衡量购买产品的价值。消费者积极分享信息并共创价值主要的动机并不在经济方面的考量，更多的是追求参与和乐趣、学习与交流、互惠互利、被认同感等，且随着经济的发展，消费者整体素质和能力都在提高，闲暇时间也相对较多，越来越多的消费者拥有了共创价值所需的知识、技能和条件。

百度文库、百度知道、优酷等比较典型的消费者（用户）创造价值平台，企业最多只是提供了一个开放性的平台及虚拟社区，消费者在这个平台和社区中可以交流消费主张，分享消费体验，提出消费想法，寻求消费帮助，所有的信息可以全部来自消费群体自身，价值创造也都直接来源于消费者的贡献，并完全发生在消费领域。平台上那些无数自愿分享的消费者尽管制作了视频和文档，为优酷和百度文库提供了资源，却基本没有盈利或基本不以盈利为目标。优酷、百度文库、百度知道带给消费者的满足是“更多的信息获取、更多的视频分享与更多的文档下载”，消费者在虚拟社区社群中的分享增强了企业留住消费者的能力，当用户到了一定规模，就会吸引广告商通过植入广告的方式实现平台的盈利，实现了消费者和企业的双赢。

本章小结

本章主要介绍了社会化电子商务中的用户行为，主要包括用户参与、用户交互以及价值共创。在用户参与中我们主要介绍了在线评论和内容生成，用户交互介绍了口碑传播、用户互动和用户间的影响，价值共创中涉及的消费者参与价值创造，一种是消费者和企业共同创造价值，另一种是消费者单独创造价值。

思考练习题

1. 社会化电子商务用户参与在线评论的特征有哪些？在线评论都会产生哪些影响？
2. 简述社会化电子商务中用户生成内容概念和特征。用户生成的类型有哪些？
3. 简述社会化电子商务用户口碑传播的内涵和特征。口碑传播的优势有哪些？
4. 简述社会化电子商务用户互动的概念。
5. 社会化电子商务用户互动中影响因素有哪些？
6. 简述社会化电子商务用户影响的内涵。用实际的案例解释用户影响力。
7. 简述社会化电子商务用户与企业共同价值创造的内涵及类型。
8. 简述社会化电子商务用户单独价值创造的概念和特征。
9. 简述社会化电子商务中用户互动分享创造价值。

第 6 章　社会化电子商务的关键技术

学习目标

- ■掌握复杂网络概念、 分类及演化模型
- ■掌握社会计量分析的概念及方法
- ■掌握商务智能基本概念、框架和技术
- ■了解区块链技术的概念和应用场景
- ■掌握数据管理基本概念和技术
- ■掌握云计算的概念和技术
- ■了解数据挖掘的概念和应用
- ■了解个性化推荐技术的概念、 分类及应用
- ■了解移动计算的概念、 特点及关键技术
- ■了解 Oracle 数据库、 DBLINK 服务监控技术
- ■了解加密技术、 信息摘要技术、 数字证书与数字时间戳安全防护技术

6.1　平台构建技术

6.1.1　复杂网络

6.1.1.1　复杂网络的基本概念

随着对复杂网络研究的深入，人们提出了许多概念和度量方法，用于表示复杂网络的结构特性。

(1) 度分布

度分布是网络的一个重要统计特征。这里的度也称为连通度，节点的度指的是与该节点连接的边数。度在不同的网络中所代表的含义也不同，在社会网络中，度可以表示个体的影响力和重要程度，度越大的个体，其影响力就越大，在整个组织中的作用也就越大，反之亦然。度分布则表示节点度的概率分布函数 $p(k)$，它指的是节点有 k 条边连接的概率。在目前的研究中，两种度分布较为常见：一种是指数度分布，即 $p(k)$ 随着 k 的增大以指数形式衰减；另一种是幂律分布，即 $p(k) \sim k^{-\gamma}$,其中，γ 称为度指数，不同 γ 的网络，其动力学性质也不同。另外，度分布还有其他形式，如星形网络的度分布是两点分布，规则网络的度分布为单点分布。图 6-1 为一个简单的网络图。

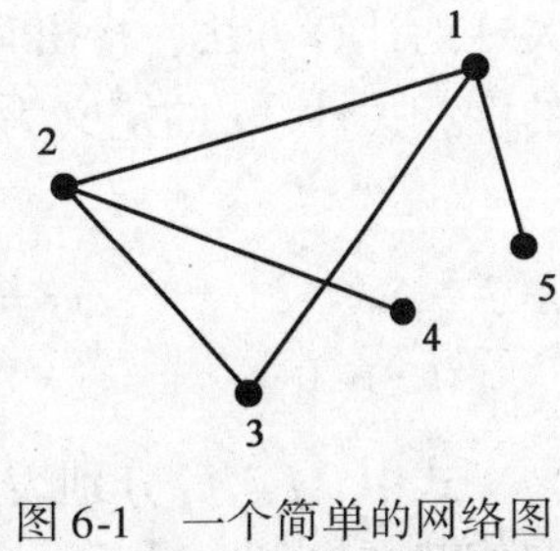

图 6-1　一个简单的网络图

(2) 簇系数

簇系数又称为集聚系数，它衡量的是网络的集团化程度，是网络的另一个重要参数。簇系数的概念有其深刻的社会根源。对社会网络而言，集团化形态是其一个重要特征，集

团表示网络中的朋友圈或熟人圈，集团中的成员往往相互熟悉，为衡量这种群集现象，科学家们提出簇系数的概念。节点 i 的簇系数 C_i 描述的是网络中与该节点直接相连的节点之间的连接关系，即与该节点直接相邻的节点间实际存在的边数目占最大可能存在的边数的比例，C_i 的表达式为 $C_i=2e_i/[k_i(k_i-1)]$，式中，k_i 表示节点 i 的度，e_i 表示节点 i 的邻接点之间实际存在边数。例如，在图 6-1 中，点 2 的簇系数 $C_2=2e_2/[k_2(k_2-1)]=\frac{2\times 3}{3\times(3-1)}=1$。网络的簇系数 C 为所有节点簇系数的算术平均值。不仅是社会网络，在其他类型的网络中，也普遍存在集聚现象。

（3）平均路径长度

平均路径长度是网络中另一个重要的特征度量，表达式为 $L=\frac{2}{N(N-1)}\sum_{i\geqslant j}d_{ij}$，它是指网络中所有节点对之间的平均最短距离。这里节点间的距离 d_{ij} 指的是从一节点到另一节点所要经历的边的最小数目，其中所有节点对之间的最大距离称为网络的直径 $D=\max_{i\geqslant j}d_{ij}$。平均路径长度和直径衡量的是网络的传输性能与效率。在图 6-1 中，$D=d_{45}=3$，$L=1.6$。

度分布、簇系数和平均路径长度是网络的三个最基本的结构特性。如果一个网络同时具有较小的平均路径长度和较大的簇系数，则称该网络具有“小世界效应”，这里较小的平均路径长度指的是网络的平均路径长度按照网络阶的对数形式增长，或者以更慢的速度增长。

除了上面三个最重要的参数，网络还有其他特征度量，如度相关性、簇度相关性、模块性等。为了保持本书的相对完备性，下面对这些特征做简单介绍，更详细的内容参见相关文献。

（4）度相关性

度相关性描述的是网络中不同节点之间的连接关系。如果度大的节点倾向于连接度大的节点，则称网络是正相关的；反之，如果度大的节点倾向于和度小的节点连接，则称网络是负相关的。西班牙的 Pastor-Satorras 等给出了度相关性一个简洁直观的刻画，即计算度为 k 的节点的邻居的平均度，其值为 k 的函数。对于正、负相关的网络，函数图形分别是 k 的递增、递减曲线；对于不相关的网络，函数值为常数。随后，Newman 进一步简化了度相关性的计算方法，指出只需计算顶点度的 Pearson 相关系数 r（$-1\leqslant r\leqslant 1$）就可以描述网络的度相关性，r 的定义为：

$$r=\frac{M^{-1}\sum_i j_ik_i-\left[M^{-1}\sum_i\frac{1}{2}(j_i+k_i)\right]^2}{M^{-1}\sum_i\frac{1}{2}(j_i^2+k_i^2)-\left[M^{-1}\sum_i\frac{1}{2}(j_i+k_i)\right]^2}$$

式中，j_i、k_i 分别表示连接第 i 条边的两个顶点 j、k 的度；M 表示网络的总边数。r 的取值范围为 $-1\leqslant r\leqslant 1$。当 $r>0$ 时，网络是正相关的；当 $r<0$ 时，网络是负相关的；当 $r=0$ 时，网络是不相关的。在图 6-1 中，$d_1=3$，$d_2=3$，$d_3=2$，$d_4=1$，$d_5=1$，$M=5$，$r=-0.56$。说明图 6-1 中，网络是负相关。

（5）簇度相关性

如果用 $C(k)$ 表示度为 k 的节点的平均簇系数，则 $C(k)$ 与 k 之间的关系称为簇度相关性。实证研究表明，在许多现实网络中，$C(k)$ 与 k 之间存在倒数关系，即 $C(k)\sim k^{-1}$，人们把这种倒数关系的簇度相关性称为层次性，把具有层次性的网络称为层次网络。

（6）模块性

现实世界中的许多网络（如代谢网络）是由模块结构组成的。模块有两个显著特征：模块内部的节点间高度连接，有着直接的相互作用；模块与模块之间只有少数连接甚至没有连接，模块与模块或模块与非模块之间有着清晰的边界。在复杂网络研究领域，模块也称为社区。如在电影演员合作网中，不同的模块代表不同的流派；在引文网络中，模块代表特定的研究领域；在万维网中，模块反映网络的主题分类。

在社会学文献中往往采用聚类分析的方法来检测网络的社区结构。目前许多学者提出了寻找社区结构的新方法。2002 年，Girvan 和 Newman 给出了一种识别社区结构的新算法（GN 算法），该算法的基本思想是每次选择一条介数最大的边，将其从网络中删除。不断地重复该过程，就可以凸现网络的社区结构。2004 年，他们又定义了一个量，定量地衡量网络的模块化程度（模块性）。该模块性 Q 定义为：

$$Q = \sum_i e_{ii} - a_i^2$$

式中，α_i 表示连接社区 i 中的顶点的边数的比例；e_{ii}表示两个端点都在社区 i 中的边的比例。Q 值越大，网络的社区结构越明显。一般认为 Q 值在 0.3 ~ 0.7 的网络具有较强的社区结构。

用上述参数可以很方便地衡量现实网络的特性。现实网络大致分为四种：社会网络、信息网络、技术网络和生物网络。这四种网络，虽然各自具有不同的物理形式，彼此描述的系统各异，其节点和边的定义差别也很大，但它们却具有一些相同的特征：网络节点间的作用很复杂，而且高度不规则；节点之间在度、簇系数、集中性等网络特征度量方面表现出不对称性，不同节点差异很大；尽管这些网络大而复杂，节点间的平均距离却很小，呈现出小世界特性。大量的实证研究表明，现实世界中的许多网络具有下面三个共同特性：节点度服从度指数介于的幂律分布；集聚程度高；节点间平均距离小。

6.1.1.2 复杂网络的分类

到目前为止，复杂网络尚未有一个明确的定义。根据节点度的分布情况，可以将复杂网络分为指数网络和无尺度网络两大类。

（1）指数网络

指数网络中的节点是同质的，它们的度大致相同，绝大部分节点的度都位于网络节点平均度附近，网络节点度分布随度数的增加呈指数衰减，使得网络中不存在度数特别大的节点，最经典的两种指数网络是随机图模型和小世界网络模型（WS 模型）。随机图与小世界网络的主要区别是，前者的簇系数小，而后者的簇系数大。目前，把具有较小平均路径长度和较大簇系数的网络统称为小世界网络，这一说法已得到学术界的公认。

（2）无尺度网络

无尺度网络中的节点是异质的，其节点度服从幂律分布。最著名的无尺度网络模型是 1999 年 Albert 建立的无尺度网络模型（BA 模型或 BA 网络）。在无尺度网络中，大部分节点只与少数几个其他节点连接，但网络中存在为数不多的度数特别大的节点，称为集散节点（或 hub 节点），它对无尺度网络的特性起着主导和支配作用。

从网络生成方式上可将复杂网络分成随机性网络和确定性网络。顾名思义，随机性网络的生成是随机的，尽管生成规则相同，每次在电脑上模拟生成的网络却存在差异性；确定性网络的生成规则是确定的，其结构特性可以精确求解。

6.1.1.3 复杂网络演化模型

目前，对复杂网络的研究主要集中在三个领域：一是网络生成机制及演化模型，即通过生成机制建立模型，模仿真实网络行为；二是复杂网络的稳定性，研究限制条件对网络几何特性的影响，如复杂网络承受意外故障和恶意攻击的能力等；三是复杂网络上的动力学，这是人们研究复杂网络的最终目标，也就是超越网络拓扑结构，掌握建立在这些网络上的系统的工作方式和机理，认识复杂系统内部深奥得难以理解的动力学，如复杂网络上的同步，疾病、信息、知识、舆论在复杂网络上的传播等。

目前的研究重点主要集中在第一个领域，即研究复杂网络的演化机制及模型，再现现实系统的主要拓扑特性。如上所述，学术界十分关心网络结构的复杂性研究，主要原因之一是网络的结构在很大程度上决定了它的功能。众多研究发现，复杂网络结构对发生在其上的动力学特性至关重要。复杂网络上的博弈（如囚徒悖论、雪堆模型）、合作、同步、搜索、随机游走、疾病传播等动力学行为，都在很大程度上受到拓扑结构的影响，不同结构的网络，其动力学行为表现出明显的、本质上的差异。

近年来，对复杂网络的研究方兴未艾，研究从不同角度同时展开，相对而言，关于网络演化机制及演化模型的研究最为活跃，取得了十分骄人的成绩。复杂网络的生成机制指的是网络的形成方式与形成过程，根据生成机制建立的模型称为复杂网络的演化模型。

（1）规则网络

在很长一段时间里，人们认为真实系统各因素之间的关系可以用一些规则网络表示，如一维链、二维平面上的欧几里德格网等。用得最多的规则网络是由 N 个节点组成的环状网络，网络中每个节点只与它最近的 K 个节点连接。在规则网络中，每个节点具有相同的度和簇系数。节点的度分布为 δ 函数，即 $p(k)=\delta(k-K)$；节点簇系数为 C，$C=0.75(K-2d)/(K-d)$（d 为网络维数），集聚程度较高。一维规则网络的平均路径长度 L 较大，与节点数呈线性比例关系，即 $L\sim N/2K$。

（2）随机图模型

随机网络理论由匈牙利数学家 Erdos 和 Renyi 提出，他们提出的模型称为经典的 ER 模型。ER 模型的定义为：在由 N 个顶点、$N(N-1)/2$ 条边构成的图中，随机连接 g 条边形成一个随机网络，记为 $G_{N,g}$，由这样的 N 个节点、g 条边组成的网络构成一个概率空间，每一个网络出现的概率是相等的。

ER 随机图的节点度服从泊松分布，它具有较小的平均路径长度和较小的簇系数。ER 模型提出后，从 20 世纪 50 年代末到 90 年代末的近四十年里，无明确设计原则的大规模网络主要用这种简单而易于被多数人接受的随机图的拓扑结构来描述，即认为大规模网络的形成过程中，节点间的连接是完全随机的。期间，一些数学家对随机图进行了非常好的研究，通过严格的数学证明，得到了许多近似和精确的结果。ER 模型的思想支配人们研究复杂网络长达四十年之久，直到最近几年，由于计算机数据处理和运算能力的飞速发展，科学家们发现大量的现实网络不是完全随机的网络，而是具有其他统计特征的网络。

（3）小世界网络

实证研究表明，许多现实网络特别是社会网络都表现出集群现象，由此引发人们对小世界网络的研究。最早的小世界网络模型是 Watts 和 Strogatz 在 1998 年提出的网络模型（WS 模型），该模型由一个具有 N 个节点的环开始，环上每一个节点与两侧各有 m 条边相连，然后对每条边以概率 p 随机进行重连（自我连接和重边除外），这些重连的边称为长程连接，长程连接大大减小了网络的平均路径长度，而对网络的簇系数影响较小。WS 模型的建立和生成有其深刻的社会根源，因为在社会系统中，大多数人直接和邻居、同事相识，但个别人也有远方甚至国外的朋友。

Watts 和 Strogatz 开创性论文的发表掀起了小世界网络和 WS 模型的研究高潮。在 WS 模型提出不久，Newman 和 Watts 对 WS 模型做了改进，提出了 WS 模型的一个变体模型，通过在随机选择的节点对之间增加边作为长程连接，而原始格上的边保持不动。这一模型比 WS 模型容易分析，因为它在形成过程中不会出现孤立的簇，但在 WS 模型中却可能发生这种情况。1999 年，Kasturirangan 提出了 WS 模型的一个替代模型，该模型同样始于环状格，然后，在格中间增加节点并与格上的节点随机进行连接，这些随机连接的边充当了 WS 模型中“长程连接”的角色。其实只要在网格中间增加一个新节点并连接到网格边缘足够多的节点上，网络就呈现出小世界特性，Dorogovtsev 和 Mendes 对这一情况进行了精确的求解。为进一步研究小世界特性，在二维方格的基础上 Kleinberg 提出了 WS 网络的一般化模型，Kleinberg 模型的平均路径长度是可调的。虽然许多现实网络都表现出小世界特性，但它们的形成机制不尽相同。为进一步研究小世界网络的产生机理，杨波、陈忠、段文奇提出了基于个体选择的小世界网络的结构演化；Ozik 等提出了地理位置择优连接机制，说明小世界的形成是系统增长和局部作用的共同结果；刘强、方锦清等通过交叉边的方式探索了一种产生小世界特性的新方法。

ER 模型和 WS 模型的度分布与许多现实网络都不相符，用它们来描述这些现实网络，具有很大的局限性，因此科学家们只好寻求另一种模型，来更好地描述这些现实网络。1999 年，Barabasi 和 Albert 通过追踪万维网的动态演化过程，发现了许多复杂网络具有大规模的高度自组织特性，即多数复杂网络的节点度服从幂律分布，并把具有幂律分布的网络称为无尺度网络。Barabasi 认为，增长和择优连接是无尺度网络形成的两种必不可少的机制，这一观点已被学术界普遍接受。

最原始的无尺度网络模型称为 BA 模型（或称为 BA 网络），它是第一个随机的无尺度网络模型。在 BA 模型生成的初始时刻，假定系统中已有少量节点，在以后的每一个时间间隔中，新增一个节点，并与网络中已经存在一定数目的不同节点进行连接。当在网络中选择节点与新增节点连接时，假设被选择的节点与新增节点连接的概率和被选节点的度成正比，人们将这种连接称为择优连接。BA 网络最终演化成标度不变状态，即节点度服从度指数等于 3 的幂律分布。BA 模型的平均路径长度很小，簇系数也很小，但比同规模随机图的簇系数要大，不过当网络趋于无穷大时，这两种网络的簇系数均近似为零。

6.1.1.4 复杂网络的应用

复杂网络（特别是小世界网络和无尺度网络）刚一提出，就呈现出广阔的应用前景，其应用领域涉及工程技术、社会、政治、医药、经济、管理等不同方面。

在过去几年里，不同领域的研究者发现，包括万维网、细胞代谢系统、好莱坞的演员网络在内的许多现实网络，都是无尺度网络，它们由少数几个具有众多连接的节点所支配，这些重要节点通常称为集散节点。无尺度网络对意外故障具有惊人的承受力，但面对协同式攻击时则很脆弱。这些新发现极大地改变了人们对复杂外部世界的认识，让人们认识到了以前的理论尚未涉及的问题：各种复杂系统具有相同的严格结构，都受制于某些基本的法则，这些法则似乎可同等地适用于细胞、计算机、语言和社会。认识这些法则，可以将其应用到不同领域，帮助人们解决一系列重要问题。

首先，复杂网络理论可以用于保护许多现实系统的正常运行。因特网、电力网、航空网、万维网、电子邮件网、食物链网等网络与我们的生活息息相关，人们对这些网络的依赖程度日益增强，凸现了一个广受关注的问题：这些网络到底有多可靠呢？2000 年，爱虫病毒侵犯了英国议会的电子邮件系统，导致该系统瘫痪；同年，一场暴风雨袭击芝加哥，致使机场关闭，由此而影响了全美航班；2003 年美加电网的大崩溃事故让纽约人感到惶恐不安；当前，人类赖以生存的生态系统不断遭到破坏已经危及人类的生存环境，等等。从这些现象可以自然地提出下面的问题：计算机病毒如何在万维网上传播而导致流行？病毒如何通过电子邮件传播？人们如何控制病毒传播？面对黑客的攻击，应该采取何种对策？怎样设计出承受意外故障较强的网络（如电力网、航空网）？怎样保持当前不断恶化的生态系统的平衡？这些问题的解决都与复杂网络的研究有关，开展好复杂网络稳定性的研究，对于互联网、电力网、航空网等技术网络的设计保护及基础设施网络的保护具有重要的意义，也可以有效地防止黑客侵入互联网、阻止病毒在万维网上传播蔓延。

复杂网络在社会领域也有广阔的应用。传染病（如艾滋病、非典、禽流感等）对人类的威胁很大：艾滋病让人们不寒而栗；2003 年的非典对于宏观经济和人类的生命安全都产生了巨大的负面影响。那么在特定的社会网络中，传染病如何通过接触关系传播而导致流行呢？决策者如何控制这些疾病，将损失降到最低限度呢？这些问题或许可以从复杂网络那里寻找答案。最近几年，科学家们考虑了不同现实系统的主要特征，提出了许多有针对性的疾病免疫方法，为疾病的预测、预防和免疫提供了科学的方案。譬如，用复杂网络理论可以很好地预测非典爆发的多样性、了解疾病传播的动态性，为决策者控制流行病蔓延、改善公共卫生提供有效的手段。在当今社会，稳定是经济发展的基础，流言蜚语往往会影响社会的安定。复杂网络理论可以用于模拟社会上谣言传播过程，对控制传言的扩散、降低其负面影响具有一定的借鉴意义。

除了社会领域外，复杂网络在政治方面也开始显示出实际的应用价值。在当今世界上，恐怖主义已被列为 21 世纪的十大危害之一，发生在美国的 9 · 11 事件让全美至今仍有后怕。对于恐怖主义、犯罪组织这些需要破坏的网络，人们可以利用复杂网络理论，通过捉拿其主要人物，就可摧毁网络，使其功能失常，以维护人类社会政治的稳定。网络理论还可用于揭示政府议员的组织、层次关系，甚至可以成功模拟政治选举，分析一些因素对选举结果的影响。

在医药领域，复杂网络同样有其重要的应用价值。许多传染病的疫苗价格昂贵，而且数量有限，不可能对每个人都接种疫苗。如何充分利用数量有限的疫苗呢？对非典、天花等严重疾病，如果能采取措施直接或间接地针对集散节点（即那些与很多人具有连接关系的人）接种疫苗，可以达到很好的效果，复杂网络理论为这一做法提供了科学的依据。在分配艾滋病、天花等成本很高的疫苗时，对于那些无力照顾到全民的国家和地区而言，这种做法可能是最实用的。在制药业方面，细胞对集散节点的依赖，给药物研究者提供了新的方法：有可能找到这样的药物，能针对性地攻击细胞或者细菌的集散节点，以便杀死它们而又不会影响健康的组织。例如，癌症是让人类头疼的一种疾病，在复杂的基因网络中，如果知道故障节点相互作用引发癌症的病理，就可能研制出针对癌症集散节点的药物，对癌症的治疗也许有很好的效果。此外，弄清人体细胞内的网络结构，有助于研究者发现和控制药物的不良作用。

复杂网络也为人们认识语言文字、获取知识提供了新的有力工具，是人们研究知识管理的新途径。语言是人类区别动物的主要标志之一，可是我们今天使用的语言是如何演化的呢？为什么只有人类才具有复杂语言呢？人脑为什么接触到某一事物后，可以很快地联想到其他事物呢？现实复杂网络中的语言网作为语言演化研究的新方法与新尝试，其在认知科学中意义很大，如语言网的小世界特性可以部分地解释人脑具有很快的联想功能等。目前正处在信息（知识）时代，信息时代需要时代信息，可是，在信息网络（如万维网）中信息如何传播呢？人们如何尽快获取所需要的信息呢？复杂网络不但对于专家领域知识的发现及表示方法有一定的意义，而且在知识学习与获取方面，复杂网络也可一显身手。另外，根据万维网特殊的复杂结构，人们可以提出相应的搜索算法，为获取所需信息提供方便。

复杂网络在经济、管理领域也有着重要的实际意义。利用复杂网络理论了解公司、产业与经济之间的连接方式，有助于监控和预防大规模的经济衰退。在管理领域，决策对经济的发展起着关键性的作用，同一个人可以在多个组织内兼任董事。建立公司董事网，使得分析决策的动态性成为可能。另外，研究流行病在复杂网络中的传播现象，为市场人员传播新产品和新时尚提供了新方法、新理论。许多市场营销专家都在大力研究扩散理论，出于各种商业目的，他们需要引发流行而不是遏制流行，于是他们提出了所谓的病毒式行销，这一方法实用可行，但一直没有公认的理论基础，新近的复杂网络研究，为更严谨地探讨这些现象，提供了一个科学的框架和数学工具。利用网络理论，还可以分析公司等组织内部及组织之间的信息传播、信息交换、组织间的战略同盟、组织的综合评价及排名。在复杂的市场环境下，复杂网络还可用于对金融产品进行定价等。

6.1.2 社会计量分析

6.1.2.1 社会计量的基本概念

社会计量法是一种调查人们社会关系特征、群体特征，研究社会团体的构成和人的社会身份建构等问题的测量方法。社会计量法为美国心理学家莫雷诺在 1934 年首创。社会计量学中比较核心的概念是度中心性。

度中心性是在网络分析中刻画节点中心性的最直接度量指标。一个节点的节点度越大就意味着这个节点的度中心性越高，该节点在网络中就越重要。

在无向图中，度中心性测量网络中一个节点与所有其他节点相联系的程度。对于一个拥有 g 个节点的无向图，节点 i 的度中心性是 i 与其他 $g-1$ 个节点的直接联系总数，用矩阵表示如下：

$$C_D(N_i) = \sum_{j=1}^{g} x_{ij} \quad (i \neq j)$$

式中，$C_D(N_i)$ 表示节点 i 的度中心度；$\sum_{j=1}^{g} x_{ij}$ 用于计算节点 i 与其他 $g-1$ 个 j 节点（$i \neq j$，排除 i 与自身的联系，也就是说，主对角线的值可以忽略）之间的直接联系的数量。C_D（N_i）的计算就是简单地将节点 i 在网络矩阵中对应的行或列所在的单元格值加总（因为无向关系构成一个对称性数据矩阵，因此行和列相同的单元格的值相同）。

6.1.2.2 社会计量分析方法

社会计量分析方法直接借助了社会网络分析中的相关指标形成了两种测量方法：一种是局部网络分析方法，它依据个体自我的属性特征来测量判断个体自我在网络中的社会连带问题；另一种是整体网络分析方法，它关注网络的整体结构性质。两种方法使用的测量指标差异较大：局部网络分析方法常用的指标是网络规模（网络成员的多少）、网络成分（由哪些类型的成员构成）、网络密度（网络成员之间联系的紧密程度）等；整体网络分析方法常用的指标为网络密度、网络中心度、网络中心势等。

(1) 局部网络分析方法

局部网络分析方法也称为个体中心网络分析方法。个体网络可以视为整体社会网络中的一个局部，考察的是以每一个被研究者为中心延伸出去的网络情况。要了解这一网络成员的情况，必须确定网络成员的“生成”方法。主要采用的网络成员的生成方法有提名生成法、位置生成法、环境基础生成法、资源生成法等。

提名生成法是一种比较传统的社会测量方法，具体做法是根据研究的要求，让每个被访者提供自己的社会网络成员的姓名、个人特征以及这些成员的相互关系等信息。研究者们可以根据网络成员的相关信息，对网络中的社会资本情况进行测量。这种方法在个体中心网络的研究中得到了相当广泛的应用，已经形成一套成熟的指标体系和方法。因此，它也常被用来对个体社会进行测量。但以提名生成法作为社会测量工具也存在一些缺陷，例如它的网络边界不易确定，而且被调查者更可能只提出与自己关系较强的人员名单，同时弱关系容易被遗漏，从而有可能造成研究的偏差。

位置生成法这种方法的着眼点不在于考察被调查者的具体网络成员以及成员之间的相互关系，而主要在于考察网络成员所拥有的社会资源的情况。这种测量方法假设社会资源是按照社会地位高低呈金字塔型分布于社会之中的，每一个网络成员所拥有的社会资源数量主要取决于其所处的社会结构性地位。因此，通过对被调查的网络成员中出现的结构性地位的了解，就可以对其拥有社会资本的情况做出大致的测量。具体方法是使用一个或几个包含有若干标志性社会地位的职业类型或工作单位类型等的量表。在调查中，首先要求被调查者回答其社会网络成员中是否有人符合表中所描述的特征，然后对所有被选择的职业类型及单位类型进行加和汇总，并计算相应的职业类型和单位类型的得分，然后用这些指标来反映这个人的社会网络中所嵌入的资源情况。位置生成法的优点在于它是内容不涉及个人的角色，立场是中立的。同时它更少涉及个人的隐私，因此在实际操作过程中较之提名生成法更为简便、易行，更容易得到较真实的社会资本情况。此外，这种方法还能较准确地测量出网络中不同地位和不同关系所提供的资源情况，避免了提名生成法集中于强关系的问题。它的缺陷主要是只能测量社会资本，无法进一步了解被调查者的社会网络的具体构成情况，例如网络成员之间的关系就无法通过该方法测量出来。这样，如果我们认为社会网络的结构本身（如网络的规模、密度等）是社会资本的一个重要组成部分，并希望对它也加以测量时，位置生成法就会表现出不足之处。

环境基础生成法是一种根据真实生活环境中网络成员之间的各种关系来考察社会网络的方法。首先，运用提名生成法用一个问题区分被访者所在网络中与其最接近的、关系密切的，常常与他们讨论重要事情的最重要的人；接着，从那些与被访者有接触的人当中，区分最近一个时期内在不同环境下（学校、工作、闲暇等）与被访者保持关系的人；另外，再区分过去认识，现在进入网络中的人。这种方法，一般分析20个左右的环境是比较适合的。其优点在于，一旦在预先确定的环境中区分开所有网络成员以后，就可以进一步获得这些成员的一系列信息，如被访者与其网络成员的实际关系、被访者所属的群体和圈子等。这种方法提供了被访者的重要网络及其支持网络的完整画面，并且它开启了深度调查网络成员特征的可能性，如他们认识的情况、关系的持续性、关系的密切性、提供支持的能力等。

资源生成法，这种方法采用直接询问被访者在他们的社会网络中，他们是否认识提供某种资源的人的方式。常常会这样提问：你认识能够提供某种资源给你的人吗？问法相当灵活，对资源的选择可以是关于宗教和知识方面的资源，也可以是各种信息资源，甚至是技术资源等。但是资源生成法的缺点在于被访者与资源提供者之间是强关系，因为必须是知道姓名和偶尔见面，才能足够让被访者想起这个人。这样就只能获得“能够动员的关系”的信息。这种方法同样能够提供进一步深入调查的基础，但问题在于必须确信将最有用的资源类型列入询问被访者的问题中。

（2）社会网络分析方法

社会网络分析方法又称为整体网络分析方法。整体网络分析方法力图描述群体关系的结构特征，研究这种结构对群体功能或群体内部个体的影响。整体网络的具体分析是通过收集一定范围内所有行动者如一个公司的员工、一个村庄的村民和他们在某种事件（如帮工、借贷）中发生的各种关系（发生或不发生借贷关系），运用矩阵法、图论法等来描述行动者及其他们之间的关系结构特征。整体网络分析方法在西方发展比较早，是西方社会学的一个重要分支，是国外于20世纪30年代末出现，并在最近20多年来得到重要发展的研究社会结构的方法和技术。目前已经形成一套成熟的理论方法和测量技术。

社会网络分析涉及人或组织之间的映射关系或联系。在社会网络分析中，把人们和他们的行动看成是相互依存和持久的模式来构成的社会结构，通过对结构的量化处理，分别对节点和关系属性进行处理计算，从而得到各种关于节点和关系属性的测量指标，通过对指标内涵的解释，对网络结构的特征状况进行了解，并在其基础上，对网络的进一步变化有所预测。社会网络分析主要从两个维度进行数据的计算处理。

① 社会网络结构维度的分析。结构维度主要是研究社会网络结构中关系的分布状况，主要采用凝聚性分析方法，通过网络密度、平均距离、中心势等测量指标反映网络整体结构，反映网络中关系的分布和紧密程度。

密度表示的是网络中各节点间关系的紧密程度。密度越大，说明网络中已经建立的关系数量与可能建立的关系数量的比例也越高，反映网络的规模程度也越高，个体间的关系连接程度和密集程度也更高。

平均距离是指网络中所有成员到达其他成员的平均最短距离。平均距离越大，则说明该网络的节点间跨度越大，关系的流动和传递越困难，网络整体的凝聚性程度也较低。

中心势是对网络中关系密度分布的一种表征，反映了网络结构对节点的依赖程度。从个体网络的中心度，我们可以看到个体在网络中的位置。所有这些个体的中心度集中起来，则可以反映网络的整体结构的更多信息。对于一个网络，如果存在着一个或者多个高中心度的点，当这些点被删除或移除网络，网络迅速崩溃或分离成若干孤立的子网，这就表示网络具有很高的中心势，其关系分布集中度很高。从这个意义上讲，中心势越高，其越依赖于少数的网络用户的程度也越高，一旦这些用户离开网络或不稳定，其带来的损失或者危害也越大；中心势越低，其网络的弹性越强，越不容易受到网络个体用户的影响。比如中间中心势越高，一方面表示该网络中的用户更加依赖于一些用户，受其影响和控制也越大，另一方面来看，这些用户在网络中的声望也会越高，控制资源的能力越强。

② 社会网络关系维度的分析。关系维度主要是指网络中各个节点与各个节点之间关系的特征，比如关系强弱程度、直接关系还是间接关系、关系的数量等，主要采用中心性分析技术进行分析处理，其主要包括对于中心度的计算处理和极小团体、集群分析等。中心度指标主要包括三种类型，即点度中心度、中间中心度和接近中心度，具体如下。

a. 点度中心度。主要用于衡量节点在一个社会网络中的直接关系数量和居于中心位置的程度，点度中心度越高，表示该节点在网络中与更多的节点之间存在直接联系，在网络中更加居于中心地位，其在网络中拥有的非正式权力和影响力越大，则其声望和影响力也越高。

b. 中间中心度。该指标用来衡量节点对关系资源控制的能力高低的程度。如果一个节点居于两个节点关系之间的位置，两个节点之间的联系必须通过该节点才能完成，则根据结构洞的理论可以认为该节点作为中介控制着两个节点之间的联系信息的流动，对两个节点具有一定程度的控制作用。中间中心度越高，节点作为中介的程度越高，越可能占据控制信息流动的关键位置，其对信息流动的影响力也越大，其声望和影响力也越大。

c. 接近中心度。该指标用于衡量节点不受其他节点控制的程度，通过测量节点与网络中其他节点之间联系的捷径多少来计算。接近中心度越高，说明节点与其他节点之间的联系路径可能越短，其获得信息的速度越快，对于信息流动的控制的抵抗能力越强。

6.1.3 商务智能

6.1.3.1 商务智能的基本概念

对于商务智能，分析的角度不同，理解也各不相同。商务智能的定义在学术界并不统一，通常，将商务智能理解为将现有数据转化为知识，帮助企业做出明智的业务经营决策的工具。也有人将商务智能认为是一种能力，即通过智能地使用数据财产来制定更好的商务决策。

商务智能一般由数据仓库、联机分析处理、数据挖掘、数据备份和恢复等部分组成。商务智能的实现涉及软件、硬件、咨询服务及应用，其基本体系结构包括数据仓库、联机分析处理和数据挖掘三个部分。因此，把商务智能看成是一种解决方案应该比较恰当。商务智能的关键是从许多来自不同的企业运作系统的数据中提取出有用的数据并进行清理，以保证数据的正确性，然后经过抽取、转换和装载，即过程，合并到一个企业级的数据仓库里，从而得到企业数据的一个全局视图，在此基础上利用合适的查询和分析工具、数据挖掘工具、OLAP 工具等对其进行分析和处理（这时信息变为辅助决策的知识），最后将知识呈现给管理者，为管理者的决策过程提供支持。

本书认为，商务智能是企业利用现代信息技术收集、管理和分析结构化和非结构化的商务数据和信息，创造和累积商务知识和见解，改善商务决策水平，采取有效的商务行动，完善各种商务流程，提升各方面商务绩效，增强综合竞争力的智慧和能力。这里的企业是指组织结构和实体。商务智能过程中所涉及的信息技术主要有从不同的数据源交易系统或其他内容存储系统收集的数据中提取有用的数据，对数据进行清理以保证数据的质量，将数据经转换、重构后存入数据仓库或数据集市，这时数据变为信息，然后寻找合适的查询、报告和分析工具、数据挖掘工具对信息进行处理，这时信息变为辅助决策的知识，最后将知识呈现于用户面前，转变为决策。数据和信息的收集主要是通过各种交易系统进行的，比如企业资源规划、客户关系管理、供应链管理和电子商务等系统。随着中国企业在这些方面的进步，数据和信息的数量正在快速增长。另外，信息，特别是非结构化的信息，来自公司各个部门和各个员工创造和收集的内容，没有放在上述交易系统中。第三方也是企业收集数据和信息的一个重要来源，这样的外部数据和信息包括市场调研报告、人口统计报告、顾客信用报告等。数据的“管理”主要是指对数据的存储、提取、清洗、转换、装载、整合等工作，其目的主要是为了提高数据的质量和安全性。同时数据的“分析”是一个广泛的概念，这里包括数据查询、数据报告、多维分析、数据挖掘、高级统计分析等。大多数人理解的商务智能都集中在这些分析工具上。结构化的数据主要是指存储于各个交易系统背后的关系型数据库中的数据，通常都是以表格的形式存在和展现的。传统的商务智能概念只包括这种结构化的、可定量的数据。对比来说，非结构化的数据和信息主要是上面提到的各个部门和各个员工创造和收集的、没有放在各种交易系统中的内容，通常是以零散的文件形式存在和展现的新的商务智能概念纳入了非结构化内容的分析，但是非机构化的内容的管理仍然主要是通过文件管理和内容管理软件来进行的。这里提到的商务数据和信息包括一切可能对商务产生影响的、直接和间接的数据和信息。

商务智能第一层的目的和功能是创造和累积商务知识和见解，更高一层的目的和功能是改善商务决策水平，从而采取有效的商务行动，完善各种商务流程，最终提升各方面商务绩效，增强企业的综合竞争力。商务智能是对商务信息的搜集、管理和分析过程，目的是使企业的各级决策者获得知识或洞察力，促使他们做出对企业更有利的决策。

6.1.3.2 商务智能框架

实施商务智能系统是一项复杂的系统工程，涉及企业管理、运作管理、信息系统、数据仓库、数据挖掘、统计分析等众多门类的知识。因此用户除了要选择合适的商务智能软件工具外，还必须按照正确的实施方法，才能保证项目得以成功。商务智能项目的实施步骤可分为以下几步。

第一，需求分析。需求分析是商务智能实施的第一步，在其他活动开展之前必须明确地定义企业对商务智能的期望和需要。

第二，数据仓库建模。通过对企业需求的分析，建立企业数据仓库的逻辑模型和物理模型，并规划好系统的应用架构，将企业各类数据按照分析主题进行组织和归类。

第三，数据抽取。数据仓库建立后必须将数据从业务系统中抽取到数据仓库中，在抽取的过程中还必须将数据进行转换、清洗，以适应分析的需要。

第四，建立商务智能分析报表。商务智能分析报表需要专业人员按照用户制定的格式进行开发，用户也可自行开发，开发方式简单、快捷。

第五，用户培训和数据模拟测试对于开发使用分离型的商务智能系统，最终用户的使用是相当简单的，只需要点击操作就可针对特定的商业问题进行分析。

第六，系统改进和完善。任何系统的实施都必须是不断完善的。商务智能系统更是如此，在用户使用一段时间后可能会提出更多更具体的要求，这时需要再按照上述步骤对系统进行重构或完善。

6.1.3.3 商务智能关键技术

（1）数据挖掘

① 数据挖掘的概念。数据挖掘（Data Mining，DM），又称为数据资料勘探。数据挖掘是从一个不完整的、不明确的、大量的，并且包含噪声，具有很大随机性的实际应用数据中，提取其中隐含的、未被发现的、有潜在利用价值的知识的过程。

数据挖掘已经成为计算机领域最具发展潜力的领域之一，刚开始其只是一个涉及计算科学和统计学的小主题，随着计算机技术的发展和数据量的不断增加，研究学者纷纷将注意力转向该领域，数据挖掘迅速发展成一个独立的研究领域。数据挖掘的最大优势在于其归纳总结的方法和技术能够普遍适用于绝大部分的样本集中，而这一优势得以实现的关键在于数据挖掘将其处理对象定向为超大型的数据仓库、海量数据集和企业的决策咨询业务。数据挖掘的应用领域也相当广泛，商品销售、科研、精密制造、医疗保险、决策优化等领域都有应用。尤其在商业研究领域，它可以通过分析消费者以往的购买记录和日常的消费习惯预测出其购买倾向，进而可以指导商家对消费者进行有效的定向推送服务，最终达到提高客户满意度和销售额的目的。

② 数据挖掘步骤。数据挖掘的过程主要包含五个步骤：发现问题；数据选择；数据预处理；挖掘数据；解释模型和得出结论。

a. 发现问题。该阶段也称为确定业务对象，清晰地认识所要处理的问题以及对象是数据挖掘的第一步，也是最为关键的一步。问题的发现通常需要具备该领域的专业知识和经验，才能对问题进行有价值的陈述，但许多应用研究往往只关注于挖掘的技术和算法，忽略了对问题清晰描述的重要性。

b. 数据选择。这一步要考虑数据的搜集和选取过程。数据的收集主要是考虑获取数据的渠道，数据的来源主要有调查问卷、销售记录、客户购买记录、客户浏览记录、客户留言等多种渠道。数据收集完成后紧接着就是数据的选择，这里我们需要遵循符合研究目的的、高质量的、处理效率高的数据作为数据挖掘的目标数据。要想达到以上要求我们需要对数据进行反复的筛选，并咨询相关专家学者的建议。

c. 数据预处理。由于数据的来源不一，导致收集到的数据在格式、描述以及结构上都存在很大的差异，这就需要我们对其进行预先的处理，将格式进行统一，并剔除无效的数据。数据提取、转换和加载（Extract-Transformation-Loading，ETL）过程就是对数据进行预处理的典型代表。在数据挖掘过程中，要充分合理利用 ETL 工具以便获得研究所需要的合理数据。

d. 评估模型（挖掘数据）。该过程的核心步骤是筛选并实现有效的数据挖掘技术。首先根据对研究问题的定义明确挖掘的目的和任务，其次是选择有效合理的数据挖掘算法，最后是挖掘工具的筛选。以上步骤完成后就是通过构建的模型对目标数据进行训练和测试，并不断完善模型。

e. 解释模型和得出结论。这一阶段是进行数据挖掘的最后步骤，通过对模型的评估，将模型训练结果以一种易于理解的形式展现出来，并对其进行分析和评价。其具体操作如下：消除无用的模式、保留对用户有用的信息、将有价值的模式以图形或者逻辑可视化的形式表示。通过对模型的解释和修饰，得出的结论能够有助于决策，并且结论是容易理解的、简洁的。

③ 数据挖掘工具 R 语言

a. R 语言简介。R 语言是一种用于统计计算的编程语言和环境，它的前身是 AT&T 贝尔实验室的 Rick Becker、John Chambers 和 Allan Wilks 开发的 S 语言。随着操作系统的不断演变，R 语言有 Unix 版本、Windows 版本和 Mac 版本。R 语言可以在不同体系结构的计算机系统上运行，例如 Intel、PowerPC、Alpha 系统以及 Sparc 系统。

R 语言最早由新西兰奥克兰大学的 Ihaka 和 Gentleman 于 1996 年开发，其最早是被当作一个项目（Project）来进行的。现在 R 语言的开发由一个几十人组成的核心团队来负责，核心团队的成员来自世界各地的不同机构和单位。由于 R 语言的开源性，R 软件的开发采用社区合作的方式。R 语言的所有源代码都可以免费获取以便进行检验或者利用。

R 语言拥有一套完整的数据处理、计算和图形制作的软件系统，其不仅仅提供了若干统计程序、完整的统计分析工具，同样还提供了完善的统计绘图方法。同时传统的统计分析软件 SPSS、SAS 以及 Weka 都提供了 R 语言的相关集成调用接口。

b. R 语言的特点。R 语言最具魅力的地方是其将统计学、数字分析以及绘图功能通过包的形式封装起来，用户可以根据自己的需求下载安装相应的包来完成相应的数据分析和挖掘工作。迄今为止，R 语言官网上的程序包数目已经超过了 4000 个。R 语言相比于其他数据挖掘工具具有以下的优势：R 语言是开源的，无须付费免费使用；R 语言在数据的处理和保存方面拥有独特的优势；R 语言拥有一套完善的数组和矩阵操作运算符处理机制；R 语言在数据分析的中间处理环节相比于其他软件具有明显的优势；R 语言的统计分析结果可以通过丰富多彩的图形输出显示；R 语言具有面向对象的特点。其具有封装、继承等特性，很好地保证了代码的安全性和高可执行性；R 语言可以与其他语言和数据库实现良好的对接。例如，在 R 语言添加包中，提供了实现与 MySQL 链接的包——RMySQL；R 语言具有丰富的网上资源，开源社区的存在使得 R 语言的程序包有源源不断的贡献者在提供，同样在遇到问题时可以通过 R 语言帮助邮件列表获取免费 R 语言帮助信息和建议。

（2）数据仓库

数据仓库是一个面向主题的、集成的、相对稳定的、反映历史变化的数据集合，用于支持管理决策。

20 世纪 80 年代中期，“数据仓库之父”William H. Inmon 先生在其《建立数据仓库》一书中定义了数据仓库的概念，随后又给出了更为精确的定义，即数据仓库是在企业管理和决策中面向主题的、集成的、与时间相关的、不可修改的数据集合。与其他数据库应用不同的是，数据仓库更像一种过程，是对分布在企业内部各处的业务数据的整合、加工和分析的过程，而不是一种可以购买的产品。数据仓库提供了用户用于决策支持的当前和历史数据，这些数据在传统的操作型数据库中很难或不能得到。数据仓库技术是为了有效地把操作型数据集成到统一的环境中以提供决策型数据访问的各种技术和模块的总称。所做的一切都是为了让用户更快、更方便查询所需要的信息，提供决策支持。

（3）联机分析处理

联机分析处理（OLAP）的概念最早是由关系数据库之父 E. F. Codd 于 1993 年提出的。

当时，Codd 认为联机事务处理已不能满足终端用户对数据库查询分析的需要，SQL 对大数据库进行的简单查询也不能满足用户分析的需求。用户的决策分析需要对关系数据库进行大量计算才能得到结果，而查询的结果并不能满足决策者提出的需求。因此 Codd 提出了多维数据库和多维分析的概念，即 OLAP。

联机分析处理同数据仓库密切相关，它用于支持复杂的数据库分析操作，偏重对于决策人员提供支持。可以对大数据量的信息进行快速、灵活的复杂查询处理。联机分析处理的实施需要建立在三层客户机与服务器结构上，它将应用逻辑、图形用户界面及 DBMS 严格区分，从而实现多维综合的检索引擎。

(4) 可视化技术

为了使分析后的数据直观、简练地呈现在用户面前，需要采用一定的形式表示和发布出来，通常采用的是一些查询和报表工具。目前越来越多的分析结果是以可视化的形式表现出来，日志数据分析的可视化已可以扩展到 3D 空间，这就需要采用信息可视化技术。

所谓信息可视化是指以图形、图像、虚拟现实等易为人们所辨识的方式展现原始数据间的复杂关系、潜在信息以及发展趋势，以便我们能够更好地利用所掌握的信息资源。随着 Web 应用的普及，商务智能的解决方案能够提供基于 Web 的应用服务，这样就扩展了商务智能的信息发布范围。作为基于 Web 的商务智能解决方案，需要一些基本的组成要素，包括基于 Web 的商务智能服务，会话管理服务，文件管理服务，调度、分配和通知服务，负载平衡服务，应用服务等。

(5) 知识管理

知识管理即通过管理与技术手段，使人与知识紧密结合，在组织中建构一个量化与质化的知识系统，让组织中的资讯与知识，透过获得、创造、分享、整合、记录、存取、更新、创新等过程，不断地回馈到知识系统内，形成永不间断的累积个人与组织的知识成为组织智慧的循环，在企业组织中成为管理与应用的智慧资本，有助于企业做出正确的决策，以适应市场的变迁。一般来说，知识管理是一种漫长的经营策略，提高电子商务的效益和效率，为企业创造价值，赢得竞争优势。

(6) 智能搜索

以自然语言理解技术为核心，以安全搜索为主线，通过智能信息过滤映射技术把结构化和非结构化的源数据统一转化成基于语义的知识库，结合成熟的模式匹配技术，对资讯信息进行聚合与语义关联、安全映射、自动摘要、自动分类和聚类并分布索引成语义全文索引库集群，封装为规范的 Api 接口、WebService Api 接口及无线调用接口。

(7) 个性化推荐技术

个性化推荐技术是个性化服务的一项主要技术，该技术在电子商务、智能搜索等领域广泛应用，不同领域个性化的推荐技术都是根据用户的个性化信息主动为用户提供感兴趣的信息资源，其根据推荐事件的依据不同，可以分为基于统计信息的推荐、技术规则的推荐、基于语义内容的推荐。基于语义内容的推荐结合协作过滤技术是目前比较好的个性化推荐方法。

个性化推荐技术是电子商务系统最重要的革新技术之一。目前几乎所有大型的电子商务平台，如亚马逊、淘宝等，都不同程度地使用了各种形式的推荐系统。如豆瓣图书推荐服务、新闻推荐服务等以“推荐”为核心的网站正在互联网上逐渐兴起。

（8）编程语言

① java。Java 是由 Sun Microsystems 公司推出的 Java 面向对象程序设计语言（以下简称 Java 语言）和 Java 平台的总称。由 James Gosling 和同事们共同研发，并在 1995 年正式推出。Java 最初被称为 Oak，是 1991 年为消费类电子产品的嵌入式芯片而设计的。1995 年更名为 Java，并重新设计用于开发 Internet 应用程序。用 Java 实现的 HotJava 浏览器（支持 Java applet）显示了 Java 的魅力：跨平台、动态 Web、Internet 计算。从此，Java 被广泛接受，并推动了 Web 的迅速发展，常用的浏览器均支持 Javaapplet。另外，Java 技术也不断更新。Java 自面世后就非常流行，发展迅速。在全球云计算和移动互联网的产业环境下，Java 更具备了显著优势和广阔前景。2010 年 Oracle 公司收购 Sun Microsystems。

Java 由四个方面组成：Java 编程语言，即语法；Java 文件格式，即各种文件夹、文件的后缀；Java 虚拟机（JVM），即处理 *.class 文件的解释器；Java 应用程序接口（Java API）。

与传统程序不同，Sun 公司在推出 Java 之际就将其作为一种开放的技术。全球数以万计的 Java 开发公司被要求所设计的 Java 软件必须相互兼容。“Java 语言靠群体的力量而非公司的力量”是 Sun 公司的口号之一，并获得了广大软件开发商的认同。这与微软公司所倡导的注重精英和封闭式的模式完全不同。

Sun 公司对 Java 编程语言的解释是：Java 编程语言是个简单、面向对象、分布式、解释性、健壮、安全与系统无关、可移植、高性能、多线程和静态的语言。

Java 平台是基于 Java 语言的平台，这样的平台非常流行。微软公司推出了与之竞争的 .NET 平台以及模仿 Java 的 C#语言。

Java 是功能完善的通用程序设计语言，可以用来开发可靠的、要求严格的应用程序。

② Python。Python 是一种面向对象、解释型计算机程序设计语言，由 Guido van Rossum 于 1989 年底发明，第一个公开发行版发行于 1991 年，Python 源代码同样遵循 GPL（GNU General Public License）协议。Python 语法简洁而清晰，具有丰富和强大的类库。它常被昵称为胶水语言，能够把用其他语言制作的各种模块（尤其是 C/C++）很轻松地联结在一起。常见的一种应用情形是，使用 Python 快速生成程序的原型（有时甚至是程序的最终界面），然后对其中有特别要求的部分，用更合适的语言改写，比如 3D 游戏中的图形渲染模块，性能要求特别高，就可以用 C/C++重写，而后封装为 Python 可以调用的扩展类库。需要注意的是，在你使用扩展类库时可能需要考虑平台问题，某些可能不提供跨平台的实现。

a. 优点

（a）简单：Python 是一种代表简单主义思想的语言。阅读一个良好的 Python 程序就感觉像在读英语一样。它使你能够专注于解决问题而不是去搞明白语言本身。

（b）易学：Python 极其容易上手，因为 Python 有极其简单的说明文档。

（c）速度快：Python 的底层是用 C 语言写的，很多标准库和第三方库也都是用 C 语言写的，运行速度非常快。

（d）免费、开源：Python 是 FLOSS（自由/开放源代码软件）之一。使用者可以自由地发布这个软件的拷贝，阅读它的源代码，对它做改动，把它的一部分用于新的自由软件中。FLOSS 是基于一个团体分享知识的概念。

（e）高层语言：用 Python 语言编写程序的时候无须考虑诸如如何管理你的程序使用的

内存一类的底层细节。

(f) 可移植性：由于它的开源本质，Python 已经被移植在许多平台上（经过改动使它能够工作在不同平台上）。这些平台包括 Linux、Windows、FreeBSD、Macintosh、Solaris、OS/2、Amiga、AROS、AS/400、BeOS、OS/390、z/OS、Palm OS、QNX、VMS、Psion、Acom RISC OS、VxWorks、PlayStation、Sharp Zaurus、Windows CE、PocketPC、Symbian 以及 Google 基于 linux 开发的 android 平台。

(g) 解释性：一个用编译性语言比如 C 或 C + + 写的程序可以从源文件（即 C 或 C + + 语言）转换到一个你的计算机使用的语言（二进制代码，即 0 和 1）。这个过程通过编译器和不同的标记、选项完成。运行程序的时候，连接/转载器软件把你的程序从硬盘复制到内存中并运行。而 Python 语言写的程序不需要编译成二进制代码。你可以直接从源代码运行程序。在计算机内部，Python 解释器把源代码转换成称为字节码的中间形式，然后再把它翻译成计算机使用的机器语言并运行。这使得使用 Python 更加简单。也使得 Python 程序更加易于移植。

(h) 面向对象：Python 既支持面向过程的编程，也支持面向对象的编程。在“面向过程”的语言中，程序是由过程或仅仅是可重用代码的函数构建起来的。在“面向对象”的语言中，程序是由数据和功能组合而成的对象构建起来的。

(i) 可扩展性：如果需要一段关键代码运行得更快或者希望某些算法不公开，可以部分程序用 C 或 C + + 编写，然后在 Python 程序中使用它们。

(j) 可嵌入性：可以把 Python 嵌入 C/C + + 程序，从而向程序用户提供脚本功能。

(k) 丰富的库：Python 标准库确实很庞大。它可以帮助处理各种工作，包括正则表达式、文档生成、单元测试、线程、数据库、网页浏览器、CGI、FTP、电子邮件、XML、XML-RPC、HTML、WAV 文件、密码系统、GUI（图形用户界面）、Tk 和其他与系统有关的操作。这被称为 Python 的“功能齐全”理念。除了标准库以外，还有许多其他高质量的库，如 wxPython、Twisted 和 Python 图像库等。

(l) 规范的代码：Python 采用强制缩进的方式使得代码具有较好可读性。Python 语言写的程序不需要编译成二进制代码。

b. 缺点

(a) 单行语句和命令行输出问题：很多时候不能将程序连写成一行，如 import sys；for i in sys. path：print i。而 perl 和 awk 就无此限制，可以较为方便地在 shell 下完成简单程序，不需要如 Python 一样，必须将程序写入一个 . py 文件。

(b) 独特的语法：这也许不应该被称为局限，但是它用缩进来区分语句关系的方式还是给很多初学者带来了困惑。即便是很有经验的 Python 程序员，也可能陷入陷阱当中。最常见的情况是 tab 和空格的混用会导致错误，而这是用肉眼无法分别的。

(c) 运行速度慢：这里是指与 C 和 C + + 相比。

③ PHP。超文本预处理器（PHP）是一种通用开源脚本语言，语法吸收了 C 语言、Java 和 Perl 的特点，利于学习，使用广泛，主要适用于 Web 开发领域。PHP 独特的语法混合了 C、Java、Perl 以及 PHP 自创的语法。它可以比 CGI 或者 Perl 更快速地执行动态网页。用 PHP 做出的动态页面与其他的编程语言相比，PHP 是将程序嵌入到 HTML（标准通用标记语言下的一个应用）文档中去执行，执行效率比完全生成 HTML 标记的 CGI 要高许多；PHP 还可以执行编译后代码，编译可以达到加密和优化代码运行，使代码运行

更快。

它是一种脚本语言，主要用于服务器端开发，可以用来动态生成超级文本标记语言（HTML）内容。PHP 和 Web 服务器集成在一起，较常见的是 Apache 或 IIS。PHP 生成 HTML 后，交由 Web 服务器将发起请求的客户端返回结果页面。PHP 开发人员通常会将 PHP 和许多不同的数据库操作工具集成在一起，例如 MySQL、SQLite、PostgreSQL、DB2、MS SQL、Oracle 等。它们使动态内容成为可能。虽然，最终结果页面还是一个静态 HTML 文件，但它是程序运行产生的，因此是动态的。其实，你完全可以认为，由于内容是从数据库或其他来源读取并产生的，PHP 实际上是可以产生动态内容的。表 6-1 中许多主流社交网络网站都采用 PHP 技术。

表 6-1　采用 PHP 技术的主流社交网络网站

网站名称	介绍	网址
Facebook	社交网站	http：//www. facebook. com
Flickr	照片存储及分享	http：//www. flickr. com
Wikipedia	在线百科全书	http：//www. wikipedia. com
SugarCRM	客户关系管理	http：//www. sugarcrm. com
Dotproject	项目管理工具	http：//www. dotproject. com
Drupal	网站搭建模板引擎	http：//www. drupal. com
Interspire	咨询和邮件营销产品	http：//www. interspire. com

a. 超文本预处理器（PHP）的特性和优势分别如下。

（a）超文本预处理器（PHP）的特性包括以下几个方面。

ⅰ. PHP 独特的语法混合了 C、Java、Perl 以及 PHP 自创新的语法。

ⅱ. PHP 可以比 CGI 或者 Perl 更快速地执行动态网页——动态页面方面，与其他的编程语言相比，PHP 是将程序嵌入到 HTML 文档中去执行，执行效率比完全生成 HTML 标记的 CGI 要高许多；PHP 具有非常强大的功能，所有的 CGI 的功能 PHP 都能实现。

ⅲ. PHP 支持几乎所有流行的数据库以及操作系统。

ⅳ. 最重要的是 PHP 可以用 C、C + + 进行程序的扩展。

（b）超文本预处理器（PHP）的优势有以下几个方面。

ⅰ. 开放性。所有的 PHP 源代码事实上都可以得到。

ⅱ. 免费性。和其他技术相比，PHP 本身就是免费的。

ⅲ. 快捷性。程序开发快，运行快，技术本身学习快。因为 PHP 可以被嵌入于 HTML 语言，它相对于其他语言编辑简单、实用性强，更适合初学者。

ⅳ. 跨平台性强。由于 PHP 是运行在服务器端的脚本，可以运行在 Unix、Linux、Windows、Mac OS、Android 等平台。

ⅴ. 效率高。PHP 消耗相当少的系统资源。

ⅵ. 图像处理。用 PHP 动态创建图像，PHP 图像处理默认使用 GD2。也可以配置为使用 image magick 进行图像处理。

ⅶ. 面向对象。在php4、php5中，面向对象方面都有了很大的改进，php完全可以用来开发大型商业程序。

ⅷ. 专业专注。PHP支持脚本语言为主，同为类C语言。

b. 超文本预处理器（PHP）的优缺点分别如下。

（a）优点

ⅰ. 一种能快速学习、跨平台、有良好数据库交互能力的开发语言。正是它的这种跨平台能力让Unix/Linux得以有了一种与ASP媲美的开发语言。不但语法简单、书写容易、现在市面上也有了大量学习参考书，同时Internet上有大量的代码可以共享。

ⅱ. 与Apache及其他扩展库结合紧密。PHP与Apache可以用静态编译的方式结合起来，而与其他的扩展库也可以用这样的方式结合。这种方式的最大好处就是最大化地利用了CPU和内存，同时极为有效地利用了Apache的高性能的吞吐能力。同时外部的扩展也是静态联编，从而大大加快了运行速度。由于与数据库的接口也使用了这样的方式，所以使用的是本地化的调用，这也让数据库发挥了最佳效能。

ⅲ. 良好的安全性。由于PHP自身的代码开放，所以它的代码在许多工程师手中进行了检测，同时它与Apache编译在一起的方式也可以让它具有灵活的安全设定。到现在为止，PHP具有公认的安全性能。

（b）弱点

ⅰ. 数据库支持的极大变化，PHP虽然支持许多数据库，可是针对每种数据库的开发语言都不同。这样形成针对一种数据库的开发工作，在数据库进行升级后需要开发人员进行几乎全部的代码更改工作。

ⅱ. 安装复杂。PHP的每一种扩充模块并不是完全由PHP自身完成，需要外部的应用数据库，如图形需要gd库、LDAP需要LDAP库等。这样在安装完成相应的应用后，再联编进PHP中。这些都是一般开发人员在使用PHP前所先要面对的问题。

ⅲ. 缺少企业级的支持。所有的扩充就只依靠PHP开发组所给出的接口，同时难以将集群器这样的特征加入系统中去。

ⅳ. 缺少正规的商业支持。这是自由软件一向的缺点。

④ HTML。万维网上的一个超媒体文档称为一个页面（Page）。作为一个组织或者个人在万维网上放置开始点的页面称为主页（Homepage）或首页，主页中通常包括有指向其他相关页面或其他节点的指针（超级链接），所谓超级链接，就是一种统一资源定位器（Uniform Resource Locator，URL）指针，通过激活（点击）它，可使浏览器方便地获取新的网页。这也是HTML获得广泛应用的最重要的原因之一。在逻辑上将视为一个整体的一系列页面的有机集合称为网站（Website或Site）。超级文本标记语言（HTML）是为“网页创建和其他可在网页浏览器中看到的信息”设计的一种标记语言。

网页的本质就是超级文本标记语言，通过结合使用其他的Web技术，如脚本语言、公共网关接口、组件等，可以创造出功能强大的网页。包含“超级链接点”的超级文本语言是万维网编程（Web）的基础。

超级文本标记语言是标准通用标记语言下的一个应用，也是一种规范，一种标准，它通过标记符来标记要显示的网页中的各个部分。网页文件本身是一种文本文件，通过在文本文件中添加标记符，可以告诉浏览器如何显示其中的内容（如文字如何处理、画面如何安排、图片如何显示等）。浏览器按顺序阅读网页文件，然后根据标记符解释和显示其标记的内容，对书写出错的标记将不指出其错误，且不停止其解释执行过程，编制者只能通过显示效果来分析出错原因和出错部位。但需要注意的是，对于不同的浏览器，对同一标记符可能会有不完全相同的解释，因而可能会有不同的显示效果。

超级文本标记语言文档制作不是很复杂，但功能强大，支持不同数据格式的文件镶入，这也是万维网（WWW）盛行的原因之一，其主要特点如下。

a. 简易性。超级文本标记语言版本升级采用超集方式，从而更加灵活方便。

b. 可扩展性。超级文本标记语言的广泛应用带来了加强功能、增加标识符等要求，超级文本标记语言采取子类元素的方式，为系统扩展带来保证。

c. 平台无关性。虽然个人计算机大行其道，但使用 MAC 等其他机器的大有人在，超级文本标记语言可以使用在广泛的平台上，这也是万维网（WWW）盛行的另一个原因。

d. 通用性。另外，HTML 是网络的通用语言，一种简单、通用的全置标记语言。它允许网页制作人建立文本与图片相结合的复杂页面，这些页面可以被网上任何其他人浏览到，无论使用的是什么类型的电脑或浏览器。

（9）远程过程调用协议

远程过程调用协议（Remote Procedure Call，RPC），它是一种通过网络从远程计算机程序上请求服务，而不需要了解底层网络技术的协议。RPC 假定某些传输协议的存在，如 TCP 或 UDP，为通信程序之间携带信息数据。在 OSI 网络通信模型中，RPC 跨越了传输层和应用层。RPC 使得开发包括网络分布式多程序在内的应用程序更加容易。

RPC 采用客户机/服务器模式。请求程序就是一个客户机，而服务提供程序就是一个服务器。首先，客户机调用进程发送一个有进程参数的调用信息到服务进程，然后等待应答信息。在服务器端，进程保持睡眠状态直到调用信息到达为止。当一个调用信息到达，服务器获得进程参数，计算结果，发送答复信息，然后等待下一个调用信息，最后，客户端调用进程接收答复信息，获得进程结果，然后调用执行继续进行。

有多种 RPC 模式和执行。最初由 Sun 公司提出。IETF ONC 宪章重新修订了 Sun 版本，使得 ONC RPC 协议成为 IETF 标准协议。现在使用最普遍的模式和执行是开放式软件基础的分布式计算环境（DCE）。

运行时，一次客户机对服务器的 RPC 调用，其内部操作大致有如下十步。

① 调用客户端句柄，执行传送参数。

② 调用本地系统内核发送网络消息。

③ 消息传送到远程主机。

④ 服务器句柄得到消息并取得参数。

⑤ 执行远程过程。

⑥ 执行的过程将结果返回服务器句柄。

⑦ 服务器句柄返回结果，调用远程系统内核。

⑧ 消息传回本地主机。

⑨ 客户句柄由内核接收消息。

⑩ 客户接收句柄返回的数据。

远程过程的调用流程如图 6-2 所示。

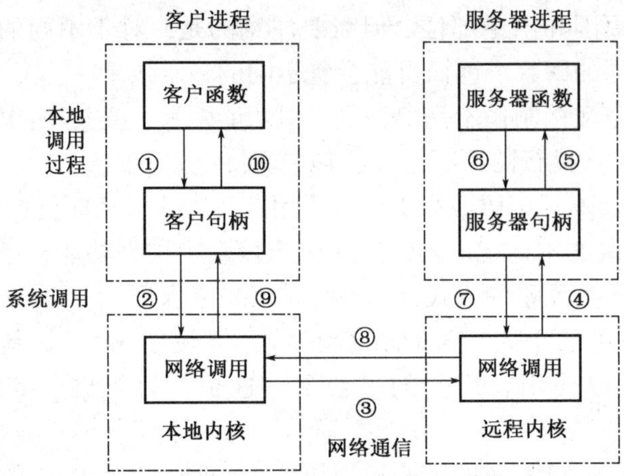

图 6-2　远程过程的调用流程

6.1.4　区块链技术

6.1.4.1　区块链的基本概念

区块链（Blockchain Technology）是一种互联网数据库技术，区块链技术是一种去中心化的技术方案，每一个在区块链技术平台上进行算法计算的服务器都是各自独立对等的节点，它们的主要作用是运用加密算法记录区块信息并向其他节点公布对账，以确保区块信息的准确性。当数据块信息被认证通过时，矿工节点生成该区块的哈希值，哈希值就类似于这个数据区块链的“身份证”，当接入下一个数据块时可以验证身份，避免分链现象的产生。其特点是去中心化、公开透明，让每个人均可参与数据库记录。

区块链的基本概念包括交易（Transaction）、区块（Block）和链（Chain）。交易是指一次操作，导致账本状态的一次改变，如添加一条记录；区块是指记录一段时间内发生的交易和状态结果，是对当前账本状态的一次共识；链是指由一个个区块按照发生顺序串联而成，是整个状态变化的日志记录。如果把区块链作为一个状态机，则每次交易就是试图改变一次状态，而每次共识生成的区块，就是参与者对于区块中所有交易内容导致状态改变的结果进行确认。用通俗的话阐述：如果我们把数据库假设成一本账本，读写数据库就可以看成一种记账的行为，区块链技术的原理就是在一段时间内找出记账最快最好的人，由这个人来记账，然后将账本的这一页信息发给整个系统里的其他所有人。这也就相当于改变数据库所有的记录，发给全网的其他每个节点，所以区块链技术也称为分布式账本（Distributed Ledger）。

6.1.4.2　区块链的应用场景

（1）通过加密技术对账

在目前的对账系统中，各机构进行交易时会将详细信息发送给接收方，然后对方在自己的账本中加入新信息，这种做法加大了信息传输的不确定性，在传输过程中信息容易被误读，无法保证准确性。区块链技术中的工作量证明机制就可以很好地解决这个问题，各节点相互监督、验证，通过共识算法能避免拜占庭将军问题。

(2) 数据复制

现在许多机构通过大量复制数据以求能够尽量避免错误数据的出现，将数据大量复制的好处在于，如果某处数据错误，可以通过查账来验证其他数据是不是准确的。但是这种做法就增加了系统的运行成本，而且对系统存储能力有更高要求，在互联网时代下，难免显得笨拙。

(3) 访问控制

控制访问权限的主要做法是使用私钥和签名技术来赋予访问账本权限，如果某位管理人员需要检查数据交易时，就不得不提供观察钥匙才有查账权限，但是观察钥匙只有被法庭授权才能获取权限。这种做法需要经过多重手续，非常复杂。

(4) 透明性和私密性

由于机构在建立账本时会进行备份，当需要查验记录的真伪时会进行账本共享来确认数据库内容的正确性。但是这种高度透明性使得某些私密文件被暴露，从而引发信息泄露的危险。在区块链平台中，每一个在区块链技术平台上进行算法计算的服务器都是各自独立而对等的节点，它们的主要作用是运用加密算法记录区块信息并向其他节点公布对账，节点的相互参与可以在保证数据安全的同时又避免信息泄露的风险。

6.2 数据处理技术

6.2.1 数据管理

6.2.1.1 数据管理的基本概念

人类社会正在进入信息化的社会，人们在政治、经济、军事、文化、教育、科学、艺术等各种活动中都将产生大量的信息。信息需要被处理和加工，需要被交流和使用。随着计算机技术的迅速发展，计算机具有的高速处理能力和存储容量巨大的特点，使得人们有可能对大量的信息进行保存和加工处理。

为了记载信息，人们使用各种各样的物理符号和它们的组合来表示信息，这些符号及其组合就是数据。数据是信息的具体表示形式，信息是数据的有意义的表现。由此可见，信息和数据有一定的区别，信息是观念性的，数据是物理性的。在有些场合，信息和数据难以区别，信息本身就是数据化了的，数据本身是一种信息，因而在很多场合中不对它们进行区分。信息处理与数据处理往往指同一个概念，计算机之间交换数据也可以说成是交换信息。

有了数据就产生了数据处理的问题，人们收集到的各种数据需要经过处理加工。所谓数据处理包括对数据的收集、记载、分类、排序、存储、计算或加工、传输、制表、递交等工作，使有效的信息资源得到合理和充分的使用。这种使用反过来促进社会生产力的发展，并且又产生出新的信息。

所谓数据管理是指对各种类型的数据进行收集、存储、分类、计算、加工、检索和传输的过程。随着计算机硬件和软件技术的不断发展，数据管理技术也随之不断前进和创新。

6.2.1.2 数据管理技术

随着计算机技术的发展，数据管理经历了人工管理、文件系统、数据库系统三个发展阶段。在数据库系统中所建立的数据结构，更充分地描述了数据间的内在联系，便于数据修改、更新与扩充，同时保证了数据的独立性、可靠性、安全性与完整性，减少了数据冗余，提高了数据共享程度及数据管理效率。

（1）人工数据管理方式

20 世纪 50 年代中期，计算机的使用刚刚起步，主要应用于科学计算方面，因此早期的数据处理都是通过手工进行的。硬件方面，外存只有磁带、卡片和纸带等低速存储设备，没有磁盘。软件方面，没有操作系统，没有数据管理的软件。这一时期应用程序与数据的关系如图 6-3 所示。

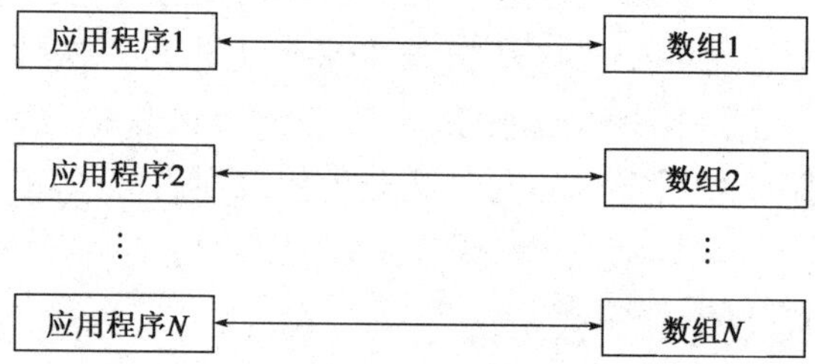

图 6-3 人工管理的应用程序与数据的关系

人工管理阶段的数据处理具有以下三个特点。

① 数据不保存在计算机中。因为这一阶段计算机主要用于科学计算，一般不需要将数据长期保存，只在计算一个题目时，才将需要的数据输入计算机，待题目算完，得到计算结果即可。

② 没有专用的软件对数据进行管理，程序员不仅要规定数据的逻辑结构，而且在程序中还要设计数据的物理结构，包括存储结构的存取方法、输入输出方式等。也就是说，数据对程序不具有独立性，一旦数据在存储器上改变物理地址，就需要相应地改变用户程序。

③ 以应用为中心，数据面向应用。在这一阶段，由于计算机的应用仍然仅限于军事、科学等领域的计算，因此产生的数据量相对较少。数据和应用程序一一对应，即一组数据对应一个程序，数据面向应用，独立性很差。由于不同的应用程序所处理的数据之间可能会有一定关系，故程序和程序之间会存在大量重复数据。

人工管理数据具有两个很大的缺点：第一，数据和应用程序之间的依赖性太强，不独立；第二，程序之间可能有许多重复数据，造成了很大的冗余。

（2）文件系统管理阶段

发展到 20 世纪 60 年代中期，计算机不仅用于科技计算，而且越来越多地用于信息处理。硬件方面，有了磁盘、磁鼓等直接存储设备。软件方面，出现了高级语言和操作系统。操作系统中的文件系统就是专门管理外存的数据管理软件。在文件系统中，按一定的规则将数据组织成为一个文件，应用程序通过文件系统对文件中的数据进行存取和加工。文件系统对数据的管理，实际上是通过应用程序和数据之间的一种接口实现的，如图 6-4 所示。

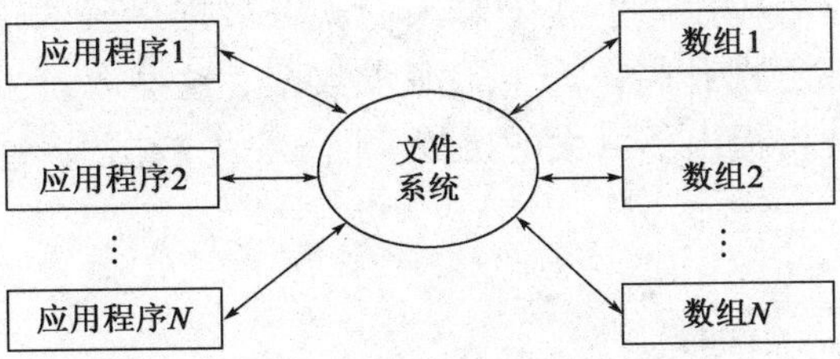

图 6-4　文件系统的应用程序与数据的关系

这一阶段的数据具有以下特点。

① 数据可以长期保存在外存的磁盘上。由于磁盘等大容量存储设备的出现，数据得以长期保存，提高了数据的利用率，方便了以后的使用。

② 有专门的软件进行数据管理。文件系统的出现解决了应用程序和数据之间的一个公共接口问题，使得应用程序采用统一的存取方法来操作数据。

③ 数据不再属于某个特定的程序，应用程序和数据之间不再是直接的对应关系，在一定程度上提高了数据的共享。

相比于人工管理阶段，文件系统推进了数据管理系统的发展，各种数据结构和算法的丰富积累，为数据管理技术的进一步发展打下了基础。然而，随着数据管理规模的扩大，数据量急剧增加，文件系统的缺陷也显得越来越突出。文件系统只是简单地存取数据，相互之间并没有有机的联系。数据的存放依赖于应用程序的使用方法，不同的应用程序仍然很难共享同一数据文件，即数据的独立性较差。另外，文件系统对数据存储没有相应的模型约束，数据冗余性较大。

（3）数据库系统管理方式

数据库系统阶段始于 20 世纪 60 年代末。硬件方面，磁盘技术取得重要进展，成本低、容量大、速度快的磁盘逐步占领市场，为新的数据管理技术的产生和发展提供了物质条件。软件方面也有了迅猛的突破。IBM 公司推出了层次模型的 IMS 系统；美国数据语言协会发表了网状模型的 DBTG 报告；E. F. Codd 连续发表论文，奠定了关系数据库的理论基础，数据库技术迅速发展，硕果累累。数据库系统由计算机软、硬件资源组成，它实现了有组织、动态地存储大量关联数据。数据库系统管理的数据具有以下特点。

① 实现数据共享。数据共享允许多个用户同时存取数据而不相互影响；数据库不仅为当前的用户服务，也可以为将来的新用户服务；同时还可以使用多种语言完成与数据库的接口，数据的共享性得到了大大的提高。

② 实现数据独立。应用程序不必随数据存储结构的改变而变动。无论是数据的物理存储格式和组织方法的改变，还是数据库逻辑结构的变化，都不会影响到用户的应用程序，从而提高了数据处理系统的稳定性，减少了程序维护的复杂度。

③ 数据冗余度降低。用户的逻辑数据文件和具体的物理数据文件不必一一对应，存在着“多对一”的重叠关系，降低了数据的冗余度，有效地节省了存储资源。同时由于数据只有一个物理备份，也避免了数据访问时的不一致性，对数据的维护变得更加简单。

④ 数据的安全性提高。数据库技术加入了安全保密机制，可以防止对数据的非法存取。集中控制的策略有利于保证数据的完整性和一致性。另外，数据库还采取了一系列的措施来实现对数据库破坏的恢复。所有这些都使得数据的安全性得到了保障。

自从数据库管理技术产生以来，以其对数据管理的高效性、共享性、安全性等性能，在许多领域都取得了广泛的应用。但是随着人们获取数据手段的进一步丰富和提高，所获得的数据量与数据精度都急剧升高，产生了海量数据。这些海量数据所表现出的新的数据特征对现有的数据管理技术提出了巨大的挑战。图6-5为数据库系统的应用程序与数据库的关系。

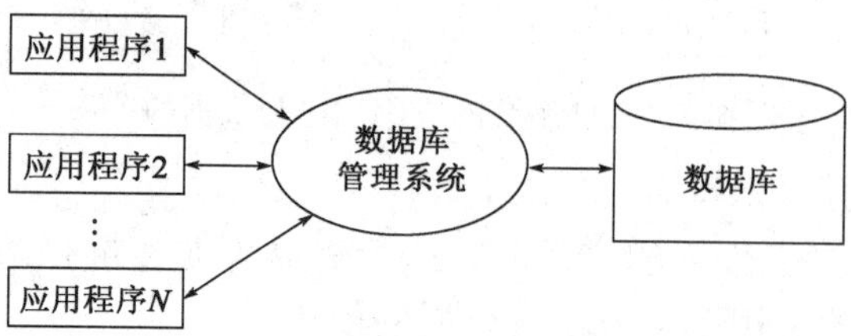

图6-5 数据库系统的应用程序与数据库的关系

6.2.2 云计算

6.2.2.1 云计算基本概念

云计算（Cloud Computing）是由分布式计算（Distributed Computing）、并行处理（Parallel Computing）、网格计算（Grid Computing）发展来的，是一种新兴的商业计算模型。目前，对于云计算的认识在不断地发展变化，云计算仍然没有普遍一致的定义。

中国网格计算、云计算专家刘鹏给出如下定义："云计算将计算任务分布在大量计算机构成的资源池上，使各种应用系统能够根据需要获取计算力、存储空间和各种软件服务。"

狭义的云计算指的是厂商通过分布式计算和虚拟化技术搭建数据中心或超级计算机，以免费或按需租用方式向技术开发者或者企业客户提供数据存储、分析以及科学计算等服务，比如亚马逊数据仓库出租生意。

广义的云计算是指厂商通过建立网络服务器集群，向各种不同类型客户提供在线软件服务、硬件租借、数据存储、计算分析等不同类型的服务。广义的云计算包括了更多的厂商和服务类型，例如国内用友、金蝶等管理软件厂商推出的在线财务软件，谷歌发布的Google应用程序套装等。

通俗的理解是，云计算的"云"就是存在于互联网上的服务器集群上的资源，它包括硬件资源（如服务器、存储器、CPU等）和软件资源（如应用软件、集成开发环境等）。本地计算机只需要通过互联网发送需求信息，远端就会有成千上万台计算机提供需要的资源并将结果返回到本地计算机。这样，本地计算机几乎不需要做什么，所有的处理都在云计算提供商所提供的计算机群上来完成。

6.2.2.2 云计算的主要服务形式和典型应用

许多厂商在开发不同的云计算服务。云计算的表现形式多种多样，简单的云计算在人们日常网络应用中随处可见，比如腾讯QQ空间提供的在线制作Flash图片，Google的搜索服务、Google Doc、Google Apps等。云计算的主要服务形式有SaaS（Software as a Service）、PaaS（Platform as a Service）、IaaS（Infrastructure as a Service）。

（1）软件即服务（SaaS）

SaaS服务提供商将应用软件统一部署在自己的服务器上，用户根据需求通过互联网向厂商订购应用软件服务，服务提供商根据客户所定软件的数量、时间的长短等因素收费，并且通过浏览器向客户提供软件。这种服务模式的优势是，由服务提供商维护和管理软件、提供软件运行的硬件设施，用户只需拥有能够接入互联网的终端，即可随时随地使用软件。这种模式下，客户不再像传统模式那样花费大量资金在硬件、软件、维护人员上，只需要支出一定的租赁服务费用，通过互联网就可以享受到相应的硬件、软件和维护服务，这是网络应用最具效益的营运模式。对于小型企业来说，SaaS 是采用先进技术的最好途径。

以企业管理软件来说，SaaS 模式的云计算 ERP 可以让客户根据并发用户数量、所用功能多少、数据存储容量、使用时间长短等因素不同组合按需支付服务费用，既不用支付软件许可费用，也不需要支付采购服务器等硬件设备费用，也不需要支付购买操作系统、数据库等平台软件费用，也不用承担软件项目定制、开发、实施费用，也不需要承担 IT 维护部门开支费用。实际上云计算 ERP 正是继承了开源 ERP 免许可费用而只收服务费用的最重要特征，是突出了服务的 ERP 产品。

Salesforce. com 是提供这类服务最有名的公司，Google Doc、Google Apps 和 Zoho Office 也属于这类服务。

（2）平台即服务（PaaS）

PaaS 把开发环境作为一种服务来提供。这是一种分布式平台服务，厂商提供开发环境、服务器平台、硬件资源等服务给客户，用户在其平台基础上定制开发自己的应用程序并通过其服务器和互联网传递给其他客户。PaaS 能够给企业或个人提供研发的中间件平台，提供应用程序开发、数据库、应用服务器、试验、托管及应用服务。

Google App Engine、Salesforce 的 force. com 平台、八百客的 800APP 是 PaaS 的代表产品。以 Google App Engine 为例，它是一个由 Python 应用服务器群、BigTable 数据库及 GFS 组成的平台，为开发者提供一体化主机服务器及可自动升级的在线应用服务。用户编写应用程序并在 Google 的基础架构上运行就可以为互联网用户提供服务，Google 提供应用运行及维护所需要的平台资源。

（3）基础设施服务（IaaS）

IaaS 即把厂商的由多台服务器组成的“云端”基础设施，作为计量服务提供给客户。它将内存、I/O 设备、存储和计算能力整合成一个虚拟的资源池，为整个业界提供所需要的存储资源和虚拟化服务器等服务。这是一种托管型硬件方式，用户付费使用厂商的硬件设施。例如 Amazon Web 服务（AWS）、IBM 的 BlueCloud 等均是将基础设施作为服务出租。

IaaS 的优点是用户只需低成本硬件，按需租用相应计算能力和存储能力，大大降低了用户在硬件上的开销。

6.2.2.3 云计算的核心技术

云计算系统运用了许多技术，其中以编程模型、海量数据管理技术、海量数据分布存储技术、虚拟化技术、云计算平台管理技术最为关键。

（1）编程模型

MapReduce 是 Google 开发的 java、Python、C + + 编程模型，它是一种简化的分布式编程模型和高效的任务调度模型，用于大规模数据集（大于 1TB）的并行运算。严格的编程模型使云计算环境下的编程十分简单。MapReduce 模式的思想是将要执行的问题分解成 Map（映射）和 Reduce（化简）的方式，先通过 Map 程序将数据切割成不相关的区块，分配（调度）给大量计算机处理，达到分布式运算的效果，再通过 Reduce 程序将结果汇整输出。

（2）海量数据分布存储技术

云计算系统由大量服务器组成，同时为大量用户服务。云计算系统采用分布式存储的方式存储数据，用冗余存储的方式保证数据的可靠性。云计算系统中广泛使用的数据存储系统是 Google 的 GFS 和 Hadoop 团队开发的 GFS 的开源实现 HDFS。

GFS 即 Google 文件系统（Google File System），是一个可扩展的分布式文件系统，用于大型的、分布式的、对大量数据进行访问的应用。GFS 的设计思想不同于传统的文件系统，是针对大规模数据处理和 Google 应用特性而设计的。它运行于廉价的普通硬件上，但可以提供容错功能。它可以给大量的用户提供总体性能较高的服务。

一个 GFS 集群由一个主服务器（Master）和大量的块服务器（Chunkserver）构成，并被许多客户（Client）访问。主服务器存储文件系统所有的元数据，包括名字空间、访问控制信息、从文件到块的映射以及块的当前位置。它也控制系统范围的活动，如块租约（Lease）管理、孤儿块的垃圾收集、块服务器间的块迁移。主服务器定期通过 HeartBeat 消息与每一个块服务器通信，给块服务器传递指令并收集它的状态。GFS 中的文件被切分为 64MB 的块并以冗余存储，每份数据在系统中保存 3 个以上备份。

客户与主服务器的交换只限于对元数据的操作，所有数据方面的通信都直接和块服务器联系，这大大提高了系统的效率，防止主服务器负载过重。

（3）海量数据管理技术

云计算需要对分布的、海量的数据进行处理、分析，因此，数据管理技术必须能够高效地管理大量的数据。云计算系统中的数据管理技术主要是 Google 的 BT（BigTable）数据管理技术和 Hadoop 团队开发的开源数据管理模块 HBase。

BT 是建立在 GFS、Scheduler、Lock Service 和 MapReduce 之上的一个大型的分布式数据库，与传统的关系数据库不同，它把所有数据都作为对象来处理，形成一个巨大的表格，用来分布存储大规模结构化数据。

Google 的很多项目使用 BT 来存储数据，包括网页查询、Google Earth 和 Google 金融。这些应用程序对 BT 的要求各不相同，数据大小（从 URL 到网页到卫星图像）不同，反应速度不同（从后端的大批处理到实时数据服务）。对于不同的要求，BT 都成功地提供了灵活高效的服务。

（4）虚拟化技术

通过虚拟化技术可实现软件应用与底层硬件相隔离，它包括将单个资源划分成多个虚拟资源的裂分模式，也包括将多个资源整合成一个虚拟资源的聚合模式。虚拟化技术根据对象可分成存储虚拟化、计算虚拟化、网络虚拟化等，计算虚拟化又分为系统级虚拟化、应用级虚拟化和桌面虚拟化。

（5）云计算平台管理技术

云计算资源规模庞大，服务器数量众多并分布在不同的地点，同时运行着数百种应用，如何有效地管理这些服务器，保证整个系统提供不间断的服务是巨大的挑战。

云计算系统的平台管理技术能够使大量的服务器协同工作，方便地进行业务部署和开通，快速发现故障和恢复系统，通过自动化、智能化的手段实现大规模系统的可靠运营。

6.2.2.4 典型云计算平台介绍

各大 IT 企业提供的云计算服务主要是根据自身的特点和优势实现的，下面以 Google、IBM、Amazon 为例说明。

（1）Google 的云计算平台

Google 的硬件条件优势，大型的数据中心、搜索引擎的支柱应用，促进 Google 云计算迅速发展。Google 的云计算主要由 MapReduce、Google 文件系统（GFS）、BigTable 组成。它们是 Google 内部云计算基础平台的 3 个主要部分。Google 还构建其他云计算组件，包括一个领域描述语言以及分布式锁服务机制等。Sawzall 是一种建立在 MapReduce 基础上的领域语言，专门用于大规模的信息处理。Chubby 是一个高可用、分布式数据锁服务，当有机器失效时，Chubby 使用 Paxos 算法来保证备份。

（2）IBM“蓝云”计算平台

“蓝云”解决方案是由 IBM 云计算中心开发的企业级云计算解决方案。该解决方案可以对企业现有的基础架构进行整合，通过虚拟化技术和自动化技术，构建企业自己拥有的云计算中心，实现企业硬件资源和软件资源的统一管理、统一分配、统一部署、统一监控和统一备份，打破应用对资源的独占，从而帮助企业实现云计算理念。

IBM 的“蓝云”计算平台是一套软、硬件平台，将 Internet 上使用的技术扩展到企业平台上，使得数据中心使用类似于互联网的计算环境。“蓝云”大量使用了 IBM 先进的大规模计算技术，结合了 IBM 自身的软、硬件系统以及服务技术，支持开放标准与开放源代码软件。

“蓝云”计算平台由一个数据中心、IBM Tivoli 部署管理软件（Tivoli Provisioning Manager）、IBM Tivoli 监控软件（IBM Tivoli Monitoring）、IBM WebSphere 应用服务器、IBM DB2 数据库以及一些开源信息处理软件和开源虚拟化软件共同组成。“蓝云”的硬件平台环境与一般的 x86 服务器集群类似，使用刀片的方式增加了计算密度。“蓝云”软件平台的特点主要体现在虚拟机以及对于大规模数据处理软件 Apache Hadoop 的使用上。

（3）Amazon 的弹性计算云

Amazon 是互联网上最大的在线零售商，为了应付交易高峰，不得不购买了大量的服务器。而在大多数时间，大部分服务器闲置，造成了很大的浪费。为了合理利用空闲服务器，Amazon 建立了自己的云计算平台弹性计算云 EC2（Elastic Compute Cloud），并且是第一家将基础设施作为服务出售的公司。

Amazon 将自己的弹性计算云建立在公司内部的大规模集群计算的平台上，而用户可以通过弹性计算云的网络界面去操作在云计算平台上运行的各个实例（Instance）。用户只需为自己所使用的计算平台实例付费，运行结束后计费也随之结束。这里所说的实例即是由用户控制的完整的虚拟机运行实例。通过这种方式，用户不必自己去建立云计算平台，节省了设备与维护费用。

6.2.3 数据挖掘

6.2.3.1 数据挖掘的介绍

数据挖掘是数据仓库中最重要的应用之一。基本上，数据挖掘将揭示在数据中隐藏的信息，因此，数据挖掘是知识发现的基本组成部分。其先通过数据准备，将数据规格化，变为可挖掘的数据源，之后进行数据挖掘，找到数据集中的规律，最后对挖掘结果用可以理解的方式进行解释表达，成为知识。其中数据挖掘使用统计分析与建模能发现很多有用的模式和关系。数据挖掘结构如图 6-6 所示。

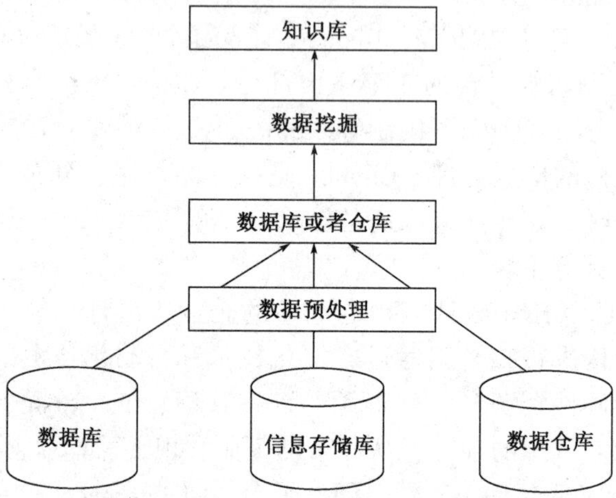

图 6-6　数据挖掘结构

一般来说，数据挖掘主要有以下五种分析方法：分类（Classification）、估值（Estimation）、预言（Prediction）、关联规则（Affinity grouping）、聚集（Clustering）。

（1）对数据的研究

主要对电子商务平台中的各种数据进行研究。

① 数据收集和选择。从电子商务网站中收集海量的交易数据和用户访问记录。收集和选择的途径主要有 Wed 服务器上的 Wed 日志文件、从代理服务器端收集信息、从 Wed 页面中提取数据等。

② 数据预处理。去除冗余数据，处理模糊数据并删除问题数据，保证收集数据的正确性。

③ 数据挖掘。这是数据挖掘的核心程序。该程序将从海量的数据中发现有效的、可理解的、隐含其中的、潜在有用的知识和模式。

④ 分析和测试。将挖掘发现的数据交给专业人员，进一步研究和分析。

整个过程如图 6-7 所示。

（2）数据挖掘的分析

常见的数据挖掘的分析方法有以下几种。

① 分类（Classification）。分类分析是一种在使用中最广泛的数据挖掘方法。分类要解决的问题是归类一系列事件或对象，无论是对现有数据的分析，或用于预测未来的数据。通过分析已知分类信息的历史数据，总结出一个预测模型来预测谁可能对广告、产品信息、产品目录及其他会有相对的反应，通过分析这一类客户的行为特征体现的信息，从而展开相应的分类对应的商务活动，提供个性化信息服务。

② 估值（Estimation）。一般估值和分类很相近，不同的是：分类主要介绍离散变量的

输出，估值处理连续变量的输出；分类类别往往是确定的数量，估值的值是不确定的。一般来说，估值可以作为分类的第一步。鉴于一些输入数据，估值得到的是未知的连续变量，之后，根据预先设定的阈值来进行分类。例如，银行的住房贷款业务，使用估值给每个顾客评分（0 ~1 分），然后，根据阈值对贷款等级划分不同的门槛。

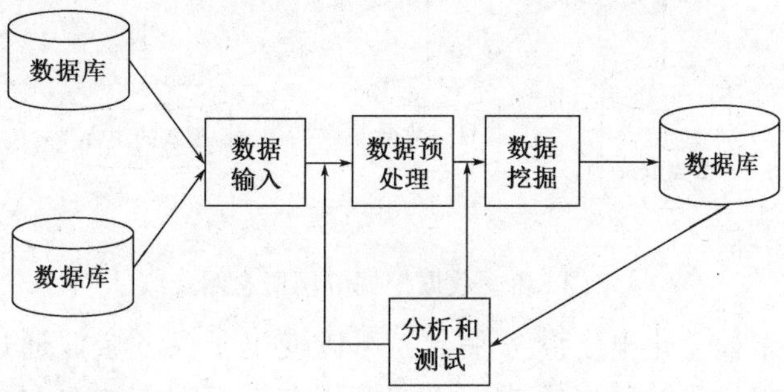

图 6-7　数据挖掘过程

③ 预言（Prediction）。正常情况下，分类或估值得出预测模型，该模型被用于预测未知变量。

④ 关联规则（Affinity Grouping or Association Rules）。数据挖掘研究的主要模式之一是关联规则，即发现不同数据项之间的关联关系。数据库环境下关联规则的一般形式为：

$$A_1 \wedge A_2 \wedge \cdots \wedge Am = > B_1 \wedge B_2 \wedge \cdots \wedge B_n$$

式中，A_k（$k=1,2,\cdots,m$）、B_j（$j=1,2,\cdots,n$）是数据库中的数据项。支持度（Support）即事务中同时包含 A、B 的百分比，也就是概率，公式表示为：

$$\text{Support}\ (A = > B)\ = P\ (A \cup B)$$

置信度（Confidence）是包含 A 的事务中同时又包含 B 的百分比，即条件概率，Confidence（$A = > B$）$= P$（$A \mid B$）。

数据项之间的关联被称为数据关联，根据一些具体的数据项出现在一个事件中，可以推理得出一些其他的数据项也将出现在同一个事件中。挖掘出隐藏在数据之间的相关性是关联分析的目的，也就是发现在相同的事件中不同项目的相关性的规则。如在购买行为中的购买不同商品的行为活动之间的关联性。

⑤ 聚集（Clustering）。聚类分析是直接比较样本之间的事务的性质，将类似性质的归为一类，把有重大差别的样本来分为不同类别。变量聚类计算变量之间的距离，样本聚类计算样本之间的距离。计算的目的则是属于同一类的要有尽可能小的距离，不同类别的个体之间的距离要尽可能大。聚类分析那些有类似的特征，数据项集的客户。聚类分析在电子商务活动中，可用于市场类型的细分。如电子商务系统会自动向特定类型的聚类客户发送营销信息；为聚类客户动态地改变访问地址到特定网站。利用聚类客户特征提取技术的电子商务网站，能为广大客户提供多样的个性化的服务。

6.2.3.2　数据挖掘应用

数据挖掘是通过自动或半自动的数据收集方法获得大量的数据，然后进行分析，以建立一个有效的数据模式，如图 6-8 所示。

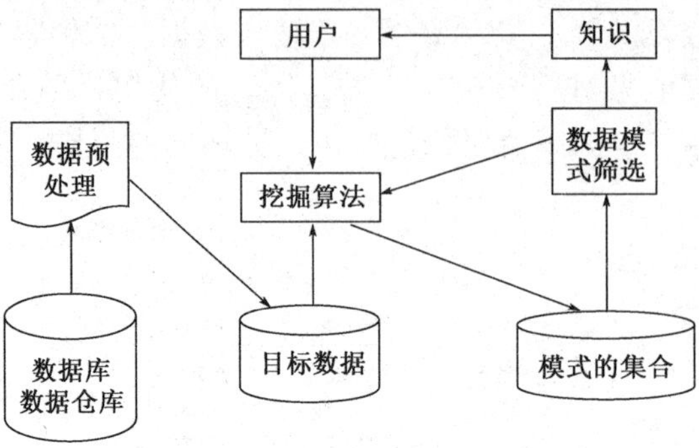

图 6-8　数据挖掘应用概念图

将数据挖掘应用于社会化电子商务平台，可以使电子商务企业通过数据挖掘了解客户的行为、喜好，以改善自己的销售模式。通过使用数据挖掘方法对大量的网上交易行为进行挖掘，可以发现客户隐藏的消费行为，帮助企业采取针对性的营销，获得更好收益。

数据挖掘的应用主要有以下几个方面。

（1）找到潜在客户

通过挖掘 Web 系统中的与客户相关的信息，之后利用数据挖掘中的分类技术可以找寻 Internet 上的各类潜在的客户。对已经存在的那些客户或平台的访问者，可以根据其行为对其进行分类，并按其行为来分析老客户的属性，同时找到一些公共相同点，作为依据它们分类的关键属性，以及相互间的属性联系。对于一个新的 Web 访问者，通过与 Web 上的老客户之间的比较，发现与已经分类的老客户的一些相同点，从而保证这个新客户分类的正确性。然后从他的分类来判断出这个新客户群是否有可能进行商业活动，从而决定是否这个客户是潜在的客户。这样在确定客户的类型后，就可以向客户动态、活动地展示 Web 页面，用客户与销售商提供的产品和相关服务之间的关联程度和关联属性来决定呈现页面的内容。如果决定作为潜在客户，就可以向这个客户展示一些特殊的、定制的、有联系的、个性化的页面内容，来进行商品营销，丰富营销手段。

（2）实现客户驻留

在如今的电子商务体系中，传统的客户与销售商之间的距离已经不再遥远。通过利用 Internet，销售商可以对全世界的每个客户来进行销售活动。如何使客户在自己的网站上花费和驻留更长的时间，是每个经销商要解决的难题。只有全面掌握客户的网站信息访问的行为，知道客户的兴趣及需求，根据用户需求动态地向客户做产品推荐，调整相关的产品页面，提供自己特有的一些商品信息和定制的产品广告，才能让客户满意，从而使客户愿意经常性、长时间地访问自己的电子商务网站，进而提高营销成功的概率。

（3）改进站点的设计

应用数据挖掘技术可以提高客户访问网页的效率，电子商务的网页的设计者不必完全根据专家的指导来设计网站，而是依靠实际情况，例如通过访问者的信息特征来修改和设计网站结构和外观。商户安排网站上的网页内容，就如在超市的货架上摆放商品一样，有一定的支持度和信任度的有关联的物品放在一起，以帮助销售。同样网站也要尽可能提高友好度，让客户轻松获得想要的网页，留给客户一个良好的印象，增加下次访问的概率。

(4) 进行市场预测

通过对 Web 中的数据挖掘，企业可以分析出顾客将来可能会购买什么，更容易评测出预期的投资回报率，得到可靠的反馈信息。

6.3 推荐系统技术

6.3.1 个性化推荐技术

6.3.1.1 个性化推荐技术介绍

个性化推荐系统可泛指任何以个性化推荐作为输出结果的系统，即系统依据用户的个性偏好，从大量的备选项目中选出一些项目来给出相关提示，引导用户做出消费的系统。对于电子商务个性化推荐系统而言，目前最广为使用的定义是 Resnick 和 Varian 在 1977 年给出的，其认为："电子商务个性化推荐系统是在用户进行网上交易过程中，通过网站向用户提供某些特定的产品信息和购物建议，帮助用户在纷繁复杂的商品中做出购物抉择，并模拟销售人员引导用户完成网上交易的系统。"系统由 3 个要素组成，即待推荐的项目、接受推荐的用户、推荐的方法，具体工作模型如图 6-9 所示。

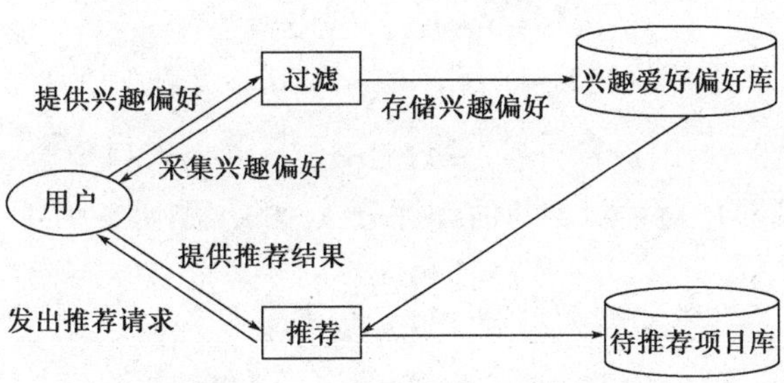

图 6-9 推荐系统工作模型

6.3.1.2 个性化推荐技术应用

推荐技术主要包括基于内容的推荐（Content-based Recommendation）、基于协同过滤的推荐（Collaborative Filtering Recommendation）以及混合推荐等。

(1) 基于内容的推荐

基于内容的推荐方法的主要理论依据源于信息检索或信息过滤领域。其基本原理是根据用户历史购买记录或者是操作记录（如分享、收藏等），抽取项目内容特点形成用户偏好文档，推荐时，先计算待推荐项目与所提取的偏好文档的相似度，后把相似度最高的项目推荐给用户。以音乐的推荐为例，系统先会分析用户已听过的音乐的历史记录，并找出打分较高的音乐的共同特征（如艺人、专辑、风格等），再推荐与这些用户感兴趣的音乐内容相似度高的其他音乐。

基于内容的推荐算法的关键技术是项目共同特征特点的有效抽取，相对于多媒体类项目（如音频、视频、图片）而言，文本类项目（如网页）的特征值的提取相对容易。通常情况下，文本项目主要都是通过提取其包含的关键字来表示特征的，并利用 TF-IDF（Term Frequency-Inverse Document Frequency）来确定这些关键字的权重。权重值的大小与关键字在文档中出现的次数成正比，与关键字在不同文档中出现的次数成反比。具体计算方式如下所示：

$$\mathrm{sim}_i(x,\ y,\ i)=\frac{\sum_{u=1}^{n}(r_{u,i,x_i}-\bar{r}_i)(r_{u,i,y_i}-\bar{r}_i)}{\sigma_{x_i}\sigma_{y_i}}\ \omega_{ij}=\mathrm{TF}_{ij}\mathrm{IDF}_i=\frac{f_{ij}}{\max_z f_{zj}}\lg\frac{N}{n_i}$$

设 d_j 为第 j 个文档，k_i 表示第 i 个关键字，则 ω_{ij} 表示第 d_j 个文档中关键字 k_i 的权重。其中，N 为文本项目所包含文档的数目，n_i 为 N 中包含关键字的文档数，n_i 越大，表示关键字 k_i 对区别文档的贡献越少。f_{ij} 为 k_i 在 d_j 中出现的次数，f_{ij} 越大表示 k_i 对文档 d_j 越重，$\max_z f_{zj}$ 表示所有关键字 k_z 出现的次数的最大值。TF_{ij} 被称为 k_i 在 d_j 中的词频，IDF_i 则被称为 k_i 在 N 中的逆频。

（2）基于协同过滤的推荐

协同过滤技术在 1992 年由 D. Gofdberg 等首次提出。算法核心思想就是通过邻居用户的偏好来预测目标用户的兴趣偏好。首先，为目标用户寻找与其具有相似偏好的邻居用户，然后，根据这些邻居用户的兴趣偏好、购买记录、历史评分情况来预测目标用户可能会感兴趣的商品，从而把这些商品推荐给目标用户。基于协同过滤的个性化推荐算法通常又可以分为两类：一类是基于记忆的算法（Memory-based Algorithm）；另一类是基于模型的算法（Model-based Algorithm）。

基于记忆的推荐算法是依据用户-项目（User-Item）矩阵中的评分数据来进行推荐预测的。设 $U=\{u_1,\ u_2,\ u_n\}$ 为用户集合，$I=\{i_1,\ i_2,\ i_n\}$ 为项目集合，$\hat{U}$ 为与 U 相似度较高的用户集合，则预测用户 U 对项目 I 的估计评分 $R_{u,i}$ 的预测函数为：

$$R_{u,i}=\frac{1}{N}\sum_{\bar{u}\in\hat{U}}R_{u,i}\tag{6-1}$$

$$R_{u,i}=k\sum_{\bar{u}\in\hat{U}}\mathrm{sim}(u,\ u)R_{u,i}\tag{6-2}$$

$$R_{u,i}=\bar{R}_u+k\sum_{\bar{u}\in\hat{U}}\mathrm{sim}(u,\ u)(R_{\bar{u},i}-\bar{R}_u)\tag{6-3}$$

式（6-1）是通过计算邻居打分平均值来预测，是最简单的方法；式（6-2）利用的是加权平均的方法，并引入标准化因子 k，是最常用的方法；而式（6-3）则还考虑到了不同用户的平均喜好程度的偏差，具有更高的预测精度。在以上的公式中 $\mathrm{sim}(u,\ \bar{u})$ 表示用户 u 与相似用户 $\bar{u}$ 的具体相似度，其计算方法包括皮尔森相关性（Pearson Correlation）、余弦相似度（Cosin Similarity）、调整余弦相似度（Adjust Cosin Similarity）。基于模型的算法与基于记忆的算法的最大的区别是：基于模型的算法是通过对已有的数据进行数理统计、机器学习和数据挖掘，进而建立用户模型，对评分进行预测；而基于记忆的算法是通过启发规则进行预测计算。基于模型的算法可以借助最大熵模型、线性回归模型、聚类模型、Bayes 模型等实现。最简单的评分模型可表示为式（6-4）：

$$R_{u,i}=\sum_{r=1}^{s}P(u,\ r)\tag{6-4}$$

式中，评分 $r=$（1，2，3，4，5）；$R_{u,i}$ 表示用户 u 对项目 i 的评分；$P(u,\ r)$ 表示 u 打

分为 r 的概率。

基于协同过滤的推荐算法不需要先验知识，推荐结果的准确率和个性化程度会随着时间的推移和用户数量的增加而提高，能够很好地处理复杂的项目，快速发现新的用户兴趣偏好。但对于新系统和新用户来说，推荐质量会相对较差，存在数据稀疏性和冷启动的问题。目前很多电子商务网站都采用协同过滤系统，如 Amazon 的书籍推荐系统、Ringo 等。

（3）混合推荐

混合推荐是为解决基于内容过滤和协作过滤各自的不足而提出的，其基本原理是将两种或两种以上的推荐算法产生的结果进行融合后推荐给目标用户。目前，最常见的混合推荐系统是内容过滤与协同过滤的融合，融合的方式主要包括4 种。

① 独立计算，结果融合，例如 Daily Learner 系统。

② 基于内容的协同过滤算法，即内容推荐融合到协同过滤方法中。例如，Melville 等通过文本分析在基于协同过滤的推荐系统上增加了一个附加的评分。

③ 协同过滤融合到基于内容方法中。

④ 将内容过滤与协同过滤混合到一个框架下。例如，Basu 等通过内容过滤和协同过滤算法的混合，建立了一个关于用户与电影的二维关联关系，在这个关系中，用户对电影的共同偏好信息的收集采用的是协同过滤算法，电影的收集则根据类型和导演等内容信息来进行过滤。

（4）其他推荐技术

除了以上介绍的推荐算法，还有其他的推荐技术也被广泛使用。

① 基于规则的推荐（Association Rule-based Recommendation）。关联规则的建立是基于规则推荐技术的关键，通常来说，规则是可以由用户自己定义的，也可以由一些数据挖掘技术来发现，规则一旦确定以后，系统就会根据这个规则向用户推荐对应的项目。典型的示例就是商品销售中的交叉销售规则，例如，当用户在当当购买了一本由李开复写的书之后，网站就会向用户推荐李开复写的其他书籍，这就是一种以作者作为关联规则的推荐系统，当然系统也可能向用户推荐同一类别下的其他书籍，那么这则是以图书类别为关联规则的推荐方式。关联规则最大的缺点也是在关联规则的抽取上，规则的抽取难，动态更新不易，随着时间的推移，关联规则会越来越多，这会导致整个推荐系统很难管理。

② 基于知识的推荐（Knowledge-based Recommendation）。在这种推荐中，用户首先需要输入知识点，然后通过功能知识单元判断出待推荐项目与输入的知识点的匹配程度，进而找出与用户输入知识点关系密切的项目，从而生成推荐列表。搜索引擎所使用的就是这种基于知识的推荐。基于知识的推荐最难的就是知识的获取和效用模型的建立。该技术的优点是不存在新用户、新项目、新系统刚开始时的冷启动和数据稀疏的问题，可以把用户需求映射到产品上，对比匹配用户和项目。非常适合用于用户临时浏览商品或者服务时做出推荐。其缺点是，功能知识是静态的，不能动态更新学习，灵活性较差。

只有设计合适的功能知识库才能得到很好的推荐效果，而知识的获取又是相当困难的。

③ 基于统计信息推荐（Demographic-based Recommendation）。这种推荐技术需要输入大量的用户基本资料，然后通过对这些资料进行梳理、统计，为具有共同特点的用户分门别类建立类别，最后针对这些共同特点进行推荐。该技术不存在新用户的冷启动问题，不需要用户历史评价数据，且可以容易地发现用户的新兴趣偏好，但是其推荐的质量很大程度都依赖历史信息统计资料数据集，而这部分信息是很难收集的。

④ 基于位置情景（LBS Recommendation）。位置情景信息在个性化推荐系统中的应用最早可以追溯到 2002 年，Lai Jin 和 Tatsuo Miyazawa 当时设计的移动资源管理系统，就是通过获取用户的地理位置，向用户提供有针对性的服务。后来，Wade 等将商场中的位置信息纳入到了推荐系统中，并结合其他的一些购物信息（如购买日期和时间、陪同购物者以及已选购到购物车中的商品等）构建了一个智能购物车系统，向用户实时推荐商品。之后，Annie Chen 在协同过滤系统中引入了情景信息，并定义两个不同的情景 x 和 y 的相似度的计算公式为式（6-5）：

$$\mathrm{sim}_i(x,\ y,\ i)\ =\frac{\sum_{u=1}^{n}(r_{u,i,x_i}-\bar{r}_i)(r_{u,i,y_i}-\bar{r}_i)}{\sigma_{x_i}\sigma_{y_i}} \tag{6-5}$$

式中，r_{u,i,x_i}表示用户 u 在情景 x 下对项目 i 的评分。因而这个推荐系统在推荐项目给用户之前，会计算当前位置情景与历史位置情景之间的相似度。只有位置相似度较高的用户才会被系统视为是目标用户的邻居用户，只有是邻居用户，其对项目的评分对于预测当前用户的评分才具有参考价值。

随着研究的逐渐深入，位置情景信息的应用成为改进移动电子商务推荐算法的关键因素之一，越来越多的学者也开始关注这方面的研究。在移动电子商务中，用户的兴趣偏好和购买行为同时是和用户所处的情景位置密切相关的，因而，在移动电子商务向用户推荐项目时，要获取用户的当前位置情景。把情景信息与个性化推荐结合应用到移动电子商务之前，需要考虑两个问题：一是以什么样的形式把位置情景信息加入用户兴趣模型中；二是如何利用这个位置来对待推荐项目进行过滤，得到推荐列表。

各种推荐算法的基本原理和优缺点比较如表 6-2 所示。

表 6-2　各种推荐算法的基本原理和优缺点比较

算法	基本原理	优点	缺点
基于内容的推荐	忽略用户的购买行为，只考虑项目与项目之间的相似性	不需要用户输入历史数据，推荐结果直观，容易解释	不容易发现用户的新的兴趣，只能推荐与用户已有兴趣相近的项目
基于协同过滤的推荐	根据用户购买行为的相似性，不依赖项目的特征	很好地处理复杂的项目，快速发现新的用户的兴趣	对新系统和新用户来说，推荐质量会相对较差，存在数据稀疏性和冷启动问题
基于规则的推荐	根据所建立的规则向用户推荐对应的项目	实现起来采用间接方式，推荐效果好	规则的抽取难，不能动态更新，关联规则的增多会增加系统的管理成本
基于知识的推荐	通过知识单元判断出待推荐项目与输入的知识点的匹配度	能把用户需求映射到产品上，无冷启动和数据稀疏的问题	知识的获取困难，功能知识是静态的，不能动态更新学习，灵活性较差
基于统计的推荐	统计用户基本资料，为具有共同特点的用户建立类别，针对其特点进行推荐	不存在新用户的冷启动问题，不需要用户历史评价数据	推荐的质量很大程度都依赖历史信息统计资料数据集，而这部分信息比较难收集
基于 LBS 模式的推荐	考虑到用户的位置及其一些与位置相关的情景属性所带来的影响	用户的兴趣偏好和购买行为同时是和用户所处的情景位置密切相关的，更加精确	位置的移动多变增加了运算的复杂性

6.3.2 移动计算

6.3.2.1 移动计算基本概念

随着蜂窝通信技术、无线局域网、无线因特网、卫星通信技术的飞速发展，移动用户数量空前增长，移动用户希望在任何地点、任何时间都能访问任何数据项。可以预见，越来越多的用户会通过移动计算机和无线终端设备来访问网络上的信息资源。相对分布式计算而言，这是一种更加灵活、更为复杂的分布式计算环境，称为移动计算环境。移动计算环境就是移动设备通过无线或固定网络与固定或其他移动设备连接的计算环境。移动计算环境比分布式系统更复杂，使得传统的数据库领域的查询、事务处理等问题变得与查询客户的物理位置、网络连接情况甚至电源供应等问题密切关联，传统的分布式数据库难以有效地支持移动环境。

在传统的分布式计算环境中，所有的终端都是通过固定的网络连接和网络主机连接，只要开机就能登录网络，具有持续的连接性。分布式计算环境中，主机的位置基本上固定不变，主机的地址信息是已知的，各个终端的网络通信具有对称性。而移动计算不同于传统的分布式计算，移动计算节点包括固定节点和移动节点。用户可以携带移动设备自由移动，并在移动过程中通过移动通信网络与固定节点或者其他移动节点连接和交换信息。这种计算模式将创造一种全新的应用，可以满足移动用户在任何地点访问数据的要求，使得人们能够更加方便地访问各种信息。

这个模型由固定设备和移动设备组成。所有的固定设备通过固定的高速网络连接（例如因特网、光缆专用网）。相对于可靠性不高的无线网络单元，我们将固定网络部分称为可信部分。部分固定设备具有可以与移动设备通信的无线接口，可以支持一个无线网络单元，称为移动支持基站（Mobile Support Station，MSS）。移动设备（Mobile Unit，MU）可以从任何一个无线网络单元经由 MSS 连接到固定网络中。无线网络单元的覆盖范围取决于它们采用的无线通信技术，例如无线网络单元的覆盖直径只有几百米的范围，而卫星通信的无线网络单元只需要几个就可以覆盖整个地球。在移动环境中，移动设备可以从任何一个无线网络单元经由 MSS 连接到固定网络中，或者连接到其他的移动设备，并且在无线通信单元内或者单元间移动时，仍然可以保持通信连接，从而实现了自由的移动性。

6.3.2.2 移动计算的特点

（1）移动性

在移动计算环境中，最突出的特征是设备的移动性。一个移动设备可以在不同的地方联通网络，而且在移动的同时也可以保持网络连接。这种计算平台的移动性可能导致系统访问布局的变化和资源的移动性。

（2）频繁断接性

移动设备在移动过程中，由于使用方式、电源、无线通信费用、网络条件等因素的限制，一般都不采用保持持续联网的工作方式，而是主动或者被动地间歇性与网络连接或者断开。

（3）网络条件多样性

移动设备的移动性使得不同时间可用的网络条件（如网络带宽、通信代价、服务质量、网络延迟等）呈现不同的特性。移动设备既可以联入高速的固定网络，也可以同低带宽的无线设备连接，在MSS不能覆盖的地方，也可能处于断接状态。

（4）无线连接的低带宽

和固定网络相比，无线连接的带宽要小很多，它只有几十个千字节，目前无线LAN带宽可以达到11MB，但这和数据增长的速度相比，还远远不够，尤其是对于需要传输多媒体数据的应用。

（5）网络通信的非对称性

由于物理通信媒介的限制，一般的无线网络通信都是非对称性的。移动计算环境中固定服务器节点可以拥有强大的发送设备，而移动设备的发送能力有限，所以导致下行链路（服务器到移动设备）的通信带宽与代价比上行链路（移动设备到服务器）高很多，这与分布式计算的网络通信相比具有很大的差别。

（6）低可靠性

无线网络与固定网络相比，可靠性低，更容易受到电子干扰而出现网络故障。对于移动终端来说，虽然便携性增加了用户的灵活性，但是由于终端丢失、损坏等因素也给移动计算带来潜在的不安全因素。

（7）移动设备的资源有限性

与固定设备相比，移动设备的资源相对有限，比如CPU速度、存储容量、电源时间等，移动设备主要靠电池供电。研究表明，由于上述移动计算的特点，使得传统的分布式计算技术不能够满足移动计算环境，而必须对其进行扩充和改造。目前移动计算已经成为一个独立的学科，覆盖许多研究领域，如应用层的各种无线软件技术，移动联网的数据链路层、网络层、传输层等技术。

6.3.2.3 移动计算中关键技术

移动计算给人们提供了一种全新的计算模式，但同时也带来了新的挑战。移动计算系统可以看成是两个不对称的子系统构成的分布式计算系统，其中移动子系统由移动设备和移动通信介质组成，固定子系统由固定网络及固定主机组成。与传统的分布式系统相比，这两个分布式系统之间有巨大的性能差异，这为信息的处理带来了较大的困难。目前研究的关键技术主要有以下几个方面。

（1）缓存技术

缓存是传统分布式系统中提高性能的关键技术。人们针对分布式计算提出了多种缓存策略（例如LRU、FIFO等），并且在多个实际系统中得到应用，取得一定的性能提高。缓存技术还被用于共享存储系统中，充分利用有限的固定大小缓存空间，尽量提高缓存的命中率。分布式系统中利用缓存主要是为了减少维护数据一致性的网络通信开销。在移动环境中，由于移动终端本身的内存很小，网络通信费用很高，为了节省网络带宽，我们总是希望尽量利用终端内存的数据来满足用户的需求，这就要改进算法，提高缓存的命中率。另外，由于移动用户与网络的断接性，还需要维护移动终端和主机的数据一致性。所以移动环境下缓存策略设计的目标是在尽量减少网络开销的前提下，尽可能满足用户更多的请求。移动环境中，数据缓存的作用主要是为了在用户访问移动数据库的时候，提高访问的命中率和减少网络开销。

在传统的分布式数据库系统中，人们对数据缓存进行了大量的研究，由于分布式环境中，网络带宽高，客户缓存的作用并不明显，所以缓存算法已经不是分布式计算研究的重点。但是在移动计算的环境中，客户缓存不仅可以提高系统的性能，还可以支持用户断接和弱连接下数据访问，所以是移动计算中的一项重要技术。早期的移动环境下的缓存研究主要是面向文件系统，近年来主要是面向移动数据的缓存研究。下面就列举几个最有代表性的移动环境下的缓存研究工作。CODA 项目是对移动缓存技术研究最详细、成果最明显的项目。CODA 是一个高可用的复制文件系统，缓存粒度是文件级，每个客户都有本地磁盘用于缓存。CODA 使用基于优先级的缓存管理算法来缓存用户的数据到本地，缓存空间不够时，将优先级最低的删除。由于优先级具有动态性，因此缓存中的数据需要准确评估，称为“Hoard Walk”。CODA 使用基于回调的改进缓存一致性协议，其研究成果说明缓存不仅可以用来提高性能，还可以用来提高数据可用性。基于广播的缓存失效算法是一种分类的缓存失效算法，详细讨论了客户端在不同的网络环境下的缓存性能，并且提出了三种缓存失效算法，并从理论上和应用环境方面进行了详细的讨论。

（2）语义缓存一致性维护策略

通过缓存的一致性维护策略可以保证缓存数据与服务方数据当前的取值相同，使客户缓存命中获得的结果与服务方处理的结果一致。在传统的环境下，有多种客户缓存一致性维护的策略，可以分为以下几类：按照一致性维护发起方分类，有由服务器方发起的更新传送，也有由客户方发起的请求维护策略；根据服务器的类型分类，有基于有状态服务器，即记录了客户缓存内容，也有基于无状态服务器，即不知道客户是否缓存的策略等。

由于移动计算环境的特殊性，其缓存一致性研究与传统策略不同，主要有以下几个特点：强连接下，一致性维护策略在性能方面的目标是尽量使相应时间最少；而弱连接下则以减少网络开销为主要性能优化目标；断接造成客户在一段时间内无法与服务方取得联系，缓存数据也无法保证有效性；断接重连时，缓存的一致性可能需要特别的维护。基于上述特点，移动计算环境下的缓存一致性研究，很多都是基于数据广播作废缓存的策略。这类策略假设服务方是无状态服务器，服务器定期发送无效报告通知客户所有更新了的数据。客户根据广播内容判断本地缓存数据的有效性。这类策略的好处是，客户无须向服务器方查询缓存数据的有效性，而只要从广播信道上听无效报告即可。其算法研究主要解决断接中可能错过广播周期发布的更新消息带来的问题。

（3）数据广播技术

在移动计算的环境中，其网络的带宽是非对称性的。在一个无线单元内，从服务器到移动客户机的下行通信带宽一般要远大于从移动客户机到服务器的上行通信带宽，而且移动客户机从服务器接收数据的开销也远小于发送开销。并且移动设备只有很小的存储能力，为了支持大量 MU 并发访问服务器上的数据，人们提出了服务器向空中广播数据、MU 从空中获取数据的新的数据发送方式，即数据广播。数据广播与传统的联机数据请求方式相比，具有以下优点：很好的可伸缩性，因为服务器广播数据的开销与接收广播的 MU 个数是无关的，因此它可以以很小的代价支持大量的 MU 同时访问数据；广播的接收者（MU）只要在信号的覆盖范围内，可以自由移动而不影响接收；可以不需要数据缓存，因此不再需要预测未来的数据请求，这点在移动环境下，尤其引人注目；节约有限带宽，MU 从数据广播中获取数据，可以避免或减少与服务器间的上行网络通信；便于发送新数据，服务器可以利用数据广播，将新生成的数据发送给 MU，即使 MU 事先不知道这些数据的存在。

数据广播技术在公共信息的发布、军事应用等领域有着很好的应用前景。其中最主要的研究课题是研究服务器如何根据MU的访问概率分布生成最适合MU访问的广播程序，即数据广播的调度问题。衡量数据广播调度好坏的参数主要有两个：访问时间和调谐时间。访问时间是从MU提出数据访问请求开始，到客户机从数据广播得到结果为止所需的时间。访问时间决定了移动用户查询的响应时间。在这方面的研究主要是围绕如何根据数据项的不同访问概率，在一个广播周期内安排出现频度和位置，使平均访问时间最少。调谐时间是在完成一个访问请求期间，MU保持接听广播的总时间。调谐时间决定了MU接听数据广播时的电源消耗。这方面的主要研究是围绕如何优化其调谐时间来减少移动设备的电源损耗。

(4) 复制技术

复制技术是移动计算环境中研究的热点之一，研究的目的是，根据当前移动客户的分布与访问情况，动态调整数据复制布局和策略，使移动用户可以就近访问所有数据，从而减少网络流量，提高访问性能。复制技术的优点在于：将数据冗余存放在多个场地，当其中一些场地出现软硬件故障时，其他场地的数据副本仍然可被存取，提高系统的可靠性；另外，多副本可以进行不同场地的并行处理，加快了系统的响应速度，并有利于负载均衡；最后，用户可以选择本地或者附近副本进行操作，降低网络通信开销。当然，复制技术的多副本之间的主要问题就是如何保持数据的一致性。

随着移动计算研究不断深入，为了提高移动数据库系统的性能，人们对移动数据库复制技术进行了大量的研究，并且取得了不少成果，发现发明了如下有一定影响的算法。

① 两级复制技术。在两级复制中，数据库的主副本存放在固定网络的节点上。整个移动复制分为两级：第一级为移动节点，这些节点频繁地与固定网络断连；第二级为固定节点，通过固定网络保持持续连接。所有在第一级节点上执行的事务称为暂态事务，只有与网络连接并提交成功后，事务才算提交完成。两级复制是解决移动计算环境断连问题的一种有效方法，根据网络的情况将整个移动计算环境分为了两级。但两级复制的事务需要在基节点上重做，因此增加了系统的负荷。

② 虚拟主副本方法。是在原有的主副本方法的基础上，根据移动计算环境的特点经过改进得到的。根据数据的访问概率和模式，主副本可以存放在固定网络节点上，也可以存放在移动节点。每个移动节点由一个固定的宿主基节点（Home Base Node，HBN）进行管理，基本信息记录在HBN中。带有主副本的移动节点在漫游时，根据通信代价和距离，不断改变与之交换数据的基节点，使通信代价最小。该方法考虑了移动计算环境的频繁断接性、移动性、资源的有限性，可以较好地适用于移动计算环境。但是由于没有明确的系统分级，因此不具备很好的可伸缩性。

③ 多版本冲突消解方法。该算法服务器上采用的是多版本并发控制机制，当服务器上的事务修改数据时，产生新的数据版本，历次版本均存放在服务器的数据库中。服务器多版本并发控制机制在进行事务调度时，保证数据快照一级的事务隔离性（Snapshot Isolation）。移动客户可以对本地副本执行事务，重新连接后，服务器进行验证，不通过的事务进行回滚。该方法优点在于：移动主机上的事务结果直接施加给服务器，不需要服务器重做，可以减轻服务器的负担；采用多版本方式进行管理，提高了移动主机事务验证的成功率，总体上提高了系统效率。但是该方法需要在服务器保持数据多个版本，并需要有特殊的并发控制模型，实现起来比较复杂。

④ 三级复制机制。该方法将数据库复制技术与数据广播技术以及客户机缓存技术进行了有效的结合，提出三级复制体系。服务器级复制为第一级复制，采用传统的复制技术，保证服务器之间的一致性；空中复制为第二级复制，服务器将经常被访问的热点数据组织起来，通过 MSS 向所有的移动终端广播，相当于在无线信道上做了一级数据复制；客户机缓存为第三级复制，移动终端缓存数据库部分数据，以支持移动用户断接操作。由于引入了数据广播机制，三级复制算法有效地提高了系统的可伸缩性，但是该算法没有就数据库一致性问题进行讨论。

(5) 移动计算的安全技术

从本质上讲，无线连接的网络远没有固定网络安全，这是由于无论从何地都可以轻而易举地侦听和发射无线电波，且很难被发觉。因此，数据的无线传输比固定线路传输更容易受到盗用和欺骗，带来的问题是：首先一台计算机容易冒充另外一台计算机的身份，怎样才能防止这种非法数据访问；其次是移动计算机携带方便，但容易失窃，如何避免在移动计算机失窃后对接收或发送数据的盗用；还有，移动计算环境使用户可以连入任意网络，如何防止这些移动用户的泛滥可能对被访问网络环境造成的偶然或者恶意的破坏，这些都是移动数据库的安全技术问题。目前，安全技术的主要措施是：对移动用户进行认证，防止非注册用户的欺骗性接入；对无线路径加密，防止第三方盗用；对移动用户提供身份保护，防止用户位置泄密或被跟踪。

6.4 服务监控技术

6.4.1 Oracle 数据库技术

6.4.1.1 Oracle 数据库技术介绍

Oracle 数据库系统是 Oracle 公司在 1979 年发布的世界上第一个关系数据库管理系统。经过多年的发展，Oracle 数据库系统广泛应用于各个领域，在数据库市场占据主导地位。Oracle 是一种对象关系型数据库系统，它基于客户机服务器系统结构，并且具有跨平台移植、分布式数据处理和支持大事务量处理的特点。

Oracle 数据库就是磁盘上的一组文件。在有意删除这些文件之前，它一直存在。由于这些文件的大小和数量没有实际限制，因此对数据库的大小也没有实际限制。可以通过 Oracle 实例访问数据库。实例存在于服务器节点和 CPU 上的内存中，但这种存在是暂时的。可以启动和停止实例。实例启动时，自动分配系统全局区（SGA），并启动多个后台进程。一般情况下，数据库与实例之间的关系是一对一的关系。数据库的用户针对实例建立会话，由实例管理对数据库的所有访问。在 Oracle 环境中，任何用户都绝对不可能直接联系数据库。连接 Oracle 数据库的实例构成 Oracle 服务器。

Oracle 服务器实现的处理模型是客户端服务器处理模型，通常称为两层模型。在客户端服务器模型中，用户界面以及许多应用程序逻辑的生成都独立于数据管理。对于使用 SQL 开发的应用程序而言（和所有关系数据库应用程序一样），这意味着客户端层生成 SQL 命令，服务器层执行它们。这是基本的客户端服务器分离，通常由局域网来划分这两个层。与 Oracle 服务器的所有通信都遵循这种客户端服务器模型。当 Oracle 数据库系统的性能随着数据量的增大而显著下降时，我们就需要想办法提高系统的性能。可以通过以下几种方式提高性能：为 Oracle 数据库服务器规划系统资源，尽可能使 Oracle 服务器使用资源最大化；调整计算机系统中的内存配置，加大计算机的内存；为 Oracle 数据库服务器设置操作系统进程优先级，调整组成的内存结构的大小来提高系统性能。

表空间是数据库中最大的逻辑结构。从逻辑上说，数据库是由若干个表空间组成的。表空间与数据库的物理结构有着十分密切的关系，它与磁盘上若干个数据文件相对应。概括来讲，从物理上说数据库的数据被存放在数据文件中，从逻辑上说数据是被存放在表空间中。Oracle 数据库结构如图 6-10 所示。

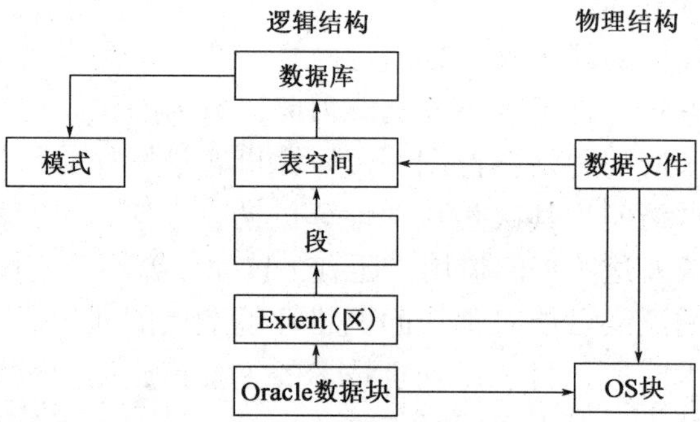

图 6-10　Oracle 数据库结构

6.4.1.2　Oracle 数据库技术应用

Oracle 数据库性能受到诸多方面的影响与制约，包括数据库服务器性能、数据库配置、网络环境以及应用程序实现等。

（1）数据库服务器性能

数据库服务器是系统的核心，它的性能直接关系着整个数据库系统的性能。数据库服务器的性能主要取决于服务器上运行的操作系统、CPU 的数量与性能、内存容量大小与性能以及操作系统 I/O 子系统。

（2）数据库配置

硬件配置直接影响到数据库运行的效率，主要体现在 CPU、内存、I/O 等。

① CPU 的数据处理能力往往是衡量计算机性能的一个标志。Oracle 是一个提供并行能力的数据库系统，在 CPU 方面的要求就更高了，如果运行队列数目超过了 CPU 处理的数目，性能就会下降，我们要解决的问题就是要适当增加 CPU 的数量，当然我们还可以将需要许多资源的进程清除掉。

② 内存是衡量机器性能的另外一个指标。内存分配是在信息系统运行过程中优化配置的，系统管理员可以根据数据库运行状况调整数据库系统全局区（SGA 区）的数据缓冲区、日志缓冲区和共享池的大小，还可以调整程序全局区（SGA 区）的大小，需要注意的是，区不是越大越好，SGA 区过大会占用操作系统使用的内存而引起虚拟内存的页面交换，这样反而会降低系统性能。

③ 均衡 I/O 负载。适当增加磁盘的数量，将磁盘做成阵列组，有 $N-1$ 块磁盘同时读写，有效提高磁盘读写效率。同时合理存放数据文件，将数据表和索引表分别存放在不同的表空间，将其所对应的物理文件分别存放在不同的磁盘上也能有效地提高运行效率。以上这些指标要结合业务发展、子系统扩展等多种因素综合分析、评估，做出一个合理的硬件配置，有效地保护资源投入，最大限度地保障系统的平稳运行。

(3) 网络环境

应用程序与数据库服务器之间的交互需要通过网络来进行，网络的性能，特别是网络输入输出的带宽对整个系统性能有重要的影响。

(4) 应用程序实现

应用程序的实现方法对数据库性能也有很大的影响，特别是语句的应用、数据库连接方式的选择、数据库端程序设计以及数据库对象的使用情况等，都影响系统的执行效率。

6.4.2 数据库链接技术

6.4.2.1 数据库链接技术介绍

数据库链接（Database Link，DBLINK）可以理解为在分布式数据库应用环境中两台数据库服务器之间的通信桥梁，是远程数据库在本地数据库的映射。一般将用户正在登录的数据库和部署在其他物理数据库服务器上的数据库分别称为本地数据库和远程数据库。通过建立数据库链接可以将两台物理数据库服务器连接起来，使得用户在逻辑上进行跨数据库服务器操作。另外，数据库链接的方向是单向的，即一个数据库链接 DBLINK 只能由数据库 A 中的用户访问数据库 B，而数据库 B 中的用户不能使用该链接 DBLINK 远程访问数据库 A。

(1) 数据库链接

数据库链接分为公有数据库链接、私有数据库链接和全局数据库链接三种。

① 公有数据库链接。所有者是数据库范围的，即本地数据库中的所有用户和 PL/SQL 子程序均可使用此类链接进行远程访问。

② 私有数据库链接。所有者是创建者，该类型数据库链接只允许链接的创建者和同模式中的 PL/SQL 子程序使用。

③ 全局数据库链接。网络范围的数据库链接，当创建目录服务器时，目录服务器为网络中的数据库自动创建并管理全局数据库链接（类似网络服务）。所有者是网络范围的，即网络中任何数据库中的用户和 PL/SQL 子程序均可通过该链接进行远程数据库的访问。

(2) 数据库链接的用户

数据库链接的用户类型分为当前数据库链接使用者、预设的固定用户、CURRENT-USER 三类。

① 当前数据库链接使用者。创建数据库链接时没有使用 CONNECT TO 子句指定固定的连接用户，当前使用数据库链接的用户的登录信息将被用来验证登录远程数据库。当前使用数据库链接的用户不一定是建立数据库链接的用户。

② 预设的固定用户。创建 Database Link 时指定登录远程数据库的用户（用户名和密码），所有使用该数据库链接的用户，不管是否是建立数据库链接的用户，都将使用指定的用户登录远程数据库。

③ CURRENT-USER。创建数据库链接时 CONNECT TO 子句设定为此时使用全局用户登录远程数据库。

6.4.2.2 数据库链接的创建

建立数据库链接之前需要确认的事项有：确认从本地数据库到远程数据库的网络连接是正常的；确认在远程数据库上面有相应的访问权限。

① 权限。创建公有数据库链接时，用户必须有 CREATE PUBLIC DATABASE LINK 系统权限；创建私有数据库链接时，用户必须有 CREATE PUBLIC DATABASE LINK 系统权限。用来登录到远程数据库的账号必须有 CRATE SESSION 权限。CONNECT 角色包含 CREATE DATABASE LINK 和 CRATE SESSION 权限，而系统管理员角色包含 CREATE PUBLIC DATABASE LINK 权限。

② DBLINK。当数据库初始化参数 GLOBAL_ NAME = TRUE 时，link 名必须与远程数据库的全局数据库名 global_ name 完全相同；否则，可以任意命名。

③ CURRENT-USER。指定使用全局用户登录、连接远程数据库。

④ CONNECT TO。设置与远程数据库建立连接的用户，指定远程数据库在本地的网络服务命名。

⑤ USERMAME、PASSWORD。设置远程数据库上的用户名和密码。

6.5 安全防护技术

6.5.1 加密技术

加密就是将明文数据进行某种变换，使其成为一种不可理解的形式。这种不可理解的形式称为密文。解密是加密的逆过程，即将密文还原成明文。加密和解密必须依赖两个要素，这两个要素就是算法和密钥。算法是加密和解密的计算方法；密钥是加密和解密必需的一串数字。

加密技术分为对称加密技术和非对称加密技术两大类。对称加密技术的特点是加密和解密使用相同的密钥。该方法最大的优点是使用简单快捷，常见的对称加密算法有数据加密标准（DES），还有国际数据加密算法（IDEA）。但是，对称加密技术也存在以下缺点：首次通信时，双方必须以特殊的方式传递统一的密钥；当通信对象增多时，需要相应更多数量的密钥；对称加密技术要求双方共同保守秘密，在管理和分发密钥过程中，有任何一方泄露密钥都会造成泄密后果，存在潜在的危险和管理上的复杂性，泄密后也难以分清责任。

非对称加密技术，也称为公私钥加密技术。它克服了对称加密技术密钥管理和分发上的难题，加密和解密使用两把密钥，一把公钥，另一把私钥，它们实际上是两个很大的质数，用其中的一个质数与明文相乘可以得到密文，用另一个质数与密文相乘可以解密得到明文，但是不能用一个质数得到另一个质数。公开密钥与私有密钥是配对使用的，若用公开密钥对数据进行加密，则用对应的私有密钥才能解密，若用私有密钥对数据进行加密，那么只有用对应的公开密钥才能解密。常用的非对称加密方法是，发送方用接收方的公钥加密，接收方自己用自己的私钥解密，从而保证第三方在没有接收方私钥的情况下绝不可能得到明文。该方法将加密算法和公钥对外公开，比如可以放在网页上供人们下载，也可以公开传送给任何需要通信的人，而私钥只有自己知道，严格保管，这样既解决了信息保密性问题，又克服了对称加密中密钥管理与分发传递问题。常用的非对称加密技术采用 RSA 算法。

显然，加密技术可以保证信息的保密性。即使电子商务系统被非法入侵者侵入或传输中被第三方截获，也能最大限度地保证信息不被泄密，从而不被丢失或盗用。

6.5.2 信息摘要技术

加密技术能解决信息的保密性问题，但是若被第三方截获而篡改或破坏的话，加密技术就无能为力了。收到的信息是否具有完整性，则需要信息摘要技术来保证。

信息摘要是 Ron Rivest 发明的一种单向加密算法，其加密结果不能解密。该方法是指从原文中通过 Hash 算法而得到的一个有固定长度的散列值，不同的原文所产生的信息摘要必不相同，相同原文产生的信息摘要必定相同，其算法使用过程如图 6-11 所示。

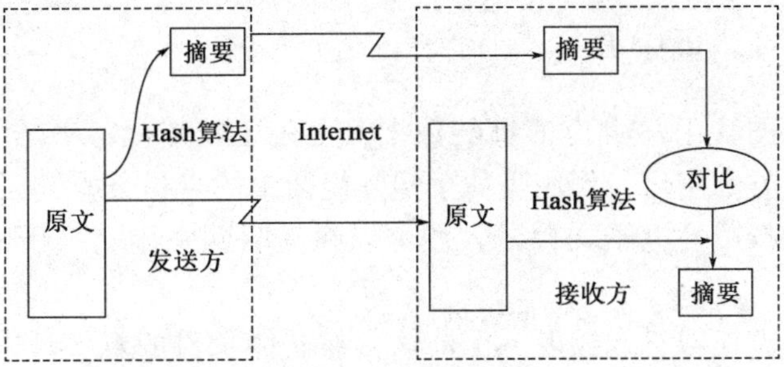

图 6-11 信息摘要过程

信息摘要技术算法步骤如下。

① 对原文使用算法得到信息摘要。

② 将信息摘要与原文一起发送。

③ 接收方对接收到的原文应用算法产生一个摘要。

④ 用接收方产生的摘要与发送方发来的摘要进行对比，如果两者相同表明原文在传递过程中没有被修改，否则就说明原文被修改过。

6.5.3 数字签名技术

数字签名是密钥加密和信息摘要结合使用的技术，用于保证信息的完整性和不可否认性。其算法使用过程如图 6-2 所示。算法步骤大致如下。

① 发送方用自己的私钥对信息摘要加密。

② 发送方将加密后的信息摘要与原文一起发送。

③ 接收方用发送方的公钥对收到的加密信息摘要进行解密。

④ 接收方对收到的原文用算法得到消息摘要。

⑤ 接收方将解密后的摘要与接收方得到的摘要进行对比，如果相同则说明信息完整且发送方身份真实可信，否则说明信息被修改过或不是该发送方所发送。

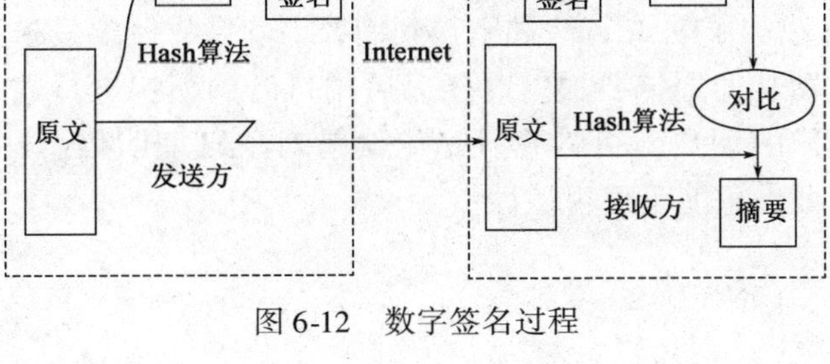

图 6-12 数字签名过程

数字签名过程中，发送方用自己的私钥加密信息摘要，经签名的信息与原文内容相关，若有篡改，接收方的对比验证就会失败，这就可以保证信息的完整性。同时，由于发送者的私钥是其自己严密保管的，他人应无法仿冒或知晓，同时发送方一旦对信息进行了数字签名，也无法否认用自己私钥加密发送的信息，所以该方法还可以有效地解决信息的不可否认性问题。

数字签名技术中，所有接收方都可以得到发送方的公钥对数字签名进行解密，是一对多的关系，表明公司的任何一个交易对象都可以验证该数字签名的真伪。

6.5.4 数字证书与认证中心

数字证书是标志网络用户身份信息的数据，由公正权威的第三方机构（CA 中心）签发，用来识别通信各方的身份，作用类似于实际生活中的身份证。它是能提供在 Internet 上进行身份验证的一种权威性电子文档，人们可以在互联网中用它来证明自己的身份和识别对方的身份。

数字证书由第三方权威机构颁发，保证该交易实体身份的真实性。数字证书采用公-私钥密码体制，每个用户有一把用来进行信息解密和数字签名的私钥，同时有一把用来进行信息加密和签名验证的公钥。当发送保密文件时，发送方分别利用接收方公钥和私钥进行加密和解密，保证信息的保密性。需要进行数字签名时，发送方用发送方私钥签名，接收方用发送方公钥验证签名，保证信息的完整性和不可否认性。

数字证书的内容一般包括证书拥有者的姓名、证书拥有者的公钥、公钥的有限期、颁发数字证书的单位、颁发数字证书单位的数字签名、数字证书的序列号等。

颁发数字证书的单位作为数字证书认证过程中颁发证书的权威、公正、可信赖的第三方，其作用是至关重要的。该第三方机构称为 CA 认证中心，它为每个使用公开密钥的用户发放一个数字证书，证明证书的用户合法拥有该证书中列出的公开密钥。CA 机构的数字签名使得攻击者不能伪造和篡改证书。它负责产生、分配并管理所有参与网上交易的个体所需的数字证书，因此是安全电子交易的核心环节。

6.5.5 数字时间戳

在商务活动中时间和签名同等重要，它们保证参与交易各方不能否认其交易行为，一旦出现纠纷，都是解决实际和法律问题的重要证据。这在电子商务活动中显得尤为明显，由于用户桌面时间很容易改变，由该时间产生的时间戳不可信赖，因此需要一个权威第三方来提供可信赖的且不可抵赖的时间戳服务。

数字时间戳是由专门机构提供的用于证明信息发送时间的凭证文档。它包括三个部分：需加时间戳的文件的摘要、DTS 机构收到文件的日期和时间、DTS 的数字签名。需要数字时间戳的用户首先将文件用 Hash 算法加密得到摘要，然后将摘要发送到提供数字时间戳服务的 DTS 机构，DTS 机构对原摘要加上时间以后用自己的私钥进行数字签名，再返还给原用户，获得数字时间戳的用户就可将它发送给交易对象以证明信息的发送时间。很明显，数字时间戳能有效保证信息的不可否认性。

本章小结

本章简要介绍了社会化电子商务平台的平台构建技术、数据处理技术、推荐系统技术、服务监控技术和安全防护技术。其中平台构建技术包含复杂网络、社会计量分析、商务智能、区块链技术；数据处理技术包含数据管理、云计算、数据挖掘等；推荐系统技术包含 Oracle 数据库技术、DBLINK 技术等；安全防护技术包括加密技术、信息摘要技术、数字签名技术、数字证书与认证中心、数字时间戳等；本章主要对这些技术的概念和应用及关键技术做简要的介绍。

思考练习题

1. 简述复杂网络概念、分类及演化模型。
2. 简述社会计量分析的概念及方法。
3. 简述商务智能基本概念、框架和技术。
4. 简述区块链技术的概念和应用场景。
5. 简述数据管理基本概念和技术。
6. 简述云计算的概念和技术。
7. 简述数据挖掘的概念和应用。
8. 简述个性化推荐技术的概念、分类及应用。
9. 简述移动计算的概念、特点及关键技术。
10. 请对 Oracle 数据库、DBLINK 服务监控技术进行简要陈述。
11. 对加密技术、信息摘要技术、数字证书与数字时间戳安全防护技术进行简要陈述。

第7章　社会化电子商务的信息安全与伦理

学习目标

■掌握社会化电子商务安全的概念
■掌握社会化电子商务安全的类型
■了解社会化电子商务的安全问题及成因
■掌握社会化电子商务伦理的概念
■掌握社会化电子商务伦理的特征
■了解社会化电子商务伦理的问题及成因
■掌握社会化电子商务安全的构建原则及对策
■掌握社会化电子商务伦理的构建原则及对策

7.1　社会化电子商务的安全

7.1.1　社会化电子商务安全的概念及类型

7.1.1.1　社会化电子商务安全的概念

Web2.0是当前的热门话题，其中社会媒体技术的不断发展变革正伸向电子商务领域，这催生了一个未来十年最具挑战性的研究领域——社会化电子商务。Facebook、Linkedin、Groupon和Twitter等公司也在不断更新电子商务商业模式。社会化电子商务这个概念越来越被人们所熟知，更有很多企业意识到了它的商业价值并付诸实践。同时，社会化电子商务的安全问题越来越受到人们的关注。

安全是社会活动的基本保障，网络的虚拟性和风险性要求更高的安全质量保障。网络中的安全涉及系统、信息、数据、传播等方方面面，从本质上讲就是信息安全。从广义来说，凡是涉及信息的保密性、完整性、可用性、真实性和可控性的相关技术和理论都是网络安全的研究领域。它的含义随着“角度”的变化而变化，比如从用户（个人和企业）的角度来说，是希望涉及个人隐私或商业利益的信息在网络上传输时受到机密性、完整性和真实性的保护，避免其他人或对手利用窃听、冒充、篡改以及抵赖等手段侵犯用户的利益和隐私。从平台的角度来说，是为用户提供一个安全的网络环境，比如对用户的个人信息进行保护避免泄露、保障用户的资金安全和提供安全的支付环境等。因此可以将社会化电子商务安全定义为一种安全的网络环境，网络系统的硬件、软件及其系统中的信息和数据受到保护，在传播过程中数据和信息不因偶然的或者恶意的原因而遭受到破坏、更改、泄露，系统连续、可靠、正常地运行，网络服务不中断。

7.1.1.2　社会化电子商务安全的类型

根据环境和应用的不同，可将社会化电子商务安全分为如下四种类型。

（1）系统安全

系统安全即保证信息处理和传输系统的安全。它侧重于保证系统正常运行，避免因为系统的崩溃和损坏而对系统存储、处理和传输的消息造成破坏和损失。

（2）网络安全

避免由于电磁泄漏产生信息泄露，干扰他人或受他人干扰。网络安全是指网络上系统信息的安全，即信息的完整性、保密性和可用性的保护。包括用户口令鉴别，用户存取权限控制，数据存取权限、方式控制，安全审计，安全问题跟踪，计算机病毒防治，数据加密等。信息安全具有以下特征。

① 信息的保密性。电子商务作为现代商务活动电子化的必然结果，是现代贸易的重要手段，其信息直接代表着个人、企业甚至国家的商业机密，其保密性显而易见。但是，电子商务建立在这个开放的网络环境中，预防信息被非法存取、在传播过程中被非法窃取，维护商业机密便成了电子商务发展的重要保障手段之一。信息的保密性就是指信息在存储、传输和处理过程中不被他人窃取，无论是无意还是恶意。要保证信息的保密性，需要防止入侵者侵入系统，对商业机密要先经过加密处理，再送到网络传输。

② 信息的完整性。电子商务高效的贸易过程中简化了贸易环节、减少了人为干预，提高效率的同时，带来了维护贸易各方商业信息完整性和一致性的问题。由于数据输入时的意外差错或是交易中的欺诈行为，加上数据传输过程中可能导致的信息丢失、重复、错序，以及可能被非法截获后的篡改，这些情况都可能导致贸易各方信息的差异，保证信息的完整性是电子商务发展的基础。信息的完整性包括信息在存储中不被篡改和破坏，以及在传输过程中收到的信息和原来发送信息的一致性。信息的加密处理只能保证信息不被第三方看到，但是不能保证不被篡改，信息的完整性要求系统能够识别信息是否被篡改和破坏，从而决定是否使用信息。

③ 交易身份的真实性。在打破传统面对面交易模式的非面对面交易的电子商务活动中，交易主体是贸易各方，交易起始确定将要与之交易和交易中正在与之交易的贸易方身份的真实性是非常重要的一个环节。对个人和企业实体的身份进行鉴别确定，为其身份的真实性提供保证，使交易各方在互不见面的情况下能确定对方的身份，杜绝冒名顶替和任何一方以虚假身份进行交易，这一环节至关重要。交易身份的真实性是指交易各方是确实存在的，并且交易各方有明确的交易意图，不能由第三方冒名顶替。

④ 信息的防伪性。交易各方真实的身份得以确定后，交易行为及这些行为下所产生的信息必须真实可靠，伪造的信息应该能被识别。尤其是在从传统商务向电子商务转化的漫长过程中，会出现大量过渡性的电子文件，如各种纸质票据的扫描图像等，信息的防伪性显得尤为重要。即使在网络安全技术和电子商务发展成熟以后，各种电子票据包括电子钱包、电子支票、电子现金等未来可能出现的新型支付方式都需要必需的防伪认证方式。

⑤ 信息的不可否认性。交易各方的身份一旦确定，产生的一系列合法交易行为就必须受到保障，交易的任何一方都不能对已经发生的交易行为进行抵赖。传统方式下经常利用签名、盖章等方式进行交易确认。在电子商务无纸化商品贸易方式下，产生的各类交易信息数据，包括各种合同、票据等，不可能通过手写签名和印章进行贸易方的鉴别确认，需要在交易信息的传输过程中为参与交易的个人、企业或国家提供可靠的可识别标识，从而确保交易信息的不可否认性。信息的不可否认性是指信息的发送方不可否认已经发送的信

息，接收方也不可否认已经收到的信息。

⑥ 信息的独占性。网络为知识和信息的全球化共享提供了便利条件，但是如果这种传播不受约束和限制，将极有可能也更容易侵害他人利益。尽管各个国家都在加紧网络知识产权立法，然而要在开放无国界的网络上保护权利人的知识产权，仅仅用法律来解决是远远跟不上的，必须借助一系列技术手段。基于因特网的电子商务活动中，各类交易信息中涉及的知识产权保护问题显得尤为突出。例如，打开国内某著名的网站，预购买商品的所有商铺里其产品描述信息几乎一模一样，包括相同的图片、说明文字等，而价格相差千里，往往正品因较高的价格无人问津而仿制品的宣传信息门庭若市。网络侵权行为在法律、技术和公民意识的盲区肆意横行。信息独占性需求强调涉及网络知识产权信息的专有性、排他性，并欲将新型技术应用到该领域，解决信息独占性问题。

(3) 信息传播安全

信息传播安全是指网络上信息传播后果的安全，包括信息过滤等。它侧重于防止和控制由非法、有害的信息进行传播所产生的后果，避免网络上自由传播的信息失控。

(4) 信息内容安全

网络上信息内容的安全侧重于保护信息的保密性、真实性和完整性。避免攻击者利用系统的安全漏洞进行窃听、冒充、诈骗等有损于合法用户的行为。其本质是保护用户的利益和隐私。

7.1.2 社会化电子商务中的安全问题

7.1.2.1 社会化电子商务中信息安全问题

与传统商务活动不同的是，参与现代电子商务的交易各方不需要面对面进行商品交易，信息流和资金流大多数都是通过 Internet 网络来传输。而 Internet 是一个面向全球用户开放的巨大网络，技术上的缺陷和用户的隐蔽性等问题使得网上交易的信息流和资金流面临着种种安全威胁，抛开计算机网络系统本身的安全问题，电子商务信息安全主要面临着以下几个方面的主要威胁。

(1) 被非法入侵者侵入，造成商务信息泄密、丢失或被盗用

未经获准的入侵者可能侵入电子商务系统，从而造成商业机密和个人隐私的泄露，重要信息的丢失和被盗。

(2) 信息在传输过程中被第三方截获，甚至被恶意窃取、篡改和破坏

信息流和资金流以数据的形式在计算机网络中传输，传输过程中数据可能被第三方截获之后读取，非法使用，更有甚者可能修改截获的数据，对合同标的、资金数量、交货方式等重要信息做改动，造成无法弥补的损失，影响电子商务的正常进行。要防止这种现象的发生，从技术上采取的主要方法是对数据进行加密，使得重要信息数据即使被截获也能有效地保证数据安全。

(3) 虚假身份的交易对象

如冒名顶替，不诚实者建立与销售方服务器名字相同的另一个服务器来假冒销售方，或冒充购买者，生成虚假订单、合同等。这些假借其他个人或企业名义进行交易活动，并由此引起的一系列虚假交易行为，对电子商务的发展有非常大的阻碍作用。

(4) 虚假、伪造交易票据信息

随着高质量图像输入输出设备的发展，特别是精度超过1200dpi的彩色喷墨、激光打印机和高精度彩色复印机的出现，使得货币、支票以及其他票据的伪造变得更加容易。随着电子商务的发展，在可预见的未来，各种新型电子支付手段代替传统支付手段将成为历史的必然，如美国加利福尼亚州大学研发的电子支票、Digicash公司研发的和英国银行开发的电子现金，伪造虚假票据信息很可能成为网络犯罪分子的又一目标。

(5) 贸易对象的抵赖行为

如拒绝承认双方已经商定的价格、数量、订单、合同，拒绝承认收到的货款和商品等。

(6) 商务信息的网络知识产权保护

网络的开放性和便利性，使得知识产权的专有性和地域性面临公开性和无国界性的严重挑战。信息的合法拥有者可能眼睁睁地看着信息数据被非法复制、占用，而犯罪分子却逍遥在法律和技术的盲区之外，信息的合法拥有者对信息的独占权却得不到保护。

7.1.2.2 社会化电子商务中资金安全问题

(1) 交易过程中的资金安全问题

社会化电子商务平台中为用户提供了更多的购买途径，为交易双方提供了一个可以自由交易的平台。平台的进驻门槛低，商家的水平和商品的质量参差不齐，用户只能通过网络图片、商品介绍和评价等信息对商品进行判断，用户在收到实物之前对商品的品质的感知是模糊不确定的。个体商户的商品质量往往难以保证，甚至用户确定付款时商家是否能够发货都是未知数。这就存在资金被骗的风险，但是这种交易是一对一的，事件发生后甚至没有能够解决问题的相关部门，更无法进行退款。

(2) 支付过程中的资金安全问题

随着网络数据化的发展，第三方支付越来越占据主导，许多第三方支付平台要求用户提供真实的姓名并绑定银行卡号和身份证号，这就加剧了社会化电子商务中的资金安全风险。社会化电子商务具备电子商务的虚拟性和风险性，支付也是通过平台或者第三方支付软件进行。扫码支付的形式也越来越普遍，在社会化电子商务平台进行交易时会用到支付二维码，但有一些二维码携带病毒，当用户点击支付时，会攻击用户的资金账户，盗取用户的财产。有些第三方支付平台隐私管理政策不合理，免责条款过多，大多把最终解释权留给自己。用户不得不同意这些条款，当自己利益受损时没有办法有效反击。

7.1.3 社会化电子商务安全问题的成因

(1) 法律法规尚不健全

社会化电子商务是电子商务结合社交网络媒体的新型购物和社交模型，新事物的产生必定会产生新的安全问题，但是针对性的法律法规并没有及时更新和出台，不法分子会抓住法律的漏洞来牟取利益。没有一个科学的、基本的法律法规作保障，安全问题就得不到及时解决，安全隐患也不能及时消除。完善科学的法律法规是所有行业能够安全可靠运行的硬性保证，只有健全的法律法规才能在社会化电子商务安全的问题上看到着实有力的成效。

(2) 技术迅速发展带来的不当应用

技术是一把双刃剑，随着计算机技术的不断发展，一方面技术推动了互联网行业的创新与进步，但目前社会化电子商务平台的安全保障的技术手段需要改进；另一方面技术的发展对网络安全存在着种种威胁，比如网络通信的过程中会发生截获、中断、篡改和伪造等。在网络浏览的过程中会存在一些隐形的插件或者广告的推送等，其中不乏携带病毒的插件，一旦点击就会恶意攻击用户的电脑，窃取个人信息，将用户的信息作为交易销售给其他公司而对用户进行骚扰。随着网络数据化，第三方支付也越来越普遍，扫码关注送礼品也成为商家的常用手段，但有些会在二维码中植入病毒，来盗取个人信息甚至是资金。

（3）无可遵循的标准规范

社会化电子商务网络信息安全管理制度还不成体系，没有建立总体方针，安全管理制度和操作规程缺失，安全策略存在着很多漏洞。同时，社会化电子商务平台具有开放性，没有像实体行业一样统一的标准和规范，社会化电子商务平台的进驻门槛低，并且很多商品的销售是通过点对点的形式，双方通过平台建立联系并进行交易。这就使得很多的不法分子有机可乘，比如销售无质量保障的商品、骗取资金后不发货等。这使得平台的秩序遭到破坏，平台的信誉也无法得到保障。

（4）用户安全意识薄弱

用户的安全意识薄弱是安全问题产生的重要因素，由于对一些安全隐患认知的欠缺使得用户上当受骗的事件屡次重演，同样的手段会让很多用户遭受不同程度的损失。用户的安全防护意识不强，而盗取信息和资金的方法和手段不断地创新，且不能及时地拦截和处理，这就需要用户自身保持高度的安全防护意识，不要为了蝇头小利而因小失大，要让这些危害网络安全的行为无处施展，这样就会减少很多用户的损失。

7.2 社会化电子商务的伦理

7.2.1 社会化电子商务伦理的概念及特征

7.2.1.1 社会化电子商务伦理的概念

伦理学是指规范人们生活的规则体系和原理体系。网络伦理属于应用伦理的一种范畴，是人们在网络交往中所呈现的一种道德关系，是一种可以用来调节网络社会中人与人的关系及网络社会秩序的道德观念和价值原则。网络伦理学是一门全新的、以网络道德为研究对象和范围的学科，即关于网络道德的学说。它主要研究计算机网络中的伦理问题和道德问题。网络伦理指的是基于网络信息技术的人类社会所表现出的新型的道德关系，以及对人和各种组织提出的新型伦理要求、伦理标准和伦理规约。网络伦理是作用于网络环境中，调节人与网络社会的规范和准则的总和。

网络伦理是现实中的伦理在互联网中的延伸，而社会化电子商务中的伦理则是网络伦理的进一步延伸。社会化电子商务的伦理可以定义为调节社会化电子商务平台中社交网络关系和网络社会秩序的伦理要求、伦理标准和伦理规约。

7.2.1.2 社会化电子商务伦理的特征

社会化电子商务平台融合了电子商务和社交网络媒体的双重功能，是一种新型的电子商务的模式，与传统的电子商务和社交网络媒体相比，更具有开放性和包容性，社会化电子商务伦理也呈现出与传统的网络伦理截然不同的特点。

（1）开放性与包容性

由于职业、距离和交通等现实因素的影响，传统的伦理都是以周围一定区域的道德规范为自然的约束力。而到了数字化的生存空间，网络空间的去域化和去中心化消弭了时间和空间的界限，来自世界各地的人可以交流自己的所思所感，日趋多元的价值观念和利益格局使得人们的价值观和行为方式受到冲击，同时也带来了观念上的交融。道德主体可以选择自己认同的道德观念纳入自身的道德认知体系，形成一种开放性的网络道德。

（2）模糊性与自律性

在网络数字空间，由于匿名性和隐蔽性，网络主体的身份具有不确定性，网络的虚拟性也给网络社会控制带来不确定性。在网络社会，人际交往是数字化、符号化的虚拟交往，对网民的道德要求往往是笼统和模糊的。正是由于网络伦理的模糊性，人际交往缺少了外在的监督机制，网络主体的道德自律可能会松懈。因此，要增强道德自觉意识，自我管理，维护网络社会秩序。

（3）多元性

从唯一到多元实际上是伦理道德从封闭走向开放的必然结果。正是由于信息社会开放的生活情境，才带来了价值多元的文化景观，导致了信息化生存中的文化和价值观念呈现多样化。在前信息时代，每个国家都有自己的价值标准，并且为了生存和发展的需要，这种价值标准出现了单一化。而全球开放的信息空间能够同时容纳不同的文化，允许不同文化和价值观的融汇与碰撞，能够考虑到不同利益主体的需要，祈求有利于不同利益主体存在和发展的价值标准。没有疆域阻隔的信息社会是多元文化与价值观念的汇集地，不同的文化与价值观都可以在这个信息时空中融合交流。信息时空通过对各个国度迥异的文化与价值观的超越，使任何原来在某个国度内具有绝对控制力的伦理价值观念，在信息化时代，它都没有绝对的发言权，只能是一元而不是唯一。

（4）平等性

传统伦理道德在主体上是国家强制力量的体现，在手段上是明确下达道德指令，即应该做什么，不应该做什么，结果导致人们丧失了选择和质疑的权利，只能无条件地服从。而在信息化的生存空间中，人的社会角色和社会地位被隐藏，门第等级观念失去了容身之地，传统的社会生活方式和交往方式也发生了改变，人们对权威也不再一味地屈从，只是根据个人的价值倾向进行取舍，因而权威不再是社会伦理价值标准的倡导者和评判者。信息正是通过其技术性特征赋予人们以平等的特性。在信息空间中，人们都是以平等的身份进行交流。人们对信息化生存的参与本身就是在消解着权威，实现着平等。在人—信息—人的交往中，人与人之间的关系摆脱了现实社会人伦秩序的制约，那种家长中心、权威至上的价值理念正在被平等的价值观所分解，在信息化生存中失去了栖身的根基。所有的等级和束缚都已失灵，崇高和卑微、伟大和渺小同时共存，所有的人都是主角，都有选择和被选择的自由，都有喜欢和不喜欢的资格，都有决定和被决定的权利。没有了神圣不可侵犯的权威崇拜和等级差别的秩序，平等性自然在信息空间中充分彰显。正如曼纽卡·卡斯特所言："新的传播系统日益使用全球的数码语言，即将我们文化的言词、声音和意象之生产与分配在全球整合，又按个人的心情与身份、品位量身定制。"可见，信息化时代的伦理道德的普及已经完全不同于传统的方式。它不是权威的训导，而是平等的对话；不是被迫的服从，而是自由的选择。正是由于信息伦理的平等性，个体才能凭自由意志做出价值选择。

（5）世俗性

在中国传统文化的价值取向中，伦理道德的目标是社会理想化人格的构建，直接表现就是道德的超越性压制了道德的现实性，即关注的是如何使人成为理想化的人、如何让社会秩序变成理想化的社会秩序。无论是儒家“修身、齐家、治国、平天下”的人格塑造和“三纲五常”的人伦关系，还是墨家的“兼爱”和“非攻”等，都是以理想化社会为基础的，这就导致伦理道德的制定都是以圣人的言行为标准，道德的推行采用权威的方式，忽视个人道德。由此可见，在一个处处是权威的专制秩序中，伦理道德是理想化的、反世俗的。然而信息化时代的到来以及多元开放的文化景观的出现使权威逐渐退却了神圣的光环，那种在传统社会中对世俗性的漠视随着社会的转型面临着严重断裂。大众文化的繁荣日益加深了精英文化的危机感，并且草根阶级也通过自身的努力不断侵袭着所谓的上流社会。更为重要的是，人们的价值观念日益从传统的意识形态中解放出来，伦理道德由神圣走向了世俗。世俗性意味着在信息社会中对人的尊重和理解，它不仅是一种生活方式，也是一种价值诉求。

（6）主体自觉性

相对于信息社会而言，在以前的农业时期和工业时期，人们的道德行为常常并不是发自内心、自觉自愿的行为，并不是源自于对道德需要的自觉意识。个体只是按照社会的道德规范去做，常常是做给他人看的，因而是被动的，谈不上真正意义上的道德主体。中国传统的伦理价值具有大一统的特征，个体没有独立的主体性价值。而现代信息技术开启了私人化生活空间的新时代，由于以数字化的信息为中介，所以人与人之间的关系就凸显出间接的性质，并且随着权威统摄力的弱化，对一些违背道德的事件难以进行直面的道德抨击，而个体的主体自觉性就成了维系正常伦理关系的主要保障。在互联网中，由于不少行为主体的匿名性，这就使道德舆论谴责的对象极为模糊，因而对于主体自觉性的强调就尤为重要，人们的责任、义务意识也必然会被唤醒。

（7）普遍性和共享性

信息浪潮不是哪一个国家的，而是全球性的。如托夫勒所说，“要想将某一特定的信息限制在国界之内或将其拒之于外已经变得更加困难了”“信息可以穿越严密防守的疆界”。人们只需按一下收音机的开关，便可收听到世界各地的消息；只需打开电视，就能收看到世界上发生的各种事情；只需拨一串数字，就可以随时随地和各地的朋友进行电话交流；只需登录网络，就能在瞬间检索世界各国最新的信息和科研成果。信息的无国界传播把整个世界连为一体，使不同地域、不同民族的伦理价值观念相互渗透，彰显了信息伦理的共享性和普遍性，人们在信息伦理的基本价值上求同存异，形成对于信息交往行为的信息伦理共识，有利于信息资源的全球性共享。

强调信息伦理的普遍性和共享性并不是要否认一个国家的信息伦理具有某种特殊性，而是为了形成全球性的信息交往的基本秩序。因而要从具有不同文化背景的特殊信息伦理中整合出全球性的信息伦理，就不能离开“普世伦理”。按照万俊人教授的诠释，“普世伦理是一种以人类公共理性和共享的价值秩序为基础，以人类基本道德生活，特别是有关人类基本生存和发展的俗世道德问题为基本主题的整合性伦理观念”。

由此看来，如果有了这样一种最低限度的信息伦理，那么全球性信息活动的基本秩序就可以得到起码的保障。

7.2.2 社会化电子商务发展的伦理问题

7.2.2.1 信息、社会面临的主要伦理问题

网络技术的发展拓展了人们的人际交往和社会关系的空间，数字化的生活环境日渐改变着人类的思维方式和生活方式。随着社会化电子商务的发展，伦理问题也不断显现。主要的伦理问题分为以下几类。

(1) 网络成瘾

网络成瘾也称为网络沉迷。美国心理学会（American Psychological Association）将网络成瘾症定义为：过度的上网可能会形成类似酒瘾、药瘾、毒瘾、病态性赌博等无法自律的上瘾行为，导致网络成瘾的症状。杨（K. Young）则提出了八点判定网络成瘾的标准：全神贯注于因特网或在线活动，在下线后仍继续想着上网的情形；需要更多时间上网才能感到满足；尝试控制、暂停或终止上网动作却徒劳无功；在暂停或终止上网时感到欲罢不能、难过、沮丧或脾气暴躁；用在上网的时间比预期的要长久；为了上网，宁愿冒着重要的人际关系、工作或学习机会损失的风险；会对家人、朋友、辅导人员或其他关心自己的人说谎隐瞒上网的状况；借上网来逃避困扰或减轻不舒服的感觉。

(2) 侵犯隐私权

从信息权利的角度来看，隐私权即指个人有保守隐私且使其不受他人侵犯的权利。侵犯隐私权是指个人信息在使用或管理上所产生的一些问题。这主要是因为网络的存在和发展与现实社会环境有所不同，因此侵犯隐私权的方式与一般隐私权所受到的侵犯也存在差异性。以偷看信件为例，传统上偷看别人的信件，大多通过拆开的方式，以破坏信封了解信件的内容，而在网络上偷看别人的信件，则是通过进入他人的邮件服务器，截取他人电子邮件，而不必以传统的工具取得。又比如传统的直接行销，是以收集他人的地址资料来寄发相关产品目录，网络上则是以各种方式收集他人的电子邮件信箱，再寄发广告邮件，这就是新技术产品对个人隐私权侵害形态的具体化。因此网络隐私权的相关问题有：谁在收集个人信息？收集信息的用途何在？这些信息会被如何使用？信息是否会被散布出去？如何预防信息未经授权而被擅用或作为不法用途？如何维持信息的完整性、正确性与即时性？对于不同信息，其机密性如何？

(3) 侵犯知识产权

根据联合国专门机构——世界知识产权组织（WIPO）的定义，知识产权是一种权利，尤其是指在工业、科技、文学和艺术领域的脑力活动所具有的权利。一般而言，版权法一向是保护各种文学作品的，专利法保护工业技术发明，合同法保护商业机密。商标也受法律的保护。然而，“在这样一个信息成为有价值的商品时代，保护知识产权变得更为困难”。这是因为下列因素削弱了版权法、专利法和合同法这些传统保护机制的效果。首先，信息通信技术的新发展模糊了媒体之间的界限。其次，知识财富越来越抽象和无形。再次，经济的全球化不仅刺激了知识产权侵犯，而且加剧了这种侵犯造成的经济损失。最后，私有化和用市场机制来收集和传播信息的趋势破坏了在分享知识财富方面的传统社会基础。

（4）计算机犯罪

计算机犯罪是指：非法访问，指任何故意威胁或攻击计算机系统以及计算机资料的行为；非法截取，包括非法截取计算机传送的非公开性质的信息；信息干扰，包含任何故意毁损、删除、破坏、修改或隐藏计算机信息的行为；系统干扰，针对妨碍计算机系统合法使用的行为，如利用计算机系统传送病毒、蠕虫、特洛伊木马程式或滥发垃圾电子邮件等，即构成“系统干扰”的行为；伪造计算机资料，包括任何虚伪资料的输入、更改、删改、隐藏计算机资料，导致相关资料丧失真实性；计算机诈骗，包括有诈骗意图的资料输入、更改、删除、隐藏任何计算机资料，或干扰计算机系统的正常运作，为个人谋取不法利益而导致他人财产损失；儿童色情的犯罪，包括一切在计算机系统生产、提供、发行或传送、取得及持有儿童的色情资料，此项规定是泛指任何利用计算机系统进行的上述儿童色情犯罪行为。在美国，计算机犯罪是增长最快的犯罪领域之一，其中年龄为10～17岁的儿童与青少年是这种犯罪的最大群体之一。另外，美国一项研究表明，在过去十年中，青少年计算机犯罪以20.26%的速度增长。

（5）数字鸿沟

数字鸿沟是信息社会发展过程中涌现出的大部分伦理问题的根源。数字鸿沟是垂直隔阂与水平隔阂的结合。垂直隔阂是指，在人类历史上，尽管人类利用技术能力可以消除自然和人工之间的障碍，但也深感自己对世界和未来一代的道德责任。这说明伦理知识和智慧并不一定是技术权力和道德责任的必然结果。垂直隔阂标志着现代性的结束，后现代批评家认为，现代性的策略是对自然的科技殖民和控制，现代化强调对自然环境现实进行充分控制和掌握。虽然信息时代是建立在现代化的基础上，但其精髓不是仅仅塑造现实的物理世界，而是要建立一个替代或巩固现实世界的非自然环境。当然，数字鸿沟并不仅是指现代与前代人之间的垂直隔阂，也是存在于人性中、内部人与外部人之间的一种新的水平隔阂。信息圈不是一个地理、政治、社会或语言空间，而是从教育到科学、从文化表现到通信、从贸易到娱乐的精神生活空间。各个地区、不同职业和不同领域的人们都可能居住在这个信息圈中，形成“网民”社区。在这个“网民”社区中，由于信息是其中的重要资源，“信息富裕者”容易拥有知识、财富和权力；相对地，“信息贫困者”则在各方面的发展大都处于劣势。贫富不均的结果会随着就业机会、教育等进入虚拟空间，而且日益扩大，由此形成的不平等问题，更可能引起人们不满和社会动荡。由此看来，“数字鸿沟”是信息时代的全球问题，但其实质是信息时代的社会公正问题。

综上所述，信息爆炸使人无所适从，大量庸俗、色情甚至反社会的信息对网络造成了严重的污染；一些非法、非伦理的信息行为对传统伦理观念及伦理规范产生了极大的冲击。信息伦理问题的产生，是由技术的推力与需求的拉力两股力量促成的。在信息社会中，信息技术的快速发展会使得个人的行为产生“扩大效果”，换言之，在现实社会中，人们的行动空间、时间终究有限，但是在信息社会中，人们的生活除了现实生活之外，还包括了虚拟的网络世界生活。因此，一方面信息社会必须依赖知识的研发和运用来推动技术的进步，但另一方面，社会在伦理道德的需求上，却对技术发展产生一些拉力，使某些信息或技术性行为仍能在某种程度上受到道德评价。

电子商务有开放性、虚拟性特征，在贸易双方进行商榷的时候，往往会出现一些不安定的状况，市场经济的蓬勃发展使人们只顾追求利益，从而忽视了道德观念，以致出现了一些伦理问题。社会化电子商务平台中涉及的主体包括商品销售者、消费者、平台、第三方物流等，各个主体都会出现相应的伦理问题。

7.2.2.2 商品销售者的伦理问题

(1) 不真实的信息导致不道德交易

消费者借助网络便可以在很短的时间内获取人们想要的资源。利用电子商务活动自身的特点，商品销售者便通过发布各种虚假网络信息来吸引消费者，从而谋求经济利益。大量的信息已成为人们的负担，为人们的生活和工作带来许多不利影响。据调查，已有很多消费者发现自己所购得的货物与商家所提供的信息出入非常大。消费者可能会对互联网中所出现的信息表示怀疑，但虚假信息发布者也会更加猖狂地编辑各种不良信息，从而导致各类问题的无限发生。

(2) 卖方信用造假

信用在经济活动中是重要的评判因素。卖方的信用问题在社会化电子商务伦理中也是至关重要的。在电子商务活动中，消费者完成消费后可以对该次消费进行评价，对于卖方而言将会产生相应的信用评级，消费者可以将卖方的信用级别作为评判卖方的依据。正是由于信用评级对卖方而言至关重要，因此，网络中出现卖方信用造假的现象，存在一些专业的网站，提供信贷服务，网上商人付一定金额的款项，可以提升到相应的信用水平。不少卖方通过这种手段来提高自己的信用级别。这使得在网上购物的过程中，消费者难以辨别卖方真实的信用水平。某些商家使用这类不正当的手段来改善他们的信用，削弱消费者的知情权，不仅欺骗消费者，同时也在其他信贷业务方面构成不正当竞争。

(3) 销售货物的质量问题

电子商务的发展，使网购成为人们使用最多的购物方式，它的好处就是，消费者能够坐在家里就可以掌握各种商品信息，点击鼠标，便可以选择自己需要的商品，还会有人把它们亲自送到自己的手中。既操作简单，又方便快捷。然而，消费者不可能像去商店买东西那样，可以利用直观的方式直接接触商品，网购则只能通过企业本身所提供的不能辨别真假的信息，来了解自己所需要买的商品，从而产生电子商务活动中的不诚信。这就意味着商家可以利用各种手段对其商品进行美化，在描述商品时采用具有欺骗性的文字、图片对商品进行夸张美化处理，使商品看起来更漂亮和更有吸引力。商家的以上行为会导致消费者经常收到劣质商品和与商家描述完全不同的商品，消费者购买到质量差的商品。多次欺诈行为会导致消费者对电子商务缺乏信心，许多消费者愿意付出更多的时间和精力去实体商店购买商品，也不要使用电子商务平台的网上购物。

(4) 销售者的售后服务问题

制约电子商务发展最大的短板就是售后服务。其实有些消费者在进行网上购物时并不担心产品质量的问题，但却担心在购买后遇到问题的时候怎样去进行处理。最常见的现象就是，企业和消费者相隔数千里，产品若出现质量缺陷，只能借助通信手段对销售者来描述所存在的问题，能不能处理则另当别论，从而降低了消费者对网络贸易的信任感。许多企业没有一个良好的售后服务体系来处理出现的问题商品，并在解决产品问题的时候一拖再拖，给消费者带来了一系列的麻烦。

(5) 品牌或平台雇用网络水军

操纵舆论的网络水军，简称水军，是指受雇于某些企业或者网络公关公司，伪装成普通网民，在网页评论或发帖或者回复的一类群体。他们的集体行动能迅速形成舆论，扩大信息的传播范围。一些品牌或商家利用网络水军，在社会化电子商务平台以消费者的身份和口吻发表看法，为产品造势，积累所谓的良好口碑，以提高自己在这些垂直社区的知名度和美誉度。而社会化电子商务平台的这些水军并不是真正使用过该商品的消费者，并不是平台的真正用户，也可能未体验过任何产品，但在用户账号（Identification，ID）的掩饰下难以轻易识别，并且水军间甚至会采取一些互动的方式轻而易举地改变消费者对产品的判断。一旦水军够多，按照“沉默的螺旋”规则，没有人再愿意出来提出反面意见，产品的口碑就此树立，引发更多人争相购买。这严重影响互联网的诚信环境，对于用户生成内容的客观公正性造成损害。

除了人工的水军营销之外，有的原本依托社交平台而发展起来的社会化电子商务平台，会利用一些专业的内容生成工具，随意地生成订单或转账信息甚至是买家秀，营造一种虚假的口碑，吸引消费者进行消费。这种虚假的用户内容生成隐蔽性极高，用户很容易被蒙蔽。除了花钱为自己的产品买好口碑之外，甚至有些企业为了打击自己的竞争对手，利用“不正当”的竞争手段，蓄意捏造关于竞争对手的虚假负面口碑信息，并伪造成用户内容在这些社会化电子商务平台中的社区大肆传播，以达到损害对方利益的目的。这些不良商家不顾营销道德，恶意购买和恶意评价竞争对手商品，向用户传达了不实的虚假信息，最终都导致了消费者对企业信息的怀疑，极大地影响了平台用户生成内容的信用度。最重要的是，使得正常的常规用户生成内容会因为一部分水军受到质疑，当消费者真假莫辨时，其可能采取的态度只能怀疑一切，最终影响平台的黏性。

（6）收买意见领袖做隐形广告

除了覆盖广泛的网络造假“中坚力量”——网络水军外，有的品牌或者电子商务平台自身会付费邀请一些电子商务平台的达人或者意见领袖为自家的产品进行软文宣传和正面评价。这些达人原来在电子商务社区中因为向成员推荐高质量的内容而受到关注，他们的推荐会很大程度地影响其他成员的消费决策。这种背后有利益注入的内容生成难免会产生立场上的偏颇，这些意见领袖在发布时会冠以经验帖或种草帖的外衣，佯装成为用户自发的在线评价，缺少有效的广告提示，但实质上摆脱不了其本质就是广告的事实。

2015 年 9 月 1 日实施的《中华人民共和国广告法》第 14 条规定，广告应当具有可识别性，能够使消费者辨明其为广告。2016 年 9 月 1 日由国家工商总局发布的《互联网广告管理暂行办法》明确规定，凡是互联网上（包括门户网站、电子商务平台、搜索引擎、论坛、自媒体、博客、微博、微信等）以文字、图片、音频、视频或者其他形式，直接或者间接地推销商品或者服务的商业广告，都要标注“广告”两字。意见领袖的内容产出中如果隐藏着广告的目的，其中的利益交换严重地影响了消费者的知情权，加剧了商家与消费者之间的信息不对称，这种非法不合理的隐形传播误导了消费者的消费决策，影响了消费者基于自身需求自由选择的权利，也消解了社会化电子商务平台原有的分享互动意义。

在网红营销成为主流的数字营销传播环境下，分享就不再单纯是博主们的自发行为，其背后可能存在的软文合作引起了美国相关部门的注意。在 2017 年 5 月，美国联邦贸易委员会向 45 个网红、博主发去了警告信，提醒对方在涉及产品推广的内容下，不要缺少标注和品牌的关系，否则会混淆消费者的视听。据《女装日报》报道，联邦贸易委员会发出的信函多达 90 封，除了网红、博主个人，还包括他们的经纪公司和合作品牌。

7.2.2.3 消费者的伦理问题

在网络贸易的活动当中，存在商家的不道德行为，消费者同样也有可能出现违背道德的行为。

(1) 买家所填写的信息是虚假的，没有真实性

交易的双方如果能拿出可信度较高的材料，证明自己的身份，交易是可以顺利完成的。然而，许多买家在提供有关证明的时候，故意用不真实的名字和错误的地址、假的电话号码等。当销售者发货后，却并没有人接收。一些消费者购买商品后，利用通信手段要求更改信息，以达到骗取货物的目的。一旦发现消费者在购买商品后，利用其他通信工具更改信息，商家确认后会直接将货物配送到更改后的地点。客户签收时，却说没有收到货物，并表示自己没有改过什么信息，并指责商家没有按时发货，要求双倍赔偿。商家没有确凿证据，只落得财货两空，这都是在日常的电子商务活动中经常遇到的现象。这往往会给卖方带来损失，扰乱正常的电子商务活动秩序。

(2) 买方把自己的权利用到极致

销售者为了达到招揽顾客的目的，一般都会提供一些像不满意就退货等类似于这样或那样的服务。然而这就会碰到一些顾客恶意使用退货权利，在购买的商品到货的时候，突然决定退货，做出这种行为往往不提供任何正当理由，致使销售者钱没有得到，物也失去了。还有部分顾客私底下结成退货同盟，利用退货权利，在买下商品后，即刻做出退货和返钱的决定，使得销售者的信誉持续走低，给商家带来了损失。

(3) 买方不存好意地使用不良手段

不可否认的是，在当前的许多电子商务网站，某些商家会利用一定不正当的方法提高自身的知名度，损害消费者利益，追求自身的高额利润。然而，一些顾客过分使用网站规则，破坏了电子商务的固有的积极模式。一个是急速贸易，主要是指在保障原本交易不受影响的情况下，允许客户根据自己的状况提出理由，完完全全地无条件对客户做出快速的反应。另一个就是无条件退回货款，就是说在规定的货物发出的时间内，如果消费者想取消已经签购的订单，商家必须马上对买方实施退回货款的模式。卖方如果不能做到这些，买方则可以对其进行投诉，卖方要对买方进行双倍补偿，还会受到有关处罚。这就会出现部分买方为了获得不良利益，不存好意地过分使用这两个经营模式，对卖方进行恶意攻击，损害企业的诚实信用。

(4) 被动好评和恶意差评

一些商家为了让消费者购买商品后对商品进行正面评价，会采取一些好评返现、优惠折扣以及免单的形式促使消费者进行被动好评，而消费者也会因为商家的这些手段产生一些不真实的评价内容。除了商家发布的商品信息外，商品的购后评价本来是作为消费者购买商品前对商品认知的一种有效途径，但是由于这些被动好评的存在扭曲了商品的真实的使用价值和顾客体验价值，会对其他消费者产生一种误导，这样会影响消费者的在线购买的体验质量，也会增加在商品购买过程中消费者与商家的矛盾。但存在少数消费者因为没有完美的用户体验，或者出于威胁商家不返现就给差评的动机，因此采取了报复极端的行为，夸大了产品的缺点，用户生成内容中带有较强的情绪宣泄，从而导致对于产品或品牌的偏见，产生了不客观的内容，掩盖了产品的原有属性，影响其他消费者的消费决策。更加严重的是，这些消费者以求私利为目的，要挟式的恶意差评行为会对整个电子商务生态造成伤害，是电子商务发展的毒瘤，增加了交易成本，对于整个系统信用机制的正常运作造成侵犯，不利于交易生态的和谐发展。

(5) 内容失真、鱼龙混杂，不良信息的传播

社会化电子商务平台中强化了社交网络功能，用户生成内容是社会化电子商务平台的特征之一。用户以自媒体的形式产生用户生成内容，这些内容区别于传统的大众媒体的传播，具有较强的自主性、自发性和个性。由于内容生成者的水平不一，对言论的管制尚不完善，从而导致内容上五花八门，质量参差不齐，其中不乏低俗和网络暴力等不良信息的出现，甚至有些内容严重损害了网络生态的健康发展，也会对未成年的社会化电子商务平台的使用者产生不良的社会影响，影响其正确价值观的形成。

(6) 信息的虚假性和网络暴力

平台当中不乏一些故意炒作的信息，有些更是谣言四起、危言耸听。一些虚假信息大量地充斥着平台，网络暴力和不良评论对用户个人造成很大的伤害，但平台对这种行为并没有及时地做出监管和处理。

(7) 价值观扭曲

社会化电子商务平台致力于通过社交网络媒体让用户分享自己的购物心得并在平台上进行社交活动，但是在目前的一些社会化电子商务平台，出现了用户生成内容价值观扭曲的现象。分享型购物网站变成炫富平台，在有的分享型社区，炫富却成了主流。打开页面后可以看到的是奢侈品符号的堆积，有的用户不顾道德底线，用尽夸张的手段炫富，还有的到处盗图，晒名表，晒奢侈品，塑造“白富美”的形象。这些行为有的甚至获得平台的默认，在背后默默打造所谓的“达人”，与其合作打造内容产出，积累平台的热度，提高平台的“格调”。平台利用人性之中的虚荣心理，形成了攀比炫富的怪圈。对一些年纪尚小而分辨不明的用户灌输了错误的价值观念，刺激消费者的物欲，超过了应有的界限，导致平台的用户对贵的产品趋之若鹜，超过自身购买能力地去追捧，造成了不良的社会风气，违背了原本分享生活好物的初衷。

7.2.2.4 平台的伦理问题

(1) 平台监管不完善

平台是信息传播的串口，信息的真实性是对用户起码的保证。社会化电子商务平台中用户就是内容的创建者，大多数用户不具备新闻服务的专业资质，但却打着各种媒体新闻采集的名号进行信息的搜集，这就存在着夸大其词、有失真实的报道，甚至有的人从事一些违法的新闻欺诈的活动。平台为了吸引用户的眼球，对于平台中的一些信息的容忍度较高，因此会出现某些低俗的信息，造成平台信息鱼龙混杂，娱乐文化信息低俗化的现象。平台为用户提供了一个畅所欲言的场所，但对于网络的净化，平台应该承担一定的责任。目前，用户的使用年龄阶段已不仅仅是成年，用户群体在不断地走向年轻化和全民化。社会化电子商务平台中也存在着大量的未成年用户，在搜索信息的过程中有一些不良信息的推送界面会对未成年用户造成不良的影响。

(2) 信息泄露

用户在平台中注册，很多社会化电子商务平台中的用户都是实名制进行注册的，用户个人信息、购买记录、互动分享的信息以及用户个人的社交网络群体等在平台的数据中都会有痕迹，这就涉及平台对于用户隐私的保护问题。这些信息可能会出售给商家或者向外界泄露。这些信息如果泄露，不仅意味着用户的隐私权遭到侵犯，而且会给用户的日常带来诸多不便。比如用户阅读的信息会夹杂着商家的促销信息，收到商家的短信和电话等骚扰，甚至于会成为商家的定价和活动的依据，从而影响用户的利益。目前对于平台隐私权的保护制度尚未完善和健全，因此用户的权益很容易受到侵犯。对平台来说，如何提高平台使用的安全性对于增加用户黏性和用户的忠诚度是至关重要的。

社会化电子商务平台之所以能够精准地向用户进行推荐，是源于其自身强大的数据挖掘和信息处理技术，用户生成内容是典型的用户数据，通过用户生成内容的分类，不仅能追踪用户网络轨迹、消费行为、兴趣偏好，还可了解生活方式等相关信息。但是消费者可能对其毫不知情，并且无法控制信息的使用，个人信息可能在没有得到用户知情同意的条件下被当作商品进行买卖，平台可能与资本合作方共享信息，与其他广告平台互换信息资源，实现商业变现。

7.2.2.5 物流配送和支付手段中的伦理问题

电子商务的交易双方只能通过互联网进行交流，且在物流配送和支付等方面具有时空不一致现象，这就导致在进行电子商务活动的时候，双方都怕受到损失而提防对方。买方不管用任何一种付款方式，双方都有可能表现出不道德的行为，比如消费者拒付账款、商家拒绝交货等。双方都不愿意承担第一风险，交易将不会正常进行。因此，贸易双方都信任的第三方交易方式就出现了。第三方支付是足以解决电子商务交易问题最好的支付方式，但它也会伴随着许多伦理问题。客户付款后，货款汇到卖方的账户的这段过程存在延迟。在这个过程中，货款被放在支付宝等平台上，使得贸易的中间商能够顺利从中得到高额的回报。第三方支付企业始终有恶意滥用资金的可能性。一些第三方支付采用实名认证的方式，完成这笔电子交易，这将使第三方支付平台成为犯罪分子使用的方式。第三方支付平台，本身是为了增加信用度，协调买卖双方的最好形式。由于各种制度还不健全，使得它从一开始出现就伴随着违背道德的问题。降低了贸易双方的信任感，影响电子商务的正常进行。

配送是电子商务非常重要的环节。电子商务交易是在网络上进行的，卖方把自己要出售的货物通过专业的物流公司配送到买方，才能算是完成了交易。可以说没有物流，就没有电子商务活动的进行，也不会给消费者带来便利。但是，在商品运送过程中，物流公司也会侵犯消费者权益，使消费者对电子商务产生怀疑和失去信任。良好的职业道德对从事专业物流服务的企业来说非常重要，同时对服务对象的态度关系到电子商务未来的发展情况。

伴随着我国经济的迅猛前进，网络效应也在渐渐增加，互联网在为我们提供方便的同时，也出现了像计算机病毒、黑客等问题。一些违背法律的人，利用互联网本身的漏洞，擅自破坏交易数据，偷窥别人的隐私、秘密、专利信息、户头信息等，损害他人的利益。这些不良的手段如果被那些道德沦丧之人利用起来，将可能给我国的电子商务带来不可弥补的重大危害。

7.2.3 社会化电子商务伦理问题的成因

社会化电子商务平台中出现的伦理失范问题的成因包含主体因素和环境因素两个方面。

7.2.3.1 主体因素

(1) 网络自身的特性的问题

① 网络的隐蔽性引发人性的恶性膨胀。我们熟知的经济活动中，人们都是眼见为实，

在看到商品货物以后，才决定到底买不买。但是新型的电子商务活动中，我们无法确定货物到底如何，交易的双方只能通过网络进行交流，消费者所能看到的货源，只是通过商家所提供的图文等所获得的。在这个时候，货物的提供者可以使用各种方法刻意描述货物如何好，如何有效果。由于网络的自身特点的存在，买方无法看到自己的货物的真实情况，这就为道德低下的卖家创造了条件，在交易过程中恶意欺骗买方，给买方带来损失。

在现代社会生活中，人们对信息的需求量在不断地增加，一些人甚至认为信息就是力量，信息就是财富，出现了对信息的过量追求。出于此方面理解，让我们觉得得到的越多就越能全面认识网络，从而在买卖活动中占有优势。此时，互联网提供了一个最好的平台，让我们能够不断地搜集来自各个方面的信息，并且相互之间进行传递。但这将不可避免地导致传播各种各样的信息，网络信息过量，影响正常的信息沟通和正常的电子商务交易。

② 网络的虚拟性导致大量的不道德问题。在长期的历史发展和不断实践中，逐步在人和人之间的相互规范的基础上，形成了对道德价值观和道德的理解。道德关系作为一种构建的关系，它必须以一定的社会关系为基础，并非任何人与人之间的关系都能够产生道德，在现实生活中，人们的社会活动、企业的经济活动总是受到各种各样的法律规范，使得这些现实生活中的活动可以相对容易地调节和控制。但在电子商务活动中，人们之间是以人机对话的方式进行交流的，整个过程完全虚拟化，交易双方从开始到交易结束，都是要通过网络进行的。此时，谁都不知道与自己正在交流的是什么。交易双方都可以通过技术手段将自己的相关信息隐匿或者信息不真实。如果交易人不能够坚持自己的道德底线，那么就很有可能做出在现实社会中不敢做的事情。但这些不道德的信息通过电子手段来扩大传播范围，可能成为现实中社会伦理难以调整和控制的缺陷，导致人们受到欺骗。网络欺诈行为影响电子商务发展。

③ 网络信息使用的无偿性激化了网络社会的伦理问题。网络具有特殊的信息使用免费性，这将出现一个激增的游客访问数量的情况，导致互联网很拥挤，激化网络社会伦理问题。随着网络技术的发展，网络中各种的不道德行为和犯罪活动也随之产生出来，并且变得越来越难以控制，安全问题也变得越发严重。由于审计和记录功能的互联网缺乏同步性，技术上不能有效地管理整个网络。电子商务是以互联网为载体，所以也会出现安全问题。此类安全问题从各个角度影响电子商务双方。

互联网环境下的人们往往看重速度的快慢，而忽视了在速度发展的背后出现的一些不利情况，不注重由此出现的伦理缺陷。降低了信息的知情程度。

（2）利益驱使

在社会化电子商务平台的用户生成内容创作中，产生了不少因为追逐利益而侵犯平台公正性的现象。唯利是图、认钱说话的现象并不少见，平台和商家以及消费者都可能因为自身的利益不惜出卖自己的信用，采用不正当的手段为自己的平台增加人气，为产品增加销量，为自己获得利益。平台上的商品参差不齐，商品介绍的图片和信息等与产品本身不符的现象比比皆是，甚至利用刷单、好评返现等形式来提高店铺和商品的人气。用户也会因为受到好评返现等经济奖励而产生被动好评的用户评价，相关的研究发现针对有偿好评这种典型性的利益诱导型行为，有 60% 的被访谈受众表示会接受有偿好评，80% 的被访谈电子商务从业人员承认会采用这样的手段。用户为了提升自己的名气和吸引其他用户的关注，会采取一些低俗的内容甚至炒作来博取大众的眼球。在视频直播盛行的时代，有些用户更会以传播不良信息和不雅视频来获取粉丝的打赏。而平台为了吸引更多的用户，增加平台的用户黏性，增加平台的收益，对平台中出现的伦理失范现象并没有进行及时的监管和处理。

不难得出，高额的经济利益驱使是产生这些伦理问题的根源。电子商务作为一个崭新的经济方式出现，它的上升期还会比较长，必然会使一些从业者积极努力，获取自我价值的实现。然而，这其中并不缺少一些只为了获得高额经济利益的人，千方百计地破坏原有的电子商务体系，通过不正当的手段谋取私利。当他们的做法没有得到任何制裁的时候，其他人很有可能步他们的后尘，积极进入电子商务市场，追求利益，以获得经济利润的多少当成成功准则，于是就出现了一系列的伦理道德问题。

(3) 行业自我约束能力不足

我国的电子商务发展时间较为短暂，从事电子商务这一行业的商家中，大多数从业者是个体商户，只有极少数是传统商务中的成功企业开拓电子商务领域。这就决定了在电子商务从业者中，每个人的自身优势和不足不尽相同，产生的道德问题也就不相同。还有一些活动参加者欠缺积极的业务意识，法律的意识较淡薄，更有甚者把不正当的经营方式看成是自己的销售手段，普遍认同在市场经济大环境下，追求高额经济利益是唯一的目标。虽然当买卖双方在自己身上出现道德问题的时候，也非常渴望具有平等诚信支持的经济环境，但现在人们却对于行业中不道德行为无可奈何，甚至随波逐流，跟风开始做出破坏经济活动的事情。当出现问题的时候，就把责任推到整个社会的风气不正，没有一个完善的法律体系当中，较少从自身找原因。出现这一系列的道德矛盾问题，恰恰表现出了电子商务从业者自身不具备合格的伦理思想，同时也说明电子商务行业内部的自我约束能力是不足的。因此，商品销售者的行业自律意识不强是一个重要的原因。

(4) 自律性欠缺

社会化电子商务平台数字化的社交交易模式淡化了原有的外部约束，人们以符号的形式进行虚拟的社会交往和交易往来，植根于网络空间的匿名性使得传统道德的他律手段失去了约束的力量。网络交往是在一个以自我为中心的封闭的小圈子中进行选择和道德行为的，更趋近于朴素的伦理社会，人们的行为主要靠个人道德自觉和个人内心信念来维系。“自律”指的是“不受外界约束和情感支配，根据自己善良意志按自己颁布的道德律令而行事的道德原则”。不管是现实交往还是网络交际，道德主体都应自我约束，自觉遵守相关伦理准则，自愿自发地使自身行为符合公众认可。社会化电子商务平台用户内容生成的过程中，因为虚拟人格的双重性，不诚实的现象屡见不鲜。

(5) 媒介素养缺失

媒介素养是指“人们应该具有的正确地判断媒介信息的意义和作用并有效地使用和传播信息的素养，也指批判性思维反作用于媒介的能力”。美国媒介素养研究中心认为，“媒介素养应该注重人们的选择信息能力、信息的理解能力、质疑能力、创造能力、评估能力以及思辨能力”。现代社会越来越复杂，越来越巨大化，人们生活的范围和注意力有限，不可能对与他们有关的整个外部环境和众多事物保持经验性的接触，因此对于我们未曾熟悉的事物，我们经常通过网络借助他人的二手经验进行了解。用户若要了解全面的情况，要提高对信息的判别能力，通过不同的信息渠道验证信息的准确性，推测行为背后的动机以及行为会产生的道德结果，增强独立意识与主体意识，避免网络精神污染对自身的伤害。对于一些危害公共利益的行为要及时揭发，加强对他人的监督，促进平台的和谐成长，避免有不良之人借助用户生成内容吸引人气，侵犯消费者权利。

(6) 网络消费者维权意识较为淡薄

电子商务平台的信用等级对于卖家或平台特别重要，差评所引起的事件屡见报端，有些商家甚至因此威胁用户，受此风气影响，买家会抱着多一事不如少一事的态度，即使对于商品不满意，也会不了了之。还有的是因为在强关系的推荐下，碍于面子问题，放弃对自身利益的维护。比如说在自己的社交平台进行一些转发可领取奖品的活动，如果最后平台没有达成承诺的奖品，消费者可能会因为没有耐心、不愿浪费时间处理这些本就是靠运气得到的奖品，但是平台却会因此获取了流量，提高了知名度。同时，由于法律的漏洞和监管机制的不健全，社会化电子商务平台消费者保障自身正当权益的途径较少，消费者多凭借自身的判断进行交易，有时为了贪图便宜冲动消费，忽视了售后承诺，也没有正规的凭证。电子商务的交易流程并不像传统营销过程那样真实可见，这些因素都在一定程度上助长了企业或平台的不道德行为。

7.2.3.2 环境因素

(1) 我国当前社会大环境的影响

① 社会转型导致道德观念弱化。当前，我国正处在社会主义经济转型期和发展期，正在进行深刻的社会变革，文化方面也伴随着经济的发展悄然改变。这种变化不是普普通通的加减，而是一个非常错综复杂的经历，更是对传统道德理念的改造。改革开放使得思想发生了改变。随着我国社会主义市场经济的发展，中国人民的日常生活变得丰富起来，这时，西方发达国家的事物像洪水一样涌入我们国家，改变着我们的生活。正如美国学者理查德指出："技术常常比伦理学理论发展得快，而这方面的滞后效应往往会给我们带来相当大的危害。"

随着改革开放，人们的道德观念慢慢改变，可是，能够适应社会主义市场经济的伦理体系尚未形成，人们的道德取向逐渐趋向多元，多层次伦理形式已经悄然走进我们的生活，同时出现了与以往生活的不和谐。西方国家颓废的生活方式，冲击着我们的以往日常生活，淡化已经形成的价值观，造成出现道德缺失的现象。我们的日常活动中，道德在不断地滑坡，如果不能充分改变这一现象，就会使得违法人员借助不完备的电子商务系统和不完善的法律法规，进行欺诈、销售伪劣产品、窃取他人的信息，以至于从中谋取高额利润。这些不良的社会现象已经引起了很多人的强烈不满，这样的不良道德行为的产生，不仅严重影响了我国精神文明的建设，同时也妨碍了市场经济秩序的良好发展势头。

② 片面追求经济发展速度而忽视道德建设。改革开放以来，随着市场经济的高速发展，各种经济方式都得到了一定的展现，具有很强的进步性。市场经济本身的特性，使得人们在各项经济活动中不需要说明道德条件就可进行交易，只是为了获得高额的经济利益。但是随着传统道德思想观念的动摇，人们开始逐渐地改变原有的活动方式，积极为自己的利益而不断践踏道德。所以道德正在被无情地剥离，拜金主义以及享乐主义等方式成为经济活动的支撑。伴随着市场经济的发展，其自身的弊端也慢慢地表现出来，并且对已有的社会道德系统产生了非常剧烈的冲击。应该说，一个国家的道德发展程度是与本国的经济发展状况一致的。然而，道德却不是随经济的发展不断前进的，必须通过一定的方式进行发展。在经济快速发展和繁荣的时候，常出现道德滑坡。片面地追求高经济增长率，却不重视思想道德建设，使得人们只顾追求经济利益，却冷落甚至遗忘了营造良好的道德环境。

网络诚信危机在一定程度上是由于技术的不完善或技术本身的发展而引起的。但一方面网络诚信危机可以通过技术完善或技术的进一步发展来控制或解决；另一方面，一些网络社会问题不仅仅是一个技术问题，它同时也是一个复杂的社会问题。

（2）管理和监督机制的不完善

① 法律法规存在缺位。当今世界各项活动的顺利进行离不开法律法规的限制，虽然电子商务的发展时间较为短暂，但是所有参与者遵循法律的规定都是必然的，必须遵守既定的规则。

经济的迅猛发展，使得全世界都出现了一个非常难以解决的问题，即在新生的现象产生的时候，以往表现出的法律法规不再适应新生事物。虽然世界各国都采取了相应的解决措施，重新制定法律条文，却仍然不能满足发展迅速的电子商务活动。我国曾颁布了一项关于电子商务的立法，使得电子商务活动在我国有了法律规范，积极促进我国电子商务的快速健康发展。可是这不能从根本上解决我国电子商务存在的问题。

② 缺少有效的管理制度。一个行业的发展离不开一个良好的管理系统，电子商务作为一种新的经济活动更需要使用这个系统。然而，我国目前所缺少的正是这种制度。

在我国，对诚实守信者并没有有效的奖励措施，对不守信者也不存在惩罚的情况，说明我国的制度还是不完善的。这样就不能为诚信行为提供法律保障，从而使很多销售者和消费者丧失诚信的动力和意识以及对诚信行为的积极性，最终导致电子商务活动中的道德问题愈发严重。而对于失信者，法律的惩罚力度太小，这在客观上便纵容了失信行为。良好的管理制度能够保障电子商务活动的正常进行，完善的管理体系能够确保电子商务的发展活动的健康有序。

（3）“信息不对称”造成的买卖双方地位失衡

信息不对称理论（Asymmetric Information Theory）是由美国经济学家约瑟夫·斯蒂格利茨、乔治·阿克尔洛夫和迈克尔·斯彭斯共同提出的。该理论认为：“市场中卖方比买方更了解有关商品的各种信息；掌握更多信息的一方可以通过向信息贫乏的一方传递可靠信息而在市场中获益。”在社会化电子商务平台中，作为卖方的电商或者相关商家具有信息优势，由他们设定交易规则，而消费者拥有的信息量小，处于劣势地位。在一些社区电商平台，因为水军和隐形广告泛滥，加剧了买卖双方的信息不对称，造成部分企业在经营过程中违背道德原则，利用用户生成内容的匿名性和去中心化进行违德违法的推广营销。

7.3 社会化电子商务的安全与伦理构建

7.3.1 社会化电子商务的安全构建

7.3.1.1 社会化电子商务平台安全构建原则

（1）整体性和统一规划原则

社会化电子商务平台网络安全保障体系的建设必须适应其信息化的需求，必须兼顾核心业务与非核心业务的信息化需求，从安全技术保障、安全组织保障和安全运营保障等角度出发，为社会化电子商务平台规划全面的安全保障体系。

（2）标准化和规范性原则

技术标准化是信息系统建设的基本要求，也是电子化和信息化的前提，社会化电子商务平台安全构建数据中心构成复杂，应用多种多样。未来保证信息的安全互通互联，确保安全保障体系建设的全面推广应用，必须严格遵循国家和有关部门关于网络安全管理的相关规定及建设规范，按照统一的标准进行设计。另外，社会化电子商务信息安全的构建需要遵循规范性原则，没有统一的规范就不能有统一的思想进行指导。规范性原则就是在统一规范化的信息安全条例下对社会化电子商务平台的信息安全进行规范性的把控，目的就是在统一的网络环境中保证信息的绝对安全。

（3）适度性和灵活性原则

任何网络安全系统都不能做到绝对的安全，社会化电子商务平台的安全建设也不例外。因此，在社会化电子商务平台安全体系构建的过程中，需要在安全需求、安全风险和安全成本之间进行平衡和折中，过多的安全要求必将造成安全成本的迅速增加和运算的复杂性。随着技术的更新换代会出现新的安全性问题，这就需要安全系统能够及时地进行调整来保障数据和信息的安全。因此，社会化电子商务平台的网络安全系统需要具备灵活性，及时地处理新问题并纠错。

7.3.1.2 社会化电子商务平台信息安全构建对策

（1）提高网络信息安全重要性的认识

社会化电子商务平台信息安全构建首要解决的问题就是要提高网络信息安全重要性的认知，让用户对网络信息安全有全面的了解和认识，要在思想上把信息资源共享与信息安全防护有机统一起来，树立维护信息安全就是保生存、促发展的观念。并且要以有效的途径和方式对广大用户普及网络安全知识，提高用户的网络安全意识和自觉性，学会维护网络安全的基本技能。同时，要以简单易懂的方式告知用户哪些行为会对网络安全造成威胁，在社会化电子商务的应用过程中哪些行为是不被允许的。另外，还要培养用户的信息安全自我防护意识，不管是在平台中进行注册、购物、信息分享还是在社会交往的过程中都要注意对自己的个人信息进行保密。

（2）加强网络安全管理

社会化电子商务用户的信息安全防护掺杂了个人主观意识，难以对每个用户随时进行把控，因此需要加强网络信息安全管理。社会化电子商务平台要针对网络安全组织专职人员对平台网络安全进行全方位的管理，遇到问题或者接到用户的相关投诉要及时地处理。平台的流量大，一旦产生安全漏洞会造成用户和平台双方巨大的损失，对于危害到用户安全的事项更要提高警惕。对于安全管理部门的人员要不定期地进行专业素质培训，对于新型的病毒对安全的危害要加快网络安全专业人才的培训，这样才能适应新的网络安全保护形势。

（3）强化技术创新

技术是网络安全的重要保障，只有不断进行网络安全技术的创新才能应对网络安全问题的挑战。随着网络安全威胁的日益加剧，网络安全问题的热度不断升温，对网络安全技术的创新和发展的要求更加迫切。要加强对相关技术的创新，采取多元化的战略，对网络安全问题防患于未然。

（4）建立网络风险防范机制

在网络建设与经营中，因为安全技术滞后、道德规范苍白、法律疲软等原因，往往会使网络经营者陷于困境，这就必须建立网络风险防范机制，为网络安全而产生的防止和规避风险的方法有多种多样，但总的来讲，不外乎危险产生前的预防、危险发生中的抑制和危险发生过后的补救。在社会化电子商务平台的建设和经营过程中，网络经营者可以在保险标的范围内对允许标保的财产进行标保，并在出险后进行理赔。

（5）开展网络安全立法和执法

一是要加快立法进程，健全法律体系。目前我国的网络安全法律、法规和相关条例尚不完善，要吸收借鉴国外网络安全立法的先进经验，对现行法律体系进行修改与补充。要结合社会化电子商务平台发展的新形势、新特征对网络安全的相关立法进行针对性的修改，使法律体系更加科学和完善。二是要执法必严、违法必究。要建立有利于网络安全案件诉讼与公检法机关办案的制度，提高执法的效率和质量，对于社会化电子商务发展过程中触犯法律的行为和典型案例做成普法宣传册或者网络视频在平台进行宣传和播放，进行网络安全的普法教育。

7.3.2 社会化电子商务的伦理构建

7.3.2.1 社会化电子商务平台伦理构建原则

（1）公平和正义原则

责任伦理要求不仅要维护个人利益，也要注重整体利益，维护公共秩序。因为网络的发展呈现出整体化趋势，一个小小的行为就能够对其他用户产生重要影响。而公平和正义原则是维护公共秩序的重要伦理原则，也是行为主体应当崇尚和追求的伦理要求。社会化电子商务平台中交往和交易必须坚持平等公平原则，反对利用或制造信息不对称的交往和交易中的信息欺骗和歧视行为。保障消费者的隐私权、知情权和表达权。社会化电子商务平台中不公平、不正义行为不仅造成了对弱势群体利益的侵犯，更冲击着电子商务平台良性运作的基石。平台和消费者虽然是服务商和用户的关系，但是本质上也是平等的买卖双方关系。平台虽然以盈利为目的，掌握着交易、沟通机制的形成和运行，但是应坚守正确的商业伦理，尊重消费者的地位。有关部门或组织应确保两者之间的地位平等，在有关规则的制定时不能偏袒任何一方，各个平台商家也应该公平竞争，运用平台天然的舆论生成机制，维护透明的评价体系，自觉抵制网络水军炒作。买家和卖家也应该恪守正义原则，不以利益诱惑为诱饵，如实评价，实现信息资源平等交换和共享。

（2）客观与真实的原则

社会化电子商务平台为用户提供了展现自我、自由发表言论和交流的平台。用户生成内容（UGC）的情感倾向是衡量内容和平台的可信度的重要指标，因此，内容的客观和真实属性关系到用户生成内容的质量高低，也是全体成员应该坚守的内容生成规则。社会化电子商务平台将用户线下讨论的购物场景搬至线上，覆盖大量真实用户的分享，十分适合口碑营销。美国口碑营销协会倡导口碑营销应遵循诚实原则，即关系、评价、身份诚实。我们可以把这个原则借鉴到社会化电子商务平台的伦理构建中，结合社会化电子商务平台的具体特点，可以阐述如下：关系诚实指用户在与其他消费者交流中应该遵循应有的身份，对于受到平台方或是商家任何产品和激励，应该采取公开和诚实的态度，不能冒充用户在平台上发布不真实的评价；评价真实是用户应该根据自身的体验真实客观地记录自己的消费感悟，形成自身独特的评价，不应该因为利益的驱动做出不符合实情的偏袒商家或平台的评价；身份真实是要明确地透露自己的身份，反对任何形式的雇佣欺骗，用网络水军冒充消费者发表利于自己的评价或看法，这对建立社会化电子商务平台的信任体系是至关重要的。在具体的实践中，各方都应自我约束，不能以短期的利益为基本的行为指向，要共同抵制不良风气，减少贸易中的信任成本，共筑诚信的市场环境。

（3）无害化与审慎的原则

社会化电子商务平台的开放性给予用户相互交流和沟通的空间，用户可以充分地表达自己的观点和看法。无害化原则意味着网络主体不能利用网络技术的便利条件对他人或网络环境造成直接或间接的伤害，这个原则指引各个道德主体不仅要从行为的动机进行考量，也要求各个主体关注自身行为的结果，要避免自身行为产生的危害，对行为的结果负责，这个原则是网络伦理的底线，同样适用于社会化电子商务平台的伦理原则构建中。用户在保障自身行为有序的过程中实现公共平台的构建和商业信息的传递，无害化不仅受益他人，而且反过来保护自身，更有利于整个网络生态环境。与无害化原则相适应的是审慎原则，无害化原则要求行为结果不能造成相关危害，而审慎原则则要求行为主体在行为之前要审慎地明确自身的权利与义务边界，使自身行为保持正当。要充分考虑自己的行为或实践的动机和可能造成的结果，如果说动机无害，结果还是给他人带来了不好的影响，行为主体有义务及时止损，避免更大的伤害。虽然网络社会由于传播特性使得责任的归属难度变大，但是网民依旧要对个人造成的后果承担相应的责任，因此各个主体要加强媒介素养的提升，明辨是非，提高自己的内容质量，预防不良信息的污染。唯有各个参与者严守边界，坚决抵制不良行为，社会化电子商务平台 UGC 才能体现真正的价值。商家不能为了提高转化率去作弊，通过隐形的手段欺骗消费者，从而获得较高的用户量，透支消费者的信用；或对竞争对手采取恶意公关的手段，故意抹黑。消费者不能贪图优惠做出不符合现状的一味好评，在转发或发布相关商业讯息前要明确自己的行为合情合法，在商品评价中可以不说话、不表态，但是不能乱说话、乱表达。反之，干扰了正常社会化电子商务平台 UGC 的产出机制，造成了商家之间的恶意竞争，对于整个社会化电子商务平台生态的风气有着巨大的损伤。

7.3.2.2 社会化电子商务平台伦理构建对策

（1）对社交平台的对策建议

① 加强平台相关制度的建设。加强对商家、用户身份的注册和审核机制。建立一套更为完善和严格的身份认证机制，做到一人一号，不能多次认证，同时摒着“知情同意”的原则，尽可能消除对用户隐私造成的伤害。设立惩罚机制，对违规内容及时处理，加强对水军的整治，限制导购网站上买家伪造身份发布内容；对于广告，采取机器过滤或封号等管理措施进行清理。完善内容机制，促进用户生成内容的正向循环。设置第三方评级机制，可以招募专业的评论员，以客观公正的态度对于产品进行细节描述，对普通用户的用户生成内容进行补充，若发现撰写不真实的正面评价，按照作弊进行处理，同时针对建立有效的惩罚机制。培养平台内意见领袖的网络责任感，对于危害平台风气的意见领袖要正确引导。完善平台的举报监督制度，与用户共同协作维护良好风气。平台可以设置专门的监督平台，倡导公正客观的内容产出，对于不同形式的软文广告进行标准化的鉴别与剔除，培育真实的反馈氛围。除加强平台方的检测外，还要调动用户的积极性，通过用户易于接受的形式结合平台自身调性，生动活泼地对于用户进行道德教育，同时建立激励机制，用户可以对社区中其他用户的不良行为通过举报机制进行举报，协同维护平台的健康风气。

② 提高平台方的自律意识。对于不同种类的用户生成内容，平台方要把握不同的运作规律，比如对于社交类的用户生成内容，用户多看重数据的真实性，平台应运用合理的技术形式呈现其他用户对于内容的价值判断；对于涉及产品具体信息的商业型用户生成内容，平台应保证内容的客观中立性，通过对内容质量的把控来提高信息来源的权威性和可靠性，协调好各方的利益，做好把关者；而至于兴趣型的用户生成内容建设，要侧重于平台话题的轰动性和商业性，鼓励健康原生内容的产生，培养良好的社区氛围。在把握不同用户生成内容类型的运营侧重点的同时，平台更要加强自律意识，遵循“义利统一”的商业伦理原则，不能为了增加平台的热度和流量而不顾底线地炒作，一味地制造夺人眼球的话题，甚至不惜作假培育意见领袖，和一些公关公司合谋为品牌或商家进行不客观的宣传，纵容一些不良现象的蔓延等。对于自身平台的推广，要充分挖掘社交互动和优质内容的吸引力，运用好用户生成内容的激励策略，从贴近消费者心理为出发点构建更加人性化的内容生成机制，创新营销模式，为用户提供更好的服务质量和客户解决方案。此外，不管是在利用用户的生成内容进行打包沉淀推广，还是通过大数据分析目标客户群与外部广告平台进行数据交换，平台方在保持开放分享的互联网精神的同时，更要注重对用户知识产权的保护，合理合法地运用海量的用户数据，切实保护消费者的隐私。

（2）对用户的策略建议

① 用户应提高媒介素养。社会化电子商务平台具有开放性，会被别有用心的人伪装利用，用户要提高自身的媒介素养，以免受到进一步的利益侵害，干扰自身生活。彭兰指出对于公众而言，社会化媒体时代的媒介素养主要体现在媒介使用素养、信息消费素养、信息生产素养、社会交往素养、社会协作和参与素养等。这些素养对于规范用户生成内容的质量较为重要。媒介使用和信息消费素养即是用户对于外界信息的筛选、分析和评判能力。结合到社会化电子商务平台的用户生成内容领域，用户要自觉对平台上的信息进行评估和质疑，对于标题党和为了争夺注意力的内容，保持审慎的态度，甄别出背后的逻辑漏洞，明辨信息传播背后的动机。

理性地关注平台上的热门事件，不能因为害怕落伍而盲目跟风。避免成为某些品牌造势炒作、恶意营销的工具，最终导致个人的生活遭到侵扰，增加不必要的麻烦。比如说有的品牌在社会化电子商务平台以用户的口吻开展看似自发式的话题营销活动，在平台上发布相关软文，利用人性测试、植入产品、秀恩爱、晒红包等手段制造热点话题，设置庸俗“议程”。基于消费者的虚荣的心理，营造出攀比的现象，使得“不买就是不爱我”的庸俗感情观点侵蚀用户心智，通过营造人际关系中的矛盾以此来拉动产品的销量。同时用户要多方面地获取需要的讯息，发现失真或不客观信息要及时举报。信息生产素养包括负责发布信息、负责进行信息再传播的素养。用户对于社区内的意见领袖保持冷静，不能盲目跟从，人云亦云，谨慎对待转发的传播行为，要根据自己的真实体验对商品和服务做出公平、公正的评价。如果意见领袖因为个人情绪发表偏激、错误、非理性的见解和观点，用户很容易被意见领袖所引导。由于平台用户的同质性，其意见趋向统一，容易会造成群体意见的极化现象，对某些品牌或产品造成中伤。社会交往和协作素养要求用户在社会化电子商务平台进行内容产出注意客观公正的同时，也要自觉维护他人的隐私和合法权益，避免因为不满等情绪进行网络暴力等，社会化电子商务平台不仅要提倡 Web2.0“我为人人，人人为我”的核心精神，也应注重保护他人的智力成果。

② 用户要树立正确的价值观念。对于商家或平台的利益刺激要保持理性，不能单纯因

为利益的诱惑就做出有违客观公正的评价，沦为商家的水军。同时提高思想道德意识，保持良好的价值导向、审美导向、政策导向，以确保自己生成的内容合理合法。根据自身的使用体验实事求是地做出评价；端正分享的动机，对于自身网络行为可能产生的结果进行充分的预判，在进行转发或者分享时充分考量是否危及他人利益，是否有违法现象；对于不良现象要有正义感。在享受到社会化电子商务平台提供的各种便利的同时，也应维护网络生态的和谐发展，提高自律意识，遵守平台规则，遵守网络交往的平等无伤、知情同意等原则，参与到网络生态的建设中。

（3）对商家、品牌的策略建议

① 利用社会化电子商务平台做好口碑营销。品牌和商家可以借助平台，关注时下的热点事件及流行趋势，主动设置议题，引爆消费者的兴趣焦点。通过专业的生成内容引导用户进行内容产出。通过互动增加品牌的趣味和黏性，引导消费者为自身产品传播品牌价值，积累口碑。邀请顾客参与产品讨论，讲述他们真实的想法，提供有价值的信息。对于话题的设置，不仅可以围绕自家的产品，也可以针对某个与产品密切相关的需求设置议题。

营造讨论的氛围，巧妙渗透产品信息，提升品牌在平台的热度。邀请用户为品牌和产品的发展提供参考建议并参与产品的规划，实现创意的众包。除了利用用户的生成内容进行品牌的维护和升级外，用户心得对于产品的提升也十分重要，社会化电子商务平台的用户生成内容对于用户决策的参考意义较大，因此品牌或商家可以基于这些口碑内容进行全面精准的大数据分析，针对消费者的需求变动和使用心得不断调整产品，实现产品的迭代。

面对消费者对品牌或产品的不满，要主动应对，积极引导，快速解决消费者在体验过程中的缺失感，不能采取作弊行为，影响产品和品牌的形象。更不能雇用水军以社会化电子商务平台为阵地，诋毁竞争对手，进行不正当的市场竞争。

② 进行舆情监测，消除不良影响。商家或平台可以把社会化电子商务平台当成舆情监测的基地，对于负面口碑进行必要的整理和分析，监测用户的态度倾向和议题，降低陷入危机的风险。要尊重受众在人际传播中的主动性，把握消费者和网民的心理和需求。如果发现消费者对其产品或服务存在误解，可以通过事实的陈述消除消费者的困惑，以显性的人际交往手段与用户在社会化电子商务平台上进行及时的、平等的沟通。这种人际传播的有效对话再通过公开式的平台呈现不仅消弭了单个用户的困惑，也避免了对其他消费者产生由于信息不对称引发的决策误导。除此之外，当发现竞争对手利用社会化电子商务平台进行攻击诋毁时，可以借助平台用户的力量，发挥广大忠实客户的口碑影响力，及时向平台或相关媒体进行申诉，必要时要诉诸法律，坚决抵制恶意的诋毁和水军造谣，维护自身口碑。与此同时，也可以参照用户对竞争对手的口碑评价，以及相关意见领袖如行业专家等对企业或行业的看法，通过了解市场各方的所思所想，结合市场地位，改善产品和服务。

（4）对政府相关部门的策略建议

① 加强对社会化电子商务的监管。网络空间是虚拟的，但运用网络空间的主体是现实的，大家都应该遵守法律，明确各方权利和义务。要加强网络伦理、网络文明建设，发挥道德教化引导作用，用人类文明优秀成果滋养网络空间、修复网络生态。电子商务和网络营销的健康发展离不开配套的法律法规的支持，社会化电子商务平台的伦理失范现象是随着电子商务的发展而产生的，需要建立健全的电子商务法律法规体系，构建公正透明的电

子商务法制环境。在合理规制社会化电子商务平台用户生成内容乱象的同时，协调各方的利益要求，最大限度地合理体现其应有的商业和经济价值。在法律制定方面，除了专门的电子商务法规外，也应对相关联的产生伦理失范现象的不良营销工具进行管制，比如国家在法律层面要有效设定网络水军等商业推广行为的具体细则，通过网络实名制等相关制度，减少虚假口碑的可操作空间，维护消费者的知情权。同时完善有关诽谤罪和广告法等相关法律，对这些法律在网络上的适用范围进行宣传和引导，培育大众和企业的维权意识。

② 政府主导构建网络生态原则，加强网络道德教育。社会化电子商务平台依托着网络社会的发展，网络社会与道德主体的和谐共生的前提就是确定网络生态原则。政府是制度建设的主体，政府不仅应该作为正式制度（法律法规及相关政策）安排的提供者，也应成为非正式制度（网络生态原则）安排形成的影响者。“网络社会”应该做到有章可循、有法可依，也应该制定一些立网原则，有学者提出：“无害原则、公正原则、尊重原则、允许原则、可持续原则应成为网络生态伦理的基本原则。”无害原则即指主体传播的信息对于他人没有伤害性；公正原则即强调公平和正义，强调主体行为的出发点；尊重原则要求网络主体要相互尊重；允许原则符合互联网开放性特征，允许网络主体行为的多样化；可持续原则则是网络社会的终极目标。除此之外，还应加上平等原则、透明原则、生态原则、伦理原则等。网络受众必须自觉地遵循这些原则。政府应主导行业成立相关领域的伦理委员会，通过案例讨论和相关契约的达成不断推进社会化电子商务平台伦理的深入和成熟，为各个道德主体提供自我教育、自我治理的平台，通过相互监督，共享共建和谐的内容体系。而构建网络生态原则需要以提升网络参与主体的道德意识为基础，对社会化电子商务平台用户生成内容所涉及的参与主体应不断加强网络伦理道德教育，提高他们的道德自律，是规避社会化电子商务平台用户生成内容领域的伦理失范现象的基础途径。要摆脱居高临下的刻板说教，建立平等的对话模式，

采用网民喜闻乐见的形式进行阐述，把网络风气的建设纳入到社会道德要求中。让积极的道德风尚主动占领互联网道德的空间，让网络用户感染并接受这些观念，形成网络共同体意识，推进网络平台共享开放、交互协作的氛围建设，构建具备公共理性的网络公共领域。政府和媒体在培育网民道德责任意识上有着不可推卸的责任，要塑造风清气正的网络风气，要实际解决由于用户生成内容所引起的社会舆论问题。通过揭露相关事实，综合运用新型媒体，采用专题形式引导大众了解和警惕在新型数字营销手段背后可能隐藏的风险与骗局，教育消费者行使和维护自身的合法权利，调节各个参与主体的网络行为规范。同时要遏制有关内容生成的灰色市场，比如水军炒作、机器化的伪装原创内容编造等不良现象，从产业链源头整治内容生成的乱象，配合网络伦理道德的建设。

本章小结

本章介绍了社会化电子商务安全的概念及类型，探讨了社会化电子商务安全问题并分析了安全问题产生的原因；介绍了社会化电子商务伦理的概念及特征，探讨了社会化电子商务伦理问题并分析了伦理问题产生的原因；最后讨论了社会化电子商务安全和伦理构建原则以及对策。

思考练习题

1. 简述社会化电子商务安全概念，并列举安全的类型。
2. 社会化电子商务平台中有哪些安全问题？其产生的原因有哪些？
3. 什么是社会化电子商务伦理？社会化电子商务中的伦理特征有哪些？
4. 社会化电子商务平台中有哪些伦理问题？其产生的原因有哪些？
5. 简述社会化电子商务平台安全构建的原则。
6. 结合实际为社会化电子商务平台安全构建提出对策。
7. 简述社会化电子商务平台伦理构建的原则。
8. 结合实际为社会化电子商务平台伦理构建提出对策。

第 8 章 社会化电子商务典型案例

学习目标

- ■了解新浪微博社会化电子商务基本情况和商业运作模式
- ■了解 Pinterest 社会化电子商务基本情况和商业运作模式
- ■了解 Facebook 社会化电子商务基本情况和商业运作模式
- ■了解瑞德微吧社会化电子商务基本情况和商业运作模式
- ■了解淘江湖社会化电子商务基本情况和商业运作模式
- ■了解蘑菇街社会化电子商务基本情况和商业运作模式
- ■了解 Groupon 社会化电子商务基本情况和商业运作模式
- ■了解众包社会化电子商务基本情况和商业运作模式
- ■了解微信商城社会化电子商务基本情况和商业运作模式
- ■了解腾讯社会化电子商务基本情况和商业运作模式

8.1 基于社会化网站发展的社会化电子商务平台模式

8.1.1 新浪微博

8.1.1.1 新浪微博社会化电子商务基本情况

微博，即微博客的简称，是一个基于用户关系的信息分享、传播以及获取平台，用户可以通过 WEB、WAP 以及各种客户端组建个人社区，以 140 字左右的文字更新信息，并实现即时分享。最早也是最著名的微博是美国的 Twitter，自 2006 年美国推出微博服务以来，微博作为网络媒体的新兴力量，目前已经成为新的重要的传播工具和平台。2009 年，中国最大的门户网站新浪网推出“新浪微博”内测版，成为门户网站中第一家提供微博服务的网站，微博正式进入中文上网主流人群视野。这一全新的网络交往和信息传播模式，掀起了互联网行业的新高潮。与其他社交网络相比，微博开创了一种全新的网络社交模式。在该模式下，以用户互动关注信息、互动了解信息为主，相比其他被动展示信息更具有较强的使用积极性。微博在一定程度上解决被动推送信息和信息获取不及时的问题，微博用户通过“关注”功能选取自己关注的对象，进而可以实时获取相关对象的信息，并及时创作出分享体验文字。

在微博业务发展十分迅速的同时，微博逐步与电子商务相结合，借助微博自身拥有的庞大的用户群开展电子商务业务产生了很大的价值。对微博业务来讲，融合电子商务的发展模式，可以提升用户体验，提高用户黏性，丰富信息服务种类，降低用户流失的可能性。对于电子商务来讲，微博提供了精准营销的渠道，减少营销成本，降低消费用户对非价值信息产生的厌恶抵触心理。如果电子商务商家成为消费用户的关注对象，那么这些商家推送的信息所到达的用户都是潜在用户群体，极大降低后期营销成本，且可以降低广告泛滥导致非用户群体产生抵触厌恶情绪和影响企业产品形象。对于手机支付来讲，微博社交与电子商务的结合可以促进移动电子商务的发展，进而拓展手机支付领域。对于用户来讲，微博和电子商务的结合可以丰富应用业务领域，提高商品消费的便捷性和体验效果。

8.1.1.2　新浪微博社会化电子商务商业运作模式

新浪微博是新浪企业旗下基于用户关系的信息获取、分享和传播平台。新浪微博用户可以依托新浪微博网页、WAP 页面、外部程序、手机短信、彩信等渠道发布信息、上传图片和链接视频，达到即时分享信息的目的。基于新浪微博巨大的流量优势，新浪微博提出了互动精准广告、社交游戏、实时搜索、无线增值服务、电子商务平台及数字内容收费商业模式构想。从目前实际运营现状来看，新浪微博绝大部分是通过广告营销取得收入。这说明新浪微博的社交化电子商务还处于创建发展阶段。

新浪微博的社会化电子商务的特殊之处在于其产品是微博信用卡“达人信用卡”，这是新浪微博与招商银行合作推出的信用卡。这种信用卡在中国属于首例，它第一次将用户社交活动与消费行为进行深度整合，为社交消费的线上线下一体化整合提供了条件。从社会化电子商务角度来看，达人信用卡用户享有积分互惠、商家互惠和个性卡面等特权。这在一定程度上是对支付渠道的把握。新浪微博借助巨大的客户流量，再借助支付端把控，能够引导用户“定向消费”。由于新浪微博所提供的“定向引导”服务与该平台提供的社交内容具有一致性，这种消费与社交之间的联系就更为密切。消费者的社交活动会积累相应的积分，也进一步丰富了自身在这一消费闭环中的特权，巩固了客户与消费支付渠道的关系。

阿里巴巴入股新浪微博，弥补了在社交网络和移动终端的短板。淘宝要进行社会化转型，而新浪微博拥有极强的用户黏性和 SNS 属性，此番合作能够各取所需，也让社会化网络与电商的融合更为密切。

（1）推进社会化媒体布局

阿里巴巴对媒体的理解很深，它拥有中国互联网乃至 IT 科技业界最为强大的媒体公关团队。从早年的并购雅虎中国立志打造“第五大门户网站”，到创办后来的《卖家》《天下网商》等杂志，均折射出阿里巴巴对媒体领域方面的重视与投入。近年来社会化媒体迅速崛起，通过入股这一强势社交媒体平台，阿里巴巴不仅能迅速为旗下各网站导入庞大的流量和用户资源，而且能以股东的身份利用新浪网的媒体资源，从而获得公关优势。

（2）布局移动电子商务

2012 年 12 月，新浪微博日均活跃用户数在 4620 万左右，同比增长 82%，其中有 75% 的活跃用户通过移动终端登录微博。虽然面临重重发展障碍，但新浪微博在中国社交媒体市场的领先地位正日趋稳固。2012 年，移动互联网用户达到 3.88 亿，全球智能手机出货量是 4.9 亿部，远远超过 PC 出货量的 3.5 亿台。随着智能手机价格的下降和普及，不断促进移动互联网行业的快速发展。阿里巴巴通过智能手机应用程序和自己的移动操作系统，试图将其电子商务平台扩大至移动领域，而入股新浪微博则是该公司朝着这个方向上迈出的重要一步。

（3）吸引流量抢占入口

对于阿里巴巴而言，投资新浪微博可以把握住中国互联网上一个非常关键的流量入口，有助于对抗互联网另外两大流量掌握的巨头百度和腾讯，以及羽翼日渐丰满的奇虎 360；同时又可掌握京东、苏宁易购等大型 B2C 电商的一大主要流量入口，并间接起到震慑诸多中小电商作用。

8.1.2 Pinterest

8.1.2.1 Pinterest 社会化电子商务基本情况

美国 Pinterest 是一个图片分享类的社交网站，用户可以按主题分类添加和管理自己的图片收藏，并与好友分享（图 8-1）。其使用的网站布局为瀑布流布局。它由美国加利福尼亚州帕罗奥多的一个名为 ColdBrew Labs 的团队创办，2010 年正式上线。“Pinterest” 就是由 “Pin”（图钉）及 “Interest”（兴趣）两个词组成，目前在社交媒体网站中的浏览量仅次于 Facebook 及 Youtube。它允许用户通过 Facebook 和 Twitter 社交账户进行登录，一方面省去了用户注册的烦琐程序，另一方面也让用户避免了垃圾邮件的骚扰，同时它对各大主要社交平台开放，用户也很容易将自己在网站上发现的新鲜事物分享给关系社交网络中的朋友。以图钉 + 兴趣表示把自己感兴趣的东西用图钉钉在钉板上。它创新开发的图片流模式，颠覆了人们对传统网页以文字内容为主导的习惯。很多人还没有弄明白，一个看似很多人都不会用的网站，为什么会在短时间内达到如此的访问量和规模？这个逻辑其实不难理解，Pinterest 的诞生促进了用户发布自己喜好和兴趣的积极性，它上面的社交关系是建立在兴趣爱好基础上的，并不是 Facebook 那种亲友关系。它所解决的问题是，把更多互联网上的内容用最简单的方式传播出去。这就如一本由很多潮流时尚图片组成的杂志，女生会翻阅自己喜爱的杂志，有喜欢的图片甚至留下来剪报。事实上图片只是表层现象，模式核心在于最终能连线到网页。也就是说，形式上很像画面广告性质，只不过这种从内容制作到传播实际上是 Web2.0 实现的方式，也恰恰是这个属性决定 Pinterest 非常适合做引导导购型电子商务，做购物的推荐，而且分享的成本则近乎于零。

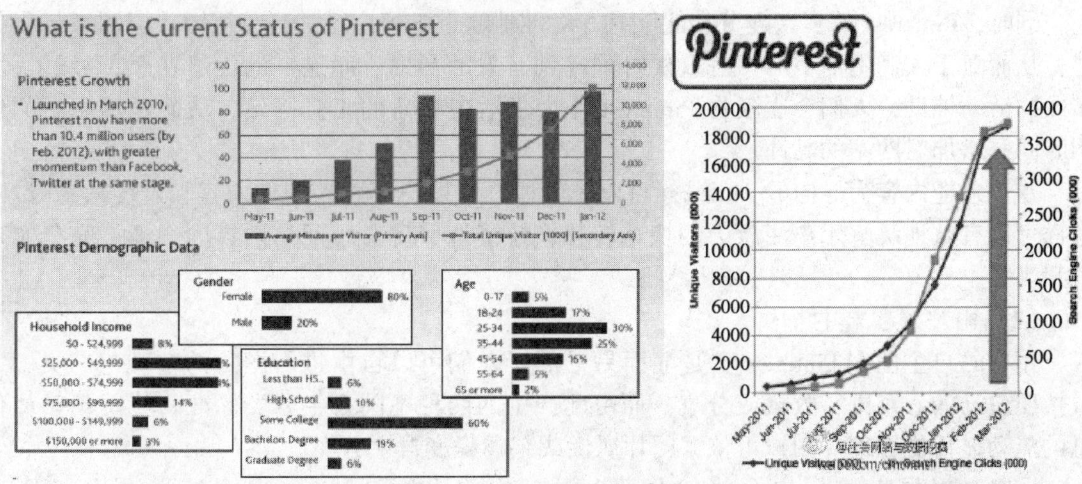

图 8-1　Pinterest 增长图

2012 年 1 月，该网站有将近 1200 万的访问量，成为有史以来最快突破 1000 万访问量的网站。

Pinterest 的网站月度总访问量自 2011 年 8 月至 2012 年 1 月增长了 1745%，人均在线时间也大大超过其他社交网站。comScore 的数据显示，2012 年 1 月，用户花在 Pinterest 上的时间为89分钟。在用户构成上，80%为女性，年龄集中在25~44岁，月收入可观，而且教育背景突出。这些用户都是最有价值和消费力的人群。它在社交电子商务方面的发力可能会比Facebook等来得更加迅速和直接。无论是用户的黏着度（使用时间）、用户的构成（女性为主），还是使用的目的（兴趣和网购）等，都支持它成为新一代社交电子商务的代表。2011年第二季度Pinterest只占整体社交电子商务零售额的1.2%，但是最近已经攀升到17.4%，据最新一项针对500强网络零售公司的统计表明，Pinterest有可能在未来占有整体社交电子商务零售额的40%。

8.1.2.2 Pinterest社会化电子商务商业运作模式

作为"兴趣图谱" + "社交图谱"的典范，Pinterest为电子商务带来新的模式，传统电子商务网站缺乏媒体属性和社交属性，只是按类别提供商品陈列或商品搜索，缺乏用户黏着度，它们能够留住的只是有明确购物意向的消费者，对没有明确购物意向的潜在客户缺乏吸引力。以Facebook为代表的新兴社交媒体又偏重人际关系而轻电子商务。而Pinterest网站上用户和用户之间通过关注彼此的图片墙，只需将自己购买的某个商品图片钉在图片墙上，就很容易引导其他具有类似兴趣的用户产生购物欲望。

目前Pinterest的盈利来源有以下几类：品牌广告（根据版面内容投放具有针对性的广告）、企业会员（B2B提供版面让企业发布产品信息图片）、电子商务（B2C点击图片链接入外部零售商B2C销售产品）、图片存储（设立免费服务和付费会员服务）。

Pinterest社会化电子商务商业运作模式的特点主要有以下几个方面。

（1）主体兴趣引导

Pinterest的立足点在于人们的兴趣，无论是人们的物质性兴趣（对包含衣食住行在内的舒适物质生活的追求），还是人们处于发展需要精神性兴趣（如学习、研究、艺术文化等知识的追求）。在网站中，人们可以寻找到各个感兴趣的内容（图片）。

同时，Pinterest的多兴趣分类能够有针对性地通过内容广泛的高品质图片资源来提供灵感，从而对于人们生活中的一些重要时刻起到有效的帮助。而这样的优势在于，经过反复多次的活动辅助，人们会逐渐将Pinterest作为生活中必备的工具网站，从而延长网站的使用时间、增加对网站的黏性。

基于兴趣内容为导向的Pinterest可以有效地过滤用户不感兴趣的内容和过度信息噪声。这样可以有效地缓解用户注意力的快速转移，持续地保持对于网站内容的兴趣，充分实现自我满足。

（2）用户兴趣自主

用户的自主性在Pinterest上是显而易见的，人们可以自由进行图片的整理与归类，并且按照自己的心意进行收藏或分享。而由此产生的两种不同自主分类标准将使网站整体信息的流动显得更合理。用户可依据图片属性或兴趣程度自主分类。

同时，根据需要用户会将"收藏"置于公开化（Public）抑或是私密化（Secret Board）。在某些时候用户也会进行"评论"。而当某一用户对多个内容产生持续的好感时，"关注"行为产生，反之则进行"取消关注"。人们只有在与站内用户产生较亲密联系时或是某站外好友对该兴趣内容特别需要时，才会"发送给朋友"。对网站的管理者来说，通过了解用户自发的逻辑分类及兴趣程度来分类，能够更好地理解用户的需求。根据用户的兴趣程度走向来分析网站未来的建设方向，更有针对性地对用户感兴趣的内容进行推送。

8.1.3 Facebook

8.1.3.1 Facebook 社交化电子商务基本情况

（1）Facebook 基本情况介绍

Facebook 是一个起源于美国的社交网络，于 2004 年 2 月 4 日上线。用户可以建立个人主页，添加其他用户作为朋友并交换信息，包括自动更新及即时通信。此外，用户可以加入各种群组，例如工作单位、学校、组织机构或者兴趣小组等。

Facebook 的创始人是哈佛大学的马克·扎克伯格。最初 Facebook 的注册仅限于哈佛大学内学生，但是很快就散播到波士顿地区的其他大学，2006 年开始正式对世界各地开放。

2012 年 2 月 1 日，Facebook 向美国证券交易所委员会提交集资规模为 50 亿美元的上市申请。上市文件披露 Facebook 当时有将近 9 亿注册用户，2011 年纯利增至 10 亿美元，增长率为 65%，年营业额为 37.1 亿美元，2012 年资本支出为 16～18 亿美元，截至 2011 年底，全职员工共有 3200 人。5 月 18 日，Facebook 通过首次公开招股（IPO）形式正式在纳斯达克上市，以 38 美元的定价集资 184 亿美元，成为美国历史上第三大 IPO 案例。截至 2012 年 6 月底，Facebook 已经拥有超过 9.5 亿用户，成为全球最受欢迎的社交媒体。

（2）Facebook 社会化电子商务

与之前的腾讯不同的是，Facebook 的电子商务并不是传统意义上的 B2B、B2C、C2C 之类的平台电子商务，而是一种建立在以高科技技术为核心竞争力的实名制社交平台上的电子商务。这里不得不提到的就是 Facebook 在目前社交类网站群体中的垄断地位，而这也是 Facebook 电子商务社会化和盈利的基础。Facebook 社会化电子商务，又称为 F-commerce，简单来说，就是通过 Facebook 销售商品。Facebook 站内店铺，又称为 F-store。零售商直接在 Facebook 开设店铺，这种店铺有四种形式：F-store 之浏览式店铺、F-store 之粉丝专享店铺、F-store 之真正意义上的 Facebook 店铺（有购物车功能）、F-store 之团购。

① F-store 之浏览式店铺。在这类店铺用户可以看到商品信息，如商品图片、价格等，但不能直接购买。如 Best Buy 的 Facebook 店铺，用户在店铺上浏览商品信息，查看其他用户点评和评论，也可以直接询问好友建议。如果要购买的话，还是会跳转到 Best Buy 的主站上去。又如美国亚马逊在该平台上的运作，用户和粉丝可以在亚马逊 Facebook 的店铺上浏览商品信息，查看其他用户对于这些商品的点评和评论，也可以直接询问其 Facebook 的好友商品建议。但是涉及库存、购买和之后的物流和售后的话，还是会跳转到亚马逊的主站上去完成。浏览式店铺的主要功能是产品呈现和作为流量导入的端口。

② F-store 之粉丝专享店铺。这类店铺专为粉丝开设，品牌的粉丝有专有的特权，如可以获得购买一些限时的限量商品的特权。这类如 Lady Gaga F-store，还有 Nine West F-store，它们通过给 Facebook 店铺粉丝提供一些专属特权，可以使其优先购买到实体店上没上市的商品。主要是服装饰品和音乐专辑等。如女鞋品牌 Nine West 的粉丝专享店铺，上面的产品是实体店未上市的或者是网络特供款等，使品牌粉丝可以在上面优先购得这些产品。这类店铺的主要功能是维持与粉丝的互动和客户关系管理维护。

③ F-store 之真正意义上的 Facebook 店铺。用户在上面可以获得和其他电子商务网站相同的体验，用户不用离开 Facebook 就可以购买商品，如宝洁旗下 6 款品牌已开设 Facebook 店铺。如英国最红时尚网店 Asos.com 在 Facebook 上开设的 F-store 就非常受用户的欢迎，用

户可以不用离开 Facebook 就能进行下单购买，购物体验就像在电子商务网站上一样。在此之上用户还可以和朋友一起讨论产品、分享购买心得等。这一类才是真正意义上的社交电子商务，是以销售为主要目的的运营模式。

④ F-store 之团购。Sears 在 Facebook 的主页上嵌入了团购模板，粉丝们可在不离开 Facebook 的情况下参与团购。另外，W-Hotle 也曾在 Facebook 的主页里推出酒店预订团购。

目前已经在使用 Facebook 进行社交电子商务运营的有 Amazon（亚马逊）、Apple（苹果公司）、ASOS、Best Buy（百思买）、Bulgari（宝格丽）、Coca-Cola（可口可乐）、Delta（航空）、Disney（迪士尼）、Gap（盖普服饰）、Macy's（梅西百货）、Max Factor（蜜斯陀佛化妆品）、Mazda（马自达）、Nike（耐克运动）、Nine West（九西女鞋）、P&G（宝洁公司）、Starbucks（星巴克）、Volkswagen（大众汽车）、W Hotels（W 酒店）、Wal-Mart（沃尔玛）、Warner Bros（华纳兄弟影业）等。这些企业纷纷表示，能够将推广和销售结合在一起是社交电子商务的一大优势。

Facebook 还推出了一些其他的站外应用，如电子商务网站嵌入 Facebook 的一些功能，如登录、爱好、开放图谱等。利用 Facebook 已有的社交关系，为用户提供社会化电子商务服务。Amazon 和 Facebook 合作，用户通过 Facebook connenct 可以登录 Amazon，Amazon 通过该用户的 Facebook 主页上的信息如兴趣爱好、好友推荐的歌，为其推荐更为个性化的商品。TripAdvisor 在网站上推出了 travel map 应用，通过 Facebook 登录的用户，可以看到 Facebook 上好友都曾经去过哪些地方旅游，鼓励用户间的互动。

8.1.3.2 Facebook 社会化电子商务商业运作模式

（1）Facebook 社会化电子商务收益来源

① Facebook 的精准广告投放。由于 Facebook 具有高度的用户资料集成和搜索能力，那么对于精准投放广告的公司来说这样的社交类网站是不会错过的。Facebook 可以在极短的时间内根据年龄、性别、居住地、教育程度、婚姻状况等信息搜索出广告人需要定位的客户群体，使得广告商减少了在无效用户上的投放，而这一结果也是显而易见的，缩短了投放周期，并降低了大量成本。

在广告带来的投资回报方面，精准广告也比普通的关键字广告能够带来较高投资回报率。毕竟，与用户提供的个人简历或兴趣信息相比，他们的行为方式能够更准确地显示用户转换为客户的潜力，而 Facebook 也可以将传统广告模式的普遍撒网方式转变为一种精准的客户寻找。这种目标定位系统不仅可以改善 Facebook 的广告投资回报，因此吸引新的广告客户，还可以促使现有的广告客户加大投入，以此来争夺市场份额。

此外，另一个有趣的现象是，投资回报率越高的广告方式，越容易得到中小企业的喜欢，因为它们并不像大企业那样要考虑品牌美誉度、影响力之类，中小企业的想法更直接也更单纯，只需要通过 Facebook 获得点击率和因此而带来的效益回报就可以，不用担心是不是自己的广告放错了位置而引发用户体验不佳或者嘲笑。而 Facebook 巨大的用户基础，恰好满足了中小企业的所有要求。

目标定位广告具有更高的点击率和转换率，能使 Facebook 可以向广告客户收取更高的每次点击费用。知名互联网人士洪波曾在公开场合表示：Facebook 对人和社会关系的高度抽象，让它成为有史以来第一家以人为对象，以数字化的社会关系为核心的企业，任何现有的商业，都可能跟社会关系发生化学反应。这种化学反应绝不仅仅是精准广告这么简单。

社交广告潜力巨大，目前仅仅是小试身手。

而且，Facebook 的社会化优势并不仅仅局限于广告，还有应用、游戏、企业营销、客户关系管理等，都依赖 Facebook 已经非常牢固的 Social Graph，潜能爆发需要次序，也需要时间。而伴随着时间的推移，Facebook 的营收也将会相应地水涨船高。

② Facebook 的虚拟货币服务。Facebook 的虚拟货币服务于 2010 年 4 月开始推行。而该业务自推行之初就被认定会占据 Facebook 收入来源三分之一的比重。2011 年底 Facebook 再度对该业务进行升级。包括解决了一个已知的支付流问题，针对国际市场额外的支付选择，以及在无预授权情况下向其他账户转移虚拟货币时的限制等。

来源于 Facebook 自身的数据也显示：2011 年，将近 160 亿美元 Facebook 虚拟货币用于发行和消费；到 2012 年，Facebook 在虚拟货物、数码产品和其他产品的消费额升到 400 亿美元。而来源于 Facebook 2009 ~2011 年虚拟货币收益报告也表明，2012 年为 300% 的增长率，比以往年份略低，Facebook 流通中货币将迅速达到 470 亿美元。如果年底消费者账户中有 70 亿美元额度未动用，那么 400 亿美元应花在社交游戏、社交娱乐和新发明应用上。以每个虚拟货币 10 美分收益算，2012 年 Facebook 虚拟货币市场产生的总收益超过 40 亿美元。这样的数额丝毫不显夸张。分析其可行性的重要条件和客观商业因素我们会发现，有诸多条件支撑着 Facebook 虚拟货币业务的发展。

首先，Facebook 看到了这个机会和其本质上对网络的贡献，会发挥其强大的市场影响力把虚拟货币同时介绍给商家和顾客。虚拟货币是新颖的，而且其前景目前无法估量，如果许多人不了解它从哪里获得、用来做什么、为什么它们重要，这样的市场效能可能会启用主流市场渠道如电视、广播、媒体等，仅仅是为了把消息散播出去，而 Facebook 虚拟货币拥有的巨大价值却深入到每一个人的生活。

其次，是对零售业的帮助。伴随着 Facebook 虚拟货币业务的逐步发展，iTunes 礼物卡将会面临更为严峻的挑战，因为年轻消费者的迫切需求，他们需要的已经不仅仅是 iTunes 卡，而是更多的生日卡，假日卡。应用的多样性和内置的社交互动，创造出下一代对娱乐的大量需要。数以百计的大品牌和数以千计的小品牌也越来越重视利用虚拟货币当成刺激消费的工具，甚至因此而进行低成本、高收益的营销。商家也会在消费者购物后奖励虚拟货币给消费者，因此，线上的广告内容越来越丰富多彩，虚拟货币的内容和价值也在不断发生着变化。

再次，社交娱乐在规模和影响上的增长也会为虚拟货币服务带来更好的影响。每年都会有大量的影视剧、直播节目在互联网上上线，而 Facebook 自然也是商家最为重视的平台之一。如果每一个节目所获得的虚拟货币有 30 ~ 100 个不等，这对于 Facebook 发展的影响也不可估量。据悉，今天 Facebook 有 89% 的最佳页面归类于电影、音乐、运动或个人视频，而粉丝们还有着源源不断的需求，希望能有更多更新的这样的页面出现在 Facebook。

而社交游戏也会基于新游戏和新玩家继续得以增长。以 Zynga 为例，它的每一笔交易会从 Facebook 社交网络平台产生，那么它在虚拟货币市场上产生的收益也自然不可估量。作为一种全球化的趋势，用户使用 Facebook 的虚拟货币不需要担心汇率或者浮动的货币价值。Facebook 对 47 种货币提供无缝的货币转换，且货币种类还在增加。可见不管商家还是顾客都希望这个生态圈保持活跃。所以，Facebook 要实现这 40 亿美元的收益并不难，而忽视它，则意味着失去大量的市场机会。

（2）Facebook 社会化电子商务运作

Facebook 社会化电子商务运作的特征如下。

① 品牌可见。品牌主页要容易被用户搜索到，并且要将 F-commerce 和其他应用结合起来一起用。而在 Facebook 这样的用户群体中，想要被目标客户搜索到并不是十分困难的事，由于 Facebook 自带的精准广告投放功能，这一目标是较为容易实现的。

② 特别独家的内容。在 F-commerce 卖的商品最好是一些独家的，或粉丝专属的，一些服装企业就通过 F-commerce 销售一些限量的新款，而通常这种新款要过一两个礼拜才可以在实体店买到。因此对于品牌企业来说，F-commerce 也许并不仅仅成为一个普通的销售渠道，而需要根据其客户属性开发更多样的销售方式。

③ 用户黏性。Facebook 的品牌主页要通过对话与其粉丝用户互动，保持一种长远的关系。对于品牌主页来说，粉丝并不仅仅是粉丝，而更多情况下是作为一种品牌代言人存在的，由于这些粉丝用户会通过自己的 Facebook 主页分享对于商品的使用感受和评价，主动或被动地会扩大品牌的影响力，因此，只有和他们维持一种良好的关系，他们才愿意帮品牌口碑传播。

而作为 F-commerce 的主导者，Facebook 对于 F-commerce 的功能实现可以通过图 8-2 和图 8-3 看出。

图 8-2　Facebook 网页上的功能

图 8-3　Facebook 网页外的功能

Facebook 作为一个社交化网站平台，提供了大量的社交功能组件让用户和用户之间进行交流，而这些功能组件也可以通过 Facebook 和外部网站签订的开放图谱协议（The Open Graph Protocol）应用到 F-commerce。

开放图谱协议使得大量的第三方外部网页可以很好地融入至 Facebook 站点中，并让用户无须建立新的账户，只需要在原有的 Facebook 账户上就可以浏览这些网页，并且用户在 Facebook 上所使用的社交图谱（Social Graph）功能也可以很好地兼容这些网页。以 IMDB 电影评分网站为例，当有用户通过 IMDB 对一部电影进行点赞之后，这一点赞将会显示在其 Facebook 主页中并使得自己的粉丝通过关注页面看到这一行为。因此，从某种意义上可以说开放社交图谱协议的存在是Facebook用于整合现有网络资源和信息流的最好手段。

表8-1是Facebook目前可以应用至F-commerce的功能组件。

表8-1 F-commerce 功能组件

功能	内容
Like 功能	允许用户对自己所看到的某个网页进行点赞
Share 功能	允许用户对自己所看到的某个网页进行分享，并使得关注自己的用户群也能在关注内容里浏览
活动反馈	显示用户对网页内容的点赞量和分享量
推荐功能	允许网页根据用户的个人偏好推荐内容至用户的个人主页
Comment 功能	允许用户对某个网页内容做出主观评价，并展示在该内容的评论栏下
Facepile	展示访问某个网页的用户的 Facebook 账户资料
Registration 和 Login	允许用户通过 Facebook 的账户注册，并登录到某个网页上
直播流	允许用户分享和评论用户所正在经历的某个重大活动

8.2 基于电子商务网站的社会化电子商务平台模式

8.2.1 瑞德微吧

8.2.1.1 瑞德微吧社会化电子商务基本情况

瑞德微吧是北京新华瑞德电子阅读技术有限公司推出的一个社会化的数字内容电子商务平台，它集数字内容交易、信息发布、内容分享、阅读视听、推荐评论等功能于一体，实现了社交功能和数字内容交易功能的有机融合。瑞德微吧应用客户端提供了包括数字图书、数字报刊、微视频、微音乐、有声读物、游戏动漫、微课件等多种形态的数字内容产品。通过瑞德微吧，用户可以对各类数字商品进行试读、试听、收藏、购买、订阅、赠送和推荐，也可以与好友交流，分享阅读体验，还可以上传自己的作品，并通过平台进行交易，享受创作的乐趣。

瑞德微吧同时也是一个开放的内容发布和交易的B2C电子商务平台，为新闻出版机构、文化传媒机构、信息服务类行业用户以及原创作者提供了内容发布、展示、宣传、交易、计费、运营管理等功能的技术支撑以及定制化的解决方案。商户可以在自己的微吧网店中发布商户动态、产品信息等，并进行优惠促销、互动游戏等线上营销活动。无论企业商户还是个人商户，对自己的商品都可以根据流程进行自主上架、自主定价、自主经营、自行管理，给商户充分的自主权进行运营和管理。

瑞德微吧客户端应用包括综合应用、分类应用、行业应用、独立机构应用、单行本等多种应用类型，支持主流Adnorid手机、平板电脑，支持iPhone和iPad。瑞德微吧平台为具备数字内容版权的机构和个人提供如下六个技术服务支撑：一是移动终端应用的定制化开发；二是可运营、可管理的数字内容云服务平台功能；三是微博、社区等第三方平台用户资源拓展工具；四是多媒体内容存储空间；五是数字内容加工服务；六是为入驻商户提供数字内容代运营服务。瑞德微吧所提供的服务使得数字内容拥有者只需专注于数字内容的组织和数字内容的推广，而无须考虑技术的实现。目前，瑞德微吧先后取得了互联网出版许可证、复制经营许可证、出版物经营许可证以及网络文化经营许可证、广播电视节目制作经营许可证等，具备了较全面的网络文化各类业务形态的合法经营资质。

瑞德微吧集 FansPad 教育产品系列、FansPhone 明星定制产品系列、健康咨询产品系列、第三方 APP 等功能于一体。

(1) FansPad 教育产品系列

FansPad 智能纠错本是一款面向高中学生的软件与硬件结合的学习类电子产品，以高中学生线下错题为切入点，采用经过系统定制化的平板电脑为软件与服务的载体，针对学生经常出现的错题，分析其知识点的薄弱环节，提供有针对性的试题资源和专项讲解，达到高效提高学生成绩的目的。

通过大数据分析系统，针对学生上传的错题进行分析，仿真出学生的知识结构模型和能力模型，找出学生学习过程中的难点、易错点以及出错原因，针对学生个人的学习情况，及时推荐最适合学生本人的题目、教程以及在线家教，实现个性化、有针对性的辅导。帮助学生快速解决学习问题，彻底解决一错再错的问题。

为了帮助学生寻找到最适合个人的学习方法，有效提高学习效率和授课质量，FansPad 智能纠错本引入 300 名历届高考状元资源。大数据分析系统会根据学生上传数据情况，精准推送适合学生本人的状元课程，状元会根据自身学习和考试经验为学生进行线上授课和定制讲解服务，及时解决学习中的困难。状元在线讲解课程内容按知识点结构分类，组织形式分为公开课与小班课，授课形式分为预约视频直播与授课视频点播两类，学生可根据需求自由选择。

(2) FansPhone 明星定制产品系列

FansPhone 是一款根据明星特点，专为其粉丝打造的手机终端产品。其硬件、系统和应用均为定制化设计，是演艺明星个人作品推广宣传新渠道。粉丝通过 FansPhone 及其明星的专属应用，可以方便快捷地下载明星歌曲、MV、写真以及专属壁纸、主题、铃声等，为粉丝和明星之间建立一个全方位的立体互动平台。

2013 年 10 月，新华瑞德推出首款 FansPhone 明星定制手机——庚 Phone。庚 Phone 是为中国艺人韩庚量身打造的深度定制个人专属手机。采用软硬件一体化方式研制，以服务为核心，采用 C2B 制造模式，与传统的智能手机制造模式不同，从外观、系统，到应用，都是由新华瑞德公司和韩庚及其经纪团队共同商讨完成的。这是中国的首款明星深度定制手机。

2013 年 11 月 12 日，庚 Phone 发布会在北京国际会议中心举办，3 天后黄色限量版庚 Phone 在亚马逊中国上开卖，开卖仅 3 天，5000 台限量版手机全部售罄。

2013 年 12 月 25 日，庚 Phone 标准版在亚马逊中国开售。2014 年 3 月 30 日，庚 Phone 派对在爱琴海购物中心举办。

“FansPhone·御”是新华瑞德为北京国安球迷深度定制的一款移动互联网终端产品，采用“终端+服务”模式，以用户体验为核心，通过移动互联网和云服务平台技术，结合北京的地域文化特色，推送一系列独特内容。同时，在客户端提供相应的定制化服务以及各类型增值服务，为用户打造一个全新的球迷文化展示平台。

“Fansphone·御”于 2014 年 6 月正式推出。

(3) 健康咨询产品系列——母婴健康在线咨询平台“妈咪 100 分”

“妈咪 100 分”是新华瑞德同中国妇幼保健协会联合打造的一款母婴健康在线咨询服务

平台。该平台以广大孕龄妇女和家庭为目标服务群体，提供医生在线咨询、母婴健康知识查询、个性化需求提醒（如用药、产检、接种疫苗等提醒）等。针对孕龄妇女在备孕、怀孕、产后等不同阶段遇到的问题，推送和提醒相关医疗和吃、住、用、行等方面的知识。

8.2.1.2 瑞德微吧的社会化电子商务商业模式

（1）瑞德微吧的运营模式

瑞德微吧构建的是一种“文化社区+文化商城”的“社区化数字内容电子商务”的运营模式。作为一个开放式的平台，瑞德微吧数字内容服务平台提供了“一站式商户自运营平台服务”的商务模式，所有的内容提供商如新闻出版机构、文化传媒机构、民生服务行业机构等都可以通过该平台为消费者提供相关行业内容服务业务。瑞德微吧产品的设计理念和运营模式，不仅是基于当前“微”产品的社区化互动理念，更体现在把各种内容按兴趣分类、按“吧”进行交流和交易的产品经营模式，如社区中的“相声吧”“养生吧”“名人堂”“育儿吧”，等等。通过瑞德微吧的产品，用户可以随时随地体验系列的交友互动功能，如发布信息、了解好友动态、关注喜爱、私信沟通等，并享受内容搜索、内容订购与下载、分享赠送、内容评论、排行与推荐等数字内容服务。目前，新华瑞德公司进一步综合应用云计算、电子商务、SNS、DRM等技术，朝着深入打造大规模、安全、稳定的移动互联网业务功能平台的方向努力。瑞德微吧的盈利模式主要通过广告和收费服务两条途径来实现。

（2）瑞德微吧的商业模式

瑞德微吧商业模式的转型与创新主要体现在以下三个方面。

① 首推“微”+“吧”理念。作为当前移动互联网产业的典型产品和应用理念，微博、微信、微电影等各种“微”产品的概念已经深入人心，这些产品在用户体验方面，能够在保证用户快速上传、下载的同时，更能够在用户群体间实现快速浏览、回复、交流等互动式体验，充分体现了移动互联网的灵活、便捷、交互等优势。新华瑞德公司目前的旗舰型产品瑞德微吧正是基于此理念推出，该产品将内容交易与交友互动有机融合，形成了“文化社区+文化商城”的社区化内容服务应用模式。瑞德微吧提供了包括数字图书、数字报纸、数字杂志、影视、音乐、动漫、有声读物等多类别数字内容产品。通过瑞德微吧，用户可以对各类数字商品进行试读、试听、评论、收藏、购买、订阅、赠送和推荐，也可以与好友交流，分享阅读体验，还可以上传作品，享受创作乐趣。

② 打造“一站式数字内容电商云服务”核心商业模式。在构建了良好的产品架构和社区、微吧等用户交流体验的平台之后，如何为合作伙伴实现其自身的移动互联网电子商务平台功能，为客户带来价值最大化，实现与客户的共赢，是新华瑞德业务服务的重要发展方面。目前，新华瑞德明确提出了“一站式数字内容电商云服务”的核心商业模式，为内容合作伙伴提供了数字内容移动化运营的一整套解决方案。“一站式数字内容电商云服务”相当于一个基础平台，该平台拥有足够的服务器和带宽，其中的基础设施架构包括用户管理、内容管理、版权保护、社区管理、交易管理、计费结算、经营分析等，用户可以根据自己的需求在该平台上进行任意的选择和组合。未来，该平台正朝着发展成为移动互联网业界主营数字内容的“沃尔玛”和“家乐福”的目标努力，为用户带来更好的应用产品和服务体验。

③ 构建移动互联网首家全方位数字内容版权保护系统。手机作为一种便利的通信设备，其配置的3C、蓝牙、WIFI都为内容的复制和传输提供了便利，因此通过技术手段防止

数字内容的非法复制变得越来越重要，同时也是移动数字内容服务商实现产业健康发展的前提。针对上述情况，瑞德微吧推出的DRM版权保护平台受到版权方、内容供应商的极大关注和认可，成为瑞德微吧平台实现内容整合和数字内容交易服务的重要技术支撑。该平台采用国际上最新的OMADRM2.1标准，成为国内第一个采用此标准的数字内容服务平台，具有银行级别的加密保证，能够有效提供对各种移动终端、各类数据格式的数字版权保护，防止了作品的非法复制和传播，从而保证了著作权人的合法权益。尽管合作的模式各不相同，但无论采用哪种合作模式，该平台都能够做到有效地保护所有合作伙伴的版权利益，上传到瑞德微吧平台的所有图书数字内容都会根据合作方的要求提供可定制化的加密服务。这种加密服务在新华瑞德公司推出的行业应用服务领域同样适用，如在中国MBA联盟、许嵩手机客户端软件、随学天下客户端、李玉刚新媒体互动平台等这些专属的行业应用，都能获得版权保护。

8.2.2 淘江湖

8.2.2.1 淘江湖社会化电子商务的基本情况

淘江湖于2009年4月1日上线，2009年9月升级，2011年5月23日并入“我的淘宝”。淘江湖上线的第一年，整个UV、PV急速上升而达到了700万。在开始的两年时间里，做了一个脱离于淘宝或者说跟淘宝有部分交集的淘江湖。2009年末的时候，用户的感知是比较分散的，不同用户感知不一样，年底时淘江湖团队做了一个调整，希望让用户能够以某种形式去感知，先是感知到淘宝里面的这些购物分享，强化用户认知，然后慢慢延伸出去购物这块，强化核心竞争力建立起来之后，做一个微博化的分享平台，作为一个消费者，总是有别的元素的东西。然后再去把其他相应的应用全部结合起来，做这么一个SNS社区。从2010年3月开发团队开始启动了一个项目，叫“五一项目”，于5月23号发布，自此，SNS元素不再游离在淘宝外面，而是作为一个基因种在淘宝里面，这个SNS基因会逐渐变得很大，最终包含整个淘宝。淘宝只是消费者消费的一个场所，而作为SNS来说，最终慢慢往外长，会包含这个点，因为这个SNS建到了淘宝内核里面，跟“我的淘宝”合并。

淘江湖是淘宝开发的一个真实的好友交互平台。新推出的SNS社区，跟人人网、开心网一个性质，是一个真实的交友互动平台。也可以认识依托于国内领先的个人交易网上平台淘宝网，淘江湖帮你便捷地同你的好友（朋友、同事、同学、家人、同好……）保持联系，你可以及时了解他们的最新状况与动态信息，获得更可靠的购物经验与建议，一起享受网购，享受生活，感受不一般的淘宝新体验。淘宝网将开展电子商务交友平台，当你在淘江湖交友平台申请账号后邀请你的朋友进入淘江湖，就会有越来越多的人开始了解并接受网上购物，“口碑营销”变成了“行为营销”。在淘江湖里你可以找到这些宝藏，如相册、投票等多种好玩且有意义的插件。是供淘宝卖家做生意累了休息娱乐的好去处，也是供淘宝买家购物娱乐的好地方。其中互动板块包括爱的特使、就等你了、幸运彩票、阳光牧场、淘农场、联众棋牌、开心厨房、九天音乐、楼一幢、快乐岛主等。

8.2.2.2 淘江湖社会化电子商务运营模式

（1）淘金币

淘金币是指用户在淘江湖里所获的积分。用户可以通过在淘江湖里的行为赚取淘金币，比如发起投票、发表博客等，同时获得的淘金币可以兑换抵价券、活动优惠卡等购物优惠卡及化妆品试用装等。总之，用不花钱的淘金币，你也能在淘江湖中淘到真实惠。你可以在“个人中心”头像旁边查看金币数，点击就可以查看淘金币的详情，包括你每次收入和支出都有记载，是很清楚的。目前淘金币可兑换 3 元、5 元、10 元、20 元不同面额的抵价券及淘宝组织提供的不同幅度的活动优惠卡，如创意家居 7 折卡、减 20 包邮卡等。后期平台将陆续推出兑换化妆品小样试用妆、应用道具等。在钱庄里，就能用淘金币兑换抵价券。购买商品后会根据价格赠送淘金币。也可在“我的江湖”淘金币中头像下面领取，第一天可领 5 个，第二天可领 10 个，第 4 天可领 15 个，连续领取 7 天后每天可领 40 个。

（2）微博客应用

叽歪是微博客的简称，你想说什么就写什么，随便什么都可以，写完后你的好友就能看到你的最新动态。写叽歪时要是勾选了“设置为签名”，会同步到旺旺的个性签名。可以同时添加多个表情，但是只能插入一张图片。为了给大家营造一个干净文明的环境，违规的叽歪可是要被删除并扣淘金币的。

（3）淘心得

要是你对该产品有什么评论，也可以畅所欲言。淘心得是各位买家对淘宝上出售的宝贝进行交流、讨论的好场所。你可以根据自己对宝贝的使用情况，对宝贝进行客观的评价。这样你写的评价或者评价的分数，别人都能见到。当然你买东西前也可以来上面看看宝贝的口碑和别人的使用心得，听听人家怎么说的。发表淘心得要求买家信用分数至少有 1 分。

（4）钱庄

有些信息到钱庄看看就知道了。钱庄里都有你在淘江湖里消费和支出淘金币的详细清单。每张购物抵价券都可用淘金币来兑换。你现在有几张抵价券，有多少淘金币，淘金币的来源，都可以在“资源清单”里查到。赚淘金币是多劳多得，没有上限的。

（5）淘打听

淘打听是由淘宝打造的互动式知识问答分享平台。你可以在这里打听各类信息，也可以回答其他会员询问的问题。如有任何疑问，一打听就知道。

（6）电子相册

你可以将所有喜欢的图片上传至淘江湖的相册板块。上传图片后可以赚淘金币。特别喜欢的图片还可以设置为淘江湖头像。普通上传，一次可以上传 1 ~ 5 张图片，单张图片不能超过 1MB。多张上传，一次可以上传 1 ~ 10 张图片，单张图片不能超过 1MB。高速上传，系统可实现将多张图片自动压缩后再上传，如果单张图片超过 1MB，都可以采用这种上传方式。

（7）帮我挑

帮我挑是你或你好友发起的宝贝，由大家帮助挑选。先将你的宝贝收藏，进入淘江湖点击左侧标签栏“帮我挑”，点击页面右上角“发起帮我挑”，填写相关信息后，点“帮我挑”就可以了。贴宝贝时，可从“收藏夹”里选宝贝，或是直接输宝贝链接贴宝贝。到截止时间后挑选的最终结果才会出来。

（8）好友印象

好友印象是你对好友的第一感觉，你可以对他（她）进行任何评价。一个人受到的所有评价将汇集在一起，展示给其他好友。设置印象词有三种方式：自定义印象词；选择“江湖中人 YY 的”印象词；选择其他好友对他（她）评价过的印象词。印象词排顺序规则是：某个印象词越多，显示字体就越大。同样人数的时候，按时间排序，越早越靠前。印象词还会显示在旺旺的名片上，让彼此更了解。淘江湖的个人信息一定要填写完整。要是刚好你有老朋友也在淘江湖里玩，说不定逛着逛着，就能碰到。真实姓名只有 5 次修改机会，修改时要慎重考虑，建议用真实姓名。只能添加 1 个高中学校信息。头像大小不能超过 1MB。进入“空间 DIY”，可以设置“我的主页”的头部背景图片。进入“隐私设置”，可以设置收藏夹、淘江湖首页等是否可被好友可见的权限。

（9）掌柜说

掌柜说是内置于淘江湖模块，专为淘宝卖家量身定制的社会化营销平台，提供丰富的工具和插件，帮助卖家将店铺的买家和潜在买家转化成粉丝，实现近距离的互动沟通，从而与其建立长期稳定的关系，构建自己的客户管理体系。同时，卖家还可以利用粉丝自身的社交关系，进行快速传播，用较低的成本，扩大营销活动的知晓度，提升品牌或店铺的影响力。买家登录“我的淘宝”，在左侧点击“关注”进入掌柜说推荐页面，或者直接进入各店铺的首页，点击“+关注”按钮，即关注成功。今后该店铺发布的任何上新、优惠等信息会第一时间为买家送达。除了在推荐关注页面，在店铺首页也能加关注。

8.3 导购分享型社会化电子商务平台模式

8.3.1 蘑菇街

8.3.1.1 蘑菇街社会化电子商务的基本情况

蘑菇街是一个新型的女性买家社区，是杭州卷瓜网络旗下的一个专注于提供发现美与时尚、分享购物乐趣、结交志趣相投好友并可自由交流的平台。公司的核心宗旨就是购物与社区的相互结合，做中国最时尚、最流行的女性社区网站。蘑菇街已成为中国最有影响力的社会化网络媒体之一。

网站于 2011 年 2 月 14 日情人节当天上线，旨在为所有女性消费者提供更多更好的购物决策。2011 年 7 月和 8 月，蘑菇街分别推出了移动端 iPhone 版本和 Android 版本，从而开辟了蘑菇街的移动端市场。2011 年底，公司的发展得到了投资界的肯定，当年即获得了贝塔斯曼投资、挚信资本、启明创投的两轮逾千万美元的投资。同时也得到了行业的肯定，获得了 2011 年中国帮互联网创新年会“最佳创业公司”，2011 ~ 2012 年中国电子商务协会颁发的最佳网购导航服务商等嘉奖。2012 年 10 月，蘑菇街完成 C 轮融资，IDG 资本领投，启明创投与贝塔斯曼投资等投资机构跟投，总估值超过 2 亿美元。公司现有股东有高瓴资本、高榕资本、贝塔斯曼投资、厚朴投资、IDG 资本、启明创投和挚信资本。

公司从 2013 年开始进行转型，由原先的导购平台发展为社会化电子商务平台。2013 年 11 月开始后的仅仅两个月，就交出了单月 1.2 亿元的成绩单。目前网站的注册用户数已突破 8000 万，整站交易额突破 2 亿元，成为国内社会化电子商务平台的佼佼者。

8.3.1.2 蘑菇街社会化电子商务商业模式

蘑菇街商业模式的发展主要经历了三个阶段：卷豆网的商业模式、靠淘宝佣金提成的单一商业模式、社会化电子商务平台模式。下面将具体介绍蘑菇街在发展过程中所经历的三种商业模式。

（1）卷豆网的商业模式

蘑菇街在创立之初，所采用的商业模式和卷豆网是一脉相承的。蘑菇街的创始人陈琪先前就职于淘宝，曾经是淘宝用户体验团队（UED）的开创者，并负责淘宝物流等新业务的拓展。其他的三名创始人中也有两名来自于淘宝。2010 年 4 月，陈琪创办了为社区电子商务站长服务的卷豆网。卷豆网的产品都是针对购物分享社区设计的。站长借用卷豆网的产品优化界面，分析数据，实现按照销售成功支付佣金的计费方式（Cost Per Sale，CPS）销售，赚取佣金。主要产品为免费模式，主要有淘金链、快乐网购和配套效果分析等。使用最多的是淘金链，编辑只需在广告或链接页面加一小段卷豆网提供的代码，就可以跟踪用户点击。一旦用户交易成功，导购社区就会从 B2C 商家处获得佣金。其他两个插件可以帮助站长将用户互动论坛升级为适合网购讨论的导购型 SNS 社区，帮助站长分析流量，记录订单，列出商家排名等。

卷豆网的目标客户群是网络销售的商家，合作伙伴是靠 CPS 分成。站长们和编辑们借用卷豆网产品的优化界面，为电子商务的卖家带去流量和成交量。卷豆网从店家获得佣金收入，核心资源是网络产品，主要包括流量分析插件、商家排行插件、产品优化界面等。

（2）靠淘宝佣金提成的单一商业模式

在经历了最开始模仿卷豆网的商业模式后，蘑菇街走出了一条不一样的发展道路，它将自身打造为一个以“时尚”和“导购”为主题的女性社区，每天都有超过 500 万的流量登录，用户可以在蘑菇街上讨论时尚、评论、分享买家秀。针对用户的购买需求和购买体验，蘑菇街以一种更社会化、更符合目标客户群消费心理的方式来排序产品，提高了客户对蘑菇街所提供服务的满意程度。

具体来说，淘宝购物平台所出售的产品五花八门，作为消费者很难选择。蘑菇街所做的就是将这些商品有序、美观地通过分享和晒单的方式展示出来，帮助用户快捷地找到自己需要的商品，进而带来更高的销售额。蘑菇街的主要收益则来自于这些销售额获得的 CPS 分成盈利。

这一时期蘑菇街商业模式拥有三大关键资源能力：用户、产品和营销推广。在用户方面，蘑菇街的用户特征明显集中，用户数量迅速增长，并且具有较高黏度。在产品方面，蘑菇街的网页界面具有美观、功能丰富、体验性好的特点。基于这种产品，大多数接触蘑菇街的女性用户都会产生一种爱不释手的感知和体验。在营销推广能力方面，蘑菇街借助微博营销获得了大量高精准度的注册客户数。这一庞大的注册客户数为蘑菇街网站带来了足够的流量，进而带来巨大的商业价值。

8.3.1.3 社会化电子商务平台模式

2012 年淘宝新政出台，开始逐渐制约蘑菇街这样的第三方社会化平台对其流量的引入。2014 年淘宝进一步加大了对以蘑菇街为代表的导购平台的封杀力度，其主要手段是切断账号登录蘑菇街的功能。在这个大背景下，蘑菇街被迫改变之前做导购平台的商业模式，转而以社会化电子商务平台模式作为自己未来的发展方向。

在社会化电子商务平台模式中，蘑菇街的收入就不再单纯依靠来自于淘宝的佣金提成，而是变得更加多样化。蘑菇街会增加卖家的增值服务以及品牌的广告收入，借此拓宽蘑菇街的现有盈利渠道。蘑菇街的用户资源非常庞大，以每月 200 万的速度在增长，这些客户资源对诸如宝洁这样的大品牌而言也颇具吸引力。蘑菇街曾经与宝洁达成合作关系，宝洁为蘑菇街的女性用户免费提供5000份试用品，用户收到试用品后只需上传试用报告，以此建立品牌的口碑和客户关系。增值服务主要包括团购服务、精准的客户数据营销服务和品牌商整体打包的广告、口碑营销等。而在模式转型的过程中，有三大核心资源需要持续发挥优势：不断增长的用户数量、产品设计、营销团队对用户心理的精准把握。蘑菇街作为垂直化的社交网站，充足的用户数量是其将来实现价值主张和自身盈利的关键资源。而功能丰富、界面优化、黏度高的平台界面设计与应用则是蘑菇街吸引新的用户且保留原有用户的关键优势。营销团队的出色营销则是蘑菇街能够在与其他垂直化电商的竞争中得以生存的另一大法宝。

8.3.2 Groupon

8.3.2.1 Groupon社会化电子商务基本情况

Groupon是美国第一家新型团购网站，其前身是一家公益性资金募集网站“thepoint.com”，2008年11月，由安德鲁·曼森将其改名为“Groupon”。Groupon鼓励人们进行团体活动，其名字由“Group”和“Coupon”的组合改写而成。Groupon通过在线提供打折的商品和服务将线下的商家和线上的消费者联系起来。Groupon每天根据用户的位置和个人偏好向他们发送商品和服务的折扣信息。消费者可以直接通过Groupon的网站和移动应用获得服务。自Groupon网站开始运营以来，不到一年的时间便实现了盈亏平衡。

Groupon用2009年一年的时间将业务发展到全美，而其又用了将近一年的时间把业务延伸至全球。从营业收入来源构成来看，2010年的时候北美市场占据主导地位，占其营收的80%，而到了2011年海外市场的比重超过了北美市场，比例达到了60%。目前，已经覆盖35个国家，超过500个城市。客户方面，Groupon成立于2008年11月，通过收购、广告以及其他营销活动来抢占市场份额和扩大用户，而海外扩张也为Groupon带来用户数的激增。至2011年二季度，其注册用户已经超过1亿。Groupon除了用于庞大的用户基础外，还拥有数量众多的商户。2009年Gournpon签约商户仅有2695家，主要分布在北美地区。2011年前9个月，Gourpon商户数量累计达到19万家。在资金方面，Groupon的营业收入增速同样非常迅猛，数据显示2015年第三季度全球总交易额达到14.7亿美元。

8.3.2.2 Groupon社会化电子商务商业运作模式

（1）盈利模式

就是来自合作商家的佣金。作为典型线下到线上模式，Groupon扮演连接本地商家和用户需求的互联网中介，前者希望增加客户，后者希望更划算地消费。这项交易成功的关键是，商家需要让出部分利润，用户需要付出实际消费。交易达成后，Groupon可从商家处获得一定比例的佣金，佣金比例一般是Groupon优惠券价值的50%，但是开放商议的，每个单子具体佣金比例可能不一样。

（2）运作特点

首先，在Groupon模式网站运营初期，都会采取“每日一团”的项目推送方式。网站每天向其注册用户的邮箱推送当日团购项目的邮件，每天提供给用户的优惠商品只有一个，且限时限量。当某一项团购产品推出后，它会标明产品的折扣比例、人数限制以及截止日期（一般为24小时），只有在规定时间内达到预定人数，团购的成员才有可能享受到折扣价，人数没有达到限定数量将无法进行团购交易。而对于商家来说，虽然购买没有达成，但在网站上免费做了24小时的广告，也算是不赔本的买卖。这些严格的购物限制，激发了消费者的欲望，也使得网站用户有较大的热情去动员自己的人际关系网，自发地通过MSN、BLOG、SNS等方式互为传播每天的团购信息，邀请好友购买，团购这种消费方式越来越深刻地融入人们的日常生活中，使其成为一种新的生活方式。另外，网站通过现金奖励或礼品回馈等方式激励已注册用户邀请其好友加入，有效地形成了口碑传播，不断增加其网络影响力和用户黏性。

随着Groupon模式团购的日渐成熟和发展，“每日一团”已无法满足消费者和网站盈利的需求，所以目前的Groupon模式团购网站每日都会推出几十种团购项目，每个项目在网站上出现的时间也更长。

其次，产品以服务产品为主。团购项目占多数的是以SPA、培训课程以及高尔夫、滑雪、划艇等服务为主的团购，大部分服务都是以4~6折的价格提供给消费者，有的甚至是1折。服务类项目为网站运营商省去了实体货物可能带来的物流、存储等成本，项目结束后只需向商家提供订购者名单即可。对于经营服务业的商家来说，成本大部分是固定的，变动的只是时间周期，通过团购将这些闲置的时间成本转化成利润，商家都愿意去尝试。

很多商家愿意提供实物类的团购项目，一般这类商品的边际成本较低，当购买的消费者达到一定数量之后，商家往往不会因为提供较低的折扣而亏损。而且对于一些商家来说，消费者能够认知其品牌和产品，并在团购后产生第二次消费更为重要。

再次，Groupon模式团购的用户大都是一些习惯于网络购物、有好奇心、乐于尝试新鲜事物的年轻人——学生或刚工作不久的白领阶层，收入不高，很容易被低折扣所吸引。除了网站本身是一个吸引眼球的平台以外，Groupon模式团购网站还采用微博、SNS等方式与用户保持联系，随时随地向其推送团购项目。低折扣高性价比的团购项目，很容易引起用户的关注，并自发通过MSN、SNS社区等进行互相传播，增加了用户对网站的黏性，又扩大了网站影响力，并达成大量购买。

最后，Groupon模式团购项目都是立足于城市的本地化消费。在拓展商家的方式上与拉动消费者所采用的线上方式大相径庭，Groupon模式团购网站每开辟一个新的市场，都会派其线下团队的成员深入当地考察，了解所在地的高品质服务与优秀的本地商户，通过一对一的方式与其进行沟通，因此网站运营初期的线下人力成本投入比较大。但这有助于消费者有针对性地在网页上根据其所在地选择相应的团购项目，而且因为所涉及的商家普遍为消费者所知，从一定程度上也可以减少消费者参与团购时产生的担忧与顾虑。

8.3.3 众包

8.3.3.1 众包社会化电子商务基本情况

Threadless是众包模式的典范，它起源于美国芝加哥在线社区Dreamless发起的T恤设计大赛。2000年，Jake Nickell在比赛中赢得了大奖，他当时萌生了将Dreamless上的服装设计师聚集起来，建立一个T恤设计社区的想法。让顾客在购买之前给T恤设计打分，只生产那些分数最高、预订单最多的T恤。于是Jake Nickell和另一位积极参与者创办了Threadless（无线T恤）。

为了延续竞赛体制和吸引用户，他们引入了一个5分制的评分系统，用户可以使用这个系统给每件参赛作品打分、点评或者订购该公司网站每星期收到的上百件来自业余或专业艺术家的设计。每星期有 4 ~6 件得分最高的 T 恤设计会被投入制造，然而能不能量产还要看公司是否收到足够多的预订单，只有预订单达到一定数量的 T 恤才会正式被排入生产线。这样一来，企业等于稳赚不赔。

Threadless 每星期会颁给得分最高的设计者奖牌和 2000 美元奖金。但物质奖励并不重要，对设计者而言，最大的激励就是他的心血有机会被社会大众穿在身上，Threadless 会把设计者的名字印在每件 T 恤的商标上。这是个三赢的局面，设计者的创意得到发挥，消费者有更多选择，而 Threadless 省下了雇用设计师的费用，而且它只生产获得足够分数和预订单的产品，几乎不可能亏损。严格来说，这不是什么了不起的创新，但这种做法确实有效降低了企业风险。

网站为一个 37 万人左右的 T 恤爱好者群体提供服务。网站的访问者可以浏览到多达 94000 个不同的 T 恤设计方案，这些全都是由社区成员自己设计的。他们每周都会在网上发布约 800 个新的设计，对别人的作品发表评论，上传 T 恤照片，以及更新个人网页来展示自己的品味。提交的作品可以在 0 ~5 的范围内进行评分，网站每周都会收到 75 万条左右的评分。基于这种反馈，Threadless 每周会将其中的四个设计方案投入生产，并向其设计者支付 1000 美元，还会将他们的名字印在制成品的标签上。当网站会员为某一设计评分时，他们会表明，如果这一设计方案投产，他们是否会购买此 T 恤。Threadless 便利用这些回复来确定产量。迄今为止，还没有一款 Threadless 的 T 恤是失败的。

8.3.3.2 众包社会化电子商务商业运作模式

Threadless 社会化电子商务运作模式特点如下。

（1）专注长尾市场

T 恤行业主要有商务精品、运动休闲和个性展示三大系列。商务精品系列利润最高、运动休闲系列销量最大，因此吸引了大量厂家参与竞争，行业进入成本高，经营风险大。个性展示系列批量小、生产成本偏高，对主流厂商缺乏吸引力，成为 T 恤行业的长尾市场。Threadless 专注于这个小众市场，建立了活跃的网络社区，利用互联网进行产品创新，通过订单式生产降低成本，将小需求做成了大市场，有效避开了同业竞争，迈出了低成本营销最为关键的第一步。

（2）利用众包进行创新

随着 Web2. 0 时代的到来，"用户创造内容" 成为一种潮流，这种利用互联网整合大量业余爱好者进行群体创新的方式为企业发展提供了一种跨越时空的新模式。通过设立竞赛机制，Threadless 将产品开发设计众包给网络社区内的专业设计师和艺术爱好者。众包的好处显而易见，设计师们的创意得到了发挥和尊重，企业则省下了高昂的设计费用并提高了创新品质。

通过激励会员参与作品评分、发表意见并与设计者交流，Threadless 将创意评估、生产预测外包给一般消费者。没有人能比消费者更早、更准确地了解自己的需求，通过让消费者尽早地参与到产品创新流程中，公司得以在生产之前就获得了准确的意见，只生产客户喜欢和定制的产品，为 Threadless 节省了大量的费用，避免了新产品开发面临的多重风险。

（3）利用网络社区培养客户忠诚度

网络社区是一种低成本、高效率的聚集优质客户、建立客户关系的有效的营销工具。在网络社区中开展营销活动，企业能否获利取决于两个因素：一是社区成员的数量和规模；

二是社区成员的忠诚度，即社区的黏性。

Threadless 社区规模的扩大主要通过口碑传播进行。口碑传播由两类人群完成：一类是参与竞赛的设计者；另一类是流连于社区的 T 恤爱好者。对设计者人群，公司提供了各类自助软件，激励他们设计出专业的 T 恤竞赛广告，邀请亲朋好友点击投票，并将作品或者广告链接到各类网站或者个人博客上以扩大影响；对 T 恤爱好者，公司鼓励他们撰写博客、上传照片、写下有吸引力的评论，并邀请好友加入社区，使社区的规模得以迅速扩大。

增加社区黏性，实际上就是通过各种手段建立社区成员的忠诚度，从而延长客户生命周期，以增强企业的盈利能力和市场竞争能力。Threadless 使用的手段主要包括组织线上线下互动会、建立社区积分制度等，这些措施不仅活跃了社区的气氛，也培养了更高的客户黏性。

(4) 生产外包，按单生产

国际外包协会的一项研究显示，外包为企业降低了 9% 的成本，提高了 15% 的产品质量。对 Threadless 来说，生产外包的好处是使企业实现了轻资产运营，将投入巨大、利润微薄的生产环节委托给专业服装工厂完成，为企业节约了大量资金，降低了企业经营风险。

Threadless 的社区成员通过竞赛评分系统介入到设计和生产之中，对自己满意的作品进行订购，企业则根据客户提供的订单，并在订单达到规定的数量，比如满 1000 件时，进行集中化生产。按照订单生产的最大优势是可以做到零库存，解决了库存积压这个长期困扰服装企业的难题。同时，这种生产模式还有一个特别的好处，有了基准产量的保证，使每件 T 恤生产成本不至于过高，企业有了充分的盈利空间。

8.4 移动社会化电子商务平台模式

8.4.1 微信商城

8.4.1.1 微信商城社会化电子商务基本情况

微信商城是微网网络基于微信而研发的一款社会化电子商务系统，同时又是一款传统互联网、移动互联网、微信、易信四网一体化的企业购物系统。

(1) 微信商城的功能

① 商品管理。商城后台具备商品上传、分类管理、订单处理等网上店铺都具有的功能设置。

② 自动智能答复。卖家可以在系统自定义设置回复内容，当用户首次关注商家的商城时，可将此信息自动发送给客户；还可设置关键词回复，当用户回复指定关键词的时候，系统将自动回复设置好的相应内容，客户第一时间收到想要的消息。

③ 支付功能。支持微信支付、银行卡支付以及货到汇款的传统支付方式。

④ 促销功能。商家可以进行积分赠送、会员优惠等。

(2) 微信的产品特性

① 公众账号。微信公众号被划分为“服务号”和“订阅号”两大类。如果公众号有更新，主界面会像“朋友圈”一样，只显示小红点而不显示条数，这样就避免了因公众号过

多而占据用户手机屏幕现象。

② 移动性。"查看附近的人"和"摇一摇"充分体现了微信的移动性，前者基于空间地点，后者基于时间，空间和时间的变化赋予微信天然的移动性。

③ 社交性。朋友圈、分享地理位置等功能充分体现了微信的社交性。

④ 二维码。严格来讲，二维码不仅仅属于微信。但微信的独特之处在于，不只是把二维码与每一个微信用户捆绑在一起，也为O2O模式开辟了新天地，一些生活服务类商家开始用微信二维码建立线上线下的联系。

⑤ 支付功能。微信"个人信息"栏中增加了"我的银行卡"，用户可以在这里绑定常用的银行卡或信用卡。"我的银行卡"在微信"我"功能分类中展示，用户点击进入即可按提示绑定银行卡。

8.4.1.2 微信商城社会化电子商务商业运作模式

(1) 地理位置推送——查看附近的人

微信中基于LBS的功能插件"查看附件的人"可以使更多空间位置接近的陌生人看到广告。品牌用户可以点击"查看附近的人"，根据自己的地理位置查找到周围的微信用户。微信用户会显示签名栏内容，所以可以利用这个免费的广告位为自己微信中功能插件"查看附近的人"中的产品、服务打广告，将商家的促销信息推送给附近用户。在人群最密集的地方，商家可以随时随地运行微信，并及时更新"查看附近的人"，只要附近关注的受众足够多，对产品和服务的推介效果就很不错，这个简单的签名栏也许会变成移动的"黄金广告位"。

(2) 活动式微信——漂流瓶

"漂流瓶"有两个简单功能："扔一个"，用户可以发布语音或者文字信息投入"大海"，如果有其他用户"捞"到则可以展开对话；"捡一个"，用户"捞"到"大海"中其他用户投放的"漂流瓶"，也可以和对方展开对话。微信官方可以对"漂流瓶"的参数进行更改，使得合作商家推广的活动在某一时间段内抛出的"漂流瓶"数量大增，微信用户"捞"到的频率也会增加。加上"漂流瓶"允许发送不同的文字和语音内容，可以产生不错的营销效果。

(3) O2O模式——扫一扫

二维码的商业用途越来越多，因此也被微信运用于商业活动。在微信中，用户只需用手机扫描商家的专属二维码，就能获得一张存储于微信中的电子会员卡，微信会找到相应的企业、单位，然后进一步获得成员折扣、商家优惠等讯息，从而享受商家提供的会员折扣和服务。企业可以设定自己品牌的二维码，用折扣和优惠来吸引用户关注，开拓营销模式。

(4) 互动营销式——微信公众平台

对于大众化媒体及企业而言，微信开放平台、朋友圈社交分享功能的开放，已经使得微信成为一种移动互联网上不可忽视的营销渠道，而微信公众平台的上线则使这种营销渠道更加细化和直接。

8.4.2 腾讯的社会化电子商务

8.4.2.1 腾讯社会化电子商务基本情况

深圳市腾讯计算机系统有限公司成立于1998年11月，是中国最大的互联网综合服务提供商之一，也是中国服务用户最多的互联网企业之一。在2015年第二季度末，QQ的月活跃账户数达到8.43亿，QQ最高同时在线账户数达到2.33亿，QQ智能终端月活跃账户数达到6.27亿。

腾讯旗下SNS网站虽然有大量注册用户，并且用户在社交化社区中的活跃程度很高，信息交换也十分频繁，但除了开通会员或者虚拟物品购买之外缺乏清晰稳定的盈利模式，这也是导致很多SNS网站逐渐衰落的主要原因之一，像之前曾火爆一时的“开心网”就是如此。而传统的腾讯电子商务网站虽然盈利目的明确，但由于是简单的网络交易，所以不可能有较高的用户黏性，买卖双方也缺乏信任。但是社会化电子商务能够将两者的优势融合起来，在电子商务交易，过程中引入SNS网站的社区或论坛模式，利用腾讯自身的社交网络应用开展营销活动，不仅可以聚集人气提高网站转化率，而且还能培养买卖双方之间的信任关系。现在无论是综合型电子商务巨头还是垂直型电子商务企业，都通过各种形式与社交网络积极结合，试图挖掘出更多的潜在商机。腾讯开展社会化电子商务涉及如下三个方面。

（1）C2C拍拍网

拍拍网是京东战略收购的原腾讯电子商务旗下业务。拍拍网致力于打造一个卖家和买家互通的移动社会化电子商务平台，通过提供包括服装服饰、母婴、食品饮料、家居家装和消费电子产品等在内的丰富的产品，来全面满足消费者的需求。与此同时，拍拍网也为第三方卖家提供数据挖掘和分析等增值服务，这些增值服务将帮助卖家对消费者和市场做出精准分析，并为其产品规划和开展精准营销提供支持。通过布局拍拍网，京东正式进军移动社会化电子商务平台领域，京东原有的电子商务生态也在B2C的基础上得到了进一步丰富。

（2）B2C QQ网购

QQ网购是与QQ商城、拍拍网独立的电子商务平台，分别针对的是独立B2C、商城B类商家和C类卖家三类商户。相比于商城和C2C，QQ网购更倾向于B2C的体验（即网站是商品优先，不是店铺优先，而且物流和售后服务都是B2C的标准），目标客户群定位于关注商品品质和服务质量的中高收入白领人群。

（3）3C类易迅网

易迅网是依托著名的IT产品通路商上海电子商务发展有限公司而创立的新一代专业电子商务消费服务网站。易迅网利用强大的全球化集约采购优势、丰富的电子商务管理服务经验和最先进的互联网技术为用户提供最新最好的电脑产品、数码通信、家居家电、汽车用品、服饰鞋类等多种时尚精品。

2014年腾讯以2.14亿美元收购京东上市前15%股份，京东100%收购腾讯B2C平台QQ网购和C2C平台拍拍网，以及获得易迅网少数股权和购买易迅网剩余股权的权利。京东对于腾讯的三大社会化电子商务采取的运行策略是：易迅网将作为独立品牌运营，拍拍网将继续专注于C2C业务，京东将会投入资源重点布局发展；QQ网购将并入京东的POP开放平台。腾讯基于自身社会网络的庞大用户群，在不断探索如何无缝式地接入到京东的电子商务业务。虽然目前腾讯自身没有直接运行社会化电子商务业务，但对于京东的电子商务或部分社会化电子商务的探索起着辅助作用。腾讯原有开展社会化电子商务业务的经验也值得借鉴。

8.4.2.2 腾讯社会化电子商务商业运作模式

社会化网络中强连接关系相对很稳定不易改变，并且毫无疑问充满信任，降低不确定性造成的风险，存在欺骗的可能性较低。但是强关系圈子较小，而重合的维度较多，能带来的新信息有限且相对比较封闭。由于弱关系是在社区和群体之间发生的，其分布范围更广，因此它比强关系更能充当跨越其社会界限去获得信息和其他资源的桥梁，可以将其他群体的重要信息带给不属于这些群体的某个个体。而腾讯电子商务利用强弱关系链的各自优势相互配合，努力把品牌传播做到最大化。利用强关系培养线上关系用户间的稳定性，利用弱关系网友之间的传播优势，利用弱关系链传播发布品牌声音、进行社交平台植入、促进电子商务流量转化，还有客户关系管理来最大化地促使电子商务的信息能够在腾讯泛关系链网络中多节点曝光。

（1）腾讯社会化电子商务中的品牌定位

腾讯旗下的拍拍网一直在努力做社区电子商务模式，并将此看成是有别于淘宝的差异化策略，作为C2C电子商务的突破。在消费者越来越重视商品质量而非价格的网购环境下，拍拍网的社区化道路有着很大的发展潜力。QQ网购致力于品牌化的购物平台，商品保证正品，以“精致有趣”作为诉求。易迅网则是注重商品的低价和物流的速度。腾讯电子商务形成了各自不同的定位，勾勒出社会化电子商务的整体品牌形象。

（2）腾讯社会化电子商务中的互动分享

社会化电子商务最基本也是最重要的一个特征就是，无论在电子商务平台或是电子商务社区中都存在着消费者与消费者之间的积极分享，消费者与企业之间的频繁互动。腾讯旗下的电子商务网站都设立了不同的社交化社区，如拍拍网的“拍拍乐享”、QQ网购的“我的拍拍”、易迅网的“我的易迅”、珂兰钻石的“珂兰论坛”等，消费者在社区中可以晒单分享购物体验，可以浏览用户上传的商品口碑信息等。以腾讯旗下垂直类电商珂兰钻石的社区为例，钻石属于奢侈品类，我们在日常生活中接触很少，有需要进行购买时却因不懂行情而纠结犹豫。而该社区中则有很多关于钻石质量、成色、大小、抛光度等专业问题的分享和解答，使消费者对钻石的基本情况有了入门级的了解，在购买时做到心中有数而不会盲目选购。另外，钻石的购买多是在筹备婚礼时，珂兰钻石还专门推出了针对婚礼购买的专门频道，不仅价格优惠，而且针对婚礼的服务也十分专业。其实，电子商务网站有着最好的代言人和广告发布者，那就是用户。在日益分众化、碎片化的传播语境下，在商务社区中企业和消费者之间的积极良性互动无疑能给电子商务网站带来更多的盈利。

（3）腾讯社会化电子商务中的产品增值

腾讯目前拥有四个最重要的业务，其中包含了即时通信、新闻、游戏以及网购，这些业务都拥有与自身相适应的比较成熟的营销模式。腾讯的每个用户几乎每天都参与使用了这四个重要业务，比如在QQ聊天的时候会浏览腾讯推送的新闻、会玩QQ游戏以及进行网购，用户的关系在这个一站式的服务中形成了不同的关系链条。腾讯可以打通平台与产品间的互动通路，实现新闻网站、QQ和微信、社交网络、腾讯视频、移动终端五大平台，以及三大社交网站的联动配合，从而为旗下众多电子商务网站提供精准的受众信息。

之前QQ网购举办的“1020疯抢节”活动就很好地验证了其关系链营销的效果。首先，腾讯承诺旗下所有电商网站将联合行动，其中B2C QQ网购商城的5000多个品牌、40余万款商品都将参加活动。同时网站都已经实现QQ一键登录，并在QQ空间、腾讯微博、朋友网等所有社交平台上为“1020疯抢节”活动造势，通过QQ邮箱提前发送1亿张全网通用的优惠券；然后，消费者可以通过QQ好友转发、QQ空间、腾讯微博晒单等活动来赢取免单机会，或赢取所购买品牌送出的神秘礼物；如果好友确认参与活动且下单成功，则可以获取直接减现金的机会，并在QQ上点亮图标。

腾讯内部人员指出，要努力把“1020疯抢节”打造成与淘宝“双11”和京东“618”相抗衡的重要网购节日之一。据互联网数据中心的调查数据显示，对于用户来说在网上社交过程中交流品牌信息十分普遍，近八成用户在和好友聊天时交流品牌信息，使用论坛交流的比重也比较大，近九成SNS用户在SNS上交流品牌信息。此外，社区用户对品牌信息接受度极高，74%的用户不介意收到带有品牌信息的虚拟礼物，77%的用户认为，品牌在社交类网站出现，会增加品牌的吸引力。通过泛关系链的传播，使用户在聊天交友过程中很自然地将品牌信息扩散开来，这种即时有效的传播效果将是网络营销的又一途径。

（4）腾讯社会化电子商务实践中的营销策略组合

腾讯电子商务利用自身优势，推出QQ一键登录QQ商城、拍拍网、易迅网和旗下电商网站，简化了购物流程，并且在社区中推出推广活动吸引用户分享。而腾讯敏锐地发现了互联网营销的新趋势，希望突破传统的营销模式，在提供完整的泛关系链营销工具的基础上，介入消费者的决策路径，帮助品牌迅速、持续地对目标用户进行大范围的覆盖，进行可信、持续、有效的互动沟通，并制定出了一系列的营销策略。

① 网络口碑营销。腾讯旗下拍拍网推出的“拍拍乐享”社区，这个社区以“我的分享，快乐传递”为主题，在这个社区中可以与好友一起分享和交流购物乐趣。进入到拍拍网的界面后，通过QQ号就可以直接登录到“拍拍乐享”的社区，可以先补充完善个人信息，以提高在社区中发言的可信度与关注度。然后可以像微博一样关注其他成员并发布商品信息，分享购买经验和商品的使用心得，“有图有真相”的买家真人秀往往会有很高的点击率，并且在关系链中形成良好的口碑传播与互动。消费者的评论与分享通常反映的是个人的亲身购物经历和对品牌的看法，可信性比较高，

② 事件营销。腾讯在几年前就提出的“利用大事件，创建品牌”的营销理念，帮助自身及其他企业完成利用重大事件的借势营销。首先，腾讯公司具备了进行大事件营销所需要的所有条件，包括旗下众多社交网络和新闻平台，还有强大的资金和人力资源做支持；其次，大事件营销是汇集了多种渠道的整合传播，而不是只有一个单独的新闻平台。腾讯通过对上海世博会、广州亚运会、南非世界杯等一系列大型社会事件的报道，并配合开展了全面及时的宣传，吸引了亿万用户关注腾讯平台，营造出大事件营销所特有的氛围，从而使品牌影响力集中释放，使品牌价值得到了飞跃式的提升。

③ 创意营销。在腾讯微卖场刚推出不久，为了烘托人气，微卖场联合好乐买发起了运动鞋“转播降价”的活动。企业发布产品，消费者每参与一次转播，产品价格就会降低1毛钱，直到所有消费者认可价格或者达到了企业设定的最低价，就可达成交易。用户在第一次使用“转播降价”后，此条消息就被转载到了用户的个人空间形成了二次传播，并且继续被其他成员转发扩散，形成了产品信息的分裂式传播。这次活动不仅为微卖场带来了流量，而且形成了消费者的抢购。很多消费者在商品未到达价格底线时就展开了抢拍，随后便引起了大量消费者的继续抢拍。当然也有消费者只参与了转发和内容分享并没有拍下商品，虽然没有完成交易，但是他们也扮演了优秀的品牌广告传播者角色。

④ 通过微信消费培养用户习惯。微信自推出以来就迅速发展，现在已经拥有4亿用户，

几乎变成了智能手机的标准配置。微信随后又开通了支付功能，以便消费者能享受更优质的支付服务。即微信用户在操作界面中绑定一张银行卡，并对个人信息进行身份认证，即可将装有微信 APP 的智能手机变成一个全能钱包，之后即可购买合作商户的商品及服务，用户在支付时只需在自己的智能手机上输入密码，无须任何刷卡步骤即可完成支付，整个过程简便流畅。微信现在已支持手机话费充值、QQ 虚拟币充值、电影票、彩票、精选商品购买、品牌特卖、AA 收款等业务。微信还在 2014 年春节期间推出了"微信红包"，由于恰好配合春节气氛，这一应用迅速走红，培养了更多的微信支付用户，这些都为微信的移动支付和电商化道路积攒了人气。腾讯的另一大业务平台 QQ 网购也会与微信实现对接。简化购物流程无疑是用户体验的第一步，为了解决登录难，微信电商开通免登录购物。由于微信具有被推送的传播特点，用户可以轻松订阅一些品牌信息。另外，很多线下的商家通过优惠券等信息推送方式吸引消费者关注。微信商城的良好发展给了腾讯抢占移动电商先机的机会，淘宝在 PC 端有着短时间无法超越的优势，而在移动终端的电商环节上腾讯则占有优势。

本章小结

本章介绍了社会化电子商务平台的典型案例，介绍了社会化电子商务四种类型：基于社会化网站发展的社会化电子商务平台模式——新浪微博、Pintertest、Facebook；基于电子商务网站的社会化电子商务平台模式——瑞德微吧、淘江湖；导购分享型社会化电子商务平台模式——蘑菇街、Groupon、众包；移动社会化电子商务平台模式——微信商城、腾讯社会化电子商务平台的基本情况和运作模式。

思考练习题

1. 简述腾讯社会化电子商务基本情况和商业运作模式。
2. 简述 Pinterest 社会化电子商务基本情况和商业运作模式。
3. 简述 Facebook 社会化电子商务基本情况和商业运作模式。
4. 简述瑞德微吧社会化电子商务基本情况和商业运作模式。
5. 简述蘑菇街社会化电子商务基本情况和商业运作模式。
6. 简述 Groupon 社会化电子商务基本情况和商业运作模式。
7. 简述众包社会化电子商务基本情况和商业运作模式。

附　录

1. 社交网络分析法概述

社交网络分析（Social Network Analysis，SNA）是对社交网络的关系结构及其属性加以量化研究。社交网络分析中两个最重要的理论是“六度分割理论”和“150 法则”。

“六度分割理论”是指我们和任何一个陌生人之间所间隔的人不会超过六个，也就是说，最多通过六个中间人我们就能够认识任何一个陌生人。“六度分割理论”最先由哈佛大学的心理学教授 Stanley Milgram 于 20 世纪 60 年代提出。他设计了一个实验：把一封信随机地发给一些人，信中写着一个人的名字，要求每个收信人选择一个人将这封信传递下去，被选择的人必须是收信人觉得最有可能与信中人关系密切的人。当信件传递到信中人的手上时，实验结束。实验结果显示，每封信件大概需要传递六次就能到达目的地。在此基础上，Milgram 提出了“六度分割理论”。该理论认为，一个人想要认识世界上的任意一个陌生人，最多只需要通过六个人。六度分割示意图如图 1 所示。

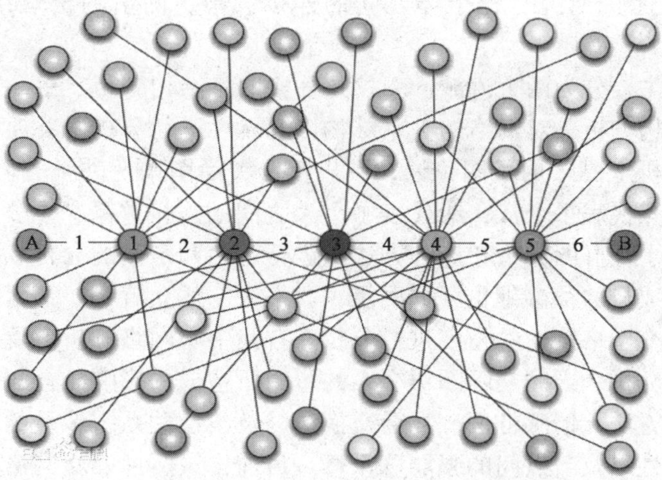

图 1　六度分割示意图

“六度分割理论”验证了社交网络弱联系的存在。正是因为有这种弱联系的存在，才会使得原本不熟悉或者是不认识的人们之间也可以有交流互动，拉近彼此的距离。在互联网飞速发展的今天，网络用户表现出来的弱联系显得更为重要。

“150 法则”是由牛津大学的人类学教授 Robin Dunbar 提出的，所以也称为邓巴数字。Dunbar 对原始社会的部落进行了研究，发现每个部落的人数都在 150 人左右，一旦人数超过了 150，就会很快分裂成两个部落，选出新的首领进行领导。基于此，他提出了著名的“150 法则”。该法则指出：同一个时间段内，虽然我们会和很多人保持着弱联系的关系，但是保持着强联系关系的人最多只有 150 个左右。也就是说，我们只会在同一时间与最多 150 个人保持稳定的人际关系，我们的大部分社会活动只会与这 150 个人有关。

该法则有许多的现实应用，例如移动的 SIM 卡只能存储 150 个联系人，Facebook 上的用户平均好友数量为 120 个，微博发布的每条消息内容限定在 140 个字以内等。这些似乎都与“150 法则”相关。

社交网络分析法自从提出以来，已经发展了半个多世纪，形成了一套成熟且完整的理论。社交网络分析法着重分析的是网络中节点之间的关系及这些彼此关系的变化情况，而不是某个节点的属性。通过建立节点之间关系的模型，来描述节点之间关系的情况及其变化情况，描述社交网络的结构特征，并分析这种结构特征对网络整体或者网络中个体的影响以及对相互关系的影响。国内外的学者都对社交网络分析法也进行了一定的研究。费钟琳等综述了社交网络分析的起源、国内外研究现状和特点，为社交网络分析法的进一步使用提供了依据。邵云飞等研究了社交网络分析的相关理论及其发展轨迹，并探讨了社交网络分析方法在创新研究中的运用。具体体现在可以与传统计量经济学方法以及案例研究相结合，使研究更合理，也更具有现实意义。朱庆华等介绍了社交网络分析法的基本概念，从中心性分析、凝聚子群分析以及核心/边缘结构分析三个角度阐述了社交网络分析法的使用过程，并总结了社交网络分析法在情报学领域的应用成果。黎耀奇等比较了社交网络分析范式、社交网络分析法以及社交网络理论三者的区别与联系，指出社交网络理论是对管理学理论的补充与发扬，总结了社交网络分析在组织管理中的研究现状。

社交网络分析法的意义在于，其研究对象是现实存在的社交网络结构，而不是个体。通过对网络关系的研究，把个体之间的连接关系、网络的宏观结构和微观结构联结起来。

社交网络分析主要分为两个流派：一种是社交网络结构分析；另一种是自我中心网络分析。社交网络结构分析是对网络的关系结构以及属性进行分析，关注的是群体中用户的关系结构。这种分析主要采用了图论法，画出社会关系图来反映社交网络中的人际关系。在社交关系图中，点代表了个人，线代表了个人之间的连接关系。主要定义有簇、桥、紧密性等，主要采用了社群图分析和矩阵方法来进行定性和定量的分析。社群图分析的目的是分析群体中不同成员的社会地位，如明星、联络人、孤立者等。下面要提到的社交网络分析软件就是从社交网络结构的角度进行分析。自我中心网络分析主要研究的是个体间形成的网络，目的是分析个人的交际圈对个人的行为所造成的影响。自我中心网络分析的研究方法主要有互动方法、情感方法、社会交换法以及角色关系，涉及的主要概念有网络的密度、网络的多元性以及节点间的强弱联系等。目前，这两种社交网络分析法已经逐渐应用到各个领域，如人类学、心理学、经济学等。

社交网络的网络结构一般比较复杂，包含着大量的数据，分析过程需要大量的计算，所以通常需要计算机软件辅助完成。这些软件被称为社交网络分析软件。常见的社交网络分析软件主要为 NetMiner、Pajek 和 UCINET 三种，三种软件各有优劣。NetMiner 界面设计得简洁大方，最容易操作，但这个软件是收费的，试用的版本在能处理的节点数量方面很受限制；UCINET 与 Pajek 的综合性能差不多，Pajek 相比较来说更适合用来处理大型网络，数据处理能力很强，可视化功能很实用，能帮助直观呈现网络图的结构分布情况。利用社交网络分析法可以对社交网络进行分析，也可以对社交内容进行挖掘，社交网络分析是基于社交关系、结构进行挖掘，比如社区检测、连接预测、影响力分析等，社交内容挖掘是基于文本等内容数据进行挖掘，例如摘要、关键词、情感分析等，在分析的过程中也可以将社交网络分析和社交内容分析结合使用。

2. 社交网络分析案例

探究社会化电子商务中用户互动关系结构，采用社交网络分析法，利用社交网络分析工具 Ucinet 来完成。

（1）强关系为主的社会化电子商务用户互动关系结构

选取微信中 2017 年 9 月 7 日的一个集赞换取两小时免费 KTV 唱券的互动作为样本，此次互动共有 48 人参与到此次互动中。将互动的用户进行编号，形成一个 48 ×48 的矩阵，数字“0”代表用户间没有互动行为，数字“1”代表用户间有一次互动行为，“2”代表有两次互动行为，有几次互动行为就用数字几来表示。将整理好的 Excle 数据导入到社交网络分析工具 Ucinet 中，利用 Ucinet 中的画图工具生成社会化电子商务用户互动关系的结构图，如图 2 所示。

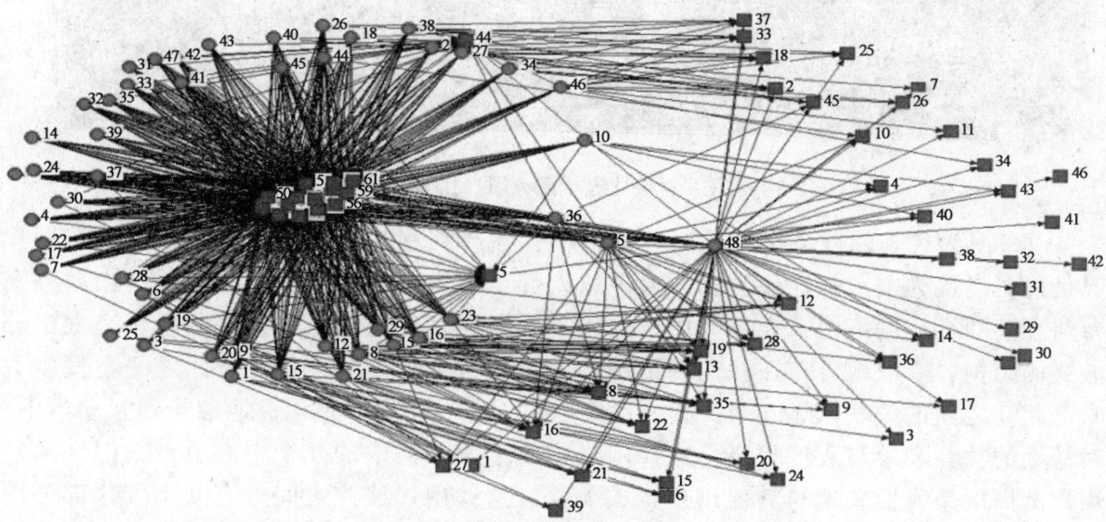

图 2　强关系社会化电子商务用户互动关系结构图

微信中的用户关系大多都是熟人关系，社交网络的构成主要是亲人、朋友、同学校友等认识的人。以强连接为主、弱连接为辅，使虚拟社交圈与现实社交圈相融合。从图中可以看出，大多数用户间彼此的联系都比较密切，会形成一个集中的社交网络群体，每个用户都与一个或者多个用户有联系，用户当中很少有独立的与其他用户没有任何联系的个体。

（2）弱关系为主的社会化电子商务用户互动关系结构

选取微博中在购物方面拥有 1001 万粉丝的“微博购物”作为样本，选取 2017 年 8 月 24 日发布的一条关于情人节薯片的消息，此条消息共有 25983 人转发，6747 条评论，4160 个用户点赞。抽取评论中下面有回复的评论，回复或点赞或者在评论中提到其他用户都算作一次互动，将评论者的微博昵称和互动的消息进行整理，将参与互动的用户进行编号，共有 155 名用户在该条信息下的互动比较活跃，因此，将数据整理成 155 ×155 的矩阵，数字“0”代表用户间没有互动行为，数字“1”代表用户间有一次互动行为，“2”代表有两次互动行为，有几次互动行为就用数字几来表示。将整理好的 Excle 数据导入到社交网络分析工具 UCINET 中，利用 UCINET 中的画图工具生成社会化电子商务用户互动关系的结构图，如图 3 所示。

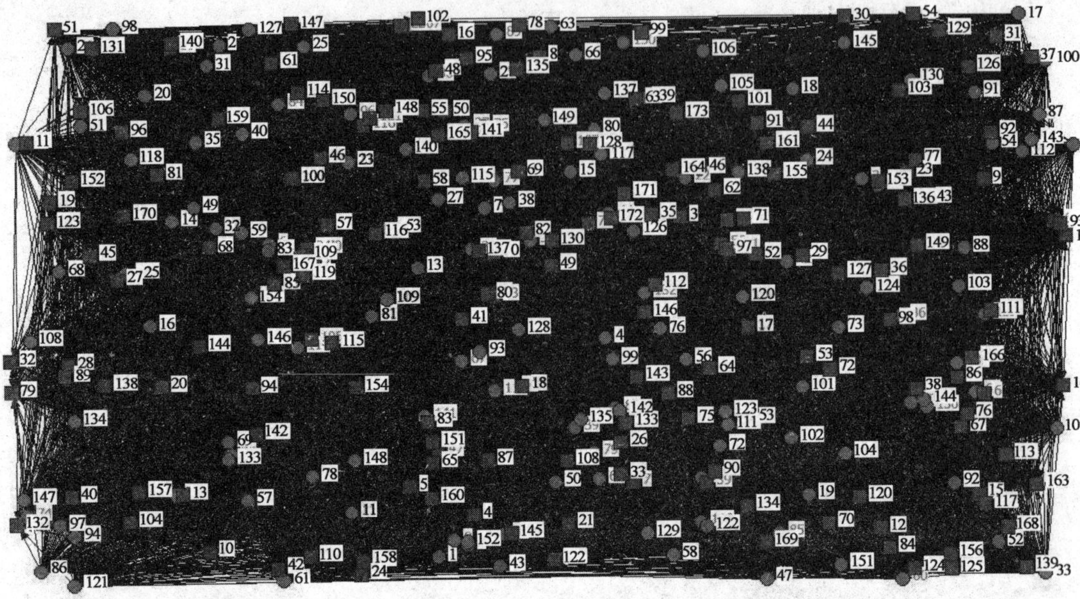

图3　弱关系社会化电子商务用户互动关系结构图

以微博为代表的社会化电子商务平台中，参与到互动中的用户数量较多，但用户间是以弱连接为主、强连接为辅，大多数人都是陌生人关系。从图中可以看出，整个参与互动的社交网络中，大部分用户之间是不存在直接的联系的，这些用户呈现出分散式的结构，零散地分布在社交网络结构中，是各自独立的个体，彼此之间不发生关联。相互之间的关联依靠几个关键节点的用户，有一些用户是积极地参与到互动当中，对活动的关注和参与程度较高，这些用户构成了用户群中的几个中心节点，围绕这些用户的周围呈发散式地与其他用户构成关联，这些用户彼此之间也有联系，这部分用户的数量是相对较少的。

综上所述，以强关系为主的社会化电子商务平台参与互动的用户的数量较少，但互动的过程中用户间的相互连接比较紧密和集中，用户间互动的关系结构呈现出集中型，这与费孝通的“差序格局”相吻合。而以弱关系为主的社会化电子商务平台参与互动的用户数量基数较大，但互动过程中用户间彼此的连接比较分散，用户间互动的结构呈现出分散型。根据个人的社交网络关系网的亲疏远近和辐射范围，由个人聚集成的群体类型可以分为团结紧密型、分裂派系型。

3. 应用软件下载和安装

（1）Pajek

Pajek 官网：http：//vlado. fmf. uni-lj. si/pub/networks/pajek/

初学者可以阅读以下教材：

de Nooy W，Mrvar A，Batagelj V. Exploratory Social Network Analysis With Pajek. 2002

Structural Analysis in the Social Sciences 27. Cambridge University Press，2005

（2）UCINET

软件下载网址：www. sciencesoftware. com. cn/Newsoftware_ detail. aspx？ sid =297&audience

= 151434

4. 学习 UCINET 可参考书目

《整体网络分析：UCINET 软件实用指南（第 2 版）》

《社会网络分析法》

《社会网络分析：方法与实践》

参考文献

[1] 中商产业研究院.2018—2023年中国网商行业市场调研分析与发展趋势研究预测报告[R].中国产业研究院网.

[2] 中国互联网信息中心.第41次中国互联网络发展状况统计报告[R].中国互联网信息中心网.

[3] 梦非.社会化商务环境下意见领袖对购买意愿的影响研究[D].南京:南京大学,2012.

[4] 智研咨询.2017—2023年中国网易电商产业竞争现状及未来发展趋势报告[R].智研咨询网.

[5] 中国互联网信息中心.2016年中国社交应用用户行为研究报告[R].中国互联网信息中心网.

[6] Wang C, Zhang P. The Evolution of Social Commerce: the People, Business, Technology, and Information Dimensions [J]. Communications of the Association for Information Systems, 2012, 31 (5): 105-127.

[7] Wang C. Linking Shopping and Social Networking: Approaches to Social Shopping [C] //15th Americas Conference on Information Systems (AMCIS). San Diego. CA. 2009.

[8] Stephen A T, Toubia O. Deriving Value From Social Commerce Networks [J]. Journal of Marketing Research, 2010, 47 (2): 215-228.

[9] Shen J, Eder L B. Determining Factors in the Acceptance of Social Shopping Websites [C] //Americas Conference on Information Systems. Amcis 2009. San Francisco. California. Usa. August. 2009: 290.

[10] Liang T, Ho Y, Li Y, et al. What Drives Social Commerce: the Role of Social Support and Relationship Quality [J]. International Journal of Electronic Commerce, 2011, 16 (2): 69-90.

[11] Wang C. Social Shopping Development and Perspectives [J]. International Journal of Virtual Communities & Social Networking, 2011, 3 (2): 51-59.

[12] Ganesan K A, Sundaresan N, Deo H. Mining Tag Clouds and Emoticons Behind Community Feedback [C] //International Conference on World Wide Web. 2008: 1181-1182.

[13] Zhu L, Benbasat I, Jiang Z. Investigating the Role of Presence in Collaborative Online Shopping [J]. Connecting the Americas Conference on Information Systems, 2006, 28 (1): 358.

[14] Cha J. Shopping on Social Networking Web Sites: Attitudes Toward Real Versus Virtual Items [J]. Journal of Interactive Advertising, 2009, 10 (1): 77-93.

[15] Huang Z, Benyoucef M. From E-commerce to Social Commerce: a Close Look at Design Features [J]. Electronic Commerce Research & Applications, 2013, 12 (4): 246-259.

[16] Jascanu N, Jascanu V, Nicolau F. A New Approach to E-commerce Multi-agent Systems [J]. Annals of Dunarea De Jos, 2007, 2007 (1): 11.

[17] Kang Y R, Park C. Acceptance Factors of Social Shopping [C] //11th International Confer-

ence on Advanced Communication Technology. Phoenix Park. Republic of Korea. 2009：5.
[18] Leitner P，Grechenig T. Community Driven Commerce：Design of an Integrated Framework for Social Shopping［C］//IADIS International Conference e-Commerce. Algarve. Portugal. 2007：4.
[19] Rad A A. A Model for Understanding Social Commerce［J］. Journal of Information Systems Applied Research，2011，4（2）：6373.
[20] 陈文蓉. 浅析社区化电子商务发展优势［J］. 合作经济与科技，2008，(11)：42-43.
[21] 刘柳昕. 基于 SNS 的中国社会化电子商务研究［D］. 武汉：华中科技大学，2012.
[22] 马凌，邢芸，陈昊天. 我国社会化电子商务发展现状与趋势分析［J］. 现代商贸工业，2014，(5)：167-168.
[23] 鲁文，于兆吉. 社会化电子商务研究综述［J］. 中国商贸，2015，(1)：70-71.
[24] 朱小栋，陈洁. 我国社交化电子商务研究综述［J］. 现代情报，2016，36（1）：172-177.
[25] 周兴龙. 基于 SNS 的 B2C 电子商务模式研究［D］. 大连：东北财经大学，2012.
[26] 田雨晴. 社会化电子商务研究综述［J］. 北京邮电大学学报：社会科学版，2013，15（4）：32-39.
[27] 吴菊华，高穗，莫赞，等. 社会化电子商务模式创新研究［J］. 情报科学，2014，32（12）：48-52，66.
[28] 付华. 第三方社会化电子商务平台互动机制分析［J］. 电子商务，2013，31（8）：7-8.
[29] 左文明，王旭，樊偿. 社会化电子商务环境下基于社会资本的网络口碑与购买意愿关系［J］. 南开管理评论，2014，17（4）：140-150，160.
[30] 徐国虎，韩雪. 社会化电子商务产业价值链分析［J］. 武汉理工大学学报：社会科学版，2014，27（1）：59-65.
[31] 秦涤. C2C 新方向：社区化电子商务［J］. 电子商务，2007，(12)：8-10.
[32] 梁冬卉. 社区化电子商务在校园应用的问题及对策［J］. 中小企业管理与科技（上旬刊），2009，(8)：180-181.
[33] 琚潇. 社会化电子商务的用户使用意向研究［D］. 北京：北京邮电大学，2012.
[34] 宗乾进. 国外社会化电子商务研究综述［J］. 情报杂志，2013，32（10）：117-121.
[35] 刘宏，张小静. 我国社会化电子商务研究现状分析——基于 CNKI 的文献研究［J］. 现代情报，2017，37（2）：171-177.
[36] 黄玮，吴俊. 从电子商务到社会化商务［J］. 电子商务，2012，(6)：11-12.
[37] 史楠，王刊良. 在线推介激励机制中的性别差异——推介双方的视角［J］. 系统管理学报，2015，24（2）：164-172.
[38] 聂磊，傅翠晓，程丹. 微信朋友圈：社会网络视角下的虚拟社区［J］. 新闻记者，2013，(5)：71-75.
[39] Blau P M. Exchange and Power in Social Life［M］. J Wiley，1964.
[40] Moral Toranzo F，Canto Ortiz J，Gmez Jacinto L. Anonymity Effects in Computer-mediated Communication in the Case of Minority Influence［J］. Computers in Human Behavior，2007，23（3）：1660-1674.

[41] 吴满意．论网络人际互动结构的基本构成［J］．理论与改革，2012，(3)：22-25.
[42] 肖芃，姚琛．论社会化网络的发展［J］．湖南社会科学，2014，(5)：256-258.
[43] Liang T P, Turban E. Introduction to the Special Issue Social Commerce：a Research Framework for Social Commerce［J］. International Journal of Electronic Commerce，2011，16 (2)：5-14.
[44] 李卓然．基于用户体验的社会化电子商务设计［D］．上海：华东理工大学，2014.
[45] 杨北京，陶晓波．社会化电子商务的驱动机制研究［J］．现代管理科学，2015，(9)：67-69.
[46] 赵丹．社会化商务手段的影响差异与协同——一个模型框架［J］．企业经济，2016，(6)：69-73.
[47] 孙怡，鲁耀斌，魏国基．社交氛围对朋友群组成员的购买意愿和行为的影响［J］．管理学报，2016，13 (9)：1392-1399.
[48] 张冕，鲁耀斌．文化认同对社会化商务用户行为的影响研究［J］．华东经济管理，2014，28 (5)：105-108，148.
[49] 张洪．社会化商务环境下顾客交互行为研究［D］．武汉：华中科技大学，2014.
[50] 周军杰．社会化商务背景下的用户黏性：用户互动的间接影响及调节作用［J］．管理评论，2015，27 (7)：127-136.
[51] 李国鑫，李一军，尼菲．基于用户在线交易意愿的虚拟社区电子商务实证研究［J］．管理评论，2011，23 (8)：80-88.
[52] 万彩云．社会化商务消费者信任对忠诚的影响实证研究［D］．北京：北京邮电大学，2014.
[53] 陈洋．社会化电子商务用户推荐对消费者购买意愿的影响研究［D］．北京：北京邮电大学，2013.
[54] 袁莉，李梦琪，赵英，等．社会化电子商务的消费者行为研究——以“美丽说”网站为例［C］// 2012 中国信息经济学年会会议论文集．2012.
[55] 卢云帆，鲁耀斌，林家宝，等．社会化商务中顾客在线沟通研究：影响因素和作用规律［J］．管理评论，2014，26 (4)：111-121.
[56] 刘莉琼．社会化电子商务中消费者主动与被动好评的影响［J］．武汉商学院学报，2015，29 (6)：56-59.
[57] 曾贵川，宋光兴．社会化电子商务背景下团购网在线信用评价模型研究［J］．商业文化，2015，(9)：177-179.
[58] 贾丽飞．社会化电子商务产业价值链的相关分析［J］．商场现代化，2014，(32)：42.
[59] 鲁文．社会化电子商务在线信誉的模型构建及实证研究［D］．沈阳：沈阳工业大学，2015.
[60] 鞠彦辉，何毅．社会化商务模式研究［J］．现代情报，2012，32 (11)：6-9.
[61] 李洁娜．社会化电子商务模式探析——基于用户信息行为理论［J］．中山大学研究生学刊：社会科学版，2014，35 (1)：63-72.
[62] 殷实，徐迪．基于社会化商务的商务模式创新策略［J］．科学学研究，2015，33 (8)：1271-1280.

[63] 郭好．浅析我国社会化电子商务赢利模式［J］．中外企业家，2012，(7)：72-73.
[64] 杜露，钟厦．基于用户体验的社会化电子商务网站的Ugc类型模型研究［J］．设计，2014，(4)：82-84.
[65] 李茉梓．社会化电子商务网站的营销策略研究［D］．沈阳：辽宁大学，2015.
[66] 许慧珍．社会化商务下的营销创新研究［J］．商业时代，2014，(11)：56-57.
[67] 黄鼎．社会化电子商务平台的定价策略研究［J］．西南民族大学学报：自然科学版，2013，39（5）：800-805.
[68] 张乐．基于位置的社会化移动电子商务客户端的设计与实现［D］．武汉：华中科技大学，2011.
[69] 朱晶．城乡社会化电子商务［D］．大连：大连海事大学，2012.
[70] 丁绪武．基于兴趣图谱的社会化电子商务社区发现研究［D］．上海：上海工程技术大学，2015.
[71] 杨秋，蒋晓．O2M社会化电子商务平台服务设计探讨［J］．设计，2016，(4)：138-139.
[72] 蔡志文，林建宗．面向社会化电子商务的信任感知协同过滤推荐方法［J］．计算机应用，2015，35（1）：167-171.
[73] 王高山．社会化商务电子服务质量对顾客契合的影响机理研究［D］．济南：山东师范大学，2014.
[74] 吴菊华，徐梦，莫赞，等．社会化电子商务平台的设计研究［J］．现代情报，2016，36（5）：117-122.
[75] 陶晓波，杨学成，许研．社会化商务研究述评与展望［J］．管理评论，2015，27（11）：75-85.
[76] 杨学成，陶晓波．从实体价值链、价值矩阵到柔性价值网——以小米公司的社会化价值共创为例［J］．管理评论，2015，27（7）：232-240.
[77] 杨学成，陶晓波．社会化商务背景下的价值共创研究——柔性价值网的视角［J］．管理世界，2015，(8)：170-171.
[78] 孟健，姜燕．社会化商务环境下用户生成内容的动机研究——以“大众点评网”为例［J］．现代情报，2015，35（11）：31-37.
[79] 高穗．社会化电子商务情境下新产品扩散中的顾客价值量化研究［D］．广州：广东工业大学，2015.
[80] 李燕．社会化电子商务环境下在线口碑扩散机理研究［D］．济南：山东财经大学，2015.
[81] 陈远，王菲菲．社会化网络环境下的商务信息服务模式探析［J］．情报资料工作，2012，33（2）：73-77.
[82] 靳亚男．社会网络服务使用对个人社会资本影响机制研究［D］．北京：清华大学，2009.
[83] Bourdieu P. Forms of Capital［M］. Blackwell Publishers Ltd，1986：280-291.
[84] Burt R S. The Social Structure of Competition［J］. Economic Journal，1992，42（22）：60-70.
[85] Lin N. A Network Theory of Social Capital［J］. Nan Lin Ronald S Burt & Karen Cook So-

cial Capital Theory & Research，2001，34（5）：1003-1019.

[86] 边燕杰．城市居民社会资本的来源及作用：网络观点与调查发现［J］．中国社会科学，2004，（3）：136-146，208.

[87] 华超，杨金凤．基于个性消费的海尔定制营销策略研究［J］．经营管理者，2016，（30）：309.

[88] 万晴晴．企业虚拟品牌社区中顾客自发参与价值共创活动的机理研究［D］．北京：北京邮电大学，2015.

[89] 刘伟．浅析老子“道”与中国特色社会主义建设［J］．法制博览，2017，（4）：109-111.

[90] 庄楠．定制衣柜家具齐套分析研究［J］．家具，2016，（2）：85-90.

[91] 陈向明．对教师实践性知识构成要素的探讨［J］．教育研究，2009，（10）：66-73.

[92] 王倩．听红领讲大规模定制——百万款式都可归结为1和0组合［J］．商学院，2016，（1）：29-31.

[93] 多多．个性化定制一多UU电动车发布［J］．电动自行车，2016，（3）：48-50.

[94] 李朝辉，金永生．价值共创研究综述与展望［J］．北京邮电大学学报：社会科学版，2013，15（1）：91-96.

[95] 赵保国，王思瑶．基于文献计量的价值共创研究现状分析［J］．北京邮电大学学报：社会科学版，2015，17（3）：42-49.

[96] 钟振东，唐守廉，Vialle Pierre. 基于服务主导逻辑的价值共创研究［J］．软科学，2014，28（1）：31-35.

[97] 张婧，邓卉．品牌价值共创的关键维度及其对顾客认知与品牌绩效的影响：产业服务情境的实证研究［J］．南开管理评论，2013，16（2）：104-115，160.

[98] 周文辉．知识服务、价值共创与创新绩效——基于扎根理论的多案例研究［J］．科学学研究，2015，33（4）：567-573，626.

[99] 万文海，王新新．共创价值的两种范式及消费领域共创价值研究前沿述评［J］．经济管理，2013，（1）：186-199.

[100] 韩丹．社会化商务体验价值共创及影响因素分析［D］．济南：山东财经大学，2015.

[101] 郭适融．新产品开发模式研究［J］．管理学报，2010，7（12）：1811-1818.

[102] 葛丽丽．顾客参与共创价值的形成机理研究［D］．锦州：辽宁工业大学，2016.

[103] 卜庆娟，金永生，李朝辉．互动一定创造价值吗？——顾客价值共创互动行为对顾客价值的影响［J］．外国经济与管理，2016，38（9）：21-37，50.

[104] 张晓慧，仲小瑾．消费者参与虚拟品牌社区价值共创的动机分析［J］．科技广场，2014，（10）：170-172.

[105] 李佳，吴海燕．个性化定制的服装网络零售模式探析［J］．商，2016，（5）：265-266.

[106] 罗岚．价值共创视角下企业网络社区营销研究［D］．厦门：厦门大学，2014.

[107] 杨学成，陶晓波．从实体价值链、价值矩阵到柔性价值网——以小米公司的社会化价值共创为例［J］．管理评论，2015，27（7）：232-240.

[108] 杜兰英，钱玲．基于价值共创的商业模式创新研究［J］．科技进步与对策，2014，

(23): 14-16.

[109] 武文珍，陈启杰．价值共创理论形成路径探析与未来研究展望［J］．外国经济与管理，2012，34（6）：66-73，81.

[110] 李曾婷．京东马桶盖节启动，海尔卫玺打造国货精品［J］．电器，2017，(2)：67.

[111] 亚当·斯密．国民财富的性质和原因的研究（下卷）［M］．郭大力，王亚南译．北京：商务印书馆，1974：383.

[112] 沈漪文，卢智健．公司价值创造驱动因素的理论综述［J］．工业技术经济，2008，27（12）：110-113.

[113] 迈克尔·波特．竞争优势［M］．陈小悦译．北京：华夏出版社，1997.

[114] 张平淡，韩伯棠．公司价值的创造［J］．北京理工大学学报：社会科学版，2003，5（3）：59-61.

[115] Kim W C, Mauborgne R. Value Innovation: the Strategic Logic of High Growth [J]. Harv Bus Rev, 1997, 75 (1): 102-112.

[116] 隋敏，王竹泉．社会资本对企业价值创造影响研究：理论、机理与应用［J］．当代财经，2013，(7)：111-121.

[117] Maurer I, Bartsch V, Ebers M. The Value of Intra-organizational Social Capital: How It Fosters Knowledge Transfer, Innovation Performance, and Growth [J]. Organization Studies, 2011, 32 (2): 157-185.

[118] 李嘉玲．社会资本、关系风险对担保能力影响研究——以天津市为例［J］．江西财经大学学报，2011，(6)：11-17.

[119] Johnson S, Schnatterly K, Hill A D. Board Composition Beyond Independence: Social Capital, Human Capital, and Demographics [J]. Journal of Management Official Journal of the Southern Management Association, 2013, 39 (1): 232-262.

[120] 刘凤委，李琳，薛云奎．信任、交易成本与商业信用模式［J］．经济研究，2009，44（8）：60-72.

[121] Amit R, Zott C. Value Creation in E-business [J]. Strategic Management Journal, 2001, 22 (6): 493-520.

[122] Williamson O E. Transaction-cost Economics: the Governance of Contractual Relations [C] // Journal of Law & Economics. 1979: 61-233.

[123] 韩松，蔡剑．基于社交网站商业模式服务集成的价值创造研究［J］．管理评论，2013，25（7）：20-27.

[124] Mcallister D J. Affect- and Cognition-based Trust as Foundations for Interpersonal Cooperation in Organizations [J]. Academy of Management Journal, 1995, 38 (1): 24-59.

[125] Mcknight D H, Choudhury V, Kacmar C. The Impact of Initial Consumer Trust on Intentions to Transact with a Web Site: a Trust Building Model [J]. Journal of Strategic Information Systems, 2002, 11 (3): 297-323.

[126] Dj W, Sh S. Collectivedynamics of 'small-world' Networks [C] // Nature. 1998: 440-442.

[127] 杨学成，陶晓波．社会化商务背景下的价值共创研究——柔性价值网的视角［J］．管理世界，2015，(8)：170-171.

[128] Henderson J, Venkatraman C. Strategic Alignment: Leveraging Information Technology for Transforming Organizations [J]. Ibm Systems Journal, 2010, 32 (1): 472-484.
[129] Zhou L, Zhang P, Zimmermann H D. Social Commerce Research: an Integrated View [J]. Electronic Commerce Research & Applications, 2013, 12 (2): 61-68.
[130] 黄鼎. 我国社会化电子商务生态圈的竞争策略研究 [D]. 上海: 上海交通大学, 2013.
[131] Chaudhury A, Kuilboer J P. E-business and E-commerce Infrastructure: Technologies Supporting the E-business Initiative [M]. McGraw-Hill, 2002.
[132] Leitner P, Grechenig T. Next Generation Shopping: Case Study Research on Future E-commerce Models [J]. Academic Psychiatry, 2007, 37 (2): 108.
[133] Leitner P, Grechenig T. Collaborative Shopping Networks: Sharing the Wisdom of Crowds in E-Commerce Environments [C] //Proceedings of the 21st Bled e-Conference. Slovenia. Bled. 2008: 321-335.
[134] 王馨. 浅析社会化电子商务的消费者驱动因素 [J]. 中国商贸, 2013, 11 (15): 77-78.
[135] 梁循, 朱浩然, 林航, 等. 基于社会计算的社会化商务模式创新 [J]. 电子商务, 2013, 1 (6): 20-23.
[136] The 7 Species of Social Commerce. http: //mashable. com/2013/05/10/social-commerce-definition.
[137] 陈斓. 从人际关系模型看 SNS 社区未来出路 [J]. 信息网络, 2010, (1): 22-25.
[138] 唐亦之. 跨界联姻: 社会化网络与电子商务的共赢之道 [J]. 传媒, 2011, (6): 57-58.
[139] 廖贤敏. 基于兴趣图谱的电子商务社交化方法研究 [D]. 武汉: 中南民族大学, 2012.
[140] 黄建远. SNS 社交网站电子商务经营研究 [J]. 现代传播 (中国传媒大学学报), 2012, 34 (3): 161-162.
[141] 陈永东. 国内社会化商务的四大流派 [J]. 广告大观: 综合版, 2013, (10): 71-72.
[142] 蒋隽怡. 社交电子商务商业模式研究 [D]. 上海: 上海交通大学, 2013.
[143] 马润年. 图论与神经网络的若干问题研究 [D]. 西安: 西安电子科技大学, 2002.
[144] 王丽丽. 图论的历史发展研究 [D]. 济南: 山东大学, 2012.
[145] 刘艳霞. 基于代数图论的复杂网络的拓扑性质和构造方法研究 [D]. 广州: 华南理工大学, 2013.
[146] 谢继勇. 基于社会资本的公共项目管理绩效改善研究 [D]. 天津: 天津大学, 2010.
[147] 张树霞. 基于社会计量法的大学生网络交往模型构建 [D]. 上海: 华东师范大学, 2009.
[148] 曹旭斌. P2P 在线借贷平台社会资本测量及作用问题研究 [D]. 成都: 西南财经大学, 2013.
[149] 刘翔. 面向移动计算的 WEB 中间件关键技术研究 [D]. 成都: 电子科技大

学，2013.
[150] 李智超．移动计算关键技术研究［D］．天津：天津大学，2006.
[151] 章小初．移动商务客户价值创造机制研究［D］．杭州：浙江大学，2012.
[152] 常丹．基于网格化管理的移动商务流程优化研究［D］．北京：北京交通大学，2013.
[153] 范伟．移动商务安全性研究［D］．北京：北京邮电大学，2010.
[154] 刘丽艳．基于数据网格的海量数据管理若干关键技术研究［D］．中国科学院研究生院（计算技术研究所），2005.
[155] 郭明．海量精细空间数据管理技术研究［D］．武汉：武汉大学，2011.
[156] 赵计刚．基于数据仓库的制药企业商务智能系统的设计与实现［D］．上海：复旦大学，2011.
[157] 张红，陈飞．商务智能研究综述［J］．中国卫生信息管理杂志，2012，9（3）：52-56.
[158] 刘克强．电子商务平台建设［M］．北京：人民邮电出版社，2007：171.
[159] 王红红．基于NET2.0的网上书店电子商务平台的设计与实现［D］．成都：电子科技大学，2012.
[160] 管怡舒．论述社会化电子商务平台的关系搭建［J］．管理观察，2015，（7）：45-46.
[161] 陈鸿．高职院校与产业园互动合作激励机制的内容框架与实施原则［J］．重庆电力高等专科学校学报，2016，21（4）：36-38.
[162] 贺雪峰．论熟人社会的人情［J］．南京师大学报：社会科学版，2011，（4）：20-27.
[163] 孟伟．电子商务平台建设与管理实验教程［M］．重庆：重庆大学出版社，2009：1.
[164] 云计算技术的产生、概念、原理、应用和前景［J］．呼和浩特经济，2012，（2）：29-34.
[165] 刘彦尊．信息社会视阈中的学校信息伦理教育研究［D］．长春：东北师范大学，2009.
[166] 廖年冬．信息安全动态风险评估模型的研究［D］．北京：北京交通大学，2010.
[167] 任莉莉．网络社会的伦理问题及其对策研究［D］．成都：西南财经大学，2006.
[168] 臧笑冬．我国电子商务中的伦理问题探究［D］．曲阜：曲阜师范大学，2013.
[169] 苟明霞．网络社会（虚拟空间）伦理问题研究［D］．兰州：西北师范大学，2013.
[170] 关铁军．电子商务安全策略研究［D］．北京：北京邮电大学，2008.
[171] 汪秀．云计算环境下电子商务安全风险评估模型研究［D］．合肥：安徽财经大学，2015.
[172] 谭前进，聂鸿鹏．电子商务中的信息安全研究［J］．网络安全技术与应用，2015，（3）：104-105.
[173] 汤发俊．电子商务的信息安全技术研究［D］．南京：南京理工大学，2006.
[174] 金永琦．互联网电子商务系统及其信息安全［D］．北京：北京邮电大学，2010.
[175] 刘伟．虚拟社区伦理道德问题研究［D］．成都：成都理工大学，2007.
[176] 郑乐晓．电子商务动作中的网络伦理构建研究［D］．杭州：浙江师范大学，2011.

[177] 李梦琳．中国 B2C 电子商务伦理问题及对策研究［D］．成都：西南财经大学，2014.

[178] 尚殿广．电子商务企业商业伦理构建［D］．济南：山东大学，2012.

[179] 刘殷才．中国电子商务运作中的伦理问题［J］．现代营销：学苑版，2011，(7)：116.

[180] 胡珏．我国电子商务与消费者的伦理问题研究［J］．商场现代化，2014，(13)：76-77.

[181] 刘莉琼．社会化电子商务中消费者主动与被动好评的影响［J］．武汉商学院学报，2015，29 (6)：56-59.

[182] 杜露，钟厦．基于用户体验的社会化电子商务网站的 Ugc 类型模型研究［J］．设计，2014，(4)：82-84.

[183] Arndt J. Role of Product-related Conversations in the Diffusion of a New Product［J］. Journal of Marketing Research，1967，4 (3)：291-295.

[184] 陈文倩．社交化电子商务中的口碑传播——以蘑菇街、美丽说为例［J］．新闻世界，2013，(5)：167-169.

[185] 皮特里．动机心理学 = Motivation：Theory，Research，and Applications［M］．西安：陕西师范大学出版社，2005.

[186] 范晓屏，马庆国．基于虚拟社区的网络互动对网络购买意向的影响研究［J］．浙江大学学报：人文社会科学版，2009，39 (5)：149-157.

[187] 卿硕，乌东峰．线上线下营销主体耦合、互动、营销创新与营销绩效的关系实证研究［J］．企业经济，2015，(8)：95-100.

[188] 潘冰雁．论社交网站互动中的冲突——以“校内网”为例［J］．知识经济，2010，(10)：118-119.

[189] Massey Brian L，Levy Mark R. Interactivity，Online Journalism，and English-Language Web Newspapers in Asia［J］. Journalism & Mass Communication Quarterly，1999，76 (1)：138-151.

[190] Wang Y C，Yu Q，Fesenmaier D R. Defining the Virtual Tourist Community：Implications for Tourism Marketing［J］. Tourism Management，2002，23 (4)：407-417.

[191] 刘春，伍亚丽．虚拟品牌社群互动的涵义、维度及影响因素研究［J］．商，2015，(25)：114-115.

[192] 傅亚平，赵晓飞．基于网络效应的 SNS 网站用户参与动机和参与强度研究［J］．财贸研究，2011，22 (6)：107-116.

[193] 吴俊升．虚拟社群成员满意度与消费行为相关之研究［D］．台湾：台湾成功大学，2002.

[194] Chang Y P，Zhu D. Understanding Social Networking Sites Adoption in China：Acomparion of Pre-adoption and Post-adoption［J］. Computers in Human Behavior，2011，27 (5)：1840-1848.

[195] Foster M K，Anthony F，West B C. Why Users Participate in Online Social Netword［J］. International Journal of e-Bisiness Management，2010，4 (1)：42-51.

[196] Lee C S，Ma L. News Sharing in Social Media：The Effect of Gratifications and Prior Expe-

rience [J]. Computers in Human Behavior, 2011, 28 (2): 331-339.

[197] 王慧贤. 社交网络媒体平台用户参与激励机制研究 [D]. 北京: 北京邮电大学, 2013.

[198] Jeon S, Kim Y, Koh J. An Integrative Model for Knowledge Sharing in Communities-of-practice [J]. Journal of Knowledge Management, 2011, 15 (2): 251-269.

[199] Chang H H, Chuang S S. Social Capital and Individual Motivations on Knowledge Shangring: Participant Involvement as a Moderator [J]. Information & Management, 2011, 48 (1): 9-18.

[200] Bock G W, Zmud R W, Kim Y G, et al. Behavioral Intention Formation in Knowledge Sharing: Examining the Roles of Extrinsic Motivators, Social-psychological Factors, and Organizational Climate [J]. Mis Quarterly, 2005, 29 (1): 87-111.

[201] 阎俊, 蒋音波, 常亚平. 网络口碑动机与口碑行为的关系研究 [J]. 管理评论, 2011, 23 (12): 84-91.

[202] Shu W, Chang Y H. Why People Share Knowledge in Viirtual Communities [J]. Social Behavior and Personality, 2015, 39 (5): 671-690.

[203] Shin D H. The Effects of Trust, Security and Privacy in Social Networking: A Security-based Approach to Understand the Pattern of Adoption [M]. Elsevier Science Inc, 2010.

[204] Chai S, Das S, Rao R H. Factors Affecting Bloggers Knowledge Sharing: An Investigation across Gender [J]. Management Information Systems, 2012, 28 (3): 309-342.

[205] Chen C J, Hung S W. To Give or to Receive? Factors Influencing Members Knowledge Sharing and Community Promotion in Professional Virtual Communities [J]. Information & Management, 2010, 47: 226-236.

[206] Lee D, Park J Y, Kim J, et al. Understanding Music Sharing Behaviour on Social Network Service [J]. Online Information Review, 2011, 35 (5): 716-733.

[207] Granovetter M S. The Strength of Weak Ties [J]. American Journal of Sociology, 1973, 78 (6): 1360-1380.

[208] 邓辉, 刘晓菲. 基于强弱关系理论的档案传播中档案信息传播分析 [J]. 兰台世界, 2014, (29): 1, 4.

[209] Kwon O, Wen Y X. An Empirical Study of Factors Affecting Social Network Service Use [J]. Computers in Human Behavior, 2010, 26: 254-263.

[210] Fang Y H, Chiu C M. In Justice We Trust: Exploring Knowledge-sharing Continuance Intentions in Virtual Communities of Practice [J]. 上海交通大学学报, 2010, 26: 235-246.

[211] Sue Y S, Sanghee O. Why Do Social Network Site Users Share Information on Facebook and Twitter? [J]. Journal of Information Science, 2015, 41 (5): 553-569.

[212] 廉捷, 周欣, 曹伟, 等. 新浪微博数据挖掘方案 [J]. 清华大学学报: 自然科学版, 2011, 51 (10): 1300-1305.

[213] Sang H L, Kim P J, Jeong H. Statistical Properties of Sample Networks [J]. Physical Review E, 2006, 73 (1): 16102.

[214] 马汀·奇达夫, 蔡文彬. 社会网络与组织 [M]. 北京: 中国人民大学出版社,

2007：172-177.

[215] 平亮，宗利永．基于社会网络中心性分析的微博信息传播研究——以 Sina 微博为例 [J]．图书情报知识，2010，(6)：92-97.

[216] Wolfe A W. Social Network Analysis：Methods and Applications [J]．American Ethnologist，1997，24 (1)：136-137.

[217] 杨长春，俞克非，叶施仁，等．一种新的中文微博社区博主影响力的评估方法 [J]．计算机工程与应用，2012，48 (25)：229-233.

[218] 吴菊华，李太儒．社会化电子商务情境下的价值共创研究 [J]．商业经济研究，2017，(22)：71-74.

[219] 黎万强．参与感：小米口碑营销内部手册 [M]．北京：中信出版社，2014：23-30.

[220] 小米产品开发用户平台官网 [EB/OL]．http：//buglist. xiaomi. cn.

[221] 阿芙，就是精油官网 [EB/OL]．http：//www. afuvip. com/Frames？sid =0. 0. 1.

[222] 张瑞敏．海尔从制造产品的企业转型为孵化创客的平台 [EB/OL]．http：//www. iyiou. com/p/20297/fs/1. 2015-08-31.

[223] 海尔 HOPE 开放创新平台官网 [EB/OL]．http：//hope. haier. com/About/index/index. html.

[224] 海尔交互定制平台官网 [EB/OL]．http：//diy. haier. com.

[225] 康远志．观众登场：互联网环境下的消费价值创造与消费权力觉醒 [J]．重庆工商大学学报：社会科学版，2016，33 (5)：37-42.

[226] Schau H J，Jr A M M. Brand Communities and Personal Identities：Negotiations in Cyberspace [J]．Advances in Consumer Research，2002，29：300-349.

[227] 林若惜．Facebook 怎么赚钱 [J]．互联网周刊，2012，(10)：32-35.

[228] 石刚，练泽锷．社交类电子商务企业的发展趋势与发展对策 [R]．中国电子商务企业发展报告 2013. 2013：6.

[229] 瑞德微吧官方网站．http：//www. weiba. cn.

[230] 邓洁霖．社交型内容交易模式引领数字出版营销新趋势 [N]．中国图书商报，2012-01-09.

[231] 刘秀娟．新华瑞德移动互联网业务发展战略研究 [D]．北京：北京邮电大学，2014.

[232] 钟小青．传统出版企业数字内容服务研究 [D]．湘潭：湘潭大学，2013.

[233] 冯敏敏．基于 SNS 模式的电子商务营销方式研究 [D]．上海：上海师范大学，2012.

[234] 杨晨．浅析基于微信的新型营销模式 [J]．现代工业经济和信息化，2014，(2)：76-78.

[235] 腾讯公布 2015 年第二季度及中期业绩 http：//www. tencent. com/zh-cn/content/at/2015/attachments/20150812. pdf.

[236] 李惠．腾讯社交化电子商务营销研究 [D]．郑州：河南大学，2014.

[237] 朱庆华，李亮．社会网络分析法及其在情报学中的应用 [J]．情报理论与实践，2008，(2)：174，179-183.

[238] 费钟琳，王京安．社会网络分析：一种管理研究方法和视角 [J]．科技管理研究，

2010, 30 (24): 216-219.

[239] 邵云飞, 欧阳青燕, 孙雷. 社会网络分析方法及其在创新研究中的运用 [J]. 管理学报, 2009, 6 (9): 1188-1193, 1203.

[240] 黎耀奇, 谢礼珊. 社会网络分析在组织管理研究中的应用与展望 [J]. 管理学报, 2013, 10 (1): 146-154.

[241] 王陆. 典型的社会网络分析软件工具及分析方法 [J]. 中国电化教育, 2009, (4): 95-100.

[242] 孙细明, 叶琼伟, 朱湘晖. 电子商务创业 [M]. 北京: 化学工业出版社, 2015.

[243] 汪小帆, 李翔, 陈关荣. 网络科学导论 [M]. 北京: 高等教育出版社, 2012.

[244] 约翰·斯科特. 社会网络分析法 [M]. 刘军译. 重庆: 重庆大学出版社, 2007.

[245] 斯坦利·沃瑟曼, 凯瑟琳·福斯特. 社会网络分析: 方法与应用 [M]. 陈禹, 孙彩虹译. 北京: 人民大学出版社, 2012.

[246] 李文莲, 夏健明. 基于"大数据"的商业模式创新 [J]. 中国工业经济, 2013, (5): 83-95.

[247] 吴菊华. 基于社会化电子商务的价值共创 [M]. 广州: 华南理工大学出版社, 2017.

[248] Evans D, Mckee J. Social Media Marketing: The Next Generation of Business Engagement [EB/OL]. Wiley Publishing, 2010.

[249] Turban E, King D, Lee J K, et al. Social Commerce: Foundations, Social Marketing and Advertising [EB/OL]. Springer Link, 2015: 309-364.

[250] Salvatori L, Marcantoni F. Social Commerce: A Literature Review [C]. Science and Information Conference. London. 2015.

[251] Hajli M N. Social Commerce Constructs and Consumer's Intention to Buy [J]. International Journal of Information Management, 2015, 35 (2): 183-191.

[252] Chen J, Shen X L. Consumers' Decisions in Social Commerce Context: An Empirical Investigation [J]. Decision Support Systems, 2015, 79: 55-64.

[253] Hajli M N. The Role of Social Support on Relationship Quality and Social Commerce [J]. Technological Forecasting and Social Change, 2014, 87: 17-27.

[254] Shanmugan M, Jusoh Y Y. Social Commerce from the Information Systems Perspective: A Systematic Literature Review [C]. International Conference on Computer and Information Science. Nanchong. 2014.